The Covenant: Christianity as Togetherness I

언약: 함께로 그리스도교 I

The Covenant: Christianity as Togetherness I
언약: 함께로 그리스도교 I

황두용
Doo Yong Hwang

언약: 함께로 그리스도교 I
The Covenant: Christianity as Togetherness I

지은이   황두용 Doo Yong Hwang
초판발행 2023년 3월 22일

펴낸이   배용하
책임편집 윤찬란

등록   제364-2008-000013호
펴낸곳   도서출판 대장간
          www.daejanggan.org
등록한곳 충남 논산시 매죽헌로 1176번길 8-54
대표전화 전화: 041-742-1424 전송 : 0303-0959-1424

분류   기독교 | 성서연구 | 언약
ISBN   978-89-7071-609-1 (03230)
          978-89-7071-611-4 (04230) set

 값 30,000원

서문

Preface

이 글을 쓰게 된 배경은 이렇습니다.

This is the background narrative of this writing.

2017년 11월 12일, 주일 이른 새벽, 늘 그러듯 교회에 기도하러 갔습니다. 특별히 그날부터 새로운 책을 쓰려는 계획을 하나님께 아뢰려 했습니다. 저의 이전 글은 대부분 한글로 써졌고 독자에게 우호적이지 않아 나쁘게 평가되었습니다. 이번에는 영어로 쓰되 대중에게 우호적인 책을 염두에 두었습니다. 이전에 받은 계시에서 영어로 쓰인 책을 보았기 때문입니다.

On Sunday, November 12, 2017, I went to the church in the early morning to pray as I did every morning. I especially thought of telling God my plan for writing a new book that very day. My previous writings, mostly written in Korean, were ill reputed because they were unfriendly to the readers. This time, I had in my mind a book that would be friendly to the public in English, since I had seen a book written in English in a revelation before.

영어로 새로운 책을 쓰려고 한다고 기도를 시작했습니다. 그리고 대중에게 읽기 쉬운 글을 쓰려고 한다고 하나님께 언급하려는 순간 제 두 뇌가 회전되면서 "철저"와 "엄밀"이라는 말이 분명히 나타났습니다.

I began to pray by telling that I had a plan for writing a new book in English. When I was about to mention that I would like to write an easily readable book to the public to God, my brain was turned around to unveil the words, "thorough" and "rigor," vividly.

제 글이 신학적이고 체계적이라 일반 신자들이 읽기가 어렵다고들 했습니다. 그런데 하나님께서 저를 이전 글보다 더 철저하고 엄밀한 글로 집중하게 하시는 듯 했습니다. 그러나 저는 망연해져서 무엇을 어떻게 할지 전혀 엄두가 나지 않았습니다.

My writings had been reputed to be unreadable to the common believers because they were theological and systematic. But God seemed to let me concentrate on an even more thorough and rigorous writing than my previous ones. But I was so stunned as to be at a loss of what to do and how to do it.

10년 넘게 아우구스티누스로부터 이어온 신학에 문제가 있다고 여겨왔습니다. 성경을 그리스 철학으로 풀이하는 것은 적절하지 않습니다. 성경과 그리스 철학은 전혀 다른 언어 체계를 갖는데, 성경의 언어를 그리스 철학 언어로 풀이하는 것은 불합리합니다. 성경은 그 자체의 언어로 재현되어야 된다는 것이 저의 확신이지만, 이 글을 시작하는 순간엔 어떻게 할지 전혀 아이디어가 없었습니다.

For more than 10 years, I have thought that the theology that has been succeeded since Augustine is problematic. It is improper to interpret the Bible in terms of Greek philosophy. Since the Bible and Greek philosophy have quite different linguistic systems, it is illegitimate to interpret the Biblical language into the Greek philosophical language. It is my conviction that the Bible should be recapitulated in its own language. However, I had no idea what to do at the moment that I started writing.

하나님의 인도하심을 따라 이 글에 이끌리면서, 제목이 언약 신학: 함께로 그리스도교로 설정되게 되었습니다. 성경의 주제가 언약이니, 성경의 언어는 단지 언약의 언어로 재현됩니다. 따라서 이 글은 어느 의미에서 언약 언어의 상기이고 일신입니다.

As I was engaged in this writing in accordance with God's guidance, the title became settled as The Covenant Theology: Christianity as Togetherness. Since the main theme of the Bible is the covenant, the Biblical language can be only recapitulated by the covenant language. Thus, this writing is, in a sense, the recollection and renewal of the covenant language.

그리스 철학은 어떻든 존재론적 언어로 체계화됩니다. 성경의 언약 언어가 그리스 철학의 존재론적 언어로 풀이되면, 하나님 함께의 언약 내용은 사라집니다. 그러면 하나님의 함께보다 그분의 존재가 신학적 시도의 출발점입니다. 임마누엘, 곧 하나님이 우리와 함께, 의 언약 주제는 하나님과 인간의 존재론적 상관성으로 바뀌집니다. 그리고 언약의 함께는 개인의 종교성으로부터 제거됩니다.

Greek philosophy is, at any rate, systematized in terms of ontological language. If the covenant language of the Bible is interpreted in terms of the ontological language of Greek philosophy, the covenant content of God's togetherness disappears. Then, God's being rather than His togetherness is the starting point of the theological undertaking. The covenant theme of Immanuel, i.e., God-with-us, is replaced by the thesis of ontological correlation of God and man. And the covenant togetherness is excluded from the individual religiosity.

하나님은 그분 함께로 말해질 수 있습니다. 그리고 하나님의 말씀은 그분 백성에게 주어집니다. 이 둘은 성경에 나오는 언약 서사의 근거입니다. 이에 반하여 하나님의 존재는 그분에 대한 사람의 생각 소산입니다. 이 경우 그분은 사람의 생각의 대상입니다. 그러므로 존재론적 풀이로 주장된 성경 내용은 단지 성경에 대한 사람 생각의 정리입니다.

God can be told with His togetherness. And His word is given to His people. These two are the foundation of the covenant narratives in the Bible. Contrasted to these, His Being is the outcome of man's thinking of Him. In this case, He is an object of man's thinking. Therefore, the Biblical content that is claimed by its ontological interpretation is a mere organization of man's thinking about the Bible.

함께로 그리스도교라는 부제는 "하나의 종교로 그리스도교" 혹은 "관계로 그리스도교"라는 성향에 대비됩니다. 그리스도교는 로마 제국의 국교가 되면서부터 하나의 종교로 여겨져 왔습니다. 그리고 그리스도교는 근래 존재론적으로 상설됨에 따라 관계성으로 다루어집니다. 하나님이 존재로 다루어지면, 하나님과 사람은 단지 관계된다고 주장됩니다. 그러나 종교나 관계성은 개인성의 바탕에서 일어납니다. 그렇지만 그리스도교는 개인성으로부터 나오지 않습니다. 언약의 근거에서 함께로 재조명되어야 합니다.

The subtitle, Christianity as Togetherness, is contrasted to the disposition, "Christianity as a kind of religion" or "Christianity as relationship." Since Christianity became the state religion of the Roman Empire, it has been considered as a religion. And it is recently dealt with as a relationship in order for it to be explicated ontologically. If God is dealt with as Being ontologically, He and man can only claim to be related. Religion or relationship is, at any rate, arisen on the basis of individuality. Nevertheless, Christianity does not come from individuality. It has to be re-examined as togetherness on the ground of the covenant.

글을 전개하는 중에 글 제목 가운데 "신학"이라는 말을 삭제하도록 계시를 받았습니다. 따라서 언약: 함께로 그리스도교가 결국 이 글의 제목이 되었습니다. 그 계시는 또한 이 글이 제가 신학적으로 글을 전개하는 것이 아니라고 일깨워주었습니다. 글이 진척될수록 하나님께서 직접 계시하시는 것이라고 인정해야 했습니다.

While developing this writing, I received a revelation of illuminating the word, "theology," in the title to be eliminated. Thus, The Covenant: Christianity as Togetherness was finalized as the title of this writing. The revelation also awaked me to admit that this writing was not what I could develop theologically. As it progressed, I had to concede that it was what God directly revealed.

처음에는 이 글의 영어를 교정해서 출판할 계획이었습니다. 그러나 그 계획을 포기해야 했습니다. 제가 이 글의 저자일 수 없다고 여겨졌기 때문입니다. 제가 영어로 컴퓨터에 이 글을 썼다고 하더라도, 저는 하나님께서 계시하신 것에 영어 글자를 입혔을 뿐입니다. 이 글이 교정되기 위해서는 글의 뜻이 파악되어야 합니다. 적절한 말과 배치는 그 뜻을 따릅니다. 그러나 그 뜻이 제가 이 글에 사용한 글자에 깔려지지 않고 하나님에 의해 계시되기 때문에 어떤 적절한 말이나 배치도 합당하다고 주장될 수 없습니다.

At first, I planned to publish this writing after its English was edited with the help of someone else. But I had to give up the plan completely because I considered that I could not be the author of this writing. Even if I wrote it in English on the computer, I just put English letters on what God revealed to me. In order for this writing to be edited, its meaning had to be grasped. Proper words and arrangement are claimed in accordance with its meaning. But since its meaning is not embedded in my words used in this writing but revealed by God, no proper words or arrangement can be claimed to be legitimate.

이 글은 하나님의 함께로 이루어졌습니다. 그러므로 그분의 함께로 읽어질 수 있습니다. 이 글로 부여된 사역은 그분 함께를 증거하는 것입니다.

This writing was fulfilled with God's togetherness; therefore, it could be read with His togetherness. The mission endowed with this writing is to witness His togetherness.

영어 부분은 2019년 4월에 일차 마무리되었습니다. 그러고 나서 그것을 한글로 번역하도록 인도되었습니다. 한글 번역은 물론 영어 부분의 편집과 동반되었습니다. 그러나 한글 번역에서 문제에 봉착했습니다. 한글로 번역이 일종의 풀이면 그 뜻이 전제되어야 합니다. 그러나 그것은 하나님에 의해 주어진 것이기 때문에, 그 뜻은 텍스트로서 고정될 수 없습니다. 즉 한글 번역은 텍스트의 풀이일 수 없습니다. 따라서 결국 직역해야 했습니다. 계시된 것에 영어 글자를 입혔으니, 영어 글자를 한글 글자로 바꾸었습니다. 그래서 한글 번역은 딱딱해서 편안하게 읽어지지 않습니다.

The first draft of the English part was done in April, 2019. And, then, I was guided to translate it into Korean. The translation was, of course, accompanied with the edition of the English part too. But I encountered a problem in its translation into Korean. If its translation into Korean was a kind of interpretation, its meaning had to be presupposed. But since it was given by God, its meaning could not be fixed as a text. That is, its translation could not be a textual interpretation. Thus, I eventually had to translate word-for-word. Since I put English letters on what was revealed, I changed them to Korean letters. Therefore, the Korean translation is so stiff that it could not be read comfortably.

영어 부분과 한글 번역은 2019년 말에 마무리되었습니다. 그러고 나서 집중 부분을 거기에 더하였습니다. 영어 부분과 한글 번역은 문단을 따라 단계적으로 읽을 수 있습니다. 그러나 120 토픽 하나하나가 짧지 않기 때문에 다 읽어도 전체적 그림이 잡히지 않을 것 같았습니다. 그러나 그것을 요약하고 싶지 않았습니다. 제 생각이 거기에 반영될 수 있기 때문입니다. 그래서 전체 그림에 집중하는 시각이 필요하다고 결론 내렸습니다. **집중** 부분은 한글로 먼저 쓰고 영어로 번역하였습니다.

The English part and its Korean translation were finished at the end of 2019. And, then, I added the part of Focus to it, The English part and its Korean translation could be, step by step, read paragraphically. But each of the 120 topics was not short so that its whole picture might not be grasped even if it was read through. But I did not want to summarize it because my own thoughts might be reflected in it. Thus, I concluded that it would be necessary to have the perspective of focusing on the whole picture. The **Focus** part was first written in Korean and, then, translated into English.

이 글은 하나님 함께로 써졌습니다. 그분 함께는 원래적으로 또 궁극적으로 선교적입니다. 그러므로 이 글도 또한 선교적일 수밖에 없습니다. 즉 이 글은 그분 함께로 그분 함께를 위해 마련됩니다.

This writing is done with God's togetherness. His togetherness is originally and ultimately missionary. Therefore, this writing is also inevitably missionary. That is, it is prepared with His togetherness for His togetherness.

글쓰기와 번역에 29개월 꼬박 걸렸습니다. 그렇지만 그분이 제 평생을 이 걸 위해 준비해 오신 것을 고백하지 않을 수 없습니다. 이 정도라도 감당하게 되어 이제 압도되면서 또 안도하게 됩니다.

I have spent 29 months straight on this writing and its accompanied translation. However, I have to confess that He has prepared for them throughout my life. Now I am overwhelmed and relieved because I have coped with them even this much.

2020년 부활절에
Easter, 2020

Order 순서

2권   Jesus(예수님)

3권   The Holy Spirit(성령님)

God | 하나님

Part 1

The Covenant of God's Togetherness

(하나님 함께의 언약)

1.1

The Word of God(하나님의 말씀)

Christians frequently, without hesitation, put the phrase, "the word of God," on their lips. And they affirm that they read the Bible as the word of God. They are acquainted with the Bible as the word of God through the teaching of the church. And the church uses the Bible as the word of God for its activities like worship, prayer, and mission.

그리스도인들은 주저함이 없이 자주 "하나님의 말씀"이라는 말을 입술에 올립니다. 그리고 성경을 하나님의 말씀으로 읽는다고 확언합니다. 그들은 교회의 가르침을 통해 성경을 하나님의 말씀으로 익힙니다. 그리고 교회는 예배, 기도, 선교 같은 활동에 성경을 하나님의 말씀으로 사용합니다.

But to non-churchgoers, the phrase, "the word of God," is unfamiliar, even though they are familiar with the Bible. Thus, they do not understand the claim that it has to be read as the word of God. How can the written word in it be the word of God? What is the meaning of the word of God?

그러나 교회에 다니지 않는 이들은 성경은 알더라도 "하나님의 말씀"이라는 말은 생소합니다. 따라서 그들은 성경을 하나님의 말씀으로 읽어야 한다는 주장을 이해하지 못합니다. 어떻게 성경에 기록된 말이 하나님의 말씀일 수 있습니까? 하나님의 말씀이란 뜻이 무엇입니까?

Even the Christian affirmation that the Bible is the word of God is not fully resolved. Christians are acquainted with the affirmation through the church. The affirmation has been inherited in the church tradition and preserved by Christians who attend the church.

성경이 하나님의 말씀이라고 하는 그리스도인들의 확언조차도 완전히 해결되지 않습니다. 그리스도인들은 교회를 통해 그 확언을 익혀왔습니다. 그 확언은 교회 전통에서 물려져왔고 교회에 다니는 그리스도인들에 의해 보전되어왔습니다.

As the church keeps the affirmation that the Bible is the word of God in the tradition, Christians who attend the church keep it on their own lips. In this way, it has become inherent in the church. Therefore, the word of God in terms of the Bible has been stated on the basis of the church.

교회가 성경이 하나님의 말씀이라고 하는 확언을 전통으로 지니게 됨으로, 교회에 다니는 그리스도인들은 그들의 입술에 그 확언을 담습니다. 이렇게 해서 그 확언은 교회에 내재되게 되어왔습니다. 그러므로 성경에 의한 하나님의 말씀은 교회를 근거로 말해져왔습니다.

But as the church becomes institutionalized, the word of God is also institutionally recapitulated. The church doctrines and creeds are the recapitulation of the word of God by the church. In this way, the word of God becomes recapitulated into the word of the church.

그러나 교회가 기관이 되게 됨에 따라 하나님의 말씀도 또한 기관적으로 재현되게 됩니다. 교회의 교리와 신경은 교회에 의한 하나님의 말씀의 재현입니다. 이렇게 해서 하나님의 말씀은 교회의 말로 재현되게 됩니다.

Nevertheless, the word of God cannot and should not be the word of the church, for the church is not God. Then, there should be the way of talking of the word of God apart from the institutionalized church, for the church, itself, is fulfilled by the word of God. But an institutionalized church is not a fulfilled church by the word of God.

그렇지만 하나님의 말씀은 교회의 말이 될 수도 되어서도 안 됩니다. 교회가 하나님이 아니기 때문입니다. 그렇다면 기관적인 교회를 떠나 하나님의 말씀을 말할 수 있는 길이 있어야 합니다. 왜냐하면 교회 자체가 하나님의 말씀의 이루어지기 때문입니다. 그러나 기관적인 교회는 하나님의 말씀에 의해 이루어진 교회가 아닙니다.

The church shows and tells the word of God, because it is fulfilled by the word of God. In the sense that it is fulfilled by the word of God, the word of God is not to be mentioned apart from it. The word of God is shown and told with what is fulfilled by the word of God, itself.

교회는 하나님의 말씀을 보이고 말합니다. 하나님의 말씀으로 이루어지기 때문입니다. 하나님의 말씀으로 교회가 이루어진다는 뜻에서 하나님의 말씀은 교회를 떠나 언급될 수 없습니다. 하나님의 말씀은 하나님의 말씀 자체로 이루어진 것으로 보이고 말해집니다.

However, as the church is institutionalized, it is not fulfilled by the word of God any more. Then, it cannot show the Bible as the word of God, even if it teaches and uses the Bible as the word of God. The word of God cannot be taught objectively. It is shown with its own fulfillment.

그렇지만 교회는 기관이 됨으로 더 이상 하나님 말씀의 이루어지지 않습니다. 그러면 교회는 성경을 하나님 말씀으로 가르치고 사용한다고 하더라도 성경을 하나님 말씀으로 보일 수 없습니다. 하나님 말씀은 객관적으로 가르쳐질 수 없습니다. 하나님 말씀은 자체의 이루어짐으로 보입니다.

The word of God is self-fulfilling. It shows itself as the word of God with its own fulfillment. Because it is self-fulfilling, it is the word of God. Therefore, it is a mistake to affirm the word of God in terms of the Bible. The fulfillment is followed by the affirmation.

하나님의 말씀은 자체로 이루어짐입니다. 그것은 자체의 이루어짐으로 하나님의 말씀임을 보입니다. 그것은 자체의 이루어짐이기 때문에 하나님의 말씀입니다. 그러므로 하나님의 말씀을 성경으로 확언하는 것은 잘못입니다. 확언은 이루어짐에 따라옵니다.

As mentioned, the Bible can be read not as the word of God. As long as it is not fulfilled as the word of God, there is no way to affirm it as the word of God objectively. There can be no identifiable means to confirm the word of God as such. It is confirmed by its own fulfillment.

언급한 것처럼 성경은 하나님의 말씀이 아님으로 읽혀질 수 있습니다. 그것이 하나님의 말씀으로 이루어지지 않는 한 하나님의 말씀이라고 객관적으로 확언할 길이 없습니다. 하나님의 말씀 그 자체를 확인하는 어떤 규명 방법도 있을 수 없습니다. 하나님의 말씀은 그 자체의 이루어짐으로 확인됩니다.

The Bible is the canonized book by the institutionalized church. Its appearance as a book is due to its canonization by the church. Therefore, as far as its appearance is concerned, its canonization by the church cannot be overlooked. But the word of God cannot be canonized.

성경은 기관적인 교회에서 정경이 된 책입니다. 성경이 책으로 나타난 것은 교회가 정경화 했기 때문입니다. 그러므로 성경의 나타남을 고려한다면 교회에 의한 정경화를 간과할 수 없습니다. 그렇지만 하나님의 말씀은 정경화될 수 없습니다.

Consequently, the canonization of the Bible does not warrant that it is the word of God. The mere containment in it does not provide the status of the word of God. Its canonization is nothing but a church activity and, thus, the outcome of the institutionalization of the church.

따라서 성경의 정경화가 성경이 하나님의 말씀이라고 보증하지 않습니다. 정경화 된 성경에 포함된 것만으로 하나님의 말씀이라는 지위를 제공하지 않습니다. 성경의 정경화는 교회의 활동이고 따라서 교회가 기관화됨에 따른 결과입니다.

Therefore, the churchgoers affirm that the Bible is the word of God according to the instruction of the church. But to the non-churchgoers it is merely a book of anthology. The latter might believe that it is the word of God while reading it, but they do not begin to read it as the word of God.

그러므로 교회에 다니는 이들은 교회의 가르침에 따라 성경을 하나님의 말씀이라고 확언합니다. 그러나 교회에 다니지 않는 이들에게는 성경이 단지 선집에 지나지 않습니다. 후자도 성경을 읽으면서 그것이 하나님의 말씀이라고 믿게 될지 모르지만 성경을 하나님의 말씀이라고 하면서 읽기를 시작하지 않습니다.

Even the churchgoers who outwardly state that the Bible is the word of God are inwardly insecure about their own statement. Even if they cite, "the word of God," they are not sure what it is. Thus, they are indulged in their own experience of it. Since an experience is inwardly realized, they are assured that much.

외면적으로 성경을 하나님의 말씀이라고 진술하는 교회에 다니는 이들조차도 내면적으로는 그들 자신의 진술에 불확실합니다. 그들은 "하나님의 말씀"이라고 인용은 하지만 그것이 무엇인지 확실하지 않습니다. 그래서 그들은 하나님의 말씀에 대한 자신들의 체험에 몰입되게 됩니다. 체험은 내적으로 실현된 것임으로 그들은 그 만큼 확신하게 됩니다.

The inward experience may lead to personal conviction, but it is confined to the individual consciousness. Then, there remain the two unresolved problems: How can the personal experience be claimed as the experience of the word of God? And even if the personal experience is the experience of the word of God, how is one person's experience related to another person's experience?

내면적인 체험은 개인적인 확신으로 이끌어갈 수 있습니다. 그러나 그것은 개인의 의식에 한정됩니다. 그러면 해결되지 않는 두 가지 문제가 남습니다: 어떻게 개인의 체험을 하나님의 말씀의 체험이라고 주장될 수 있을까요? 그리고 개인의 체험이 하나님의 말씀의 체험이라고 하더라도, 한 개인의 체험이 다른 사람의 체험과 어떻게 연관됩니까?

As for an individual, his own experience may be regarded as the basis of his consciousness. Thus, if he has experience, he feels sure. When he thinks that he experiences the word of God, he feels sure of the word of God. But experiencing, feeling, and thinking remain in his inner realm.

개인으로서 자신의 체험이 의식의 기본이라고 여겨질 수 있습니다. 따라서 그가 체험을 하게 되면 확실함을 느낍니다. 그가 하나님의 말씀을 체험한다고 생각하면 하나님의 말씀에 대한 확실함을 느낍니다. 그러나 체험, 느낌, 그리고 생각은 그의 내적 영역에 머뭅니다.

Then, there arise questions: Is the word of God what is to be experienced? If experience is personal, then is the word of God to be personalized? Even though personal awareness is accompanied with personal experience, the word of God cannot be personalized.

If so, God is personalized

그러면 질문들이 생깁니다: 하나님의 말씀은 체험되는 것입니까? 체험이 개인적임으로 하나님의 말씀도 개인적이 됩니까? 개인적인 앎이 개인적인 체험을 수반하더라도, 하나님의 말씀은 개인화될 수 없습니다. 그렇다면 하나님이 개인화되게 됩니다.

Experiencing and what is experienced are different. Experiencing is personal, but what is experienced is not personal. When students hear a lecture, their hearing experience is personal, but what they heard is not personal. In this case, they do not think of their experience of hearing.

체험하는 것과 체험된 것은 다릅니다. 체험하는 것은 개인적입니다. 그러나 체험된 것은 개인적이지 않습니다. 학생들이 강의를 들을 때, 그들의 듣는 체험은 개인적입니다. 그러나 그들이 들은 것은 개인적이지 않습니다. 이 경우 그들은 듣는 그들의 체험을 생각하지 않습니다.

Students are eager to hear lectures, but they are not eager to experience the hearing of lectures. For the word of God, not the experiencing of it but the hearing of it matters. As lectures are heard directly, the word of God is also heard directly. As the hearing of lectures yields understanding, the hearing of the word of God bear assurance of it.

학생들은 강의를 열심히 들으려고 합니다. 그러나 그들은 강의를 듣는 체험에 열심이지 않습니다. 하나님의 말씀에 대해, 그것에 대한 체험이 아니라 그것의 들음이 문제입니다. 강의를 직접 듣듯이 하나님의 말씀도 또한 직접 듣습니다. 강의의 들음이 이해를 산출하듯이, 하나님 말씀의 들음이 하나님의 말씀에 대한 확신을 맺습니다.

Even though one's unusual experience may assure him of his conviction, it remains inside of him as long as it is not accompanied with what is heard as the word of God. The word of God is directly heard without a medium. It is misleading to think that there is a way to hear the word of God assuredly.

사람의 특이한 체험이 자신의 확신을 보장할지 모르지만, 그것은 하나님의 말씀으로 들은 것과 수반되지 않으면 자신의 내면에 남습니다. 하나님의 말씀은 중간 매체가 없이 직접 들립니다. 하나님의 말씀을 의심 없이 들을 길이 있다고 생각하는 것은 잘못입니다.

The church, the Bible, and personal experience are said to be together for the word of God. However, any of them cannot be led to the confirmation of the word of God. But if they are the fulfillment or outcome of it, they can show it. Then, it is transmitted through them.

교회, 성경, 그리고 개인의 체험은 하나님의 말씀에 대해 같이 말해질 수 있습니다. 그렇지만, 어떤 것도 하나님 말씀의 확인으로 이끌어질 수 없습니다. 그러나 만약 그것들이 하나님의 말씀의 이루어짐이나 소산이면 하나님의 말씀을 보일 수 있습니다. 그러면 하나님의 말씀은 그것들을 통해 전해집니다.

The word of God is heard as the word of God. The word of God comes from the One who has the name, "I AM WHO I AM," i.e., "the LORD". Therefore, it tells of itself, and it is heard as itself. It is heard without any prerequisite of understanding. The hearing of it is the beginning of the recognition of it.

하나님의 말씀은 하나님의 말씀으로 들려집니다. 하나님의 말씀은 "스스로 인 자," 곧 "주님"이라는 이름을 지닌 분으로부터 옵니다. 그러므로 하나님의 말씀은 자체를 말하고 자체로 듣게 됩니다. 그것은 어떤 이해의 전제 없이 들려집니다. 그것의 들음은 그것의 인지의 시작입니다.

The verses in the Bible can be interpreted with understanding, But the word of God cannot be interpreted with understanding. The verses in the Bible can be quoted, but the word of God is not to be quoted. The Bible is sold, but the word of God is not to be sold.

성경에 있는 구절은 이해로 설명될 수 있습니다. 그러나 하나님의 말씀은 이해로 설명될 수 없습니다. 성경의 구절은 인용됩니다. 그러나 하나님의 말씀은 인용되지 않습니다. 성경은 판매됩니다. 그러나 하나님의 말씀은 판매될 수 없습니다.

A book and its author are different. It displays its own role apart from its author's original plan. It can be arbitrarily understood and interpreted by its readers, and its parts are quoted and cited by them with their purpose. It is under the disposal of its reader rather than its author.

책과 책의 저자는 다릅니다. 책은 저자의 원래 계획을 떠나 자체의 역할을 드러냅니다. 그것은 독자에 의해 임의로 이해되고 설명됩니다. 그리고 그것의 부분은 독자들의 목적에 따라 인용되고 제시됩니다. 책은 저자보다 독자의 처분에 처해집니다.

However, God's word is not separated from God. Therefore, it is not to be understood or interpreted arbitrarily. Since people regard the Bible as His word, they allege that they understand and interpret His word. But when they understand or interpret it, it is no more His word, since it is separated from Him.

그렇지만 하나님의 말씀은 하나님으로부터 분리되지 않습니다. 그러므로 그것은 임의로 이해되거나 설명되지 않습니다. 사람들이 성경을 그분의 말씀으로 여기기 때문에, 그들은 그분의 말씀을 자신들이 이해하고 설명한다고 주장합니다. 그러나 그들이 그분의 말씀을 이해하고 설명할 때, 그것은 더 이상 그분의 말씀이 아닙니다. 그것이 하나님으로부터 분리되기 때문입니다.

Therefore, God's word should be heard or read with His togetherness. In this respect, His word has to be 'meditated' from the perspective of His togetherness. His word is not floating like man's word but pivoted with His togetherness. His word is the word of His togetherness.

그러므로 하나님의 말씀은 그분의 함께로 듣고 읽어져야 합니다. 이점에서 그분 말씀은 그분 함께의 관점으로 '묵상'되어야 합니다. 그분 말씀은 사람의 말과 같이 떠돌지 않고 그분 함께로 추축됩니다. 그분 말씀은 그분 함께의 말씀입니다.

The word of God is transmitted through the ones to whom He gives His word. His word is His spoken word to them with whom He is together. Therefore, it witnesses and unfolds His togetherness. The reading or hearing of His word is primarily being together with Him.

하나님의 말씀은 그분이 그분 말씀을 주신 이들을 통해 전해집니다. 그분 말씀은 그분이 함께하시는 이들에게 그분의 들려주신 말씀입니다. 그러므로 그것은 그분 함께를 증거하고 펼칩니다. 그분 말씀의 읽음과 들음은 일차적으로 그분과 함께함입니다.

In the church tradition, Christians are accustomed to utter the word of God apart from His togetherness. Therefore, they like to associate it with the church, the Bible, or their own experience. Thus, they accept it as an enigma that is to be resolved. As long as they regard it an enigma, they do not hear it yet.

교회 전통에서 그리스도인들은 하나님의 함께를 떠나 그분 말씀을 발설하는 것에 익숙합니다. 그러므로 그들은 하나님의 말씀을 교회, 성경, 그리고 그들의 체험과 관련시키려고 합니다. 따라서 그들은 하나님의 말씀을 해결되어야 할 수수께끼같이 받아들입니다. 하나님의 말씀을 수수께끼로 여기는 한, 그들은 아직 하나님의 말씀을 듣지 못합니다.

Consequently, even if Christians are seriously concerned with God's word, they do not admit that it is pivoted with His togetherness. Instead, they concede that it is heard from the church or read from the Bible. And they have the conviction of it with their own experience. Yet, they are not acquainted with its fulfillment.

결과적으로, 그리스도인들이 하나님의 말씀에 심각하게 관심을 갖더라도, 그들은 하나님의 말씀이 그분 함께로 추축된 것을 인정하지 않습니다. 그 대신 그들은 하나님의 말씀을 교회로부터 듣거나 성경으로부터 읽는다고 여깁니다. 그리고 그들은 자신들의 경험으로 하나님의 말씀에 대한 확신을 갖습니다. 그렇지만 그들은 아직 하나님의 말씀의 이루어짐에 익숙하지 못합니다.

God's word is given with His togetherness. Therefore, His word cannot be identified with the church word, the Biblical word, or the personal experiencing word. With His togetherness it is fulfilled in the church, disclosed in the Bible, and guided into the Christian life.

하나님의 말씀은 그분 함께로 주어집니다. 그러므로 그분 말씀은 교회의 말, 성경의 말, 혹은 개인적인 체험의 말로 동일시 할 수 없습니다. 그분 함께로 하나님의 말씀은 교회로 이루어지고, 성경으로 드러나고, 그리스도인의 삶으로 인도됩니다.

집중(Focus)

하나님의 말씀이라는 의식은 어떻게 생깁니까? 그것은 종교적인 의식이 아닙니다. 교회 전통에서 성경은 하나님의 말씀으로 관심이 되어왔습니다. 그렇지만 교회가 기관이 되어 성경을 정경화함으로 교회가 하나님의 말씀을 규정하는 것이 되었습니다. 따라서 교회에 다니는 교인들은 아무런 의식이 없이 교회에서 가르치는 대로 성경을 하나님의 말씀이라고 합니다.

How has the consciousness of God's word arisen? It is not a religious consciousness. In the church tradition, the Bible has been regarded as His word. However, as the church became an institute so that it canonized the Bible, it seemed to have determined His word. Thus, the churchgoers, without being conscious of it, tell that the Bible is His word in accordance with its teaching.

이 경향 때문에 하나님의 말씀을 의식하는 문제가 제기됩니다. 그러면서 그것에 대한 개인의 체험이 다루어집니다. 개인의 체험으로 하나님의 말씀이 확실히 의식된다고 합니다. 그러나 개인의 체험은 지극히 개인적입니다. 하나님의 말씀에 대한 개인의 체험적인 의식은 당사자에 머뭅니다. 그렇지만 하나님의 말씀은 개인적일 수 없습니다.

Because of this tendency, the problem of being conscious of God's word is to be raised. And, then, the personal experience of it is dealt with. It is alleged that His word is clearly being conscious with personal experience. But personal experience is very personal. Personal experiential consciousness of His word remains inside of the experienced person. Nevertheless, His word cannot be personal.

하나님의 말씀은 교회, 성경, 개인적인 체험보다 우선입니다. 그것은 그 자체로 하나님의 말씀으로 의식되어야 합니다. 그것으로 교회가 이루어지고, 성경이 엮어지고 그리고 그리스도인의 의식이 형성되면서 교회의 삶이 드러나기 때문입니다. 하나님의 말씀은 무엇보다 먼저 그분의 함께로 의식되게 됩니다. 즉 하나님의 말씀은 언약적입니다.

God's word is prior to the church, the Bible, or personal experience. It, in itself, should be being conscious of as His word, for with it, the church is fulfilled, the Bible is bound, and the Christian consciousness is composed so that the church life may be unveiled. His word, above all, is to be conscious with His togetherness. That is, His word is covenantal.

1.2

God's Togetherness(하나님의 함께)

God cannot be contained in individual feeling, experience, or thought. God told in terms of individual feeling is religious God; God told in terms of individual experience is personal God; and God told in terms of individual thought is ontological God. Any talking of Him individually is limited. He should be told in togetherness.

하나님은 개인의 느낌, 체험, 그리고 생각에 담아질 수 없습니다. 개인의 느낌으로 말해지는 하님은 종교적인 하나님이고, 개인의 체험으로 말해지는 하나님은 개인의 하나님이고, 개인의 생각으로 말해지는 하나님은 존재론적 하나님입니다. 그분에 대해 개인적으로 말하는 것은 제한됩니다. 그분은 함께로 말해져야 합니다.

Because the word of God is not separable from God, it is mediated with His togetherness. Man's word, by whomever it might be uttered, is primarily heard in terms of its case in the world, for the utterer is also subjected to his case in the world. His own imagination comes out of him who is subjected to his situation.

하나님의 말씀은 하나님으로부터 분리하지 않기 때문에 그분 함께로 묵상됩니다. 사람의 말은 누구에 의해 발설되더라도 일차적으로 세상에서 경우로 들려집니다. 발설자도 또한 세상에서 자신의 경우에 종속되기 때문입니다. 자신의 상상도 자신이 처한 상황에 종속된 자신으로부터 나옵니다.

Therefore, man's word comes out as the case of the world. Even if it is uttered as a non-case of imagination, it is heard on the basis of the case of the world. Lie, imagination, or myth is told on the basis of the case of the world. It is somehow a distortion, extrapolation, or combination of the words of the case of the world.

그러므로 사람의 말은 세상의 경우로서 나옵니다. 그것이 경우가 아닌 상상으로 발설되더라도 세상의 경우에 근거해서 들려집니다. 거짓말, 상상, 혹은 신화는 세상의 경우에 근거해서 말해집니다. 그것은 여하튼 세상 경우의 왜곡, 외삽, 혹은 혼합입니다.

However, God's word does not come from the case of the world but comes from His togetherness. As His name, "I AM WHO I AM," i.e., "the LORD," indicates, He is not subjected to the case of the world. Thus, His word is not also subjected to the case of the world. In this respect, His word and man's word are seen from completely different perspectives.

그렇지만 하나님의 말씀은 세상의 경우로부터 나오지 않고 그분의 함께로부터 나옵니다. 그분의 이름, "스스로인 자," 곧 "주님"이 가리키듯이, 그분은 세상 경우에 종속되지 않습니다. 따라서 그분의 말씀도 또한 세상 경우에 종속되지 않습니다. 이 점에서 그분의 말씀과 사람의 말은 전혀 다른 관점으로 보아집니다.

God gives His word for His own togetherness. Or He, primarily, speaks as His togetherness. His word is the word of His togetherness. There is nothing that He says objectively or subjectively apart from His togetherness. Therefore, His word is pivoted on His togetherness rather than Himself.

하나님은 그분 자신의 함께로 그분 말씀을 주십니다. 혹은 그분은 일차적으로 그분 함께로 말씀하십니다. 그분의 말씀은 그분 함께의 말씀입니다. 그분 함께를 떠나 그분이 객관적으로나 주관적으로 말씀하실 것은 없습니다. 그러므로 그분의 말씀은 그분 자신보다 그분 함께에 추축 됩니다.

The meditation of God's word is guided by His togetherness. He is not subjected to anything; therefore, He only initiates with His word. Consequently, it is always preceded by His works. This is why the priority of His word has to be assured. Otherwise, His word is conditioned by the case of the world.

하나님 말씀의 묵상은 그분 함께에 의해 인도됩니다. 그분은 어떤 것에도 종속되지 않습니다. 그러므로 그분은 단지 그분 말씀으로 개시하십니다. 결과적으로, 그분 말씀은 항시 그분의 일보다 먼저입니다. 이 때문에 그분 말씀의 우선성이 확신되어야 합니다. 그렇지 않으면 그분 말씀은 세상의 경우에 의해 조건적이 됩니다.

God is told with His togetherness in terms of His word, or He is told with His word for His togetherness. In this way, He is not told in terms of His existence or nature. If His word is meditated, there is no way to have the ontological perspective of Him. The ontological perspective arises because what is is considered as the basis of any talk.

하나님은 그분 말씀의 의한 그분 함께로 말해집니다. 혹은 그분은 그분 함께를 위한 그분 말씀으로 말해집니다. 이렇게 하여 그분은 그분의 존재나 본성으로 말해지지 않습니다. 그분의 말씀이 묵상되어지면, 그분에 대해 존재론적인 관점을 가질 길은 없습니다. 존재론적 관점은 있는 것이 무슨 말에든 기본이라고 여겨지기 때문에 생깁니다.

Man's word originates from what is the case of the world. Therefore, it is treated ontologically. But God's word is not based on what is the case of the world. Therefore, His word is not to be interpreted with His existence or nature. It has to be read as the unfolding of His togetherness.

사람의 말은 세상의 경우인 것으로부터 유래합니다. 그러므로 그것은 존재론적으로 다루어집니다. 그러나 하나님의 말씀은 세상의 경우인 것에 근거하지 않습니다. 그러므로 그분의 말씀은 그분의 존재나 본성으로 설명될 수 없습니다. 하나님의 말씀은 그분 함께의 펼쳐짐으로 읽어져야 합니다.

The word of God is precedent to what is the case of the world. Its priority has to be secured for it to be meditated with His togetherness. Then, its meaning is disclosed with His togetherness. That is, His word is read with His togetherness. And His work is the outcome of His togetherness.

하나님의 말씀은 세상의 경우인 것보다 먼저입니다. 하나님 말씀의 우선성은 그것이 그분 함께로 묵상되도록 보장되어야 합니다. 그러면 그것의 뜻은 그분 함께로 드러나 집니다. 즉 그분 말씀은 그분 함께로 읽어집니다. 그리고 그분 일은 그분 함께의 소산입니다.

Since God's word is considered to be attached to His work done by His power which is associated with His existence or nature, it comes to be treated as one of available religious words as His work is observed as an outcome in the world. This tendency is inevitable as long as its meaning is searched as anything that happened in the world.

하나님의 말씀이 하나님의 존재나 본성과 관련된 하나님의 힘에 의한 그분 일에 고착되었다고 여겨지기 때문에, 하나님의 말씀은 하나님의 일이 세상에서 소산으로 주시되면서 접할 수 있는 하나의 종교적인 말로 다루어지게 됩니다. 이 경향은 하나님 말씀의 뜻이 세상에 일어난 어떤 것으로 추구되는 한 피할 수 없습니다.

Because God's word is observed in terms of its effectiveness in the world like the law or a religious teaching, it is dealt with in the Bible, the church, or personal experience. As the Bible, the church, or personal experience is characterized by its worldly status, it also becomes characterized in terms of its effectiveness in the world.

하나님의 말씀이 율법이나 종교적인 가르침과 같이 세상에서 효과성으로 보아지기 때문에 성경, 교회, 혹은 개인적인 체험으로 다루어집니다. 성경, 교회, 혹은 개인의 체험이 세상의 상태로 특징지어짐에 따라 하나님의 말씀도 세상에서 효과성으로 특징지어집니다.

Nevertheless, God's word is fulfilled as His togetherness unfolds. With His togetherness His word is meditated in terms of its fulfillment. Then, as His togetherness is fulfilled, His word is also fulfilled. His word has to be read in terms of fulfillment rather than effectiveness. This claim is tenable with His togetherness.

그렇지만 하나님의 함께가 펼쳐짐에 따라 그분 말씀은 이루어집니다. 하나님의 함께로. 그분 말씀은 이루어짐으로 묵상됩니다. 그러면 하나님 함께가 이루어짐에 따라 그분 말씀도 또한 이루어집니다. 그분 말씀은 효과성으로 보다 이루어짐으로 읽어져야 합니다. 이 주장은 그분의 함께로 옹호됩니다.

If God's togetherness rather than God Himself is focused, the word "fulfill" becomes the main verb. Then, the basic statement is: His togetherness is fulfilled. And from the perspective of the fulfillment, His word can be heard. It is given for its fulfillment. His word with His togetherness, not Himself, is fulfilled.

하나님 자신보다 그분 함께가 집중되면, "이루어지다"라는 말이 주된 동사가 됩니다. 그러면 기본 표현은 이렇습니다: 그분 함께는 이루어집니다. 그리고 이루어짐의 관점에서 그분 말씀은 들려질 수 있습니다. 그분 말씀은 이루어짐으로 주어집니다. 그분 말씀은 그분 자신이 아닌 그분 함께로 이루어집니다.

But since God's togetherness is overlooked, His word is regarded as having the word, "be," as the main verb because He is explicated in terms of His being. Nevertheless, His togetherness rather than His being is suitable for the retelling of His word. His word should be the word of his togetherness.

그러나 하나님의 함께가 간과되기 때문에, 그분 말씀은 "이다"라는 말을 주된 동사로 갖는다고 여겨집니다. 하나님은 그분 존재로 상설되기 때문입니다. 그렇지만 하나님의 존재보다 하나님 함께가 그분 말씀을 되풀이하기에 적절합니다. 그분 말씀은 그분 함께의 말씀이어야 합니다.

As the concernment of God is shifted from His being to His togetherness, the perspective of the reading of His word is shifted from its being to its fulfillment. As far as the priority of His word is preserved, fulfillment rather than being is appropriate to it. Its priority is unveiled in its fulfillment.

하나님에 대한 관심이 그분의 존재에서 그분의 함께로 바뀜에 따라, 그분 말씀을 읽는 관점이 그분 말씀의 있음에서 그분 말씀의 바뀌어 집니다. 그분 말씀의 우선성이 보전되는 한, 존재보다 이루어짐이 거기에 적합합니다. 그분 말씀의 우선성은 이루어짐으로 드러납니다.

We can talk of God in terms of His togetherness. Therefore, whatever we say of Him is the narrative of His togetherness. We who speak of Him are we who are together with Him. On the basis of being together with Him, we speak of Him. In this respect, we are His covenant people.

우리는 하나님을 그분의 함께로 말할 수 있습니다. 그러므로 우리가 그분에 대해 말하는 것은 무엇이든 그분 함께의 서사입니다. 하나님에 대해 말하는 우리는 하나님과 함께하는 우리입니다. 하나님과 함께함의 근거에서 우리는 하나님에 대해 말합니다. 이 점에서 우리는 하나님의 언약의 백성입니다.

Therefore, the God of whom we speak is the God with whom we are together. We narrate Him in terms of His fulfillment. In this respect, the God who is told with His word is God who is together with us who have His word. That is, the God who is known with His word is God who is together with us.

그러므로 우리가 말하는 하나님은 우리가 함께하는 하나님이십니다. 우리는 그분의 이루심으로 그분을 서사합니다. 이 점에서 그분 말씀으로 말해지는 하나님은 그분 말씀을 지닌 우리와 함께하는 하나님이십니다. 즉 그분 말씀으로 아는 하나님은 우리와 함께하는 하나님이십니다.

God's word is narrated with His togetherness rather than His being. It is narrated because it is primarily given to His people. Even if He is self-revealing Himself in it, His self-revelation is for letting them know Him. His self-revelation is also an instance of His togetherness. His revelation has an ontological sense, but His togetherness a covenantal sense.

하나님의 말씀은 그분 존재보다 그분 함께로 서사됩니다. 그분 말씀은 그분 백성에게 일차적으로 주어지기 때문에 서사됩니다. 그분이 그분 말씀에 그분 자신을 스스로 계시하시더라도, 그분 스스로 계시는 그들로 그분을 알게 하게 위함입니다. 그분 스스로 계시는 또한 그분 함께의 사례입니다. 그분의 계시는 존재론적 의미를 띱니다. 그러나 그분의 함께는 언약적 의미를 띱니다.

God who is known by His people in terms of His word that is given to them is not of His being but His togetherness. Therefore, their life is not stated as its being but narrated as its togetherness. They are not to live for themselves but to live for togetherness, for He is together with them.

하나님의 백성에게 주어진 그분 말씀으로 그분 백성에 의해 알려진 하나님은 그분의 존재가 아닌 그분의 함께입니다. 그러므로 그들의 삶은 존재로 진술되지 않고 함께로 서사됩니다. 그들은 자신들을 위해 살지 않고 함께로 삽니다. 그분이 그들과 함께하시기 때문입니다.

Togetherness, itself, is the basis and ground of life. It is not derivative from individuals. It is not a gathering of individuals. Therefore, the life of togetherness is different from that of existence or religion. Existence or religion is based on individuality. On the basis of individuality, God is treated ontologically or religiously.

함께는 자체로 삶의 기본이고 근거입니다. 그것은 개인들로 파생되지 않습니다. 그것은 개인들의 모음이 아닙니다. 그러므로 함께의 삶은 존재하는 삶이나 종교적인 삶과 다릅니다. 존재나 종교는 개인성에 기반 합니다. 개인성의 기반으로 하나님은 존재론적으로 혹은 종교적으로 다루어집니다.

A life of togetherness unfolds with God's togetherness. Because of His togetherness His people live a life of togetherness. That's why His word is ultimately the word of togetherness. Therefore, it should not be understood ethically or religiously, for ethics or religion enhances individuality.

함께의 삶은 하나님의 함께로 펼쳐집니다. 그분 함께 때문에 그분 백성은 함께의 삶을 삽니다. 그 때문에 그분 말씀은 궁극적으로 함께의 말입니다. 그러므로 그분 말씀은 윤리적으로 혹은 종교적으로 이해되지 말아야 합니다. 윤리나 종교는 개인성을 진작시키기 때문입니다.

God's togetherness should not be confused with His relationship. Relationship is applied to two independent entities. Therefore, His relationship means that He, as an independent being, is related with independent individuals independently. The individuals who are related to Him are independent of one another.

하나님의 함께는 그분의 관계로 혼동되지 말아야 합니다. 관계는 두 개의 독립된 개체들에 적용됩니다. 그러므로 그분의 관계는 그분이 독립된 존재로서 독립된 개인들과 독립적으로 관계된다는 것을 뜻합니다. 그분과 관계된 개인들은 서로 독립적입니다.

God's togetherness with His people unfolds into one-ness. The giver of the word and the receiver of it are not to be separated. Since God is inseparable from His word, God and His people are together with His word. This is the meaning of the covenant. In the covenant, He is known to His people with His togetherness.

하나님의 백성과 그분의 함께는 하나로 펼칩니다. 말씀을 주시는 이와 받는 이는 분리될 수 없습니다. 하나님은 그분 말씀과 분리될 수 없음으로, 하나님과 그분의 백성은 그분 말씀으로 함께합니다. 이것이 언약의 뜻입니다. 언약에서 그분은 그분 함께로 그분의 백성에게 알려집니다.

God's word is received as the covenant word with His togetherness. From the covenant perspective, God is the covenant God, His people are the covenant people, and His word is the covenant word. All are told in the covenant life of togetherness. The covenant life is a life of togetherness.

하나님의 말씀은 그분 함께로 언약의 말씀으로 받아집니다. 언약의 관점에서 하나님은 언약의 하나님이시고, 그분 백성은 언약의 백성이고, 그리고 그분 말씀은 언약의 말씀입니다. 모든 것은 함께하는 언약의 삶에서 말해집니다. 언약의 삶은 함께의 삶입니다.

God is not together with those who are chosen selectively. His togetherness is not restrictive. It is untenable to claim that He chooses particular individuals to enhance their excellency or morality to work for the benefit of others. His togetherness should not be interpreted in this way.

하나님은 골라서 선택된 이들과 함께하지 않으십니다. 그분 함께는 제한적이지 않습니다. 그분이 특별한 개인들을 선택해서 다른 사람들에게 혜택을 주도록 하기 위해 그들의 우수성이나 도덕성을 진작시킨다고 주장하는 것은 지지되지 않습니다. 그분 함께는 이런 식으로 해석되지 말아야 합니다.

People arc conscious of individually and live individually. Thus, they want to be together with God individually. That's why they are inclined to believe that He is together with them individually. In this case, His togetherness is nothing but His relationship with each of them. But His relationship with each of them is nothing other than their own feelings.

사람들은 개인적으로 의식하고 개인적으로 삽니다. 따라서 그들은 하나님과 개인적으로 함께하길 바랍니다. 그 때문에 그들은 그분이 그들과 개인적으로 함께하신다고 믿으려 합니다. 이 경우 그분 함께는 그들 각 개인과 그분 관계에 지나지 않습니다. 그러나 그들 각 개인과 그분의 관계는 그들 자신들의 느낌일 뿐입니다.

As long as people hold their individuality, they only think of their relationship with God individually. They are talking of their relationship with Him from their self-centered perspective. And their insistence on keeping His word is nothing but their own self-centered interpretation of it.

사람들이 그들 개인성을 유지하는 한, 그들은 단지 개인적으로 하나님과 관계를 생각합니다. 그들은 자기중심적인 관점에서 그분과 관계를 말합니다. 그리고 그분 말씀을 지닌다는 그들의 주장은 그분 말씀에 대한 자신들의 자기중심적인 해석일 뿐입니다.

God's togetherness is His own initiation and finality. A life of togetherness is initiated with His togetherness and will be finalized with His togetherness. In between, it unfolds in accordance with the fulfillment of His word. His word is not given to individuals, since it is given to His people covenantally.

하나님의 함께는 그분의 개시이고 끝입니다. 함께의 삶은 그분 함께로 개시되어 그분 함께로 끝맺습니다. 그 사이에 그분 말씀의 이루어짐을 따라 그분 함께는 펼쳐집니다. 그분 말씀은 개인들에게 주어지지 않습니다. 그분 말씀은 그분 백성에게 언약적으로 주어지기 때문입니다.

There is nothing to be fulfilled to individuals. They grow with individuality that was inherited from their birth. Their individuality is what is preserved and developed. But it is by no means what is fulfilled by God's word. His word is only fulfilled into togetherness.

개인들에게 이루어질 것은 없습니다. 개인들은 태어남으로 유전된 개인성으로 자랍니다. 그들의 개인성은 보전되고 발전되는 것입니다. 그러나 그것은 결코 하나님의 말씀으로 이루어지는 것은 아닙니다. 그분 말씀은 단지 함께로 이루어집니다.

If God's word is formulated into doctrines, it is no more what is to be fulfilled. The doctrines are formulated in order to give the standard of the individual understanding of the Biblical content for their faith. Therefore, they may work for individual excellence or virtue, but they do not work for a life of togetherness.

하나님의 말씀이 교리로 형식화되면 더 이상 이루어질 것이 아닙니다. 교리는 개인들의 믿음을 위한 성경 내용에 대해 개인적인 이해의 기준을 주기 위해 형식화됩니다. 그러므로 교리는 개인의 우수성이나 덕을 위해 일할지 모르지만 함께의 삶을 위해 일하지 않습니다.

The perspective as well as life of togetherness is fulfilled with God's togetherness. His people to whom His word is given can have such perspective and life, for they are guided by His togetherness. Togetherness is only fulfilled with His togetherness.

함께의 관점과 삶은 하나님 함께로 이루어집니다. 하나님의 말씀이 주어진 그분 백성은 그런 관점과 삶을 지닐 수 있습니다. 왜냐하면 그들은 그분 함께로 인도되기 때문입니다. 함께는 단지 그분 함께로 이루어집니다.

Therefore, the narrative of God in accordance with His word begins with the dealing of His togetherness. His word is the unfolding of His togetherness; likewise, the narrative of Him is also the unfolding of His togetherness. Any narrative of Him cannot come from the narrator's own understanding.

그러므로 하나님의 말씀을 따른 그분의 서사는 그분 함께를 다룸으로 시작합니다. 그분 말씀은 그분 함께의 펼침입니다. 마찬가지로 그분에 대한 서사는 그분 함께의 펼침입니다. 그분에 대한 어떤 서사든 서사하는 이의 이해로부터 나올 수 없습니다.

But people generally think differently. According to them, even a narrative of God cannot but come from the narrator's personal experience or understanding of the Bible. And since it contains His story, he talks of Him with his own personal understanding. Thus, as long as it is encountered in daily life, it is read personally like any other book.

그러나 사람들은 일반적으로 달리 생각합니다. 그들에 의하면, 하나님에 대한 서사조차도 서사하는 이의 개인적인 체험이나 성경에 대한 이해로 나올 수밖에 없습니다. 또 하나님에 대한 서사가 그분의 이야기를 담고 있기 때문에, 서사하는 이는 자신의 개인적인 이해로 그분을 말합니다. 따라서 하나님의 서사가 일상적인 삶에서 접해지는 한 다른 책과 같이 개인적으로 읽어집니다.

But the reading of the Bible as the word of God cannot be the same as the reading of it as a kind of book. People tend to think that all books are given in the reader's own disposal. Therefore, the reader's reading of them is, in a sense, recreational. But the reading of the Bible as the word of God cannot be recreational.

그러나 하나님의 말씀으로 성경을 읽음은 그것을 하나의 책으로 읽음과 같을 수 없습니다. 사람들은 모든 책이 독자의 재량에 맡겨진 것이라고 생각하는 경향이 있습니다. 그러므로 독자의 책 읽음은 어느 의미에서 재창조적입니다. 그러나 하나님의 말씀으로 성경을 읽음은 재창조적일 수 없습니다.

집중(Focus)

하나님의 말씀은 하나님이신 분의 말씀이라고 여겨질 수 없습니다. 그보다 하나님 함께의 말씀입니다. 하나님의 말씀은 하나님께서 그분 백성에게 그분 함께로 주신 말씀이기 때문입니다. 그것은 하나님의 백성에 의해 간직됩니다. 그들에 의해 하나님의 말씀으로 발설됩니다. 즉 그것은 언약의 말씀입니다. 하나님의 말씀이라고 대상적으로 지칭될 수 있는 것은 없습니다.

God's word cannot be considered as the word of the One who is God. Rather, it is the word of His togetherness, for it is given to His people for His togetherness. It is kept by His people. It is uttered by them God's word. That is, it is the covenant word. There is nothing to be denoted as God's word objectively.

하나님의 말씀은 하나님 자신으로보다 하나님의 함께로 전개됩니다. 즉 하나님의 말씀으로 표현되는 것은 하나님 자신이 아닌 하나님의 함께입니다. 성경은 하나님의 함께로 서사되기 때문에 하나님의 말씀입니다. 즉 하나님의 함께는 성경이 하나님의 말씀이라고 확언하는데 전제됩니다. 달리 말하면, 하나님 함께의 시각으로만 성경은 하나님의 말씀이라고 확언됩니다.

God's word is generated with His togetherness rather than with Himself. That is, what is expressed by His word is not Himself but His togetherness. The Bible is His word since it is narrated with His togetherness. That is, His togetherness is presupposed in the affirmation that it is His word. Phrasing differently, the Bible can be affirmed as His word from the perspective of His togetherness only.

사람의 말은 세상의 경우를 근거해서 전개됩니다. 따라서 사람의 말은 말한 사람을 떠나 세상의 경우를 따라 이용되게 됩니다. 그러나 하나님의 말씀은 하나님을 떠나 자체로 이용될 수 없습니다. 그렇게 되면 사람의 말과 같이 됩니다. 그러므로 하나님의 말씀은 하나님의 함께로만 뜻을 띱니다. 하나님의 말씀은 하나님 함께의 말씀입니다.

Man's word is generated on the basis of the case of the world. Thus, it is utilized in terms of the case of the world apart from its utterer. But God's word cannot be utilized apart from Him. If so, it becomes the same as man's word. Therefore, His word has its meaning with His togetherness only. His word is the word of His togetherness.

1.3

The Will of God(하나님의 뜻)

God's togetherness with His word is initiated by His own free will. His togetherness is expounded with His own will, not with His nature. His will is fulfilled, but His nature shows inclination. His togetherness is not His inclination but what is to be fulfilled. Thus, it is a mistake to think that He is inclined to be together with His people.

하나님의 말씀으로 그분 함께는 그분의 자유로운 뜻으로 개시됩니다. 그분 함께는 그분의 본성이 아니라 그분의 뜻으로 상술됩니다. 그분의 뜻은 이루어집니다. 그러나 그분의 본성은 성향을 보입니다. 그분 함께는 그분의 성향이 아니라 이루어질 것입니다. 따라서 그분은 그분의 백성과 함께하려는 의향이 있다고 생각하는 것은 잘못입니다.

God is generally treated with His existence and nature. Then, His togetherness is considered as the inclination of His nature. It is alleged that He is predisposed to be together. This means that His togetherness is so explained in terms of His nature as to claim that He is 'naturally' inclined to be together.

하나님은 일반적으로 그분의 존재와 본성으로 다루어집니다. 그러면 그분 함께는 그분 본성의 의향으로 고려됩니다. 그분은 함께하려는 경향이 있다고 주장되게 됩니다. 이것은 그분 함께를 그분 본성으로 설명해서 그분은 '자연적으로' 함께하려는 의향이 있다고 주장하게 하는 것을 뜻합니다.

If God is approached from the perspective of ontology, the ontological conclusions are inevitable. God who is existent is alleged to have the propensity of being together. His togetherness is regarded as His natural property. And He is considered as Being who is together. But these are projections about Him.

하나님이 존재론의 관점으로 접근되면, 존재론적 결론은 피해질 수 없습니다. 존재하는 하나님은 함께하는 성향을 갖는다고 주장되게 됩니다. 그분 함께는 그분의 자연적인 속성으로 여겨집니다. 그리고 그분은 함께하는 존재로 여겨집니다. 그러나 이런 것은 그분에 대한 투사입니다.

If a discourse of God begins with Himself, it only tells of the projection of His inclination. Most philosophical theses on Him are nothing but the projection of Him in terms of His existence and nature. Thus, He is confined in the projected explanatory framework. He is only an object that is philosophically projected.

하나님의 담화가 그분 자신으로부터 출발하면, 그것은 단지 그분 의향의 투사에 관해 말합니다. 그분에 대한 철학적인 이론의 대부분은 그분의 존재와 본성에 의한 그분의 투사에 지나지 않습니다. 따라서 그분은 투사된 설명 체계에 갇히게 됩니다. 그분은 단지 철학적으로 투사된 대상입니다.

If God is thought of in terms of His nature, He comes to be understood with the explanation in terms of His nature. The dealing of His nature is descriptive and explanatory. His nature is also explicated as what is the case that is subjected to change. Then, His holiness cannot be taken into consideration.

하나님이 그분 본성에 의해 생각되어지면, 그분은 본성에 의한 설명으로 이해되게 됩니다. 그분 본성의 다룸은 서술적이고 설명적입니다. 그분 본성도 또한 변화에 속박된 경우인 것으로 설명됩니다. 그러면 그분의 거룩함은 고려될 수 없습니다.

But God's togetherness is not to be explained. It is the basis and initiation. It is prior to anything and, thus, not deducible. Therefore, for the dealing of His togetherness, a new perspective is in need of. He is narrated with His togetherness. What can be said of Him is His togetherness.

그러나 하나님의 함께는 설명될 수 없습니다. 하나님의 함께는 기본이고 개시입니다. 그것은 무엇보다 먼저이고 따라서 추론될 수 없습니다. 그러므로 그분 함께를 다루는 데 새로운 관점이 필요합니다. 그분은 그분의 함께로 서사됩니다. 그분에 대해 말해질 수 있는 것은 그분의 함께입니다.

God is known with His togetherness. He reveals Himself with His togetherness. This is the basic stance of talking of Him with His word. Then, the narrative of Him is eventually the retelling of His word; therefore, what is narrated of Him is His togetherness. He cannot be objectified.

하나님은 그분 함께로 알려집니다. 그분은 그분 함께로 자신을 계시하십니다. 이것은 그분을 그분 말씀으로 이야기하는 기본 입장입니다. 그러면 그분에 대한 서사는 결국 그분 말씀의 되풀이함입니다. 그러므로 그분에 대해 서사되는 것은 그분 함께입니다. 그분은 대상화될 수 없습니다.

Any talk of God apart from His word is man's ontological or religious surmise. But what can be surmised is about His nature. For everything, people tend to explain in terms of its nature. In that way, they expand the scope of their understanding, for their understanding is directed to the nature of what is.

하나님의 말씀을 떠나 그분에 대한 말은 사람의 존재론적 혹은 종교적 추정입니다. 그러나 추정될 수 있는 것은 그분의 본성에 관해서입니다. 모든 것에 대해 사람들은 그것의 본성으로 설명하려고 합니다. 이렇게 해서 그들은 이해의 영역을 확장합니다. 그들의 이해는 있는 것의 본성에 대해서기 때문입니다.

Even for God, people also think of His nature. Their thinking of Him leads to putting His alleged nature into the frame of their thought. Then, they can make an inference from it and, thus, they may have an expectation or anticipation of His doing. In this way, they put Him in their explanatory frame.

하나님에 대해서도 사람들은 또한 그분의 본성을 생각합니다. 그분에 대한 그들의 생각은 그분의 주장된 본성을 그들의 사고체계에 두려고 이끌어갑니다. 그러면 그들은 그것으로부터 결론을 이끌어낼 수 있고, 따라서 그분의 행함에 대한 기대와 예측을 가질지 모릅니다. 이렇게 해서 그들은 그분을 그들의 설명체계에 둡니다.

God's nature is an outcome of the projection of people's habit of thinking, Therefore, any talk of Him apart from His word is the outcome of their own projection of thinking. This is well seen in the philosophical, religious, or even theological discourse of Him. People's add up to His word is an eventual departure from His togetherness.

하나님의 본성은 사람들의 사고 습성에 의한 투사의 소산입니다. 그러므로 그분의 말씀을 떠난 그분에 대한 어떤 말이든 그들 자신들의 사고 투사의 소산입니다. 이것은 그분에 대한 철학적, 종교적, 나아가 신학적 담화에서 잘 보입니다. 그분의 말씀에 사람들의 더함은 그분 함께로부터 결국 떠남입니다.

God's word comes out of His will, not of His nature. It is what He will fulfill. Here, His fulfillment has to be distinguished from His doing. His doing, associated with His ability, is the outcome of His nature. If He is omnipotent in His nature, He has power for doing whatever IIe wants. His power belongs to His nature.

하나님의 말씀은 그분의 뜻으로부터 나옵니다. 그분의 본성으로부터 나오지 않습니다. 그것은 그분이 이루실 것입니다. 여기서 그분의 이루심은 그분의 하심과 구별되어야 합니다. 그분의 능력과 연계된 그분의 하심은 그분 본성의 소산입니다. 그분이 그분 본성으로 전능하면, 그분은 그분이 원하는 것을 무엇이나 하는 힘을 지닙니다. 그분의 힘은 그분 본성에 속합니다.

But God's will is inherent in His word that is given to His people as the promise of His togetherness. He fulfills His word of promise in accordance with His will. Therefore, when His word is read from the perspective of His promise, the fulfillment of His word in accordance with His will is confirmed.

그러나 하나님의 뜻은 그분 함께의 약속으로 그분 백성에게 주어진 말씀에 내재됩니다. 하나님은 그분 약속의 말씀을 그분 뜻을 따라 이루십니다. 그러므로 그분 말씀이 그분 약속의 관점으로 읽어질 때, 그분의 뜻을 따른 그분 말씀의 이루어짐이 확인됩니다.

God's fulfillment should not be confused with His doing or work. His doing or work is associated with His nature. If His word is read from the perspective of His nature, it is regarded as the word that He gives for the change of world affairs with His own power.

하나님의 이루심은 그분의 하심이나 일로 혼돈되지 말아야 합니다. 그분의 하심이나 일은 그분본성과 연계됩니다. 그분 말씀이 그분 본성의 관점으로 읽어지면 그분 자신의 힘으로 세상의 사태를 바꾸기 위해 주시는 말씀으로 여겨집니다.

Then, the focus is on the state of affairs that God will do with His omnipotent power. As people understand Him in this way, they pray for His intervention for their own benefit. And they are dependent on Him because of His power. The feeling of dependency is arisen because of His power.

그러면 초점은 하나님께서 전능한 힘으로 하실 사태에 맞추어집니다. 사람들이 이런 식으로 그분을 이해함으로 그들은 자신들의 혜택을 위해 그분의 개입을 위해 기도합니다. 그리고 그들은 그분의 힘 때문에 그분을 의존합니다. 의존의 느낌은 그분의 힘 때문에 생깁니다.

This tendency leads to accepting God's word religiously. Religiosity is embedded in man's nature. Therefore, His word becomes understood apart from His will. That is, his wish in accordance with His power overshadows His will, since everything comes out of his own mind.

이 경향은 하나님의 말씀을 종교적으로 받아들이도록 이끕니다. 종교성은 사람의 마음에 깔려있습니다. 그러므로 그분 말씀은 그분 뜻을 떠나 이해되게 됩니다. 즉 그분의 힘을 따른 사람의 원함이 그분의 뜻을 가리게 됩니다. 모든 것이 사람의 마음으로부터 나오기 때문입니다.

God's nature or power is surmised. But His will is not to be surmised. Nature is common, but will is not. Even though an animal, plant, or lock is studied in terms of its nature, its will is not mentioned at all. Will is not part of nature. In the Bible, will is associated with words. His word with His will is for fulfillment, not for reference.

하나님의 본성이나 힘은 추증됩니다. 그러나 그분의 뜻은 추증될 수 없습니다. 본성은 공통적이지만 뜻은 아닙니다. 동물, 식물, 혹은 바위는 그 성질로 연구되지만, 그것의 뜻은 전혀 언급되지 않습니다. 뜻은 본성의 부분이 아닙니다. 성경에서 뜻은 말과 연계되어 있습니다. 그분 뜻으로 그분 말씀은 이루어지기 위함입니다. 지적하기 위함이 아닙니다.

The death of Jesus on the cross is hardly to be told as God's doing or work. But it is affirmed as the fulfillment of His will by Christians. Therefore, His will has to be accompanied in the reading of His word. If so, His word can be read from the perspective of the fulfillment in accordance with His will.

십자가상의 예수님의 죽음은 하나님의 하심이나 일로 말해지지 않습니다. 그러나 그것은 그리스도인들에 의해 그분 뜻의 이루어짐으로 확언됩니다. 그러므로 그분의 뜻은 그분의 말씀을 읽는데 수반되어야 합니다. 그렇게 되면 그분 말씀은 그분 뜻을 따른 이루어짐의 관점으로 읽어질 수 있습니다.

God's will is for His togetherness. Thus, His togetherness is narrated with the fulfillment of His will, or His togetherness can be significantly narrated with the fulfillment of His word in accordance with His will. In this way, His word and His will are meaningfully confirmed with His togetherness.

하나님의 뜻은 그분 함께를 위해서입니다. 따라서 그분의 함께는 그분 뜻의 이루어짐으로 서사됩니다. 혹은 그분 함께는 그분의 뜻을 따른 그분 말씀의 이루어짐으로 의미 있게 서사될 수 있습니다. 이렇게 하여 그분의 말씀과 그분의 뜻은 그분의 함께로 뜻있게 확인됩니다.

With the death of Jesus on the cross, God's togetherness can be proclaimed, for with it His will was fulfilled. Regardless of the way of people's observation of the cross, He fulfills His will for being together with the world. What is fulfilled with His will is not what naturally occurs in the world.

십자가상의 예수님의 죽음으로 하나님의 함께가 선포될 수 있습니다. 십자가로 하나님의 뜻이 이루어졌기 때문입니다. 십자가에 대한 사람들의 주시하는 길과 상관없이 하나님은 세상과 함께하시려는 그분의 뜻을 이루십니다. 하나님의 뜻으로 이루어지는 것은 세상에 자연적으로 일어나는 것이 아닙니다.

Togetherness is what is fulfilled with His will. It is not natural. In accordance with His will, the fulfillment word comes out. The promised word is the fulfillment word. The gospel is the fulfillment word of His will. It is also the word of His togetherness. Therefore, it is His word. The life of Jesus narrated in the gospel is what is fulfilled

함께는 하나님의 뜻으로 이루어지는 것입니다. 함께는 자연적이지 않습니다. 그분의 뜻을 따라 이루어짐의 말이 나옵니다. 약속된 말은 이루어짐의 말입니다. 복음은 그분 뜻의 이루어짐의 말입니다. 그것은 또한 그분 함께의 말입니다. 그러므로 그것은 그분 말씀입니다. 복음에 서사된 예수님의 삶은 이루어진 것입니다.

In terms of God's will, His side of the story can be narrated. His fulfillment of His word in accordance with His will can be recapitulated. In this way, the fulfillment language is generated. And His word is received as the fulfillment word. It should not be interpreted into the being word.

하나님의 뜻으로 그분 편의 이야기가 서사될 수 있습니다. 그분 뜻을 따른 그분 말씀의 그분의 이룸은 재현될 수 있습니다. 이렇게 하여 이루어짐의 언어가 생성됩니다. 그리고 그분 말씀은 이루어짐의 말로 받아들여집니다. 그것은 존재의 말로 설명되지 말아야 합니다.

What God fulfills in accordance with His will is narrated as His own story. But what He does with the propensity of His nature is narrated as a worldly story. Jesus' story belongs to the former, but the Exodus story to the latter. The former is narrated with His will, but the latter with His power.

하나님께서 그분의 뜻을 따라 이루시는 것은 그분 자신의 이야기로 서사됩니다. 그러나 그분이 그분 본성의 성향을 따라 하시는 것은 세상의 이야기로 서사됩니다. 예수님의 이야기는 전자에 속하지만 출애굽의 이야기는 후자에 속합니다. 전자는 그분의 뜻으로 서사되지만 후자는 그분의 힘으로 서사됩니다.

This contrast is reflected in the difference between the NT and the OT. The OT story is vividly narrated with the on-going affairs of the world. But the NT story is obscurely narrated with the real events of the world. That much, the NT life is not seriously concerned with the earthly affairs.

이 대조는 신약과 구약의 다름으로 반영됩니다. 구약의 이야기는 분명히 세상에서 진행되는 사태로 서사됩니다. 그러나 신약의 이야기는 세상에 실제적인 사건에 대해 모호하게 서사됩니다. 그 만큼 신약의 삶은 땅의 사태에 대해 심각하게 관심을 보이지 않습니다.

The NT life, because of its adherence to God's will, pays little attention to the worldly state. It is grounded on Jesus' death on the cross and resurrection, which are only to be narrated with His will.

In this regard, it is life in accordance with His will. Its focus is on the fulfillment of His will rather than the factuality of the world.

신약의 삶은 하나님의 뜻에 접착되기 때문에 세상 상태에 별 주의를 주지 않습니다. 신약의 삶은 그분 뜻으로만 서사되는 예수님의 십자가 상의 죽음과 부활에 근거합니다. 이 점에서 그분 뜻을 따른 삶입니다. 신약의 삶의 초점은 세상의 사실성보다 그분의 뜻의 이루어짐에 있습니다.

With the perspective of God's will, the OT narrative also can be recapitulated. The guiding theme of the OT narrative is His will of togetherness. He wanted to be together with the Israelites, i.e., His elected people. But they were unyieldingly disobedient to His will. Their stubbornness has to be noticed against His will, not His power.

하나님의 뜻의 관점으로 구약의 서사도 또한 재현될 수 있습니다. 구약 서사의 지침이 되는 주제는 함께하는 그분의 뜻입니다. 하나님은 이스라엘 백성, 곧 그분의 택하신 백성과 함께하려고 하셨습니다. 그러나 그들은 고집스럽게도 그분의 뜻에 불순종했습니다. 그들의 완고함은 그분의 뜻에 반함으로 주시되어야합니다. 그분의 힘이 아닙니다.

The Israelites were merely afraid of God's power. They were not concerned with His will. Consequently, they had no concept of obedience. Because of their fear, they tried to remain under His power. And under it, they wished for their earthly life to be prosperous. However, the overall OT narrative showed their conflict with His will because they wanted their own way of life.

이스라엘 백성은 단지 하나님의 힘을 두려워했습니다. 그들은 그분의 뜻에 관심을 갖지 않았습니다. 결과적으로 순종에 대한 개념이 없었습니다. 그들은 두려움 때문에 그분의 힘 아래 남으려 했습니다. 그리고 하나님의 힘 아래서 그들의 세상 삶이 번성되기를 바랐습니다. 그렇지만 전반적인 구약의 서사는 그들이 자신들 식의 삶을 원했기 때문에 그분의 뜻과 그들의 갈등을 보였습니다.

But the fulfillment of God's will has to be distinguished from the work of His power. The early church was fulfilled in accordance with His will, for it was the life of togetherness of the early Christians who confessed that the crucified and resurrected Jesus was Christ under the guidance of the Holy Spirit. They relinquished their possession and lived under severe prosecutions.

그러나 하나님의 뜻의 이루어짐은 그분의 힘의 일과 구별되어야 합니다. 초대 교회는 그분 뜻을 따라 이루어졌습니다. 그것은 성령님의 인도하심으로 십자가에 못 박히고 또 부활하신 예수님을 그리스도로 고백한 초대 그리스도인들의 함께의 삶이었기 때문입니다. 그들은 소유를 양도하였고 또 가혹한 박해 가운데 살았습니다.

Compared to God's power and work, His will and fulfillment are predestined. The gospel narrates that Jesus was sent by His will. Therefore, Jesus' coming to the world is narrated as the fulfillment of His will. But it cannot be said to be the work of His power.

하나님의 힘과 일에 대조되어 그분의 뜻과 이룸은 예정됩니다. 복음은 예수님이 하나님의 뜻으로 보내진 것을 서사합니다. 그러므로 예수님의 세상에 오심은 하나님의 뜻의 이루어짐으로 서사됩니다. 그러나 그것은 하나님의 힘의 일로 말해질 수 없습니다.

The gospel is considered as the narrative from the perspective of God's will. Jesus' way to the cross cannot be narrated as God's work with His power. In this respect, His will is inherent in the gospel. Thus, the perspective of predestination is needed for reading the gospel.

복음은 하나님의 뜻의 관점에서 서사로 여겨집니다. 예수님의 십자가로 향한 길은 하나님의 힘과 더불어는 그분의 일로 서사될 수 없습니다. 이 점에서 하나님의 뜻은 복음에 내재됩니다. 따라서 예정의 관점은 복음서를 읽는데 필요합니다.

In this way, the whole word of God can be read from the perspective of predestination. It can be reiterated on the ground of the predestination of His togetherness. And the covenant can be recapitulated as the fulfillment of His predestined will. Predestination is disclosed in its fulfillment.

이렇게 하여 전반적인 하나님의 말씀은 예정의 관점으로 읽어질 수 있습니다. 그것은 그분 함께의 예정의 근거에서 반복될 수 있습니다. 그리고 언약은 그분의 예정된 뜻의 이루어짐으로 재현될 수 있습니다. 예정은 하나님의 예정된 뜻의 이루어짐으로 드러납니다.

집중(Focus)

사람이 직접적으로 하나님을 말하면 그분을 대상화합니다. 하나님의 본성이나 성향은 하나님의 대상화된 존재에 부여됩니다. 이 경우 그분에 대한 말은 사람의 말입니다. 즉 사람이 자신의 말로 하나님의 본성이나 존재를 하나님께 부여합니다. 철학이나 신학은 사람이 하나님 대해 본성이나 존재로 이해한 바를 자신의 말로 정리합니다.

If man directly talks of God, he objectifies Him. His nature or propensity is attributed to His objectified being. In this case, the words about Him are man's words. That is, he attributes Him His nature or being with his word. Philosophy or theology organizes what he understands of Him in terms of His nature or being with his own word.

그렇지만 하나님은 그분 말씀으로 대상화될 수 없습니다. 성경을 하나님의 말씀으로 읽으면서 그분을 대상으로 의식하며 그분의 본성을 말할 수 없습니다. 성경을 하나님의 말씀으로 읽는 한 그것은 그분 함께로 읽어져야 합니다. 하나님의 말씀으로 그분은 대상으로 말해질 수 없고 함께로 서사됩니다. 그분은 그분 말씀으로 언약의 하나님이십니다.

Nevertheless, God cannot be objectified with His word. While reading the Bible as His word, we cannot be conscious of Him as an object so that we may tell of His nature. As long as we read the Bible as His word, it has to be read with His togetherness. He, with His word, is not to be told as an object but to be narrated in togetherness. He, with His word, is the covenant God.

하나님의 뜻이 그분의 말씀에 담아짐으로 그분 함께가 드러납니다. 하나님의 말씀은 그분 뜻으로 읽어져야 합니다. 그분의 말씀에 그분의 뜻이 내재됨으로, 그분 함께는 그분 뜻의 이루어짐입니다. 그러므로 우리가 성경을 하나님의 말씀으로 읽는 한 그분 뜻을 의식해야 합니다. 그분 뜻을 의식하면, 그분 말씀의 읽음이 그분 뜻의 이루어짐입니다.

Since God's will is entailed in His word, His togetherness is disclosed. His word should be read with His will. Since His will is inherent in His word, His togetherness is the fulfillment of His will. Therefore, as long as we read the Bible as His word, we have to be conscious of His will. If we are conscious of His will, our reading of His word is the fulfillment of His will.

1.4

The Promise of God(하나님의 약속)

God's word is, over all, a promised word. It is given to His people for His togetherness. His togetherness with His people can be given as His promise in accordance with His will. Therefore, it cannot be a de facto state, or it cannot be descriptively stated. It is what is to be fulfilled.

하나님의 말씀은 전반적으로 약속된 말입니다. 하나님의 말씀은 그분 함께를 위해 그분의 백성에게 주어집니다. 그분 백성과 그분 함께는 그분의 뜻을 따른 그분의 약속으로 주어질 수 있습니다. 그러므로 그것은 사실상의 상태일 수 없습니다. 혹은 그것은 서술적으로 진술될 수 없습니다. 그것은 이루어질 것입니다.

The narrative of God's togetherness is divergent from that of God, Himself. He, whether considered as being or the absolute, is narrated as what is the case. But His togetherness cannot be claimed as what is to be the case. This is why His togetherness rather than He, Himself, is suitable for His word.

하나님 함께의 서사는 하나님 자신의 서사로부터 갈라집니다. 그분은, 존재로 혹은 절대자로 여겨지든, 경우인 것으로 서사됩니다. 그러나 그분의 함께는 경우일 것으로 주장될 수 없습니다. 이 때문에 그분 자신보다 그분 함께가 그분 말씀에 적합합니다.

God's word is not the word attributed to Him but the word spoken by Him. His speaking comes out with His togetherness. Therefore, it is the word of togetherness and promise. It has to be read from the perspective of togetherness and promise. It is well contrasted to man's word which is characterized by individuality and factuality.

하나님의 말씀은 그분께 부여된 말이 아니라 그분에 의해 말해진 말씀입니다. 그분의 말하심은 그분 함께로 나옵니다. 그러므로 그것은 함께와 약속의 말씀입니다. 함께와 약속의 시각으로 읽어져야 합니다. 개인성과 사실성으로 특징지어지는 사람의 말과 대조됩니다.

God's promise should not be compared to people's promise among themselves. Their promise comes out of a conditional situation and will be realized as a conditional outcome. But His promise comes out of His own free will; therefore, it is not subjected to the conditionality of the world.

하나님의 약속은 사람들 사이 약속에 비교되지 말아야합니다. 그들 약속은 조건적 상황에서 나와 조건적인 결과로 실현될 것입니다. 그러나 그분 약속은 그분의 자유로운 뜻으로 나옵니다. 그러므로 세상의 조건성에 종속되지 않습니다.

Since God's promise comes solely from His will for togetherness, it is predestined. It is not based on the conditionality of the world. Therefore, its fulfillment should not be considered as the work of His power. His promise and fulfillment are not in the realm of His power and work.

하나님의 약속은 단지 함께를 위한 그분 뜻으로부터 나오기 때문에 예정됩니다. 세상 조건성에 근거되지 않습니다. 그러므로 하나님의 약속의 이루어짐은 그분의 힘의 일로 여겨지지 말아야 합니다. 그분의 약속과 이룸은 하나님의 힘과 일의 영역에 있지 않습니다.

As long as God's promise is given, its possibility is not a concern. Possibility matters because of the conditionality of the world. The question of possibility is directed to the change of the conditionality. Since people live in the world, they are always concerned with the possibility of the change of the conditionality of the world.

하나님의 약속이 주어지는 한, 그것의 가능성은 관심이 아닙니다. 가능성은 세상의 조건성 때문에 문제됩니다. 가능성의 질문은 조건성의 변화를 향합니다. 사람들은 세상에서 살기 때문에 세상 조건성의 변화에 대한 가능성을 늘 관심합니다.

The work of God's power is applied to the change of the conditionality of the world. Thus, the question of its possibility is accompanied. For this reason, it is stuck to the conditionality of the world. Then, individualization is inevitable since people are subjected to the conditionality individually.

하나님의 힘의 일은 세상 조건성의 변화에 적용됩니다. 따라서 그 가능성에 대한 질문이 수반됩니다. 이 때문에 그것은 세상의 조건성에 접착됩니다. 그러면 사람들은 개인적으로 조건성에 종속되니 개인화는 어쩔 수 없습니다.

God's promise is to lead us out of the conditionality of the world. It is given for the life of His togetherness regardless of the conditionality of the world. It is fulfilled in accordance with His will regardless of the projected conditional possibility. His promise is solely given for the fulfillment of His togetherness in accordance with His will.

하나님의 약속은 세상의 조건성으로 부터 나오도록 인도하려합니다. 하나님의 약속은 세상 조건성에 상관없이 그분 함께의 삶을 위해 주어집니다. 투사된 조건적인 가능성과 상관없이 그분 뜻을 따라 이루어집니다. 그분 약속은 그분의 뜻을 따른 그분 함께의 이루어짐을 위해서만 주어집니다.

Togetherness cannot be a conditional outcome. Since people are conditionally individualized, they cannot become together. For this reason, togetherness is what is to be fulfilled in accordance with God's will. It is foretold as the predestined promise. It cannot be a state of what is to be the case.

함께는 조건적인 소산일 수 없습니다. 사람들은 조건적으로 개인화되기 때문에 함께하게 될 수 없습니다. 이 때문에 함께는 하나님의 뜻을 따라 이루어집니다. 함께는 예정된 약속으로 미리 말해집니다. 함께는 경우일 것의 상태일 수 없습니다.

Therefore, God's promise should not be confused as what is given for a better life in future. Even though the overall OT narrative shows this tendency, it also contains lingering narratives of the awakening of its misdirection after the fall of the life of the Israelites. It leads to the conclusion that His promise cannot be given conditionally.

그러므로 하나님의 약속은 미래에 나은 삶을 위해 주어지는 것으로 혼동되지 말아야 합니다. 구약의 전반적인 서사는 이 경향을 보이지만 또한 이스라엘 백성의 삶의 붕괴 후 잘못된 방향임을 깨우치는 여운의 서사를 담고 있습니다. 그것은 그분 약속이 조건적으로 주어질 수 없다는 결론으로 이끕니다.

God's promise goes the opposite way to religious enlightenment. It is fulfilled in the world, but religious enlightenment leads to detachment from the world. But it is fulfilled in the world without intervening into the conditionality. That is, the fulfillment of togetherness is neither a personal enlightenment nor conditional rearrangement in the world.

하나님의 약속은 종교적인 깨달음과 반대로 갑니다. 하나님의 약속은 세상에 이루어지지만 종교적인 깨달음은 세상으로부터 초연함으로 이끕니다. 그러나 하나님의 약속은 조건성에 개입됨이 없이 세상에 이루어집니다. 즉 함께의 이루어짐은 개인적인 깨달음이나 세상에서 조건적인 재정리가 아닙니다.

Jesus came to the world as the fulfillment of God's promise. The gospel narrated Him from this perspective. "Fulfillment" was one of the key themes of the narrative of the gospel. It affirmed that

Jesus was the Fulfiller of God's will and God willed His promise to be fulfilled. That is, in the story of Jesus, i.e., the gospel, God's promise as well as its fulfillment were narrated.

예수님은 하나님의 약속의 이루어짐으로 세상에 오셨습니다. 복음은 예수님을 이 관점에서 서사하였습니다. "이루어짐"은 복음 서사의 기본적인 주제 가운데 하나였습니다. 복음은 예수님이 하나님의 뜻의 수행자셨고 하나님은 그분 약속이 이루어지길 뜻하셨다고 확언하였습니다. 즉 예수님의 이야기, 곧 복음에서 하나님의 약속과 그 이루어짐이 서사되었습니다.

Therefore, because of Jesus, God's will for the fulfillment of His promise becomes clear. With the narrative of Jesus, God's word can be read from the perspective of fulfillment. Or with the gospel, God's word is recognized as what is to be fulfilled, for Jesus came to the world for the fulfillment of God's will rather than for the realization of His own will.

그러므로 예수님 때문에 하나님의 약속의 이루어짐을 위한 그분의 뜻이 분명해집니다. 예수님의 서사로 하나님의 말씀은 이루어짐의 관점으로 읽어질 수 있습니다. 혹은 복음으로 하나님의 말씀은 이루어질 것으로 인식됩니다, 왜냐하면 예수님은 자신의 뜻의 실행을 위해서보다 하나님의 뜻의 이루어짐을 위해 세상에 오셨기 때문입니다.

In the OT, God's promise was given to Abraham for the abundance of his descendents and the land they would live on. But His will was not specifically narrated. In the case that His promise was accompanied with His will, it could be narrated as the fulfillment.

That is, if His promise was received with His will rather than His power, its fulfillment could be clearly perceivable.

구약에서 하나님의 약속은 아브라함에게 후손의 번성과 그들이 살 땅에 대해서 주어졌습니다. 그러나 하나님의 뜻은 구체적으로 서사되지 않았습니다. 하나님의 약속이 하나님의 뜻에 수반된 경우 이루어짐으로 서사될 수 있었습니다. 즉 하나님의 약속이 하나님의 힘보다 하나님의 뜻으로 받아들여졌으면 하나님의 약속의 이루어짐은 분명하게 감지될 수 있었습니다.

In the narrative of Jesus, God's will is clearly stated in the fulfillment of His promise. But in the narrative of the Exodus, His power rather than His will is clearly introduced in the journey of the Israelites to the land of Canaan. Because of this reason, the narrative of the Exodus is easily observed in terms of His power of intervention.

예수님의 서사에서 하나님의 뜻은 그분 약속의 이루어짐에 분명히 진술됩니다. 그러나 출애굽의 서사에서는 그분 뜻보다 그분 힘이 가난 땅으로 들어가는 이스라엘 백성의 여정에 분명히 도입됩니다. 이 이유로 출애굽의 서사는 개입하는 그분 힘으로 쉬이 주목됩니다.

God's will, promise, and fulfillment are in the chain of His togetherness. This chain is important for the narrative of His side story. The narrative of Jesus is the instance of the chain of God's togetherness. God's word is, over all, narrated with the chain of His togetherness. In this way, its narrative is to be heard as His side story.

하나님의 뜻, 약속, 그리고 이루어짐은 그분 함께의 사슬에 있습니다. 이 사슬은 하나님 측 서사에 중요합니다. 예수님의 서사는 하나님 함께의 사슬의 사례입니다. 하나님의 말씀은 전반적으로 그분 함께의 사슬로 서사됩니다. 이렇게 하여 하나님 함께의 서사는 그분 측 이야기로 들려집니다.

God's word cannot but be narrated along the chain of His togetherness. The chain of His togetherness is different from the logical chain of reasoning. The life of togetherness cannot be derived from the life of individuals in terms of the logical chain of reasoning. That is, togetherness is not a derivation but fulfillment.

하나님의 말씀은 그분 함께의 사슬을 따라 서사될 수밖에 없습니다. 그분 함께의 사슬은 추론의 논리적 사슬과 다릅니다. 함께의 삶은 개인의 삶으로부터 추론의 논리적 사슬에 의해 유도될 수 없습니다. 즉 함께는 도출이 아닌 이루어짐입니다.

People's promise is a logical outcome of possibility. But God's promise is not so. The appearance of God's promised word does not fit to the chain of reasoning of possibility. The life with His promise is not a life of possibility. He does not give His promise in accordance with the order of His creation.

사람들의 약속은 가능성의 논리적인 소산입니다. 그러나 하나님의 약속은 그렇지 않습니다. 하나님의 약속된 말씀의 출현은 가능성의 추론 사슬에 맞지 않습니다. 그분 약속을 더불어 사는 삶은 가능성의 삶이 아닙니다. 그분은 그분 약속을 그분 창조의 질서에 따라 주지 않으십니다.

Human language copes with logic and possibility. It is generated with the reality of the world. Imaginative words are also generated on the ground of the reality of the world. A myth is an outcome of human imagination on the ground of the reality of the world. At any rate, a human being who lives in the world produces his word on the ground of its reality.

인간의 언어는 논리와 가능성을 대처합니다. 그것은 세상의 사실성과 더불어 창출됩니다. 상상의 말도 또한 세상의 사실성의 근거에서 창출됩니다. 신화는 세상의 사실성에 근거한 인간 상상의 소산입니다. 어떻든 세상에 사는 인간은 세상의 사실성의 근거에서 언어를 생산합니다.

A mythical language is a variety of the human language of logic and possibility on the ground of the reality of the world. It reflects a human imaginative life. Human imagination generates words that extrapolate the possibility of reality. Impossibility makes sense on the basis of possibility.

신화적인 언어는 세상의 사실성에 근거한 논리와 가능성에 대한 인간 언어의 다양함입니다. 그것은 인간의 상상적인 삶을 반영합니다. 인간의 상상은 사실성의 가능성을 외삽하는 말을 창출합니다. 불가능성은 가능성의 근거에서 의미가 있습니다.

God's promise is given to His people. It does not come out of their imagination. Even if it has a common expression with a myth, it should be differentiated from the myth. His promise comes from His will for His togetherness, but a myth comes out of human imagination of the possibility of reality.

하나님의 약속은 그분 백성에게 주어집니다. 그것은 그들 상상에서 나오지 않습니다. 그것이 신화와 공통된 표현을 갖더라도 신화와 구별되어야 합니다. 그분 약속은 그분 함께를 위한 그분 뜻으로부터 나옵니다. 그러나 신화는 사실성의 가능성에 대한 인간의 상상으로부터 나옵니다.

God's promise is basically and ultimately given for His togetherness. His togetherness is accompanied with His will rather than His power. Even if it is expressed with the worldly states of affairs, it is given for the fulfillment of His togetherness. The cross of Jesus in accordance with His will is the fulfillment of His togetherness.

하나님의 약속은 근본적으로 그리고 궁극적으로 그분 함께를 위해 주어집니다. 그분 함께는 그분 힘보다 그분 뜻을 동반합니다. 하나님의 함께가 세상 사태로 표현되더라도, 그분 함께의 이루어짐을 위해 주어집니다. 그분 뜻을 따른 예수님의 십자가는 그분 함께의 이루어짐입니다.

God's togetherness is expressed in His word, that is, His promise. People generally think of His doing for their benefit as His promise, as they do to others. But He gives His promise, since His togetherness is what is ultimately fulfilled with His promise. His togetherness is the ultimatum of His promise.

하나님의 함께는 그분 말씀, 즉 그분의 약속에 표현됩니다. 사람들은 일반적으로, 그들이 다른 이들에게 하는 것처럼, 그들의 혜택을 위한 그분 행함을 그분의 약속으로 생각합니다. 그러나 하나님은, 그분의 함께가 궁극적으로 약속으로 이루어지는 것이기 때문에, 약속을 주십니다. 그분 함께는 그분 약속의 궁극입니다.

People live in the world individually, They do not think of togetherness. They only think of helping others. Thus, their promise is given for helping others. Their promise of saying, "I will be with you," means their assurance of help. That is, they cannot give the promise of togetherness.

사람들은 세상에 개인적으로 삽니다. 그들은 함께를 생각하지 않습니다. 그들은 단지 다른 이들을 돕는 것을 생각합니다. 따라서 그들 약속은 다른 이들을 돕는 것으로 주어집니다. "내가 너와 함께한다"고 하는 그들의 약속은 도움에 대한 그들의 보증을 뜻합니다. 즉 그들은 함께의 약속을 줄 수 없습니다.

But God's togetherness is not to be reduced to help, for it cannot be reduced to the conditionality of the world. God is not together with His people conditionally. Therefore, His promise is also not to be reduced to helping. His togetherness overcomes conditionality.

그러나 하나님의 함께는 도움으로 환원될 수 없습니다. 그것은 세상의 조건성으로 환원될 수 없기 때문입니다. 하나님은 그분 백성과 조건적으로 함께하지 않으십니다. 그러므로 그분 약속도 또한 도움으로 환원될 수 없습니다. 그분 함께는 조건성을 극복합니다.

God's promise is proclaimed, for it is the announcement of His togetherness. His side story is only to be told as an announcement or proclamation by Him. His promise for His togetherness is proclaimed and fulfilled in accordance with His will. That is, His to-getherness is proclaimed not with man's word but with His word and fulfilled with not man's will but with His will.

하나님의 약속은 선포됩니다. 그분 함께의 선언이기 때문입니다. 하나님 측의 이야기는 단지 그분에 의한 선언이나 선포로 말해집니다. 그분 함께을 위한 그분의 약속은 선포되고 그분 뜻을 따라 이루어집니다. 즉 그분 함께는 사람의 말이 아닌 그분 말씀으로 선포되고 사람의 뜻이 아닌 그분 뜻으로 이루어집니다.

God's side story is well contrasted to the observation of the law. The law directly deals with the conditionality of the world. Its requirement is specified in terms of the conditions that should be practiced. It tells what is to be done rather than what is to be ful-filled. What is done conditionally does not show the fulfillment of His word.

하나님 측의 이야기는 율법의 지킴에 잘 대조됩니다. 율법은 직접적으로 세상의 조건성을 다룹니다. 율법의 요구는 실행되어야 할 조건들로 명시됩니다. 율법은 이루어질 것보다 해야 될 것을 말합니다. 조건적으로 행해진 것은 하나님 말씀의 이루어짐을 보이지 않습니다.

Of course, even in this case of the law, God's fulfillment of His promise can be claimed as His blessing for those who keep it. But such a claim overlooks the initiation of His will for togetherness. Thus, the alleged blessing for the law-keepers is not in accordance with His togetherness.

물론 율법의 경우에도 하나님의 약속에 대한 그분 이루심은 율법을 지키는 이에 대한 그분 축복으로 주장될 수 있습니다. 그러나 그런 주장은 함께를 위한 그분 뜻의 개시를 간과합니다. 따라서 율법을 지키는 이에 대한 주장된 그분 축복은 그분 함께와 부합되지 않습니다.

The law-keepers are, at any rate, individuals. Thus, God's togetherness is not to be shown with them. The Israelites with the law could not live together with God. In the later days, the prophets prophesied in the theme of Immanuel, i.e., God-with-us. They were awakened that Immanuel would not be practiced but be fulfilled.

율법을 지키는 이들은 어떻든 개인들입니다. 따라서 하나님의 함께는 그들로 보일 수 없습니다. 율법으로 이스라엘 백성은 그분과 함께 살 수 없었습니다. 훗날 예언자들은 임마누엘, 곧 하나님이 우리와 함께하심의 주제로 예언했습니다. 그들은 임마누엘은 실행되지 않고 이루어질 것이라고 일깨워졌습니다.

The early church was fulfilled as the covenant life of God's togetherness. The gospel as His word was fulfilled in the church of togetherness. The fulfillment of His promise in accordance with His will was seen as the church life of His togetherness. Thus, the early church writings entailed the chain of His word, His will, and His togetherness.

초대교회는 하나님 함께의 언약의 삶으로 이루어졌습니다. 그분 말씀으로서 복음은 함께의 교회로 이루어졌습니다. 그분 뜻에 따른 그분 약속의 이루어짐은 그분 함께의 교회의 삶으로 보였습니다. 따라서 초대교회 글은 그분 말씀, 그분 뜻, 그리고 그분 함께의 사슬을 내포했습니다.

집중(Focus)

하나님은 그분의 말씀을 함께하려고 그분 백성에게 주십니다. 따라서 하나님의 말씀은 그분 뜻으로 나오는 그분 함께에 대한 약속입니다. 하나님의 약속은 그분 함께를 위함이니 조건적이지 않고 원천적입니다. 세상 조건에 근거하여 세상 조건을 바꾸기 위해 하나님이 주시는 약속이 아닙니다. 그보다 근본적으로 그분이 함께하시려는 약속입니다.

God gives His word to His people in order to get together. Thus, His word is a promise for His togetherness, that comes from His will. Since His promise is for His togetherness, it is not conditional but primary. It is not a promise that He gives in order to change the condition of the world on the basis of the condition of the world. Rather, it is fundamentally the promise with which He will be together.

이 때문에 하나님의 약속은 세상의 가능성에 근거한 사람 약속의 외삽일 수 없습니다. 세상의 가능성에 막혀 할 수 없는 약속도 하나님께서 하신다는 식으로 여겨지지 말아야 합니다. 하나님의 약속은 세상의 근거에서 나오지 않고 하나님의 뜻에서 나옵니다. 하나님께서 함께하려고 뜻하신 것을 이루려고 그분 약속을 주십니다.

Because of this reason, God's promise cannot be an extrapolation of man's promise that is based on the condition of the world. It should not be considered in the way that He promises even what cannot be done because of being prevented by the possibility of the world. His promise comes not from the basis of the world but from His will. He gives His promise in order to fulfill what He wills for His togetherness.

이 점에서 하나님의 약속은 궁극적으로 조건성을 극복합니다. 하나님은 함께하시는 그분 백성을 조건성에 종속되게 둘 수 없기 때문입니다. 그분 백성이 조건성에 종속되면 그분 함께도 조건성에 종속됩니다. 이 때문에 그분 함께를 위한 그분 약속은 조건성을 극복하기 위해 주어집니다. 따라서 하나님의 약속은 조건성에 반영되는 사람의 약속과 구별되어야 합니다.

In this regard, God's promise ultimately overcomes conditionality, for He cannot let His people with whom He is together be subjected to conditionality. If His people are subjected to conditionality, His togetherness is also subjected to conditionality. Because of this reason, His promise for His togetherness is given for overcoming conditionality. Thus, His promise should be separated from man's promise that is reflected on conditionality.

1.5

Fulfillment(이룸)

It is generally known that the basic verb for the statement of God is "be." But the basic verb for the narrative of God's togetherness is "fulfill." Thus, He is generally dealt with His being, but His togetherness with His fulfillment. His Being is contained, but His togetherness unfolded.

일반적으로 하나님을 진술하는 기본 동사는 "이다"라고 알려집니다. 그러나 하나님 함께를 서사하는 기본 동사는 "이루다"입니다. 따라서 하나님은 일반적으로 그분 존재로 다루어집니다. 그러나 그분 함께는 그분의 이룸으로 다루어집니다. 그분 존재는 정체됩니다. 그러나 그분 함께는 펼쳐집니다.

The world is seen as what is, and what it is is subjected to be changed. Thus, being, accompanied with changing, constitutes the basic consciousness of man. That is, he, seeing things in the world, thinks of them in the brain in terms of their being. In this respect, ontology constitutes the basic consciousness of man.

세상은 있는 것으로 보입니다. 그리고 있는 것은 변화되게 됩니다. 따라서 변화를 수반하는 존재는 사람의 기본 의식을 구성합니다. 즉 사람은 세상에 있는 사물을 보면서 그것들을 두뇌에서 존재로 생각합니다. 이 점에서 존재론은 사람의 기본 의식을 구성합니다.

Even self-consciousness is explicated in terms of its being by existentialists. And any meaningful conversation in daily life continues with the assessment of its being the case, even if it is turned out to be imaginary. Lying or misunderstanding is also meaningfully assessed on the basis of its being the case.

자기의식조차도 실존주의자들에 의해 그것의 존재로 해석됩니다. 그리고 일상 삶에서 어떤 의미 있는 대화든, 상상으로 드러나더라도, 그것의 경우임을 평가하며 지속됩니다. 거짓말이나 오해도 또한 그것의 경우임을 근거로 의미 있게 평가됩니다.

Even if being is the basic consciousness of man's affairs in the world, it is not to be applied to God. If He is dealt as Being in the man's consciousness, He is limited as the One who is to be conscious of. Therefore, His Being remains in the limit of the consciousness of Him by man.

존재가 세상에서 사람의 사태의 기본의식이지만 하나님께 적용되지 않습니다. 그분이 사람의 의식에서 존재로 다루어지면, 그분은 의식될 분으로 제한됩니다. 그러므로 그분의 존재는 사람에 의한 그분의 의식의 한계에 머뭅니다.

Therefore, God should be primarily dealt with His togetherness rather than man's consciousness. The basis of man's consciousness is of his own being. Then, his consciousness of Him remains as part of his own being. Philosophical thesis or theological doctrine of Him is man's consciousness of Him.

그러므로 하나님은 일차적으로 사람의 의식보다 그분의 함께로 다루어져야 합니다. 사람의 의식의 기본은 자신의 존재입니다. 그러면 그분에 대한 사람의 의식은 자신의 존재 부분으로 남아집니다. 그분에 대한 철학적인 이론이나 신학적인 교리는 그분에 대한 사람의 의식입니다.

Man's consciousness is individualistic. Only the one who has it is aware of it. That is, it is private. Although it is expressed by public language so that it can be shared with others, its locus is in the private realm. Consequently, the claim of encountering God as Being is merely his own assurance.

사람의 의식은 개인적입니다. 의식을 가진 이만이 의식을 압니다. 즉 의식은 사적입니다. 그것은 공중의 언어로 표현되어 다른 사람들과 나누어질 수 있지만, 그것의 소재지는 사적인 영역 안에 있습니다. 결과적으로 하나님을 존재로 만난다는 주장은 단지 개인의 확신입니다.

Therefore, God-consciousness is private. Religiosity is a part of man's consciousness. Any religious remark about God is an expression of God-consciousness. Therefore, it is inevitable to make a conclusion that religious God remains in the private realm. That is, a religious God is a private God.

그러므로 하나님 의식은 사적입니다. 종교성은 사람 의식의 한 부분입니다. 하나님에 대한 어떤 종교적인 언급이든 하나님 의식의 표현입니다. 그러므로 종교적인 하나님은 사적인 영역에 머문다는 결론을 내릴 수밖에 없습니다. 즉 종교적인 하나님은 사적인 하나님입니다.

The dealing of God as Being cannot be a departure from man's consciousness, for its main point is focused on the consciousness of God as Being. It only shows a man's point of view of Him as Being. Therefore, any attribution to Him as Being is nothing but the expression of an individual's own conviction and assurance.

하나님을 존재로 다루는 것은 사람의 의식으로부터 떠남일 수 없습니다. 그것의 주된 점이 존재로서 하나님 의식에 집중되기 때문입니다. 그것은 그분을 존재로 보는 사람의 관점만 보입니다. 그러므로 존재로서 그분에게 부여는 어떤 것이든 개인의 자기 확신이나 보장의 표현에 지나지 않습니다.

Traditional theology has brought God into human consciousness. The church doctrine is designed to put His word into the realm of human understanding. The doctrinal God is the One who is understood by man. Thus, He only remains in the realm of individual conviction or assurance.

전통적인 신학은 하나님을 인간의 의식에 불러왔습니다. 교회 교리는 그분의 말씀을 인간의 이해의 영역에 두려고 만들어집니다. 교리적인 하나님은 사람에 의해 이해된 분입니다. 따라서 그분은 단지 개인의 확신이나 보장의 영역에 머뭅니다.

However, the Bible narrates God's togetherness rather than His being in terms of His fulfillment. His being may be provable; but, His togetherness is witnessed. With His togetherness, man's consciousness can be led to be fulfilled in the realm of togetherness.

그렇지만 성경은 하나님의 존재보다 그분의 함께를 그분의 이루심으로 서사합니다. 그분의 존재는 증명될지 모릅니다. 그러나 그분의 함께는 증거됩니다. 그분의 함께로 사람의 의식은 함께의 영역이 이루어지도록 이끌어질 수 있습니다.

God' togetherness is accompanied with His word of promise. Since His togetherness is not exhaustible, His word remains as promise. Thus, His togetherness, alongside His word of promise, is to be fulfilled. With the perspective of fulfillment, people come out of their private realm so as to be gotten together.

하나님의 함께는 그분 약속의 말씀에 수반됩니다. 그분 함께는 그칠 수 없기 때문에, 그분 말씀은 약속으로 남습니다. 따라서 그분의 함께는 그분의 약속의 말씀을 따라 이루어질 것입니다. 이루어짐의 관점으로 사람들은 자신들의 사적 영역으로부터 나와 함께하게 됩니다.

God's togetherness, His word, and His covenant are all together fulfilled in time. Thus, fulfillment is the basic predication of the covenant undertaking. That is, the covenant is narrated from the perspective of fulfillment. It is set for its fulfillment. In this respect, the Bible is the covenant book.

하나님의 함께, 그분의 말씀, 그리고 그분의 언약은 모두 같이 시간에 이루어집니다. 따라서 이루어짐은 언약의 시도의 기본 술어입니다. 즉 언약은 이루어짐의 관점으로 서사됩니다. 언약은 이루어짐으로 설정됩니다. 이 점에서 성경은 언약의 책입니다.

God's togetherness is not to be claimed as the case. It is narrated with its fulfillment. That's why it is said that fulfillment is the basic predication of His togetherness. What is fulfilled should not be confused as what is the case. Any changed state of what is the case becomes another state of what is the case.

하나님의 함께는 경우로 주장될 수 없습니다. 하나님의 함께는 이루어짐으로 서사됩니다. 그 때문에 이루어짐이 그분 함께의 기본 술어라고 말해집니다. 이루어지는 것은 경우인 것으로 혼동되지 말아야 합니다. 경우의 것의 어떤 변화된 상태든 경우인 것의 또 다른 상태가 됩니다.

The verb, "fulfill," etymologically means "fill up to fullness." It has a sense of completeness. But when it is used in order to predicate God's togetherness, it has the temporal sense of unfolding to fullness. That's why it is said that His promise is for His togetherness. Not He but His togetherness is fulfilled.

동사 "이루어지다"는 어원적으로 "가득히 채우다"를 뜻합니다. 완전함의 의미를 지닙니다. 그러나 그것이 하나님의 함께를 서술하기 위해 사용될 때 가득함으로 펼쳐지는 시간적인 의미를 갖습니다. 그 때문에 그분의 약속은 그분 함께를 위해서라고 말해집니다. 그분이 아닌 그분 함께가 이루어집니다.

God's togetherness should not be conceived as a spatial expansion. It is temporally unfolding. Thus, any predicate that is applied to man is not suitable to His togetherness, for it is applied to an extension that he can reach up spatially. His intention cannot reach up temporally.

하나님의 함께는 공간적인 확장으로 생각되지 말아야 합니다. 시간적으로 펼쳐갑니다. 따라서 사람에게 적용되는 어떤 술어도 그분 함께에 적절하지 않습니다. 왜냐하면 그것은 사람이 공간적으로 미칠 수 있는 확장에 적용되기 때문입니다. 사람의 의도는 시간적으로 미칠 수 없습니다.

For this reason, fulfillment cannot be explained by causal relationships. Since it is not explanatory, it invokes prayer. Thus, prayer rather than explanation is accompanied with God's fulfillment. God gives His word for His fulfillment. His word is not for prediction but for fulfillment.

이 때문에 이루어짐은 인과관계로 설명될 수 없습니다. 이루어짐은 설명될 수 없음으로 기도를 불러옵니다. 따라서 설명보다 기도가 하나님의 이루심에 수반됩니다. 하나님은 그분 말씀을 그분의 이루심을 위해 주십니다. 그분 말씀은 예측을 위함이 아닌 이루어짐을 위함입니다.

Fulfillment does not count the outcome only. God's fulfillment is always accompanied with His togetherness. Or His fulfillment is unfolding of His togetherness. Thus, His togetherness is basically stated in this way: it is fulfilled in time. The mission for His togetherness is basically temporal.

이루어짐은 결과만 고려하지 않습니다. 하나님의 이루심은 항시 그분 함께를 수반합니다. 혹은 그분의 이루심은 그분 함께의 펼침입니다. 따라서 그분 함께는 기본적으로 이렇게 진술됩니다: 그것은 시간에 이루어집니다. 그분 함께의 사역은 기본적으로 시간적입니다.

Time is unfolding with the fulfillment of God's togetherness. Since His promise is given for its fulfillment in accordance with His will, His promise entails temporality. Therefore, those who keep His promise live in time, for they are waiting for its fulfillment. But man's will has no temporality.

시간은 하나님 함께의 이루어짐으로 펼쳐집니다. 그분 약속은 그분 뜻에 따른 이루어짐으로 주어지기 때문에, 그분 약속은 시간성을 내포합니다. 그러므로 그분의 약속을 지닌 이들은 시간으로 삽니다. 그들은 하나님 약속의 이루어짐을 기다리기 때문입니다. 그러나 사람의 뜻은 시간성이 없습니다.

In this case, time is not denoted by the measuring quantity in terms of the clock. But ordinary people are only familiar with measuring time. They are aware of the elapse of time in terms of motion or change. Pure temporality is very obscure to them. They only think of time accompanied with change.

이 경우 시간은 시계로 측정되는 양으로 표시되지 않습니다. 그러나 보통 사람들은 측정하는 시간에만 익숙합니다. 그들은 움직임이나 변화로 시간의 경과를 압니다. 순전한 시간성은 그들에게 모호합니다. 그들은 변화에 수반된 시간만 생각합니다.

As ordinary people live in the world, they are so acquainted with its change as to live along its change. Therefore, measuring time in accordance with its change is enough for them. Space and time are parameters to describe and identify their life, since they are parameters to describe and identify the motion and change of objects that they encounter.

보통 사람들은 세상에서 삶으로 세상의 변화를 접하면서 세상의 변화를 따라 삽니다. 그러므로 변화를 따른 측정 시간은 그들에게 충분합니다. 공간과 시간은 그들이 접하는 대상의 운동과 변화를 기술하고 확인하는 매개이기 때문에 그들의 삶을 서술하고 확인하는 매개입니다.

But God's promise does not come out of the world like people's promise. It is given to His people who are in the world. Therefore, it is not parametrically denoted. It is fulfilled with its own spatiality and temporality that are constitutive for His predestined will as seen in the fulfillment of salvation.

그러나 하나님의 약속은 사람의 약속과 같이 세상으로부터 나오지 않습니다. 하나님의 약속은 세상에 있는 그분의 백성에게 주어집니다. 그러므로 매개로 표시되지 않습니다. 하나님의 약속은 구원의 이루어짐에서 보듯이 하나님의 예정된 뜻을 구성하는 자체의 공간성과 시간성으로 이루어집니다.

What God fulfills with His promise is not a changed state but His togetherness. Therefore, the fulfillment of His promise should be primarily concerned with His togetherness. Consequently, it cannot be measured in time; nevertheless, it is purely temporal. That is, it is not in time, but time is constituent of it.

하나님께서 그분 약속으로 이루시는 것은 변화된 상태가 아니라 그분 함께입니다. 그러므로 그분 약속의 이루어짐은 일차적으로 그분 함께와 더불어 고려되어야 합니다. 따라서 그것은 시간에 측정될 수 없습니다. 그렇지만 순전히 시간적입니다. 즉 그것은 시간에 있지 않지만,

시간은 그것의 구성요인입니다.

God's togetherness is temporally fulfilled; therefore, the life of being together with Him is temporally guided. Accordingly, His people who are together with Him have to be aware of pure temporality, for they live not the life of change but the life of fulfillment. Thus, they have to be concerned with not merely changing time but fulfillment time.

하나님의 함께는 시간적으로 이루어집니다. 그러므로 그분과 함께하는 삶은 시간적으로 인도됩니다. 따라서 그분과 함께하는 그분의 백성은 순전한 시간성을 알아야 합니다. 그들은 변화의 삶이 아닌 이루어짐의 삶을 살기 때문입니다. 따라서 그들은 변화의 시간만이 아니라 이루어짐의 시간에 관심을 가져야합니다.

The fulfillment of God's togetherness is the temporal guidance of His people who are together with Him. Thus, they come to pray for the fulfillment of His togetherness. Their prayer comes out of their consciousness of pure temporality of fulfillment. That is, their prayer for the fulfillment of His togetherness conveys pure temporality.

하나님 함께의 이루어짐은 그분과 함께하는 그분 백성의 시간적인 인도입니다. 따라서 그들은 그분 함께의 이루어짐을 기도하게 됩니다. 그들의 기도는 이루어짐의 순전한 시간성의 의식으로부터 나옵니다. 즉 그분 함께의 이루어짐에 대한 그들의 기도는 순전한 시간성을 지닙니다.

God's togetherness and its fulfillment are so tightly linked as to be expressed in the basic statement: "God's togetherness is fulfilled." Any serious prayer should be evolved from this statement, for it is directed to the fulfillment of His togetherness. And the fulfillment of His togetherness is pure temporality.

하나님의 함께와 그 이루어짐은 견고하게 연계되어 기본 진술로 표현됩니다: "하나님의 함께는 이루어집니다." 어떤 심각한 기도도 그분 함께의 이루어짐을 향해지기 때문에 이 진술로부터 나옵니다. 그리고 그분 함께의 이루어짐은 순전한 시간성입니다.

Jesus says, "Do not think that I came to destroy the law or the prophets. I did not come to destroy but to fulfill" Matt. 5:17. The observation of the law and the fulfillment of it are different. In the observation of the law, it is the word of letters. But in the fulfillment of the law, it is the word of God. In the fulfillment of the law, His togetherness is fulfilled.

예수님은 "내가 율법이나 선지자를 폐하러 온 줄로 생각하지 말라 폐하러 온 것이 아니요 완전하게 하려 함이라마 5:17"라고 하십니다. 율법의 지킴과 율법의 이룸은 다릅니다. 율법의 지킴에서 율법은 문자의 말입니다. 그러나 율법의 이룸에서 율법은 하나님의 말씀입니다. 율법의 이룸에서 그분의 함께는 이루어집니다.

What was shown by Jesus in the gospel was the fulfillment of God's togetherness. Jesus' prayer in Gethsemane was for the fulfillment of God's togetherness. The gospel is the narrative of Jesus in terms of the fulfillment of God's togetherness. That is, in the gospel God's togetherness is integrated into Jesus' life.

복음에서 예수님에 의해 보인 것은 하나님의 함께의 이루어짐입니다. 겟세마네에서 예수님의 기도는 하나님 함께의 이루어짐을 위함입니다. 복음은 하나님 함께의 이루어짐에 의한 예수님의 서사입니다. 즉 복음에서 하나님의 함께는 예수님의 삶에 통합됩니다.

God's mystery is mentioned in the stationary state. It is associated with His invisibility or incomprehensibility. But if it is meditated with His togetherness. it unfolds in time. He is mystical since His togetherness is not yet wholly fulfilled. His togetherness that is yet to be fulfilled is mystical and waited for.

하나님의 신비는 정주된 상태에서 언급됩니다. 그분의 보이지 않음이나 불가해함과 연계됩니다. 그러나 하나님의 신비가 그분의 함께로 묵상되면 시간으로 펼쳐집니다. 하나님은 그분 함께가 아직 완전히 이루어지지 않았기 때문에 신비합니다. 아직 이루어질 그분 함께는 신비하고 기다려집니다.

The ordinary people's togetherness is spatial and, thus, communal. Therefore, it is wished to be sustained. But God's togetherness is not formed into a community, since it is fulfilled in time. Thus, the life of His people with whom He is together is fulfilled in time. That is, the covenant life is not communal.

보통 사람들의 함께는 공간적이고 따라서 공동체적입니다. 그러므로 그것은 지속되어지길 바라집니다. 그러나 하나님의 함께는 공동체로 형성되지 않습니다. 시간으로 이루어지기 때문입니다. 따라서 그분이 함께하시는 그분 백성의 삶은 시간으로 이루어집니다. 즉 언약의 삶은 공동체적이지 않습니다.

The church in terms of God's togetherness is fulfilled as seen by the early church. But if the church departs from the sense of fulfillment, it becomes stationary or institutional. The stationary or institutional church has its own stationary or institutional structure in order to be sustained. The fulfilled church cannot be told in terms of its tradition.

하나님 함께의 교회는 초대교회에서 보이듯이 이루어집니다. 그러나 교회가 이루어짐의 의미로부터 떠나면 정주되거나 기관이 됩니다. 정주된 혹은 기관이 된 교회는 지속되기 위해 자체의 정주된 혹은 기관적인 구조를 갖습니다. 이루어진 교회는 자체의 전통으로 말해질 수 없습니다.

집중(Focus)

사람의 말은 세상에 있는 것이나 일어나는 것으로부터 파생됩니다. 그러므로 그것은 기본적으로 세상에 있는 것이나 일어나는 것을 지적하는 용도로 쓰입니다. 즉 세상의 경우를 근거로 파생되고 쓰입니다. 사람은 세상을 사니 표현하는 말은 세상의 경우를 근거할 수밖에 없습니다. 상상의 말도 세상의 경우에 근거해서 그 가능성을 상상으로 확장함으로 나옵니다.

Man's word is generated from what is or what is occurring in the world. Therefore, it is basically used to indicate what is or what is occurring in the world. That is, it is generated and used on the basis of the case of the world. As man lives in the world, his expression cannot but be on the basis of the case of the world. Even his imaginative word comes out as he extends its possibility imaginatively on the basis of the case of the world.

그러나 하나님의 말씀은 세상의 경우를 근거로 파생되지 않고 그분 뜻의 이루심으로 표현됩니다. 하나님께서 그분의 백성과 함께하시는 내용을 보입니다. 그러므로 하나님의 말씀은 기본적으로 이루어질 것을 향합니다. 그것은 세상의 경우보다 언제나 우선입니다. 하나님에 의해 우선적으로 그리고 일방적으로 선포됩니다.

But God's word is not generated on the basis of the case of the world but expressed as the fulfillment of His will. It shows the content of His being together with His people. Therefore, His word is basically directed to what is to be fulfilled. It is always prior to the case of the world. It is priorly and unilaterally proclaimed by Him.

하나님에 대해선 그분의 존재가 기본적으로 문제됩니다. 따라서 하나님으로 전개되는 내용은 경우일 수 있는 가능성으로 다루어집니다. 그렇지만 하나님의 함께는 이루어짐으로 표현됩니다. 따라서 하나님의 함께로 전개되는 것은 이루어짐으로 서사됩니다. 성경에서 보이듯 하나님께서 그분 백성과 함께하는 삶은 이루어짐으로 서사됩니다.

For God, His existence is basically problematic. Accordingly, the content generated with Him is dealt with in terms of its possibility of being the case. Nevertheless, His togetherness is expressed in terms of its fulfillment. Thus, what is generated with His togetherness is narrated with its fulfillment. As seen in the Bible, the life of His being together with His people is narrated with its fulfillment.

1.6

Hearing(들음)

Hearing is the counterpart of the word of God, as obedience is the counterpart of the will of God. The word of God is directly heard as the word of God, or the primary discernment to recognize the word of God is to hear it as the word of God. There are no other means to recognize it except hearing it as it is.

순종이 하나님의 뜻에 대한 대응이듯, 들음은 하나님의 말씀에 대한 대응입니다. 하나님의 말씀은 하나님의 말씀으로 직접 듣습니다. 혹은 하나님의 말씀을 인식하는 일차적 분별은 그것을 하나님의 말씀으로 듣는 것입니다. 하나님의 말씀을 하나님의 말씀으로 듣는 것 외에 하나님의 말씀을 인지하는 다른 방법은 없습니다.

In this case, hearing is not a faculty of the hearer. The hearer's physical or mental faculty does not matter with the hearing of the word of God, for even the deaf can hear it. And the capacity of learning does not matter with the hearing of it either, because the hearing of it is not understanding.

이 경우 들음은 듣는 이의 능력이 아닙니다. 듣는 이의 육체적 혹은 정신적 능력은 하나님의 말씀을 듣는데 문제가 되지 않습니다. 귀머거

리도 하나님의 말씀을 들을 수 있기 때문입니다. 그리고 배움의 용양도 하나님의 말씀을 듣는데 문제가 되지 않습니다. 하나님의 말씀을 듣는 것은 이해가 아니기 때문입니다.

The hearing of God's word is the fulfillment rather than enlightenment of His word. The hearing of His word is initiated by His word. That is, what is heard by His word comes from His word, and it is not contributed by the hearer's faculty. What is heard from His word is what is fulfilled by His word.

하나님의 말씀의 들음은 하나님 말씀의 깨달음이기보다 이루어짐입니다. 그분 말씀의 들음은 그분 말씀에 의해 개시됩니다. 즉 그분 말씀에 의해 들은 것은 그분 말씀으로부터 오고, 듣는 이의 능력에 의해 기여되지 않습니다. 그분 말씀으로부터 들어진 것은 그분 말씀에 의해 이루어진 것입니다.

Therefore, the hearing of the word of God is the primary fulfillment of the word of God. It is heard as the word of God with its own fulfillment. Or it is discerned as the word of God with its own fulfillment. It is disclosed as the word of God with its own fulfillment. Therefore, it is duly heard with its own fulfillment.

그러므로 하나님의 말씀을 들음은 하나님의 말씀의 일차적 이루어짐입니다. 그것은 그 자체의 이루어짐으로 하나님의 말씀으로 들어집니다. 혹은 그것은 그것 자체의 이루어짐으로 하나님의 말씀으로 분별됩니다. 그것은 그것 자체의 이루어짐으로 하나님의 말씀으로 드러납니다. 그러므로 그것은 그 자체의 이루어짐으로 바로 듣게 됩니다.

God's word is not present as such objectively. That is, there is no objective criterion to identify His word. It is a mistake to insist that the Bible is His word objectively. Even if one reads the Bible, he cannot read it as His word. The 'status' of His word is not at his disposal.

하나님의 말씀은 그 자체로 객관적으로 등장되지 않습니다. 즉 그분 말씀을 확인할 객관적인 기준이 없습니다. 성경이 그분 말씀이라고 객관적적으로 주장하는 것은 잘못입니다. 사람이 성경을 읽더라도 그분 말씀으로 읽을 수 없습니다. 그분 말씀의 '위상'은 그의 재량에 있지 않습니다.

It is a mistake to claim that God gave man the faculty of the hearing of His word so that he might hear it. In order for the claim to be justified, it should be what is directly heard as His word. But it is an understanding of His word rather than His word, since it already uses his own faculty of understanding of His word. But the understanding of His word is not His word.

하나님께서 사람에게 그분 말씀을 들을 수 있도록 그분 말씀을 듣는 능력을 주었다고 주장하는 것은 잘못입니다. 그 주장이 정당하게 되려면 그분 말씀으로 직접 들은 것이어야 합니다. 그러나 그 주장은 그분 말씀보다 그분의 말씀의 이해입니다. 왜냐하면 그분 말씀을 이해하는 그의 능력을 이미 사용하기 때문입니다. 그러나 그분 말씀의 이해는 그분 말씀이 아닙니다.

This claim is to allow the individual understanding of the Bible as the word of God. It basically support the view that an individual can read the Bible as the word of God. But the assertion that the hearing of the word of God is its own fulfillment does not allow the claim that an individual can hear it with his own faculty.

이 주장은 성경을 하나님의 말씀으로 개인적으로 이해하는 것을 허용합니다. 그것은 기본적으로 개인이 성경을 하나님의 말씀으로 읽을 수 있다는 견해를 지지합니다. 그러나 하나님의 말씀을 들음이 그 자체의 이루어짐이라는 확언은 개인이 자신의 능력으로 그것을 들을 수 있다는 주장을 허용하지 않습니다.

The word of God is only heard. Thus, the word of God may be fulfilled to be heard while reading the Bible. That is, when the word in the Bible is fulfilled in the word of God, it is heard as the word of God. For this reason, the Bible cannot be identified as the word of God objectively.

하나님의 말씀은 단지 들어집니다. 따라서 성경을 읽는 동안 하나님의 말씀이 들리도록 이루어질 수 있습니다. 즉 성경의 말이 하나님의 말씀으로 이루어질 때 하나님의 말씀으로 들어집니다. 이 때문에 성경은 객관적으로 하나님의 말씀이라고 확인될 수 없습니다.

God's word cannot be objectified. It is only fulfilled to be heard as His word. This is clear because it is given with His togetherness. Since His togetherness is not objectified, His word cannot be objectified either. And since His togetherness is fulfilled to be disclosed, His word is also fulfilled to be disclosed.

하나님의 말씀은 객관화될 수 없습니다. 그것은 단지 그분 말씀으로 들리도록 이루어집니다. 이 점은 그분 말씀이 그분 함께로 주어지기 때문에 분명합니다. 그분 함께는 객관화되지 않기 때문에 그분 말씀도 또한 객관화될 수 없습니다. 그리고 그분 함께는 드러나도록 이루어지기 때문에, 그분 말씀도 또한 드러나도록 이루어집니다.

In this respect, the affirmation that God gives His word to His people has to be taken into consideration. This affirmation does not mean that He gave the Ten Commandments written on the two tablets of stone to the Israelites through Moses. And it does not mean that He gives the Bible to the Christians.

이 점에서 하나님께서 그분 말씀을 그분 백성에게 주신다는 확언은 받아들여져야 합니다. 이 확언은 그분이 두 돌 판에 쓰인 십계명을 모세를 통해 이스라엘 백성에게 주셨다는 것을 뜻하지 않습니다. 그리고 이 확언은 그분이 성경을 그리스도인들에게 주신다는 것을 뜻하지 않습니다.

God's word cannot be identified as its written word. Therefore, the affirmation that He gives His word to His people does not mean that He gives its written word to them. Even if they keep its written word, His word cannot be heard to them. The Israelites of the OT or the Christians of these days have this problem.

하나님의 말씀은 쓰인 말로 확인될 수 없습니다. 그러므로 그분이 그분 말씀을 그분 백성에게 주신다는 확언은 그분이 그 쓰인 말을 그들에게 주신다는 것을 뜻하지 않습니다. 그들이 그 쓰인 말을 지닌다고 하더라도, 그분 말씀은 그들에게 들려질 수 없습니다. 구약의 이스라엘 백성이나 지금 그리스도인들이 이 문제를 지니고 있습니다.

God is together with His people with His word. When His word is heard by them, they are together with Him. And they preserve His word in its written word. But the preservation of its written word does not warrant that they hear it so that they are together with Him. For this reason, the significance of the hearing of it should not be overlooked.

하나님은 그분의 말씀으로 그분 백성과 함께하십니다. 그분 말씀이 그들에 의해 들려질 때, 그들은 그분과 함께합니다. 그리고 그들은 그분 말씀을 쓰인 말로 보전합니다. 그러나 그 쓰인 말의 보전은 그들이 그것을 들어 그분과 함께한다고 보증하지 않습니다. 이 때문에 하나님 말씀의 들음의 중요성이 간과되지 말아야 합니다.

God gives His word to His people for His togetherness with them. Then, they hear it for being together with Him. Those who hear His word become His people for being together with Him. Therefore, the givenness of His word is fulfilled in the hearing of it. His word is given to be heard.

하나님은 그분 말씀을 그분 백성과 함께하기 위해 그들에게 주십니다. 그러면 그들은 그분과 함께하기 위해 그것을 듣습니다. 그분 말씀을 듣는 이들은 그분과 함께하는 그분 백성이 됩니다. 그러므로 하나님의 말씀의 주심은 그것을 들음 가운데 이루어집니다. 그분 말씀은 들어지도록 주어집니다.

Although the Bible can be there as a written text which is under the disposal of interpretation, God's word is not. His word is for His togetherness. But with the Bible as a text, His togetherness is not to be conscious of since it is merely a book of written word.

성경은 해석의 재량 아래 있는 쓰인 원문으로 있을 수 있지만, 하나님의 말씀은 아닙니다. 그분 말씀은 그분 함께를 위함입니다. 그러나 원문으로서 성경으로 그분 함께는 의식될 수 없습니다. 성경은 단지 쓰인 말의 책이기 때문입니다.

The Bible as a text is easily accessible to any reader, for it, like any other books, is subjected to his own interpretation. But the Bible as the word of God is not accessible to any reader, for it is given to those who hear it. In this case, while hearing it, they become His people by being together with Him, and it becomes the covenant book.

원문으로서 성경은 어느 독자에게든 쉽게 접근됩니다. 다른 어느 책과 같이 독자의 해석에 종속되기 때문입니다. 그러나 하나님의 말씀으로 성경은 어느 독자에게나 접근되지 않습니다. 그것을 듣는 이들에게 주어지기 때문입니다. 이 경우 그들은 성경을 들으면서 그분과 함께하는 그분 백성이 됩니다. 그리고 성경은 언약의 책이 됩니다.

The hearing of God's word means togetherness with Him. Thus, hearing is the hearing of togetherness. Life of togetherness with Him is unfolded with the hearing of His word. In this respect, hearing connotes obedience. The hearing of His word means the obedience to His will and the fulfillment of His togetherness.

하나님의 말씀의 들음은 그분과 함께를 뜻합니다. 따라서 들음은 함께의 들음입니다. 그분과 함께하는 삶은 그분의 말씀의 들음으로 펼쳐집니다. 이 점에서 들음은 순종을 함축합니다. 그분 말씀의 들음은 그분 뜻에 순종과 그분 함께의 이루어짐을 뜻합니다.

The hearing of God's word is the covenant hearing. The covenant hearing is the beginning of the covenant life which is unfolded with His togetherness. Therefore, it is contrasted to ordinary hearing. The former is for togetherness, but the latter for understanding.

하나님의 말씀의 들음은 언약의 들음입니다. 언약의 들음은 그분 함께로 펼쳐지는 언약의 삶의 시작입니다. 그러므로 그것은 보통 들음과 대조됩니다. 전자는 함께를 위해서지만 후자는 이해를 위해서입니다.

Life of being together with God is fulfilled by His word. Therefore, in order to live such a fulfilled life His word has to be heard. The covenant life of His togetherness is unfolded with the covenant hearing of His word, for His togetherness is fulfilled with His word. The covenant togetherness is fulfilled when His word is heard by His people.

하나님과 함께하는 삶은 그분 말씀에 의해 이루어집니다. 그러므로 그런 이루어짐의 삶을 위해 그분의 말씀은 들려져야 힙니다. 그분 함께의 언약의 삶은 그분 말씀의 언약의 들음으로 펼쳐집니다. 그분 함께는 그분 말씀으로 이루어지기 때문입니다. 언약의 함께는 그분 말씀이 그분 백성에 의해 들려질 때 이루어집니다.

The hearing of togetherness has to be distinguished from the hearing of understanding. The former is fulfillment, but the latter is inherent faculty. The former is directed to God's word, but the latter to the nature of the world. The former unfolds into covenant life, but the latter adapts to natural life.

함께의 들음은 이해의 들음과 구별되어야 합니다. 전자는 이루어짐이지만 후자는 내재된 능력입니다. 전자는 하나님의 말씀을 향하지만 후자는 세상의 본성을 향합니다. 전자는 언약의 삶으로 펼치지만 후자는 자연적인 삶에 순응합니다.

Moses' teaching is the exhortation of hearing of God's statutes and commandments. His famous Shema runs in this way: "Hear, O Israel: The Lord our God, the Lord is one! You shall love the Lord your God with all your heart, with all your soul, and with all your strength" Deut. 6:4-5.

모세의 가르침은 하나님의 규례와 계명의 들음에 대한 권면입니다. 그의 유명한 쉐마는 이렇게 갑니다: "이스라엘아 들어라 우리 하나님 여호와는 오직 유일한 여호와이시니 너는 마음을 다하고 뜻을 다하고 힘을 다하여 네 여호와 하나님을 사랑하라신 6:4-5"

The emphasis of the hearing of God's word is seen in the re-proaching of Samuel to Saul: "Has the Lord as great delight in burnt offerings and sacrifices, As in obeying the voice of the Lord? Behold, to obey is better than sacrifice, And to heed than the fat of rams" 1 Sam. 15:22.

하나님 말씀의 들음에 대한 강조는 사울을 향한 사무엘의 질책에서 보입니다: "사무엘이 이르되 여호와께서 번제와 다른 제사를 그의 목소리를 청종하는 것을 좋아하심 같이 좋아하시겠나이까 순종이 제사보다 낫고 듣는 것이 숫양의 기름보다 나으니삼상 15:22"

Moses' and Samuel's hearing remarks are given on the background of the word of God as the law. It is meditated to be heard as the word of God. Therefore, in this case, the hearing of it as the word of God is emphasized to be led to an individual response, for it should be kept individually.

모세와 사무엘의 들음에 대한 언급은 율법으로서 하나님 말씀의 배경에서 주어집니다. 율법은 하나님의 말씀으로 들어지도록 묵상되어야 합니다. 그러므로 이 경우 율법을 하나님의 말씀으로 들음은 개인의 반응으로 이끌려지도록 강조되었습니다. 율법은 개인으로 지켜져야 되기 때문입니다.

Jesus also gives a remark of hearing after He delivered parables of the kingdom of God to the multitudes: "He who has ears to hear, let him hear!" [Mark 4:9]. Although His teaching of the kingdom of God is delivered to them in parables, those who hear it among them come out of them to follow Him to be together with Him.

예수님도 또한 군중에게 하나님의 나라의 비유를 들려주신 후에 들음에 대해 언급하십니다: "들을 귀 있는 자는 들을지어다[막 4:9]." 하나님 나라에 대한 예수님의 가르침은 그들에게 비유로 들려지지만, 그들 가운데 그것을 들은 이들은 그들로부터 나와 예수님을 따르며 예수님과 함께하게 됩니다.

Jesus' remark of hearing, here, is somewhat different from Moses' or Samuel's. Moses' and Samuel's remark of hearing is based on the requirement of the word of God as the law. All Israelites have to hear the word of God as the law full-heartedly so as to keep it diligently.

여기서 들음에 대한 예수님의 언급은 모세와 사무엘의 언급과는 다릅니다. 들음에 대한 모세와 사무엘의 언급은 율법으로서 하나님 말씀의 요구에 근거됩니다. 모든 이스라엘 백성은 온 마음으로 하나님의 말씀을 들어 부지런히 지켜야했습니다.

But Jesus delivers the kingdom of God to the multitudes who do not know it. And since it cannot be delivered descriptively like the kingdom of the world, He uses parables to illustrate it so that they may have a glimpse of it. Any of them who have ears to hear the kingdom of God will come to Him to live in it.

그러나 예수님은 군중에게 그들이 모르는 하나님의 나라를 전하십니다. 그리고 하나님 나라는 세상 나라와 같이 서술적으로 전해질 수 없기 때문에, 예수님은 그것을 예시하려고 비유를 사용하셔서 그들이 하나님 나라의 일별을 갖게 하려하십니다. 들을 귀가 있어 하나님 나라를 듣게 된 이는 예수님에게 와서 거기에 살 것입니다.

In this case, hearing is an endowment rather than a requirement. The law is given as the requirement for the life of the kingdom of the world, but Jesus' teaching is given as the endowment for the life of the kingdom of God. Those who hear His teaching live in the kingdom of God.

이 경우 들음은 요구보다 부여입니다. 율법은 세상 나라의 삶을 위한 요구로 주어집니다. 그러나 예수님의 가르침은 하나님 나라의 삶을 위한 부여로 주어집니다. 예수님의 가르침을 듣는 이들은 하나님 나라에 삽니다.

The hearing in the kingdom of the world is for the observation of requirement or acquisition of wisdom for a better life. But the hearing of the kingdom of God is for the new life together with Him. Therefore, Jesus' emphasis of hearing is directed to life together with God.

세상 나라에서 들음은 요구를 준수하거나 나은 삶을 위한 지혜를 습득하기 위함입니다. 그러나 하나님 나라의 들음은 그분과 함께하는 새로운 삶을 위함입니다. 그러므로 예수님의 들음의 강조는 하나님과 함께하는 삶을 향합니다.

Those who hear Jesus' proclamation of the kingdom of God come to enter it. In this case, the hearing is guided by the Holy Spirit. Since it is a Spiritual kingdom, its life is Spiritually guided. Thus, those who hear Jesus' teaching, or the whole gospel, can live in it Spiritually.

하나님 나라에 대한 예수님의 선포를 듣는 이들은 거기에 들어가게 됩니다. 이 경우 들음은 성령님에 의해 인도됩니다. 하나님 나라는 영적 나라임으로, 그 삶은 영적으로 인도됩니다. 따라서 예수님의 가르침, 혹은 복음 전체를 듣는 이들은 그 안에서 영적으로 살 수 있습니다.

Thus, Jesus' remark of hearing can be read in this way: he who has ears to hear Spiritually, let him hear Spiritually. Everyone does not have ears of hearing Spiritually. Only those who are guided by the Holy Spirit are endowed ears of hearing Spiritually. Therefore, the Spiritual hearing is to be fulfilled to them.

따라서 들음에 대한 예수님의 언급은 이렇게 읽어질 수 있습니다: 영적으로 들을 귀를 가진 이는 영적으로 들을 지어다. 모두 영적으로 들을 귀를 갖고 있지 않습니다. 성령님에 의해 인도되는 이들만이 영적으로 들을 귀가 부여됩니다. 그러므로 그들에게 영적 들음이 이루어지게 됩니다.

In this respect, the Spiritual hearing has to be separated from the ordinary hearing. Since ordinary life is maintained in the world, ordinary hearing is at most for its betterness. Therefore, ordinary people want to improve their hearing capability through education.

이 점에서 영적 들음은 보통 들음으로부터 구별되어야 합니다. 보통 삶은 세상에서 유지되기 때문에, 보통 들음은 기껏 삶의 나음을 위함입니다. 그러므로 보통 사람들은 교육을 통해 그들의 듣는 수용력을 향상하려 합니다.

Moses' and Samuel's remarks of hearing are a kind of ordinary hearing. They are addressed to the attentiveness of the individual mind. That is, they are not concerned with new ears to hear Spiritually. With the ordinary inherited ears, Spirituality cannot be discerned. Spiritually speaking, the hearing of God's word is Spiritual discernment.

들음에 대한 모세와 사무엘의 언급은 보통 들음의 일종입니다. 그것들은 개인마음의 주의력에 들려집니다. 즉 그것들은 영적으로 들을 새로운 귀에 대해 관심이 두어지지 않습니다. 보통 물려받은 귀로는 영성이 분별될 수 없습니다. 영적으로 말하면 하나님의 말씀의 들음은 영적 분별입니다.

God's word is discerned by hearing it. The OT as His word is instructed to be heard attentively in the individual mind so that the Israelites may keep His word full-heartedly individually. But the NT as His word is guided to be heard Spiritually by the Holy Spirit. Therefore, His word is Spiritually discerned.

하나님의 말씀은 그것을 들음으로 분별됩니다. 그분 말씀으로 구약은 개인의 마음에 주의 깊게 들리도록 가르쳐져서 이스라엘 백성이 개인적으로 그분 말씀을 온 마음으로 지키게 하려 합니다. 그러나 그분 말씀으로 신약은 성령님에 의해 영적으로 듣게 되도록 인도됩니다. 그러므로 그분 말씀은 영적으로 분별됩니다.

집중(Focus)

하나님의 말씀은 그것을 들음으로 하나님의 말씀으로 압니다. 하나님의 말씀은 그것을 듣는 것 외에 다른 어떤 것에 의해 인지되지 않습니다. 이 점에서 하나님의 말씀은 들음에 이루어진다고 확언됩니다. 즉 하나님의 말씀은 확인될 수 없고 듣는 이들에게 이루어집니다. 하나님의 말씀을 듣는 이들은 하나님과 함께하는 하나님의 백성으로 삽니다.

God's word is known as His word through hearing it. It is not to be recognized by any other way than hearing it. In this regard, it is affirmed that His word is fulfilled in hearing it. That is, His word is not to be identified but to be fulfilled to its hearers. Those who hear His word live as His people who are together with Him.

책으로서 성경은 쓰인 말의 모음입니다. 그것을 그리스도인들은 하나님의 말씀으로 읽습니다. 쓰인 글은 이해됨으로 그들은 성경을 이해할 내용으로 읽습니다. 그들은 하나님의 말씀을 이해한다고 여깁니다. 그렇지만 이해는 이해하는 당사자의 능력을 반영합니다. 결과적으로 하나님의 말씀이 이해되는 한 이해하는 이의 능력이 가미되니 더 이상 하나님의 말씀이 아닙니다.

The Bible as a book is the collection of written words. The Christians read it as God's word. Since the written words are understood, they read it as understandable contents. They consider that they understand His word. However, understanding reflects the faculty of the one being understood. Consequently, as long as His word is understood, it is no more His word since the faculty of the one being understood is added.

구약에서 율법은 행함을 요구하니, 그것을 주의 깊게 들음은 그것을 지키기 위함입니다. 그러나 하나님의 나라에 대한 예수님의 가르침은 그것을 듣는 이들로 하나님 나라에 살게 하기 위함입니다. 하나님의 나라는 세상 나라와는 달라 세상 조건에 따라 보이지 않습니다. 그러므로 하나님의 나라를 듣는 이들만이 그 안에서 영적으로 인도된 삶을 삽니다.

Since the law in the OT demands its acts, its attentive hearing is for keeping it. But Jesus' teaching for the kingdom of God is to let those who hear it live in the kingdom of God. Since the kingdom of God is different from the kingdom of the world, it is not seen in accordance with the condition of the world. Therefore, only those who hear it live the Spiritually guided life in it.

1.7

Obedience(순종)

If God's word is read from the perspective of His togetherness rather than His being, obedience is paramountly concerned with. God is together with His people who are obedient to His will given as His word. His togetherness is fulfilled with His people's obedience.

하나님의 말씀이 그분 존재 보다 그분 함께의 관점으로 읽어지면, 순종은 무엇보다 중요하게 고려됩니다. 하나님은 그분 말씀으로 주신 그분의 뜻에 순종하는 그분 백성과 함께하십니다. 그분의 함께는 그분 백성의 순종으로 이루어집니다.

For God's togetherness, His people's obedience is the counterpart. Therefore, obedience is the ultimatum to His togetherness. People are obedient for togetherness. This is the meaning of obedience. As long as people live individually, they are not obedient. Individual abidance of laws and orders are practices of enhancing individuality.

하나님의 함께에 대해 그분 백성의 순종은 대응입니다. 그러므로 순종은 그분 함께에 궁극입니다. 사람들은 함께를 위해 순종합니다. 이것이 순종의 뜻입니다. 사람들이 개인으로 사는 한 그들은 순종하지 않습니다. 법이나 명령에 대한 개인의 준수는 개인성을 진작하는 이행입니다.

Obedience does not matter if God is dealt as being or the absolute, In this case, personal or religious quality is mainly concerned with. Thus, obedience is also considered as a personal or religious quality, that is, a merit or excellence of individuality. But Biblical obedience is by no means a part of individuality.

하나님이 존재나 절대자로 다루어지면 순종은 문제되지 않습니다. 이 경우 개인적이나 종교적인 성품이 대부분 관심이 됩니다. 따라서 순종도 또한 개인적인 혹은 종교적인 성품, 즉 개인성의 장점이나 우수성으로 여겨집니다. 그러나 성경적인 순종은 결코 개인성의 한 부분이 아닙니다.

Life of togetherness begins with obedience. Since togetherness is fulfilled, so is obedience. Thus, obedience to God's word means fulfillment of His word. Obedience is required by His word in the sense that obedience should be accompanied with it. The hearing of His word is obedience.

함께의 삶은 순종으로 시작됩니다. 함께는 이루어지기 때문에 순종도 이루어집니다. 따라서 하나님의 말씀에 대한 순종은 그분 말씀의 이루어짐을 뜻합니다. 순종은 그분 말씀에 수반되어야 한다는 뜻에서 순종은 그분 말씀에 의해 요구됩니다. 그분 말씀을 들음은 순종입니다.

Therefore, the requirement of obedience to God's word does not mean that it has to be practiced individually like the law. The requirement of obedience to His word means that obedience should be accompanied with His word. Apart from obedience, there is no other way to read His word.

그러므로 하나님의 말씀에 대한 순종의 요구는 율법과 같이 개인적으로 이행되어야 될 것을 뜻하지 않습니다. 그분 말씀에 대한 순종의 요구는 순종이 그분 말씀에 수반되어야 한다는 것을 뜻합니다. 순종을 떠나 그분 말씀을 읽을 다른 길은 없습니다.

Obedience is required to God's word; accordingly, His word is fulfilled in obedience. The requirement of obedience to His word is fulfilled with His togetherness. Therefore, it is a mistake to think of the significance of His word apart from its own unfolding in obedience.

순종은 하나님의 말씀에 요구됩니다. 따라서 그분 말씀은 순종으로 이루어집니다. 그분 말씀에 대한 순종의 요구는 그분 함께로 이루어집니다. 그러므로 그분 말씀의 중요성을 순종 가운데 그 펼쳐짐을 떠나 생각하는 것은 잘못입니다.

God's word is given for the fulfillment of His togetherness. His togetherness is fulfilled in togetherness in obedience. It is not right to say that He is together with those who are obedient. Since obedience is what is to be fulfilled, it cannot be conditionally practiced. His word is visible in obedience.

하나님의 말씀은 그분 함께의 이루어짐을 위해 주어집니다. 그분 함께는 순종 가운데 함께로 이루어집니다. 그분은 순종하는 이들과 함께한다고 말하는 것은 옳지 않습니다. 순종은 이루어지는 것임으로 조건적으로 이행될 수 없습니다. 그분 말씀은 순종으로 보입니다.

The mistaken response to God's word is to have the view that it is given by Him in order for it to be kept like laws or orders. If it is given for people's own practice as laws or orders, it is not different from their own word, They live with laws and orders, practicing them. His word is given in the response of obedience. But, in this case, obedience is not what is to be practiced by their own will.

하나님의 말씀에 잘못된 반응은 그것이 율법이나 명령처럼 지켜지기 위해 그분에 의해 주어진 것이라는 견해를 갖는 것입니다. 만약 하나님의 말씀이 법이나 명령처럼 사람들 자신들이 이행을 위해 주어지면 그들 자신들의 말과 다르지 않습니다. 그들은 법이나 명령을 이행하면서 삽니다. 그분의 말씀은 순종의 반응 가운데 주어집니다. 그러나 이 경우 순종은 그들 자신의 의지로 이행되는 것이 아닙니다.

If God's word is not differentiated from man's word, His holiness and togetherness are not to be told. Only His superiority to man can be told. Then, His word is not to be considered for His togetherness. And He is considered as being or the absolute who does not get together with people.

하나님의 말씀이 사람의 말과 구별되지 않으면, 그분의 거룩함이나 함께는 말해질 수 없습니다. 단지 사람보다 그분의 우월성만 말해질 수 있습니다. 그러면 그분의 말씀은 그분의 함께를 위함으로 여겨지지 않습니다. 그리고 그분은 사람들과 함께할 수 없는 존재나 절대자로 여겨집니다.

Obedience is for togetherness, not for submission. Submission is relational; thus, submitters remain as individuals. If God is told in terms of His power, there is submission rather than obedience. Power works for change, not for fulfillment. Submission is a changed state, but obedience is a fulfilled newness.

순종은 함께를 위함입니다. 예속을 위함이 아닙니다. 예속은 관계적입니다. 따라서 예속자는 개인으로 남습니다. 하나님이 그분의 힘으로 말해지면, 순종보다 예속이 있습니다. 힘은 변화로 일하지 함께로 일하지 않습니다. 예속은 변화된 상태입니다. 그러나 순종은 이루어진 새로움입니다.

God's will, His promise, and His fulfillment are in the chain of His togetherness. And His word is, over all, narrated with the chain of His togetherness. But the narrative of this chain shows only His side story. When obedience is included in the chain, the narrative becomes the story of His togetherness with His people.

하나님의 뜻, 그분의 약속, 그리고 그분의 이룸은 그분 함께의 사슬로 있습니다. 그리고 그분 말씀은 전반적으로 그분 함께의 사슬로 서술됩니다. 그러나 이 사슬의 서사는 그분 측의 이야기만 보입니다. 순종이 사슬에 내포하게 되면, 그 서사는 그분 백성과 더불어는 그분 함께의 이야기가 됩니다.

Thus, the chain of God's togetherness with His people is expressed in this way: His word as promise is fulfilled in their obedience by His will for togetherness. In obedience, His story becomes their story for the life of togetherness. That is, His word becomes their life story of togetherness.

따라서 하나님의 백성과 더불어는 그분 함께의 사슬은 이렇게 표현
됩니다; 약속으로서 그분 말씀은 함께를 위한 그분 뜻에 의한 그들 순
종 가운데 이루어집니다. 순종가운데 그분의 이야기는 함께의 삶을 위
한 그들의 이야기가 됩니다. 즉 그분 말씀은 함께하는 그들 삶의 이야
기가 됩니다.

In obedience, God's story becomes the Immanuel story. In obe-
dience, the obedience story is narrated as His people's story. Thus,
His people become visible as the obedient people who narrate His
story as their story. In this regard, they are the people who witness
His word. Their witness is their obedient life.

순종 가운데 하나님의 이야기는 임마누엘 이야기가 됩니다. 순종 가
운데 순종 이야기는 그분 백성의 이야기로 서사됩니다. 따라서 그분 백
성은 그분 이야기를 그들 이야기로 서사하는 순종의 백성으로 보입니
다. 이 점에서 그들은 그분 말씀을 증거하는 백성입니다. 그들의 증거
는 그들의 순종의 삶입니다.

Witness is the outwardness of obedience. And, thus, it is the sign
of togetherness. Those who are in togetherness witness God's to-
getherness. It comes out of obedience, not of experience. There
can be no personal witness of His togetherness. Experience and
witness are different. That is, what is experienced cannot be wit-
nessed.

증거는 순종의 외면성입니다. 따라서 함께의 표적입니다. 함께하는
이들은 하나님의 함께를 증거합니다. 증거는 순종에서 나오지 체험에

서 나오지 않습니다. 그분 함께에 대한 개인적인 증거는 있을 수 없습니다. 체험과 증거는 다릅니다. 즉 체험된 것은 증거될 수 없습니다.

There is no personal obedience. There is only personal experience. Obedience is expressed with God's word because it is fulfilled by His word. Therefore, it is always accompanied with His word. No personal language is appropriate to it. Personal language is only used for personal experience,

개인적인 순종은 있을 수 없습니다. 개인적인 체험만 있습니다. 순종은 하나님의 말씀으로 표현됩니다. 그분 말씀으로 이루어지기 때문입니다. 그러므로 언제나 그분 말씀에 수반됩니다. 개인적인 언어는 순종에 적절하지 않습니다. 개인적인 언어는 개인의 체험에만 사용됩니다.

Nevertheless, personal experience is expressed independently of God's word. It is only explained in terms of the alleged His word. In this case, the alleged His word is nothing but a personal interpretation of it. Therefore, as it is emphasized, its outcome is oriented toward personality rather than togetherness.

그렇지만 개인적인 체험은 하나님의 말씀과 독립적으로 표현됩니다. 그것은 단지 주장된 그분 말씀으로 설명됩니다. 이 경우 주장된 그분 말씀은 그분 말씀의 개인적인 설명에 지나지 않습니다. 그러므로 주장된 그분 말씀이 강조됨에 따라, 그 결과는 함께로 보다 개인성으로 향해집니다.

On the basis of God's word, obedience of His word can be 'experienced'. In this case, it is regarded as the 'instance' of the fulfillment of His word. Then, it is accepted as the awareness of togetherness. And, subsequently, His word is read from the perspective of togetherness.

하나님 말씀의 근거에서 그분 말씀의 순종은 '체험될' 수 있습니다. 이 경우 순종은 그분 말씀의 이루어짐의 '사례'로 여겨집니다. 그러면 함께의 자각으로 받아들여집니다. 이어서 그분 말씀은 함께의 관점에서 읽혀집니다.

This implies the shift of perspective from personality to togetherness. Without the shift of perspective, togetherness cannot be seen properly and wholly. From the inherited perspective of personality, togetherness is nothing but the gathering of individuals. In this case, gathering is realized by individuals' will.

이것은 개인성으로부터 함께의 관점으로 전이를 시사합니다. 관점의 전이 없이 함께는 적절하게 그리고 전반적으로 보일 수 없습니다. 유전된 개인성의 관점으로 보면 함께는 개인들의 모임에 지나지 않습니다. 이 경우 모임은 개인들의 의지로 실현됩니다.

In the gathering of individuals, they prescrvc thcir personality. With their own personality they cope with others in order to maintain their gathering. Then, their word of God's word is nothing but their own understanding of it. They only use His word for their word. The understanding of His word is not the obedience of His word.

개인들의 모임에서 그들은 그들 개인성을 보전합니다. 자신들의 개인성으로 그들은 그들의 모임을 유지하기 위해 다른 이들을 대처합니다. 그러면 하나님의 말씀에 대한 그들의 말은 그들 자신의 이해에 지나지 않습니다. 그들은 단지 그분 말씀을 그들의 말을 위해 사용합니다. 그분 말씀의 이해는 그분의 말씀의 순종이 아닙니다.

In this case, they live their own life with the alleged God's word. Thus, they do not live the life of His togetherness with His word. They do not live obedient life, so to speak. Personality goes along with morality, virtue, or religiousness rather than obedience. And His word is understood and interpreted by personality.

이 경우 그들은 주장된 하나님의 말씀으로 자신들의 삶을 삽니다. 따라서 그들은 그분 말씀으로 그분 함께의 삶을 살지 않습니다. 그들은 말하자면 순종의 삶을 살지 않습니다. 개인성은 순종보다 도덕성, 덕, 혹은 종교성과 같이 갑니다. 그리고 그분의 말씀은 개인성에 의해 이해되고 설명됩니다.

If God's word is read with His togetherness, it is read in obedience. But if it is read with Himself, it might be read without obedience. As He is told in various ways, His word is also read with various interpretations. If He is told ontologically or religiously, His word is interpreted ontologically or religiously.

하나님의 말씀이 그분의 함께로 읽어지면 순종으로 읽어지게 됩니다. 그러나 하나님의 말씀이 그분 자신으로 읽어지면 순종 없이 읽어질 수 있습니다. 그분이 다양한 식으로 말해짐에 따라, 그분 말씀도 또한 다양한 해석으로 읽어집니다. 그분이 존재론적으로 혹은 종교적으로 말해지면, 그분 말씀은 존재론적으로 혹은 종교적으로 해석됩니다.

However, God's togetherness cannot be told in various ways. It is only witnessed with His togetherness. Those with whom He is together can talk of His togetherness in obedience. Therefore, His word with His togetherness cannot be interpreted. It is only witnessed. That is, His word with His togetherness cannot be under the disposal of its readers.

그렇지만 하나님의 함께는 다양한 방식으로 말해질 수 없습니다. 단지 그분 함께로 증거됩니다. 그분이 함께하시는 이들은 그분 함께를 순종가운데 말할 수 있습니다. 그러므로 그분 함께로 그분 말씀은 해석될 수 없습니다. 단지 증거 될 뿐입니다. 즉 그분 함께로 그분 말씀은 독자들의 재량 하에 두어질 수 없습니다.

In obedience, there is no room for interpretation. Interpretation of God's word is, in a sense, personalization of His word. But His togetherness cannot be personalized. Therefore, personalization of His word which is claimed is no more His word. This tendency becomes prevalent since the Bible is identified as His word.

순종 가운데 해석의 공간이 없습니다. 하나님 말씀의 해석은 어느 의미에서 그분 말씀의 개인화입니다. 그러나 그분의 함께는 개인화될 수 없습니다. 그러므로 주장된 개인화된 그분 말씀은 더 이상 그분 말씀이 아닙니다. 이 경향은 성경이 그분 말씀으로 동일시되기 때문에 만연되게 됩니다.

God's word is naively regarded as the word that comes from God as a man's word comes from him. For a historical figure, he is not known for his writings, for they are merely his own ideas or thoughts. That is, they are available independently of him. This is apparent in the case of mathematical or scientific theories.

사람의 말이 사람으로부터 나오듯이 하나님의 말씀은 하나님으로부터 나오는 말로 순진하게 여겨집니다. 역사적 인물에 대해선, 그는 자신의 글로 알려지지 않습니다. 글은 단지 그의 발상이나 생각이기 때문입니다. 즉 글은 그 사람과 독립적으로 이용될 수 있습니다. 이것은 수학이나 과학 이론의 경우 분명합니다.

But for God, His word is the revelation of Himself. Therefore, with His word His togetherness can be told. But for a man, his word is floating around independently of him. For this reason, God's word is also interpreted independently of His togetherness. This tendency is inevitable since His word is contacted with the Bible as a text.

그러나 하나님에 대해선 그분 말씀은 그분 자신의 계시입니다. 그러므로 그분 말씀으로 그분 함께가 말해질 수 있습니다. 그러나 사람에 대해선 그의 말은 그와는 독립적으로 나돌아 다닙니다. 이 때문에 하나님의 말씀도 또한 그분 함께와 독립적으로 해석됩니다. 이 경향은 그분 말씀이 성경이라는 텍스트로 접하기 때문에 어쩔 수 없습니다.

Since God's word is given with His togetherness, it has to be received in obedience with His togetherness. In this way, obedience is fulfilled in togetherness. It is not willful but temporally guided. Thus, the obedient life is temporally unfolding. But as long as His word is interpreted, togetherness cannot be fulfilled because every individual interprets His word his own way.

하나님의 말씀은 그분의 함께로 주어지기 때문에 그분 함께로 순종 가운데 받아들여져야 합니다. 이런 식으로 순종은 함께로 이루어집니다. 순종은 의지적이 아니고 시간적으로 인도됩니다. 따라서 순종의 삶은 시간적으로 펼쳐갑니다. 그러나 그분 말씀이 해석되는 한, 함께는 이루어질 수 없습니다. 모든 개인이 자신의 방식으로 그분 말씀을 해석하기 때문입니다.

The traditional doctrines interpret God's word instructively for the purpose of edification. Therefore, they are directed to individuals. Under the circumstance of the institutional church, togetherness is not significant. In the institutional church, the gathering of edified individuals is enough.

전통적인 교리는 하나님의 말씀을 계발을 목적으로 교훈적으로 해석합니다. 그러므로 교리는 개인들을 향합니다. 기관적인 교회의 상황에서 함께는 중요하지 않습니다. 기관적인 교회에선 계발된 개인들의 모임이 충분합니다.

The doctrinal formulation of God's word in terms of philosophical explications leads to encountering His word interpretatively rather than obediently, In this way, the church sets its authoritative interpretation as the dogma. But the interpretation of His word may let the hearers understand it, but it cannot lead them to be obedient.

철학적인 해석에 의한 하나님 말씀의 교리적 형성은 그분 말씀을 순종적으로보다 해석적으로 접하도록 이끕니다. 이런 식으로 교회는 자체의 권위적인 해석을 도그마로 설정합니다. 그러나 그분 말씀의 해석은 듣는 이들로 이해하게 할지 모르지만 순종하도록 인도할 수 없습니다.

The problem of the conflict of orthodoxy and heterodoxy arises from the interpretation rather than the obedience of God's word. Their conflict, itself, shows non-togetherness of the reading of His word. Each of them claims its own authority, since both of them are the outcome of disobedience of His word.

정통성과 이단성의 갈등 문제는 하나님의 말씀에 대한 순종보다 해석으로부터 생깁니다. 그 갈등 자체는 그분 말씀의 읽음에 함께하지 못함을 보입니다. 둘 다 그분 말씀의 불순종의 결과임으로 자체의 권위를 주장합니다.

God gives His word with His togetherness. But people receive it under their own disposal of interpretation. Because of this tendency, they are not obedient to it. Instead, they are in conflict with one another with their own interpretations of their alleged word of God.

하나님은 그분 함께로 그분 말씀을 주십니다. 그러나 사람들은 자신들의 해석 재량 하에 그것을 받아들입니다. 이 경향 때문에 그들은 하나님의 말씀에 순종하지 못합니다. 대신 그들은 그들 자신의 주장된 하나님의 말씀에 대한 자신들의 해석으로 서로 갈등에 빠집니다.

집중(Focus)

하나님의 말씀을 들음은 순종으로 드러납니다. 들음은 하나님의 말씀의 받아들이는 측면이고 순종은 드러나는 측면입니다. 따라서 순종은 하나님의 말씀의 삶입니다. 하나님의 말씀을 율법으로 들으면 율법을 지킴으로 하나님 말씀의 삶을 삽니다. 이 경우 율법의 삶은 하나님 말씀의 삶이 됩니다. 구약의 이스라엘 백성은 율법의 삶으로 하나님 말씀의 삶을 살았습니다.

The hearing of God's word is unveiled with obedience. Hearing is the side of the receiving of His word, and obedience is the side of the disclosure of it. Thus, obedience is the life of His word. If one hears His word as the law, he, keeping the law, lives the life of His word. In this case, the life of the law becomes the life of His word. The Israelites in the OT lived the life of His word in terms of the life of the law.

순종은 어떻든 하나님의 말씀의 이루어짐입니다. 따라서 새롭습니다. 개인적으로 고양되는 성품이나 이해, 혹은 일상적이지 않는 체험이 아닙니다. 순종은 개인적으로 계발될 수 없습니다. 이 점에서 율법의 삶은 진정한 순종의 삶이 아닙니다. 율법은 개인적으로 지켜지기 때문입니다. 새로움은 율법에 의해 이루어질 수 없습니다.

Obedience, at any rate, is the fulfillment of God's word. Accordingly, it is new. It is not a personally elevated quality or understanding nor extraordinary experience. It cannot be developed personally. In this respect, the law life is not true obedient life, for the law is kept individually. Newness cannot be fulfilled by the law.

순종은 예수님의 삶으로 잘 보입니다. 복음은 예수님의 삶을 서사합니다. 그런데 복음은 하나님의 말씀입니다. 그러므로 복음은 하나님 말씀의 측면과 예수님 삶의 측면을 같이 보입니다. 즉 복음은 하나님의 말씀과 예수님의 삶이 같음을 보입니다. 하나님의 말씀이 예수님의 순종의 삶으로 이루어진 것을 보입니다. 따라서 하나님의 말씀이 순종 가운데 서사된 것을 보입니다.

Obedience is well seen with Jesus' life. The gospel narrates His life. It is, by the way, God's word. Therefore, it shows both sides of God's word and Jesus' life. That is, it shows that God's word and Jesus' life are the same. It shows that God's word is fulfilled into Jesus' life. Thus, it shows that God's word is narrated in obedience.

1.8

Election(택함)

God's togetherness is elective. People with whom God is together are elected people. The Israelites in the OT are His elected people. They are elected not in the sense that He selects them among people but in the sense that He is together with them. His togetherness is disclosed electively.

하나님의 함께는 택해집니다. 하나님께서 함께하시는 백성은 택해진 백성입니다. 구약의 이스라엘 백성은 그분의 택해진 백성입니다. 그들은 그분이 사람들 가운데서 선택했다는 뜻보다 그분이 그들과 함께하신다는 뜻으로 택해집니다. 그분의 함께는 택함으로 드러납니다.

Since God's togetherness is elective, those who are elected are His people, not individuals. Even though individuals are gathered, they have not gotten together because they are not together with God. Therefore, His election cannot be individualistic. Individuality has the sense of independence and identity; thus, it is opposite to togetherness.

하나님의 함께가 택해지기 때문에 택해진 이들은 그분의 백성이지 개인들이 아닙니다. 개인들은 모여도 그들이 하나님과 함께하지 않기에 서로 함께하지 못합니다. 그러므로 그분의 택함은 개인적일 수 없습니다. 개인성은 독립적이고 독자적인 뜻을 갖습니다. 따라서 함께에 반대입니다.

Election is confused as selectivity. Selection is choosing particular individuals or groups of individuals among people. In this case, the criteria of selection are specified, and people are compared in terms of them. Then, there is a clear boundary between those who are selected and those who are not.

택함은 선택으로 혼동됩니다. 선택은 사람들 가운데 특별한 개인들이나 개인들의 그룹을 고름입니다. 이 경우 선택의 기준이 규정되고 사람들은 규정된 기준으로 비교됩니다. 그러면 선택된 이들과 선택되지 못한 이들 사이에 뚜렷한 경계가 있습니다.

It is generally claimed that individuals or groups of individuals are selected on terms of their own qualities or merits. Selection is done for the purpose of enhancing the qualities or merits that are specified in the criteria in the process of the selection. Individuals are selected because of what they have.

개인들이나 개인들의 그룹은 그들의 특성이나 장점으로 선택된다고 일반적으로 주장됩니다. 선택은 선택 과정에서 기준으로 규정된 특성이나 장점을 진작할 목적으로 행해집니다. 개인들은 그들이 갖고 있는 것 때문에 선택됩니다.

Therefore, any selection is done in terms of the preservation of individuality. This means that selection is done on the basis of individuality. For this reason, the sense of selectivity has to be forsaken in order to deal with election, for selection is done on the basis of individual qualities.

그러므로 어떤 선택이든 개인성의 보존으로 행해집니다. 이것은 선택이 개인성을 바탕으로 행해진다는 것을 뜻합니다. 이 때문에 택함을 다루기 위해서는 선택의 뜻이 포기되어야 합니다. 선택은 개인의 품성에 근거해서 행해지기 때문입니다.

But election is initiated by God's togetherness. He needs not select individuals of good qualities or merits for His togetherness. His togetherness is not to preserve individuality. It is to bring individuals together with Him. He elects His people to be together with them.

그러나 택함은 하나님 함께에 의해 개시됩니다. 하나님은 그분 함께를 위해 좋은 품성이나 장점을 지닌 개인들을 선택할 필요가 없습니다. 그분 함께는 개인성을 보전하려 하지 않습니다. 개인들을 그분과 함께하도록 부르려고 합니다. 그분은 그분 백성과 함께하시려고 그들을 택하십니다.

Therefore, God's people are elected for togetherness from individuality. In this respect, His election should be differentiated from man's selection. His togetherness is not selective but elective. For His election, there is no continuity from the previous individuality. His election, in a sense, precludes individual self-elevation toward excellence or virtue.

그러므로 하나님의 백성은 개인성으로부터 함께로 택해집니다. 이

점에서 그분의 택함은 사람의 선택과 구별되어야 합니다. 그분의 함께는 선택이 아닌 택함입니다. 그분의 택함에는 이전 개인성으로부터 연장이 없습니다. 그분의 택함은 어느 의미에서 우수성이나 덕을 향한 개인의 자기 고양을 배제합니다.

But most people like to give explanation to God's election as well as His other initiation. They want to put it on their own explanatory framework, because they understand everything on the basis of their explanatory framework. Even the traditional church doctrines come out of this tendency.

그러나 대부분 사람들은 하나님의 택함이나 그분의 다른 개시에 대해 설명을 부여하려 합니다. 그들은 그것을 자신들의 설명 체계에 두려고 합니다. 그들은 그들의 설명 체계에 근거해서 모든 것을 이해하기 때문입니다. 전통적인 교회 교리도 이 경향에서 나왔습니다.

Explanation is a kind of individual mental movement. With it an individual practically moves. For this reason, he wants an explanation for even God's initiation somehow. But His initiation means His movement, not his movement. This implies that he does not have to move for His election.

설명은 개인의 정신적 움직임의 일종입니다. 그것으로 개인은 실제로 움직입니다. 이 때문에 하나님의 개시에 대해서도 어떻든 설명을 원합니다. 그러나 그분의 개시는 개인의 움직임이 아닌 그분의 움직임을 뜻합니다. 이것은 그분의 택함을 위해 개인이 움직여야 할 바가 아니한 것을 시사합니다.

God's people who are elected relinquish their individuality. And they live with His word. They are elected to His word, and, thus, they do not live with their own nature. His word is veined in their elected life. It is not a text that they may interpret in terms of their nature. Their being elected means that they are on the line of His will rather than their own will which is out of their nature.

택해진 하나님의 백성은 자신들의 개인성을 양도합니다. 그리고 그분 말씀으로 삽니다. 그들은 그분 말씀에 택해졌습니다. 따라서 그들은 자신들의 본성으로 살지 않습니다. 그분의 말씀은 그들의 택해진 삶의 맥입니다. 그들의 본성으로 해석해도 될 텍스트가 아닙니다. 그들의 택해짐은 그들은 그들 본성으로부터 나오는 그들 자신의 뜻보다 그분 뜻의 선상에 있다는 것을 의미합니다.

Interpretation is an individualistic venture. It assumes that everyone has his own perception of a given text. He reads it with his own understanding. His own understanding is accompanied with his own interpretation of it. Even God's word is claimed to be read as a text, since it is given as the Bible, a text.

해석은 개인적인 김행입니다. 그것은 모두가 주어진 텍스트에 대해 자신의 관점을 갖는다고 가정합니다. 개인은 자신의 이해로 텍스트를 읽습니다. 자신의 이해는 텍스트에 대한 자신의 해석을 동반합니다. 하나님의 말씀조차도 성경이라는 텍스트로 주어지기 때문에 텍스트로 읽혀질 수 있다고 주장됩니다.

As long as anyone insists that God's word can be read textually, he is not to be elected. He lives his own individual life, reflecting it inwardly so that it might be practiced religiously. To him it becomes a religious text, even if he insists that he is not religious. As long as he preserves self-identity, he is religious.

누구든 하나님의 말씀이 텍스트로 읽어질 수 있다고 주장하는 한, 그는 택해질 수 없습니다. 그는 하나님의 말씀을 내면으로 반영하여 종교적으로 실행되도록 하면서 자신의 개인적인 삶을 삽니다. 그는 자신이 종교적이지 않다고 주장하더라도 하나님의 말씀은 종교적인 텍스트가 됩니다. 그가 자신의 주체성을 보전하는 한 종교적입니다.

However, for the elected, God's word is not given as a text but fulfilled in election. God with His word fulfills the election of His people in order for Him to be together with them. He does not give His word merely to change those who read it. A changed individual remains as an individual.

그렇지만 택해진 이들에게 하나님의 말씀은 텍스트로 주어지지 않고 택함으로 이루어집니다. 하나님은 그분의 말씀으로 그들과 함께하시기 위해 그분 백성의 택함을 이루십니다. 그분은 그분 말씀을 단지 읽는 사람들을 바꾸기 위해 주지 않으십니다. 변화된 개인은 개인으로 머뭅니다.

Anyone can be changed with God's word in terms of his own interpretation of it. Thus, he may insist that he has gotten together with Him in his changed state in terms of his interpretation of His word. But the election is not a changed state. A changed state is also subjected to the natural process of the world.

누구든 자신의 해석에 의한 하나님 말씀으로 변화될 수 있습니다. 따라서 그는 그분 말씀에 대한 자신의 해석에 의하여 변화된 상태로 그분과 함께한다고 주장할 수 있습니다. 그러나 택해짐은 변화된 상태가 아닙니다. 변화된 상태도 또한 세상의 자연적인 과정에 종속됩니다.

God's people are elected for togetherness. Togetherness is not a changed state. An individual cannot be together with God, as long as he remains as an individual even if he is changed. Togetherness is fulfilled with His word of togetherness. It is a mistake to insist that he is changed to be together with other people.

하나님의 백성은 함께로 택해집니다. 함께는 변화된 상태가 아닙니다. 개인은 자신이 변화되더라도 개인으로 머무는 한 하나님과 함께할 수 없습니다. 함께는 함께하는 그분 말씀으로 이루어집니다. 자신이 변화되어 다른 사람들과 함께한다고 주장하는 것은 잘못입니다.

Election is not a changed state but togetherness. That's why God elects His people with His togetherness. One cannot be elected in terms of his own changing. Here, the shift of one's own perspective to His perspective has to be taken into consideration. He initiates His disclosure with His togetherness.

택함은 변화된 상태가 아닌 함께입니다. 그 때문에 하나님은 그분 함께로 그분 백성을 택하십니다. 사람은 자신의 변화로 택해질 수 없습니다. 여기서 사람의 관점으로부터 하나님의 관점으로 이동이 고려되어야 합니다. 하나님은 그분의 함께로 그분의 드러남을 개시하십니다.

People change, but God elects. The course of His election is different from that of their changing. The narrative of the unfolding of His election cannot be reduced to the narrative of the process of their change. In this respect, the narrative of the life of His people is not historical.

사람들은 변합니다. 그러나 하나님은 택하십니다. 그분의 택함 경로는 사람들의 변화 경로와 다릅니다. 그분 택함의 펼침에 대한 서사는 그들 변화의 과정에 대한 서사로 환원될 수 없습니다. 이 점에서 그분 백성의 삶의 서사는 역사적이 아닙니다.

Election and non-election cannot be compared or juxtaposed on the same ground; therefore, there is no boundary between them. But it, like light, is visible with its togetherness in the midst of individuals. Light is visible, but it does not make a boundary. In this respect, the visibility of light is different from that of power.

택함과 택하지 않음은 같은 근거에서 비교되거나 대치될 수 없습니다. 그러므로 그 사이엔 경계가 없습니다. 그러나 택함은 개인들 가운데 택함의 함께로 빛과 같이 보입니다. 빛은 보입니다. 그러나 빛은 경계를 만들지 않습니다. 이 점에서 빛의 보임은 힘의 보임과 다릅니다.

Light and darkness are sharply contrasted in saying. But there is no boundary between them. Likewise, election of togetherness is apparently contrasted to non-election of individuals in saying. But there is no specific boundary between election and non-election, for election does not belong to the world.

빛과 어둠은 말로 예리하게 대조됩니다. 그러나 빛과 어둠 사이에 경계는 없습니다. 그와 같이 함께의 택해짐과 개인들의 택해지지 않음과 말로 분명히 대조됩니다. 그러나 택해짐과 택해지지 않음의 구체적인 경계는 없습니다. 택함은 세상에 속하지 않기 때문입니다.

Togetherness in the midst of individuals is extensive. The election of God's togetherness is extensive for togetherness. In this respect, the election of togetherness is missionary in its initiation by His will. Succinctly speaking, election is for missionaries. That is, it is not seclusive or exclusive.

개인들 가운데 함께는 확장됩니다. 하나님의 함께의 택함은 함께로 확장합니다. 이 점에서 함께의 택함은 그분 뜻에 의한 개시에서 선교적입니다. 간단히 말하면 택함은 선교를 위합니다. 즉 택함은 격리되거나 제외적이지 않습니다.

God's election of the Israelites was succeeded by Jesus' calling of the disciples and the Holy Spirit's guidance of the early Christians. The missionary feature of the election of God's togetherness becomes clearer in this succession. And it is inherited even to the present day Christians.

하나님의 이스라엘 백성을 택하심은 예수님의 제자들을 부르심과 성령님의 초대 그리스도인들을 인도하심으로 이어집니다. 하나님의 택함의 선교적인 양상은 이 이어짐에서 보다 분명하여집니다. 그리고 지금 그리스도인들에게도 유전됩니다.

When Jesus calls Peter and his brother Andrew, He says, "Follow Me, and I will make you fishers of men" Matt. 4:19. The phrase "fishers of men" is a missionary statement for togetherness. The missionary feature of election is to be shown on the ground of togetherness.

예수님께서 베드로와 그의 형제 안드레를 부르실 때 예수님은 "나를 따라오라 내가 너희를 사람을 낚는 어부가 되게 하리라마 4:19"고 말씀하십니다. "사람을 낚는 어부"라는 구는 함께를 위한 선교적인 진술입니다. 택함의 선교적 양상은 함께의 근거에서 보이게 됩니다.

The missionary feature of election is vivid and lively with the rise of the early church. The mission of the apostles to the gentile regions in accordance with the guidance of the Holy Spirit has to be seen from the perspective of election. The present Christians have to have such a perspective of election.

택함의 선교적인 양상은 초대 교회의 일어남과 더불어 선명하고 활발합니다. 성령님의 인도하심을 따라 이방 지역으로 미치는 사도들의 선교는 택함의 관점에서 보아져야 합니다. 지금 그리스도인들도 그런 택함의 관점을 가져야 합니다.

Election with God's togetherness cannot be exclusive. Election and mission go together. Mission is the unfolding of the election of togetherness. Therefore, mission is the outward manifestation of election, and election is the inward meaning of mission. That is, they are inseparable.

하나님의 함께로 택함은 제외적일 수 없습니다. 택함과 선교는 같이 갑니다. 선교는 함께하는 택함의 펼침입니다. 그러므로 선교는 택함의 외적 표명이고, 택함은 선교의 내적 의미입니다. 즉 그 둘은 분리될 수 없습니다.

God's word with His togetherness is elective and missionary. Thus, His word has to be read from the perspective of the elective mission. Its reading is, so to speak, called into it to be gotten into the missionary togetherness. Therefore, it cannot be a text. It as a text cannot be missionary.

하나님의 함께로 그분의 말씀은 택하고 선교적입니다. 따라서 그분 말씀은 택하는 선교의 관점으로 읽혀져야 합니다. 그분 말씀의 읽음은 말하자면 선교적인 함께가 되도록 그분 말씀에 불러집니다. 그러므로 그분 말씀은 텍스트일 수 없습니다. 텍스트로서 그분 말씀은 선교적일 수 없습니다.

Those who are elected with God's togetherness cannot be seclusive. On the other hand, those who interpret His word literally apart from His togetherness are seclusive, even if they claim that they are elected. Seclusiveness comes from a strong individualistic propensity. Here, seclusiveness does not mean social isolation but conscious isolation.

하나님의 함께로 택해진 이들은 격리될 수 없습니다. 한편 그분 말씀을 그분 함께를 벗어나 문자적으로 해석하는 이들은 자신들이 택해졌다고 주장하더라도 격리됩니다. 격리됨은 강한 개인적인 성향으로부터 나옵니다. 여기서 격리됨은 사회적 고립이 아닌 의식적 고립입니다.

Election is to be fulfilled. This is well seen in its missionary outlook. Mission is oriented toward its fulfillment. The fulfillment of election becomes visible with the fulfillment of mission. The sense of fulfillment is reflected in the term of elective mission or missionary election. This sense of fulfillment is well perceived with God's togetherness, for both election and mission are disclosed with His togetherness.

택함은 이루어지게 됩니다. 이것은 택함의 선교적인 견지에서 잘 보입니다. 선교는 택함의 이루어짐에 향해집니다. 택함의 이루어짐은 선교의 이루어짐으로 보이게 됩니다. 이루어짐의 의미는 택함의 선교 혹은 선교적인 택함이라는 용어에 반영됩니다. 이루어짐의 의미는 하나님의 함께로 잘 감지됩니다. 택함과 선교 둘 다 그분 함께로 드러나기 때문입니다.

However, election becomes problematic if it is tied with the conditionality of the world. This problem may be seen in the election of the Israelites of the OT, if their election is considered racially. The conditionality of election makes it restrictive and binding. If people are conditionally bound, they cannot be gotten together.

그렇지만 택함은 세상의 조건성과 묶이게 되면 문제가 됩니다. 구약의 이스라엘 백성의 택함이 종족적으로 여겨지면 이 문제는 그들의 택함에서 보일 수 있습니다. 택함의 조건성은 택함을 제한하고 경계를 만듭니다. 사람들이 조건적으로 묶이면 함께할 수 없습니다.

Contrary to this, the combined features of election and mission were well observed in the rise of the early church. Since the early Christians were elected, they were devoted to the mission of the preaching of the gospel. And since they were missionaries, they were cherished by their elected life of the gospel, i.e., the life of the church.

이에 반하여, 택함과 선교가 어우러진 양상은 초대교회의 생성에서 잘 보입니다. 초대 그리스도인들은 택해졌기 때문에 복음을 선포하는 선교에 헌신하였습니다. 그리고 그들이 선교적이었기 때문에, 그들은 복음의 택해진 삶, 곧 교회의 삶을 누렸습니다.

The present church has to inherit the combined feature of election and mission. If its missionary outlook does not entail its elected content of the gospel, it becomes an institution of gathering people. And it has fallen into the conditionality of its own expansion. If the church is instituted, it loses the sense of election as well as mission. Its alleged election and mission are tinted with conditionality.

지금 교회는 택함과 선교의 어우러진 양상을 유전 받아야 합니다. 만약 교회의 선교적인 견지가 복음의 택해진 내용을 내포하지 않으면, 교회는 사람들 모음의 기관이 됩니다. 그리고 자체의 성장을 위한 조건성으로 전락됩니다. 만약 교회가 기관이 되면 택함과 더불어 선교의 뜻도 잃습니다. 교회의 주장된 택함과 선교는 조건성으로 퇴색됩니다.

집중(Focus)

하나님께서 그분 개시로 사람들과 함께하실 때, 그들은 하나님께서 택하신 사람들입니다. 하나님께서 그분 함께를 개시하실 때 그분 택함은 그 발판입니다. 이 경우 택함의 발판은 선교로 확장됩니다. 즉 택함에 의한 하나님의 함께는 선교로 주위에 미칩니다. 하나님의 함께는 내적으로 택함이고 외적으로 선교입니다.

When God is together with people with His initiation, they are His elected people. When He initiates His togetherness, His election is its basis. In this case, the basis of the election is extended in mission. That is, His togetherness in terms of the election reaches the surroundings with mission. His togetherness is elective on its inner side and missionary on its outer side.

하나님의 택함은 제한적이지 않고 또 경계를 세우지 않습니다. 하나님은 이미 택해진 사람들과 함께하지 않으십니다. 하나님의 택함은 하나님의 함께 이전이나 혹은 하나님의 함께를 떠나 말해질 수 없습니다. 택함은 하나님 함께의 드러남이지 전제 조건이 아닙니다. 하나님 함께는 무엇보다 먼저 하나님의 개시로 보아지면 전제는 말해질 수 없습니다.

God's election is not restrictive, and it does not set a boundary. He is not together with the already elected people. His election cannot be told prior to nor apart from His togetherness. The election is not the precondition of but the disclosure of His togetherness. If His togetherness is seen as His initiation prior to anything, its precondition is not to be told.

하나님의 함께는 그분의 택함으로 보입니다. 하나님께서 누구와도 함께하신다는 주장은 잘못입니다. "누구나"는 개체적인 존재의 전제를 뜻합니다. 그렇지만 아무도 개체적인 존재로 하나님과 함께 될 수 없습니다. 개체적인 존재는 하나님과 관계를 주장할 수 있습니다. 하나님의 함께를 떠나 개인의식에 근거한 전제가 택함의 조건으로 제시되지 말아야 합니다.

God's togetherness is seen with His election. It is a mistake to claim that He is together with anyone. "Anyone" means the presupposition of the existence of individuals. Nevertheless, anyone cannot be together with Him as an individual being. An individual being may claim his relationship with Him. Any presupposition based on individual consciousness apart from His togetherness should not be proposed as a condition of the election.

1.9

The People of God(하나님의 백성)

Those who are elected by God's togetherness in terms of His word are the people of God. Since they are elected to be together with Him, they do not preserve their individuality or are not identified as a group of people in terms of the conditionality of the world. They are, so to speak, 'identified' with His togetherness.

하나님의 말씀으로 그분 함께에 의해 택해진 이들은 하나님의 백성입니다. 그들은 그분과 함께하도록 택해지기 때문에, 그들은 자신들의 개인성을 보존하거나 혹은 세상의 조건성에 의한 그룹의 사람들로 확인되지 않습니다. 그들은 말하자면 그분 함께로 '확인됩니다.'

God's people are weighed if the narrative of God is initiated with His togetherness. When He is narrated with His togetherness, His people with whom His togetherness is unveiled have to be brought up. They appear as the fulfillment of His togetherness. That is, they are 'identified' in terms of the fulfillment of His togetherness.

하나님의 백성은 하나님에 대한 서사가 그분 함께로 개시되면 무게 있게 다루어집니다. 그분이 그분 함께로 서사될 때, 그분 함께가 드러나는 것과 더불어는 그분 백성이 제기되어야 합니다. 그들은 그분 함께

의 이루어짐으로 나타납니다. 즉 그들은 그분 함께의 이루어짐으로 '확인됩니다.'

The phrase "God's people" is meaningfully introduced because of His togetherness. God's people live the fulfilled life of His togetherness. Therefore, with the narrative of their life, the trait of the fulfillment of His togetherness is to be seen. In this respect, the narrative of their life becomes His word, for their life is the elected life of His togetherness.

"하나님의 백성"이라는 구는 그분의 함께 때문에 뜻있게 도입됩니다. 하나님의 백성은 그분 함께의 이루어진 삶을 삽니다. 그러므로 그들 삶의 서사로 그분 함께의 이루어짐의 특성이 보이게 됩니다. 이 점에서 그들 삶의 서사는 그분 말씀이 됩니다. 왜냐하면 그들 삶은 그분 함께의 택해진 삶이기 때문입니다.

But religiously, people say that they believe in God, and they may claim that they serve their common God. But they do not talk of themselves as His people. That is, they are not His people but religious people. Even if He is their God, they are not His people. They are born religiously.

그러나 종교적으로 사람들은 하나님을 믿는다고 하고 또 그들은 공동의 하나님을 섬긴다고 주장할 수 있습니다. 그러나 그들은 자신들을 그분 백성이라고 하지 않습니다. 즉 그들은 그분 백성이 아니라 종교적인 사람들입니다. 그분이 그들의 하나님이더라도 그들은 그분 백성이 아닙니다. 그들은 종교적으로 태어납니다.

God's people are elected, not selected. They are elected for to-
getherness with Him. They are elected for togetherness regardless
of their previous status in the world. Since they live together with
Him, their previous earthly characteristics or individualities do not
matter.

하나님의 백성은 택해졌습니다. 선택되지 않습니다. 그들은 그분과
함께를 위해 택해집니다. 그들은 세상에서 이전 상태와 상관없이 함께
를 위해 택해집니다. 그들은 그분과 함께 삶으로 이전 땅에서의 특성이
나 개인성은 문제되지 않습니다.

They are not selected. Selection preserves the trail of demarca-
tion in the world, for the criteria of the selection is only told by
what belongs to the world. Then, the significance of His people is
not told by His togetherness but told by their worldly status, that
is, their selected conditions.

그들은 선택되지 않습니다. 선택은 세상에서 구별됨의 흔적을 보전
합니다. 선택의 기준이 세상에 속한 것으로만 말해지기 때문입니다. 그
러면 그분 백성의 중요성은 그분 함께에 의해 말해지지 않고 그들의 세
상 상태, 곧 그들의 골라진 조건에 의해 말해집니다.

If God's people are seen from the perspective of selection rather
than election, they are regarded as the people to whom His favor
goes. As long as they are seen from the perspective of selection,
they are characterized in terms of His favor rather than His togeth-
erness.

만약 하나님의 백성이 택함보다 선택의 관점으로부터 보아지면, 그

들은 그분 호의가 베풀어지는 사람들로 여겨집니다. 그들은 선택의 관점으로 보아지는 한 그분의 함께 보다 그분의 호의로 특징지어집니다.

Selection makes a boundary; then, God's people are set in the boundary. The Israelites in the OT narrated themselves as His people. But their narrative exhibited a somewhat selective trait. Because of this trait, their life was not unfolded into the elected life of togetherness.

선택은 경계를 만듭니다. 그러면 하나님의 백성은 경계에 설정되게 됩니다. 구약의 이스라엘 백성은 자신들을 그분 백성으로 서사했습니다. 그러나 그들 서사는 다소 선택의 특성을 보였습니다. 이 특성 때문에 그들의 삶은 함께하는 택해진 삶으로 펼쳐지지 않았습니다.

The Israelites' life, anyhow, set a boundary. This boundary was due to the law they practiced. It clearly demarcated those who kept it from those who did not. Consequently, they, as the law-keepers, lived inside of its boundary and discriminated against those who stayed outside of its boundary as sinners.

어떻든 이스라엘 백성의 삶은 경계를 설정했습니다. 이 경계는 그들이 실행한 율법에 의했습니다. 율법은 율법을 지키는 이들을 율법을 지키지 않는 이들로부터 구별했습니다. 결과적으로 율법을 지키는 이들로서 그들은 경계 안에 살면서 경계 바깥에 머무는 이들을 죄인들로 차별했습니다.

The election that was practiced by the law could not but be tinted with selectivity. Its positive side of practicality showed nothing but selectivity, for those who practiced it were demarcated from those who did not. Therefore, it failed to unveil the election of God's togetherness.

율법에 의해 시행된 택함은 선택으로 퇴색될 수밖에 없었습니다. 율법의 긍정적인 측면의 실행은 선택을 보일 뿐이었습니다. 율법을 실행하는 이들은 그렇게 하지 않는 이들로부터 차별되었기 때문입니다. 그러므로 율법은 하나님 함께의 택함을 드러내지 못했습니다.

Conclusively speaking, the law is not to be consummated in the elected life. It cannot integrate togetherness into it. Therefore, God's people in terms of it are incomplete. Because the overall OT is narrated in terms of the odd combination of His people and it, the narrative is ended inconclusively.

결론적으로 말하면 율법은 택해진 삶으로 완결될 수 없습니다. 율법은 함께를 자체에 통합할 수 없습니다. 그러므로 율법으로 하나님의 백성은 불완전합니다. 전반적인 구약은 그분 백성과 율법의 동떨어진 결합으로 서사되기 때문에, 그 서사는 결론에 이르지 못하고 끝나졌습니다.

Generally, the notion of God's people is not favorably perceived. It is understood as His special reward to a particular group of people whom He chooses. And such a particular group of people may be a race. Thus, His people can be perceived as a selected race. He is regarded as a genius.

일반적으로 하나님 백성의 통념은 호감을 갖고 받아들이지 않습니다. 하나님의 백성은 하나님께서 선택하신 특별한 그룹의 사람들에게 그분의 특별한 보상으로 이해됩니다. 그리고 그런 특별한 그룹의 사람들은 종족일 수 있습니다. 따라서 그분의 백성은 선택된 종족으로 지각될 수 있습니다. 그러면 그분은 수호신으로 여겨집니다.

The Israelites in the OT are narrated as God's chosen people. They, as a race, are narrated as His people. Therefore, it is possible to identify His people as a particular race. Because of this possibility, the notion of His people is critically noted. If His people are conditionally identified, this criticism follows.

구약에서 이스라엘 백성은 하나님의 선택된 백성으로 서사됩니다. 그들은 인종으로 그분의 백성으로 서사됩니다. 그러므로 그분 백성을 특정한 종족으로 확인될 가능성이 있습니다. 이 가능성 때문에 하나님의 백성의 통념은 비판적으로 주시됩니다. 그분 백성이 조건적으로 확인되면, 이 비판이 따릅니다.

Nevertheless, the Israelites in the OT were originally noted as Abraham's descendants. God gave His promise that his descendants would be prosperous like the number of stars in heaven when he had no offspring. Therefore, the Israelites, the descendants of Abraham, were not selected as His people.

그렇지만 구약에서 이스라엘 백성은 원래 아브라함의 후손으로 가리켜집니다. 하나님은 그가 후손이 없을 때 그의 후손이 하늘에 있는 별의 수와 같이 번성하리라는 약속을 그에게 주셨습니다. 그러므로 아브라함의 후손인 이스라엘 백성은 그분의 백성으로 선택되지 않았습니다.

The descendants of Abraham were fulfilled in accordance with God's promise. Therefore, not selection but fulfillment was the key theme of the narrative of them as His people. They were not selected or chosen people but fulfilled people. That is, the election of the Israelites was due to His fulfillment.

아브라함의 후손은 하나님의 약속에 따라 이루어졌습니다. 그러므로 선택이 아닌 이루어짐이 그들을 그분 백성으로 서사하는 기본 주제였습니다. 그들은 선택되거나 골라진 백성이 아니라 이루어진 백성이었습니다. 즉 이스라엘 백성의 택함은 그분 이루심에 의했습니다.

Because the Israelites were fulfilled by God's promise, they could not be considered a race. Race is classified in terms of the conditionality of the world. Even if they appeared in the world as a race who were descended from Abraham, their status as His people was intact since they were the outcome of the fulfillment of His promise.

이스라엘 백성은 하나님의 약속에 의해 이루어졌기 때문에, 그들은 종족으로 고려될 수 없었습니다. 종족은 세상의 조건성으로 분류됩니다. 그들이 비록 아브라함으로 유래된 종족으로 세상에 나타났다고 하더라도, 그분 백성으로 그들의 지위는 유지됩니다. 그들은 그분 약속의 이루어짐의 소산이었기 때문입니다.

The criticism against the notion of God's people comes out because of the lack of the sense of fulfillment. If the fulfillment of His word is not taken into consideration, everything is to be explained or understood in terms of what is in the world from the perspective of the criticizers.

하나님 백성의 통념에 대한 비판은 이루어짐의 의미에 대한 결여 때문에 나옵니다. 그분 말씀의 이루어짐이 고려되지 않으면, 모든 것은 비판자의 관점으로부터 세상에 있는 것으로 설명되고 이해되게 됩니다.

God's people are fulfilled in the world; therefore, they are not in the world. They cannot be explained or understood as a race or anything in the world. What is fulfilled is not what is in the world. Therefore, His people cannot be identified or classified in terms of any worldly status.

하나님의 백성은 세상에 이루어집니다. 그러므로 세상에 있지 않습니다. 그들은 종족이나 세상의 어떤 것으로 설명되거나 이해될 수 없습니다. 이루어지는 것은 세상에 있는 것이 아닙니다. 그러므로 그분 백성은 어떤 세상의 상태로도 확인되거나 분류될 수 없습니다.

When people allegedly claim themselves as God's people, they should be cautious. If they claim so with their own assurance, what they show is the outcome of their subjective conviction. Thus, they, even if they claim that they are His people, only show what they can do, not togetherness.

사람들이 자신들을 하나님의 백성으로 임의로 주장할 때, 그들은 조심해야 합니다. 그들이 그들 자신의 보증으로 그렇게 주장하면, 그들이 보이는 것은 주관적인 확신의 소산입니다. 따라서 그들이 그분의 백성이라고 주장하더라도, 그들은 그들이 할 수 있는 것을 보이지 함께를 보이지 못합니다.

Because of this tendency, God's people, even if they claim to be so vigorously, are not visible, for the fulfillment of God's word with His togetherness is not visible. In this respect, the dealing of His people becomes one of the cruces of the explication of His togetherness. They are only 'identified' with His togetherness.

이 경향 때문에 하나님의 백성은 자신들이 그렇다고 강력하게 주장되더라도 보이지 않습니다. 왜냐하면 하나님의 함께로 그분 말씀의 이루어짐이 보이지 않기 때문입니다. 이 점에서 그분 백성의 다룸은 그분 함께의 상설의 핵심 가운데 하나가 됩니다. 그들은 그분 함께로만 '확인됩니다.'

God's word is only given to His people. It cannot be received as His word to those who are not His people. Thus, those who tell of His word are considered as His people. Because His word does not have an objective criterion, His people do not have an objective criterion either.

하나님의 말씀은 그분 백성에게만 주어집니다. 그분 백성이 아닌 이들에게 그분 말씀으로 받아들여질 수 없습니다. 따라서 그분 말씀을 말하는 이들은 그분 백성으로 여겨집니다. 그분 말씀은 객관적인 기준을 갖지 않기 때문에, 그분 백성도 객관적인 기준을 갖지 않습니다.

The saying, "God fulfills," is incomplete, but the saying, "God's togetherness is fulfilled," complete. Therefore, fulfillment is not a full description for Him. But it is a full description for His togetherness. His word is given for the fulfillment; accordingly, it is read with His togetherness.

"하나님이 이루신다"고 하는 말은 불완전합니다. 그러나 "하나님의 함께는 이루어집니다"고 하는 말은 완전합니다. 그러므로 이룸은 그분에 대한 완전한 서술이 아닙니다. 그러나 그것은 그분 함께에 대한 완전한 서술입니다. 그분 말씀은 이루어짐으로 주어집니다. 따라서 그분 말씀은 그분 함께로 읽혀집니다.

The fulfillment of God's togetherness goes along with the fulfillment of His people. Therefore, His word is, in a sense, given to them as the fulfillment of being His people. It is given not as a fixed text but as the fulfillment of being His people. Those who are fulfilled as His people can read it.

하나님 함께의 이루어짐은 그분 백성의 이루어짐과 같이 갑니다. 그러므로 그분 말씀은 어떤 의미에서 그분 백성이 되는 이루어짐으로 그들에게 주어집니다. 그것은 고정된 텍스트로서가 아니라 그분 백성이 되는 이루어짐으로 주어집니다. 그분 백성이도록 이루어진 이들은 그것을 읽을 수 있습니다.

Therefore, God's people are those who receive His word as the fulfillment of their being His people. They do not receive it as a text that they interpret. As long as they interpret it, they are not His people, even if they claim that they read His word. His word cannot be a text to be understood or interpreted.

그러므로 하나님의 백성은 그들의 그분 백성이 되는 이루어짐으로 그분 말씀을 받는 이들입니다. 그들은 그것을 그들이 해석하는 텍스트로 받지 않습니다. 그들이 그것을 해석하는 한 그들은 그분 말씀을 읽는다고 주장하더라도 그분 백성이 아닙니다. 그분 말씀은 이해되거나 해석되는 텍스트일 수 없습니다.

God's word is fulfilled; thus, it is read in fulfillment. Under any circumstance it is told with its fulfillment. Therefore, it is only told by His people. The fulfillment of their being His people is the very reading of His word. The fulfillment of their being His people means that He is together with them.

하나님의 말씀은 이루어집니다. 따라서 이루어짐 가운데 읽어집니다. 어떤 경우에도 하나님의 말씀은 이루어짐으로 말해집니다. 그러므로 하나님의 말씀은 그분 백성에 의해서만 말해집니다. 그분 백성 됨의 이루어짐은 바로 그분 말씀의 읽음입니다. 그분 백성 됨의 이루어짐은 그분이 그들과 함께하시는 것을 뜻합니다.

People who interpret God's word also call themselves His people. In this case, their use of "His people" has no sense of fulfillment. They simply call all who interpret the text of His word like themselves His people. So to speak, they call all who read the Bible as His word His people.

하나님의 말씀을 풀이하는 사람들도 자신들을 그분 백성으로 부릅니다. 이 경우 "그분 백성"이라는 그들의 사용은 이루어짐의 의미를 갖지 않습니다. 그들은 그들과 같이 그분 말씀의 텍스트를 해석하는 모두를 그분 백성으로 부릅니다. 그들은 말하자면 성경을 그분 말씀으로 읽는 모두를 그분 백성으로 부릅니다.

People who interpret God's word are different from those who are fulfilled by His word. The latter are together with Him since they are fulfilled with His togetherness, but the former are not, even if they claim that they are with Him. This is the crucial difference between those who read the Bible with understanding and those who read it in their own fulfillment.

하나님의 말씀을 풀이하는 사람들은 그분 말씀에 의해 이루어진 이들과 다릅니다. 후자는 그분 함께로 이루어진 이들임으로 그분과 함께합니다. 그러나 전자는 그들이 그분과 함께한다고 주장한다고 하더라도 그렇지 않습니다. 이것이 성경을 이해로 읽는 이들과 성경을 그들의 이루어짐으로 읽는 이들의 결정적인 다름입니다.

Those who interpret God's word encounter it as individuals. Interpretation grants personal perspective. The individuals' claim of their togetherness with Him means their assurance of their relationship with Him. They, as individuals, are not together but merely related to one another.

하나님의 말씀을 풀이하는 이들은 하나님의 말씀을 개인으로 접합니다. 풀이는 개인적인 관점을 허용합니다. 개인들이 그분과 함께한다는 그들의 주장은 그분과 그들의 관계에 대한 그들의 확증을 뜻합니다. 그들은 개인들로 함께 될 수 없고 단지 서로 관계를 맺습니다.

The relationship with God may be a one-sided story. Even if they have conviction that they have a personal relationship with God, the conviction remains in their own mind. It does not warrant that He is in a relationship with them. This is clearly seen in Jesus' statement:

Not everyone who says to Me, 'Lord, Lord,' shall enter the kingdom of heaven, but he who does the will of My Father in heaven. Many will say to Me in that day, 'Lord, Lord, have we not prophesied in Your name, cast out demons in Your name, and done many wonders in Your name?' And then I will declare to them, 'I never knew you; depart from Me, you who practice lawlessness!' Matt. 7:21-23.

하나님과 관계는 일방적인 이야기일 수 있습니다. 그들이 하나님과 개인적인 관계를 갖는다는 확신을 지니더라도, 그 확신은 그들 자신의 마음에 머뭅니다. 그 확신은 그분이 그들과 관계를 갖는다고 보장하지 않습니다. 이것은 예수님의 진술에서 분명히 보입니다:

나더러 주여 주여 하는 자마다 다 천국에 들어갈 것이 아니요 다만 하늘에 계신 내 아버지의 뜻대로 행하는 자라야 들어가리라 그 날에 많은 사람이 나더러 이르되 주여 주여 우리가 주의 이름으로 선지자 노릇 하며 주의 이름으로 귀신을 쫓아 내며 주의 이름으로 많은 권능을 행하지 아니하였나이까 하리니 그 때에 내가 그들에게 밝히 말하되 내가 너희를 도무지 알지 못하니 불법을 행하는 자들아 내게서 떠나가라 하리라 마 7:21-23.

Here, Jesus states of God's will rather than personal will. Personal relationships with God hold personal will. People, while doing their own willful acts, claim that they are in a relationship with Him. But they cannot claim that they are His people in terms of their own willful acts. His people are those who live in His kingdom that is proclaimed by Jesus.

여기서 예수님은 개인의 뜻보다 하나님의 뜻을 진술하십니다. 하나님과 개인적인 관계는 개인적인 의지를 견지합니다. 사람들은 자신들의 의지적인 활동을 하면서 그분과 관계를 갖는다고 주장합니다. 그러나 그들은 자신들의 의지적인 활동으로 그들이 그분 백성이라고 주장할 수 없습니다. 그분 백성은 예수님에 의해 선포된 그분 나라에 사는 이들입니다.

집중(Focus)

하나님께서 함께하심으로 그분의 택하신 사람들이 그분의 백성입니다. 따라서 그들은 그분 함께가 이루어짐에 따라 이루어집니다. 하나님의 함께는 그분 백성의 이루어짐으로 보입니다. 그분 백성의 세상에 나타남은 그분 함께의 보임입니다. 그러므로 그분 함께는 그분 백성에 의해 말해집니다. 성경은 이 점을 잘 보입니다.

God's elected people with His togetherness are His people. Thus, they are fulfilled as His togetherness is fulfilled. His togetherness is seen as His people being fulfilled. The appearance of His people in the world is the disclosure of His togetherness. Therefore, His togetherness is told by His people. The Bible shows this point very well.

"하나님의 백성"은 어떤 특정한 그룹의 사람들을 지적하기 위함이 아닙니다. 특정한 그룹의 사람들은 세상의 범주로 특징지어집니다. 따라서 그 사람들은 그분 백성으로 불러질 수 없습니다. 그분 백성은 그분 함께로 이루어지지 세상의 어떤 상태로 확인될 수 없습니다. 세상의 상태로 확인되는 이들은 종교인입니다. 그들은 하나님의 백성은 아닙니다.

"God's people" is not to denote a particular group of people. A particular group of people is characterized by the category of the world. Thus, they cannot be called as His people. His people are fulfilled with His togetherness, and they cannot be identified by any state of the world. Those who are identified by a state of world are religious people. They are not His people.

예수님의 하나님 나라로 사는 이들은 하나님의 백성입니다. 하나님의 나라로 사는 하나님의 백성은 세상 나라로 산 이스라엘 백성과 다릅니다. 이스라엘 백성은 세상 나라로 살았기 때문에 세상 조건으로 확인되었습니다. 세상 조건에 처한 사람들은 하나님의 백성이라고 불러질 수 없습니다. 지금 세상 조건에 처해 교회에 다니는 이들조차 하나님의 백성이라고 할 수 없습니다.

Those who live in Jesus' kingdom of God are God's people. God's people who live in the kingdom of God are different from the Israelites who lived in the kingdom of the world. Since the Israelites lived in the kingdom of the world, they were identified by the condition of the world. Those who are under the condition of the world cannot be called God's people. Even those who nowadays attend the church under the condition of the world cannot be called God's people.

1.10

The Covenant(언약)

The covenant is the main theme with which God's word of His togetherness is narrated in the Bible. His word of His togetherness is fulfilled unto the covenant life because it is given as the covenant to His people. For this reason, the Bible is regarded as the book of the covenant.

언약은 하나님 함께의 그분 말씀이 성경에 서사되는 기본 주제입니다. 그분 말씀은 그분 백성에게 언약으로 주어지기 때문에, 그분 함께의 그분 말씀은 언약의 삶으로 이루어집니다. 이 때문에 성경은 언약의 책으로 여겨집니다.

The term, "covenant," is generally known as agreement and mutuality when it is used between people. A covenant, like a contract these days, can be set between two parties for which both of them are mutually agreed. It is, in a sense, the acceptance of the common ground between them.

"언약"이라는 용어는 사람들 사이에 쓰일 때 일반적으로 합의와 상호성으로 알려집니다. 근래 삶에서 계약과 같이 언약은 두 당사자들 사이에 상호 합의된 것에 대해 설정됩니다. 그것은 어떤 의미에서 그들의 공동 근거에 대한 수락입니다.

But God's covenant with His people is not set with agreement or mutuality. It is an imposition and unilateral. It is the fulfillment of His word of His togetherness. Therefore, His covenant has to be seen as fulfillment rather than mutual agreement. His covenant is proclaimed with His word.

그러나 하나님의 백성과 그분의 언약은 합의나 상호성으로 설정되지 않습니다. 그것은 부여되고 일방적입니다. 그것은 그분 함께의 그분 말씀의 이루어짐입니다. 그러므로 그분 언약은 상호 합의로 보다 이루어짐으로 보아져야 합니다. 그분의 언약은 그분의 말씀으로 선포됩니다.

In the covenant perspective, God's word is proclaimed. His proclaimed word with His togetherness is given to those who are fulfilled into His people with it. And, then, He and they are in the covenant togetherness with His word. He is the covenant God; they the covenant people; and His word the covenant word.

언약의 관점에서 하나님의 말씀은 선포됩니다. 그분 함께로 그분의 선포된 말씀은 그것으로 이루어지는 그분 백성에게 주어집니다. 그러면 그분과 그들은 그분 말씀으로 언약의 함께에 있습니다. 그분은 언약의 하나님이시고, 그들은 언약의 백성이고, 그리고 그분의 말씀은 언약의 말씀입니다.

God's covenant is the fulfillment of His word with His togetherness. Therefore, it is not to be seen from the perspective of mutual agreement. His covenant is narrated in terms of fulfillment. The covenant narrative is an ongoing fulfillment narrative of His word. In this respect, it should not be confused as a historical narrative.

하나님의 언약은 그분 함께로 그분 말씀의 이루어짐입니다. 그러므로 그것은 상호 합의의 관점에서 보아질 수 없습니다. 그분 언약은 이루어짐에 의해 서사됩니다. 언약의 서사는 그분 말씀의 진행되는 이루어짐의 서사입니다. 이 점에서 역사적 서사로 혼동되지 말아야합니다.

The covenant comprises all topics that are hitherto dealt with. God's word and togetherness, and His will and people are comprised in the covenant, for it is fulfilled into the togetherness of Him and His people. Therefore, the fulfilled life of His word is basically narrated from the covenant perspective.

언약은 지금까지 다루어진 모든 토픽을 아우릅니다. 하나님의 말씀과 함께, 그리고 그분의 뜻과 백성은 언약에 아우러집니다. 왜냐하면 언약은 그분과 그분 백성의 함께로 이루어지기 때문입니다. 그러므로 그분 말씀의 이루어진 삶은 기본적으로 언약의 관점에서 서사됩니다.

From the perspective of the word of God, the covenant is not derivative but primordial. His word is basically given to His covenant people, not to individuals. Therefore, its primordial meaning of togetherness is in need of being meditated. In this case, meditation is led to the eligibility of the reiteration of the primordial covenant.

하나님 말씀의 관점에서 언약은 파생적인 아닌 초생적입니다. 그분 말씀은 기본적으로 그분 언약의 백성에게 주어지지 개인들에게 주어지지 않습니다. 그러므로 함께하는 언약의 초생적인 의미는 묵상되어야 합니다. 이 경우 묵상은 초생적인 언약의 반복에 대한 적격성으로 이끌어집니다.

Because people's consciousness was arisen with religion, literature, and philosophy, the individual is considered as the basic unit of consciousness. But for God's word, its basic unit is His covenant people, not individuals. Therefore, it is meaningful in the covenant setting. Individuals cannot but read it on the religious, literature, or philosophical background.

사람들의 의식이 종교, 문학, 그리고 철학으로 생성되었기 때문에, 개인은 의식의 기본 단위로 여겨집니다. 그러나 하나님의 말씀에 대해선 기본 단위가 그분의 백성이지 개인들이 아닙니다. 그러므로 하나님의 말씀은 언약의 설정에서 의미 있습니다. 개인들은 하나님의 말씀을 종교적, 문학적, 혹은 철학적인 배경에서 읽을 수밖에 없습니다.

People have, so far, searched the ground or ultimacy of their own consciousness individualistically. Religious enlightenment or philosophical in-depth thought has been for individual enhancement in its nature. However, individual enhancement in nature leads to individual isolation.

지금까지 사람들은 그들 의식의 근거 혹은 궁극성을 개인적으로 찾았습니다. 종교적인 깨달음이나 철학적인 심오한 사고는 그 본질에서 개인의 고양을 위해서입니다. 그렇지만 본질상 개인의 고양은 개인의 고립으로 이끌어집니다.

The covenant narrative, contrary to individual narrative, is wholesome and integrated, for it is unfolded into togetherness. The unfolding into togetherness is not natural but fulfilling. God's word is not wisdom of nature but promise of the fulfillment of His togetherness. His word is covenantally unfolded into togetherness; therefore, its meaning cannot be fixed as worldly states.

언약의 서사는 개인의 서사에 반하여 전체적이고 통합됩니다. 그것은 함께로 펼쳐지기 때문입니다. 함께로 펼쳐짐은 자연적이 아니라 이루어짐입니다. 하나님의 말씀은 자연의 지혜가 아닌 그분 함께의 이루어짐의 약속입니다. 그분 말씀은 언약적으로 함께로 펼쳐집니다. 그러므로 그 뜻은 세상의 상태로 고정될 수 없습니다.

The ground or ultimacy of consciousness has to be reexamined from the perspective of the covenant of togetherness. The consciousness of having God's word arises when it is read with His togetherness so as to be led to covenant consciousness. His word with His togetherness invokes covenant consciousness.

의식의 근거나 궁극성은 함께하는 언약의 관점에서 다시 살펴보아져야 합니다. 하나님의 말씀을 지닌 의식은 그분 말씀이 언약 의식으로 이끌어지도록 그분 함께로 읽어질 때 생깁니다. 그분 함께로 그분 말씀은 언약 의식을 불러일으킵니다.

Therefore, the covenant consciousness is fulfilled with God's word. The fulfillment of His word into His people's consciousness can be narrated with His togetherness. Without His togetherness, there is no way to be conscious of His word. For this reason, the consciousness of His word is guided by His Spirit.

그러므로 언약 의식은 하나님의 말씀으로 이루어집니다. 그분 말씀이 그분 백성의 의식으로 이루어짐은 그분 함께로 서사될 수 있습니다. 그분 함께가 없이 그분 말씀을 의식할 길이 없습니다. 이 때문에 그분 말씀에 대한 의식은 그분 영에 의해 인도됩니다.

The covenant consciousness was reflected in the prophetic voices. The prophets in the OT came to concede that the Israelites' practice of the law as God's word was not accompanied with the consciousness of His word. Since the consciousness of His word is the covenant consciousness, they practiced the law without the covenant consciousness.

언약 의식은 예언의 소리에 반영되었습니다. 구약의 예언자들은 이스라엘 백성이 율법을 하나님의 말씀으로 실행하는 것은 그분 말씀의 의식을 수반하지 않는다고 인정하게 되었습니다. 그분 말씀의 의식은 언약 의식이기 때문에, 그들은 율법을 언약 의식 없이 실행했습니다.

As long as God's word is practiced as the law, the consciousness of His word does not arise because it is fulfilled by His word. Therefore, the practice of His word is different from the consciousness of His word, for practice is different from fulfillment. That is, the consciousness of His word cannot lead to the practice of it.

하나님의 말씀이 율법으로 실행되는 한, 그분 말씀의 의식은 생기지 않습니다. 그 의식은 그분 말씀으로 이루어지기 때문입니다. 그러므로 그분 말씀의 실행은 그분 말씀의 의식과 다릅니다. 실행은 이루어짐과 다르기 때문입니다. 즉 그분 말씀의 의식은 그것의 실행으로 이끌어질 수 없습니다.

People practice, but God fulfills. The outcome of practice is the work of individuals, but the outcome of fulfillment is work of togetherness. Therefore, in terms of the mere practice of the law, the covenant life cannot be unfolded. The abidance in the law does not mean togetherness.

사람은 실행하지만 하나님은 이루십니다. 실행의 소산은 개인의 일함입니다. 그러나 이루어짐의 소산은 함께의 일함입니다. 그러므로 단지 율법의 실행으로 언약의 삶은 펼쳐질 수 없습니다. 율법에 거함은 함께를 뜻하지 않습니다.

Togetherness is the covenant consciousness fulfilled by God's word with His togetherness. This came to be known to the prophets in the OT:

> *But this is the covenant that I will make with the house of Israel after those days, says the Lord: I will put My law in their minds, and write it on their hearts; and I will be their God, and they shall be My people* Jer. 31:33.

함께는 하나님의 함께로 그분 말씀에 의해 이루어지는 언약 의식입니다. 이것은 구약의 예언자에게 알려지게 되었습니다:

> *그러나 그 날 후에 내가 이스라엘 집과 맺을 언약은 이러하니 곧 내가 나의 법을 그들의 속에 두며 그들의 마음에 기록하여 나는 그들의 하나님이 되고 그들은 내 백성이 될 것이라 여호와의 말씀이니라*예 31:33.

The covenant that God made to Abraham before he had offspring contained the two constituents: the prosperity of descendants of

Abraham and the provision of the land that they would live on. Therefore, the covenant was formulated with His promised word that was to be fulfilled. It originally had nothing to be practiced.

아브라함이 후손이 있기 전에 하나님께서 그와 맺은 언약은 두 구성 요인을 포함합니다: 아브라함의 후손의 번성과 그들이 살 땅에 대한 예비입니다. 그러므로 그 언약은 이루어질 그분의 약속된 말씀으로 형성되었습니다. 그것은 원래 실행되어야 될 것이 없었습니다.

After the Exodus, Moses told the descendants of Abraham, the Israelites, to keep the law in order for them to live in the promised land prosperously. However, their indulgence into the observation of the law resulted in their detachment from God, for they did not have the consciousness of togetherness.

출애굽 후에 모세는 아브라함의 후손, 곧 이스라엘 백성에게 그들이 약속된 땅에서 번성하며 살기 위해 율법을 지킬 것을 말했습니다. 그렇지만 율법을 지키는데 그들의 몰두는 하나님으로부터 그들의 이탈을 야기했습니다. 그들이 함께의 의식을 갖지 못했기 때문입니다.

God's word can be practiced as the law without having the consciousness of His word. If so, the practice of His word as the law is not what is fulfilled by His word, even though the consciousness of His word is fulfilled by it, This is the main problem of the Israelites' alleged covenant life.

하나님의 말씀은 그분 말씀의 의식을 갖지 않은 채 율법으로 실행될 수 있습니다. 그렇다면 그분 말씀의 의식은 그분 말씀에 의해 이루어지더라도, 율법으로 그분 말씀의 실행은 그분 말씀에 의해 이루어진 것이 아닙니다. 이것이 이스라엘 백성이 내세우는 언약의 삶의 주된 문제입니다.

Jeremiah's prophetic remark brings out the point that the covenant word is not a word of written document but a word of consciousness. It is a fulfilled word in the consciousness. In this way, the covenant consciousness can be narrated. Of course, it should be differentiated from the individual consciousness.

예레미야의 예언적인 언급은 언약의 말은 쓰인 문서의 말이 아닌 의식의 말이라는 점을 불러옵니다. 그것은 의식에 이루어진 말입니다. 이렇게 하여 언약 의식은 서사될 수 있습니다. 물론 언약 의식은 개인의 식으로부터 구별되어야 합니다.

The covenant consciousness can be clarified in terms of the cross of Jesus. He mentions the new covenant in terms of His blood on the seat of the last supper. But the cross, contrary to the law, does not give any requirement. It merely exhibits powerlessness. Therefore, the new covenant of the cross is powerless.

언약 의식은 예수님의 십자가로 분명해질 수 있습니다. 예수님은 만찬의 자리에서 자신의 피로 새 언약을 언급하십니다. 그러나 십자가는 율법과는 반대로 어떤 요구도 주지 않습니다. 단지 힘없음을 보입니다. 그러므로 십자가의 새 언약은 힘없는 언약입니다.

Therefore, the new covenant in terms of the cross does not require any obligation. Then, what does the non-obligatory covenant mean? How can the new covenant life in terms of the cross be narrated? What is its constituent element of the new covenant life?

그러므로 십자가로 새 언약은 어떤 책임도 요구하지 않습니다. 그렇다면 책임이 없는 언약은 무엇을 뜻합니까? 십자가로의 새 언약의 삶은 어떻게 서사될 수 있습니까? 새 언약의 삶의 구성 요인은 무엇입니까?

Any significance that can be unveiled by the cross touches on consciousness, for it shows powerlessness. Therefore, any narrative of its impact arises out of consciousness. Then, the new covenant has to be started with its consciousness. In this respect, the cross is the central theme of the new covenant.

십자가에 의해 드러날 수 있는 의미는 의식에 닿습니다. 힘없음을 보이기 때문입니다. 그러므로 그 영향에 대한 서사는 의식에서 일어납니다. 그러면 새 언약은 그 의식으로 출발되어야 합니다. 이 점에서 십자가는 새 언약의 중심 주제입니다.

But individuals are conscious of the cross evasively and abhorrently. Therefore, the cross naturally excludes individual consciousness. It does not attract people individually with respect to power or consciousness. Therefore, the new covenant life through the cross implies the death of individual life.

그러나 개인들은 십자가를 회피적으로 또 혐오스럽게 의식합니다. 그러므로 십자가는 자연적으로 개인의식을 제외합니다. 십자가는 힘이나 의식의 관점에서 사람들을 개인적으로 끌지 못합니다. 그러므로 십자가를 통한 새 언약의 삶은 개인 삶의 죽음을 시사합니다.

For this reason, it can be conclusively asserted that the covenant consciousness of the cross is only fulfilled. Otherwise, it cannot be asserted that the new covenant originated from the death of Jesus on the cross. The cross is the juncture of the death of individual life and the birth of the new covenant life.

이 때문에 십자가의 언약 의식은 단지 이루어진다고 결정적으로 확언될 수 있습니다. 그렇지 않으면 새 언약이 십자가상의 예수님의 죽음으로 유래되었다고 확언될 수 없습니다. 십자가는 개인의 삶의 죽음과 새 언약의 삶의 출생의 접합점입니다.

With the cross of Jesus no natural life could be associated, for He was excluded from it. But from the cross, the new covenant life began to unfold. Here is the inseparability of the covenant consciousness and the cross. This implies that the cross is narrated into the covenant consciousness.

예수님의 십자가와 자연적인 삶은 연계될 수 없었습니다. 예수님이 그로부터 제거되었기 때문입니다. 그러나 십자가로부터 새 언약의 삶이 펼쳐지게 되었습니다. 여기에 언약 의식과 십자가의 분리될 수 없음이 있습니다. 이것은 십자가가 언약 의식에로 서사되는 것을 시사합니다.

Therefore, if the cross is narrated into the covenant consciousness that God's will was fulfilled on the death of Jesus on it, His togetherness becomes the guiding theme of the narrative of the covenant consciousness. In this way, God makes the new covenant with His people who had the covenant consciousness with the cross.

그러므로 십자가가 하나님의 뜻이 십자가상에서 예수님의 죽음으로 이루어졌다는 언약 의식에로 서사되면, 그분 함께는 언약 의식을 서사하는 지침이 됩니다. 이렇게 하여 하나님은 십자가로 언약 의식을 지닌 그분 백성과 새 언약을 맺습니다.

The covenant with the law and the covenant with the cross were not merely contradictory but complementary. Through the former the latter could be fulfilled. The covenant life was unfolding in accordance with the fulfillment of God's word with His togetherness. The covenant with the cross unfolded into the covenant life with the cross.

율법으로 언약과 십자가로 언약은 단지 상반적이지 않고 상보적이었습니다. 전자를 통해 후자가 이루어질 수 있었습니다. 언약의 삶은 하나님의 함께로 그분 말씀의 이루어짐을 따라 펼쳐갔습니다. 십자가로 언약은 십자가로 언약의 삶으로 펼쳐졌습니다.

The juxtaposition and comparison of all of God's word on the same plain ignores the unfolding of its fulfillment. But the unfolding of its fulfillment is not arbitrary. It is basically and ultimately directed to togetherness, for His togetherness is unfolded with fulfillment. Therefore, the covenant life with the cross is the basic and ultimate life of togetherness.

모든 하나님의 말씀을 같은 평면에서 병렬하거나 비교하는 것은 그 이루어짐의 펼쳐짐을 간과합니다. 그러나 그 이루어짐의 펼쳐짐은 임의적이지 않습니다. 그것은 기본적으로 그리고 궁극적으로 함께를 향합니다. 그분 함께는 이루어짐으로 펼쳐지기 때문입니다. 그러므로 십자가로 언약의 삶은 기본적이고 궁극적인 함께의 삶입니다.

The overall gospel is narrated from the covenant perspective of the cross of Jesus. Therefore, it is considered as the new covenant. And the cross leads to the covenant consciousness from which the new covenant life is outwardly disclosed. That is, it leads to inward consciousness that the law cannot reach.

전반적인 복음은 예수님의 십자가에 대한 언약의 관점으로 서사됩니다. 그러므로 새 언약으로 고려됩니다. 그리고 십자가는 언약 의식으로 이끄는데, 그 언약 의식으로부터 새 언약의 삶이 외면적으로 드러납니다. 즉 십자가는 율법이 미칠 수 없는 내면 의식으로 이끕니다.

The covenant consciousness is the consciousness of God's word with His togetherness. Such consciousness is fulfilled by His word with His togetherness. Because of His togetherness His word comes to be fulfilled into consciousness. Otherwise, His word is interpreted textually. But it cannot be put into a text.

언약 의식은 하나님의 함께로 그분의 말씀의 의식입니다. 그런 의식은 그분 함께로 그분 말씀에 의해 이루어집니다. 그분 함께 때문에 그분 말씀은 의식에로 이루어지게 됩니다. 그렇지 않으면 그분 말씀은 텍스트로 해석됩니다. 그러나 그분 말씀은 텍스트에 담아질 수 없습니다.

집중(Focus)

언약은 하나님께서 함께하심을 그분 말씀으로 이루심입니다. 이 경우 하나님의 말씀은 하나님께서 함께하시는 그분 백성에게 주어집니다. 그들에게 주어진 그분 말씀은 그들 언약의 삶으로 이루어집니다. 따라서 그분 말씀으로 이루어지는 삶은 기본적으로 또 궁극적으로 언약의 삶입니다. 이 점에서 그분 말씀은 언약의 말씀입니다.

The covenant is the fulfillment of God's togetherness with His word. In this case, His word is given to His people with whom He is together. His word that is given to them is fulfilled in their covenant life. Accordingly, the life that is fulfilled with His word is basically and ultimately covenant life. In this respect, His word is a covenant word.

언약의 삶은 언약의 의식을 수반합니다. 언약의 백성은 하나님의 말씀을 그분 함께의 말씀으로 의식합니다. 하나님의 말씀은 세상살이 가운데 그들이 지켜야 할 바가 아닙니다. 언약 의식 가운데 세상살이의 내용이 반영되기 때문에 그들은 세상을 언약의 삶에서 말합니다. 따라서 세상에서 언약의 삶을 살지 않습니다. 그들의 언약의 하나님은 창조주십니다.

The covenant life is accompanied with covenant consciousness. The covenant people are conscious of God's word as the word of His togetherness. His word is not what they have to keep in the midst of worldly life. Since the content of the worldly life is reflected in the covenant consciousness, they talk of the world in the covenant life. Thus, they do not live the covenant life in the world. Their covenant God is the Creator.

하나님의 말씀에 대한 의식은 언약적일 수밖에 없습니다. 하나님의 말씀은 그분 함께로만 의식되기 때문입니다. 그분 함께로 그분 말씀이 의식되지 못하면, 그분 말씀은 사람의 말과 같이 문자적 텍스트가 됩니다. 문자적 텍스트는 개인이 율법으로 지키거나 지혜로 이해하는 것입니다. 이 때문에 하나님의 말씀으로서 성경은 언약의 책이지 텍스트가 아닙니다.

The consciousness of God's word is inevitably covenantal, for His word is to be conscious of with His togetherness only. If His word is not to be conscious of with His togetherness, His word becomes a literal text like man's word. A literal text is what individuals keep as the law or understand as wisdom. For this reason, the Bible as His word is the covenant book, not a text.

1.11

Time(시간)

People think that time is expanding in front of them like space. So they may think that they walk in it. Every morning they are accustomed to be ready to walk in time as they walk on the street. They are comfortably settled in the presumption that they walk in time as they walk in space although time is not visible like space.

사람들은 시간이 공간과 같이 자신들 앞에 펼쳐져 있다고 생각합니다. 그래서 그들은 시간 안에서 걷는다고 생각할 수 있습니다. 매일 아침 그들은 길을 걷는 것처럼 시간으로 걸을 준비에 익숙해집니다. 시간이 공간처럼 보이지는 않지만, 그들은 공간을 걷는 것처럼 시간으로 걷는다는 추정에 편안하게 안주합니다,

The development of science can tell of the lifetime of everything in the world. Its lifetime, as its duration in time, shows the interval of its occupation in time. Thus, what is in the world shows its occupied interval of time as its lifetime. It appears in time with its lifetime. In this way, its existence can be told in time.

과학의 발전은 세상에 있는 모든 것의 수명을 말할 수 있습니다. 시간에 연장으로서 모든 것의 수명은 시간을 점유하는 간격을 보입니다. 따

라서 세상에 있는 것은 그것이 점유하는 시간의 간격을 그 수명으로 보입니다. 그것은 수명을 갖고 시간에 나타납니다. 이렇게 하여 그것의 존재는 시간에 말해질 수 있습니다.

Everything in the world occupies in time as what-is. It is specified by the moment of its occurrence and the interval of its duration. Existence or being connotes with occurrence and duration. Thus, it has to be dealt with temporally somehow. Here, temporality means its occupation in time.

세상에 있는 모든 것은 있음으로 시간을 점유합니다. 그것은 일어난 순간과 지속하는 연장으로 명시됩니다. 실존이나 존재는 생김과 지속을 함축합니다. 따라서 그것은 어떻든 시간성으로 다루어져야 합니다. 여기서 시간성은 시간의 점유를 뜻합니다.

The occurrence and duration of what-is is specified in terms of the measurement of time. Time that is accustomed to is its measurement. What is seen in the clock is the measured time. The measured time is mentioned in daily life. The question "what time is it?" asks the measured time.

있음의 생김과 지속은 시간의 측정으로 명시됩니다. 익숙해진 시간은 시간의 측정입니다. 시계에서 보는 것은 측정된 시간입니다. 측정된 시간이 일상적인 삶에 언급됩니다. "몇 시입니까?"하는 질문은 측정된 시간을 묻습니다.

The numerically noted time is measured time. People live in the world with the measured time. Thus, what they say of time is its measured quantity. Since they use the common measured quantity, they can communicate temporal matters without confusion. In this way, they understand time almost like space.

숫자로 표시된 시간은 측정된 시간입니다. 사람들은 세상에 측정된 시간으로 삽니다. 따라서 그들이 시간에 대해 말하는 것은 측정된 양입니다. 그들은 공통된 측정된 양을 사용하기 때문에 시간적인 일에 대해 혼동 없이 소통합니다. 이렇게 하여 그들은 시간을 거의 공간과 같이 이해합니다.

But the Biblical time is not expressed as measured quantity. Its narratives are not simply arranged into sequential cases like historical narratives that can be noted with a series of measured time. The time with which the Biblical narratives are constructed is not measured time.

그러나 성경의 시간은 측정된 양으로 표현되지 않습니다. 성경의 서사는 일련의 측정된 시간으로 표시된 역사적 서사와 같이 연속되는 경우로 정리되어 있지 않습니다. 성경의 서사를 구성하는 시간은 측정된 시간이 아닙니다.

The Bible as the word of God is narrated with His word and its fulfillment. Therefore, the Biblical time is associated with His word and its fulfillment. Since fulfillment is purely a temporal notion, the Biblical narratives are inevitably temporal. But in this case, temporality does not mean occupation in time.

하나님의 말씀으로 성경은 그분 말씀과 그 이루어짐으로 서사됩니다. 그러므로 성경의 시간은 그분 말씀과 그 이루어짐과 연관됩니다.

이루어짐은 순전히 시간적인 통념임으로, 성경의 서사는 어쩔 수 없이 시간적입니다. 그러나 이 경우 시간성은 시간의 점유를 뜻하지 않습니다.

For the word of God, a non occupational sense of temporality has to be faced. His word is temporal because of its fulfillment as well as its utterance. Therefore, its temporality cannot be thought of analogously to that of what-is, for any remark of lifetime along with its utterance and fulfillment is senseless.

하나님의 말씀에 대해선 점유성의 뜻이 없는 시간성에 접해져야 합니다. 그분 말씀은 그 발설됨과 더불어 이루어짐 때문에 시간적입니다. 그러므로 그 시간성은 있음의 시간성과 유사하게 생각될 수 없습니다. 그 발설과 이루어짐을 따른 수명의 언급은 무의미하기 때문입니다.

The temporality of God's word brings out a different perspective of time. The measurement of time cannot be applied to it. There is no measurable quantity for what is uttered by His word, for it does not tell of what-is. What can only be said for His word is: it is uttered, and, thus, it will be fulfilled.

하나님 말씀의 시간성은 시간의 다른 관점을 불러옵니다. 시간의 측정은 거기에 적용될 수 없습니다. 그분 말씀에 의해 발설된 것에 대해선 측정될 양이 없습니다. 그분 말씀은 있음에 대해 말하지 않기 때문입니다. 그분 말씀에 대해 말해질 수 있는 것은 이렇습니다. 그분 말씀은 발설되고 따라서 이루어질 것입니다.

Man's word is temporal for its occurrence only, and its occurrence is specified in terms of a measured quantity. The duration of its effectiveness, as seen in the articles of laws, is not considered as its temporality, for it can be changed or nullified at any time. That is, its effectiveness is controlled by other contingencies.

사람의 말은 그 발생에 대해서만 시간적입니다. 그것의 발설은 측정된 양으로 명시됩니다. 그 효과성의 지속은 법 조항에서 보듯이 시간성으로 고려되지 않습니다. 왜냐하면 그것은 언제나 바뀌거나 무효화될 수 있기 때문입니다. 즉 그것의 효과성은 다른 우연적인 것들에 의해 제어됩니다.

God's word in the Bible cannot be compared to man's word. The temporality of the utterance of His word is not to be noted with measured quantity. Since His word comes from His own initiation, there is no measurable quantity of time that can be applied to it. That is, it is not correlated with the contingency in the world.

성경에 있는 하나님의 말씀은 사람의 말에 비교될 수 없습니다. 그분 말씀의 발설의 시간성은 측정된 양으로 표시되지 않습니다. 그분 말씀은 그분 자신의 개시로 나오기 때문에 그에 적용될 시간의 측정될 양은 없습니다. 즉 그것은 세상의 우연성과 상관되지 않습니다.

God gave Abraham His promise. Abraham was a historical figure, thus, his life could be specified with measured time. From this, the time that He gave His promise to him might be inferred in terms of measured quantity. But this inference could not be sufficient to claim that His word might be noted with measured time.

하나님은 아브라함에게 그분 약속을 주셨습니다. 아브라함은 역사적인 인물입니다. 따라서 그의 삶은 측정된 양으로 명시됩니다. 이로부터 하나님께서 그에게 그분 약속을 주신 시간은 측정된 양으로 유추될 수 있습니다. 그러나 이 유추는 그분 말씀이 측정된 시간으로 표시될 수 있다고 주장하기엔 충분할 수 없습니다.

God's word is always initiation, and, thus, it is not inferable. There can be no precondition from which His word is supposed to be given. Since He is not subjected to the conditionality of the world. His word is not given conditionally. It is only given with His togetherness. His togetherness is pre-conditional.

하나님의 말씀은 언제나 개시임입니다. 따라서 유추될 수 없습니다. 그분 말씀이 주어지게 될 전제가 있을 수 없습니다. 그분은 세상 조건성에 종속되지 않기 때문에, 그분 말씀은 조건적으로 주어지지 않습니다. 그분 함께로만 주어집니다. 그분 함께는 조건 이전입니다.

God's name, "I AM WHO I AM," i.e., "the LORD," has the sense of unconditionality. Therefore, His word is given with His own free will of togetherness. When His word is given to His people with His togetherness, it touches on the conditionality of the world. Because of this reason, people want to apply the measured time to it.

"스스로 인 자," 즉 "주님"이라는 하나님의 이름은 무조건성의 의미를 지닙니다. 그러므로 그분 말씀은 함께하는 그분의 자유로운 뜻으로 주어집니다. 그분 말씀이 그분 함께로 그분 백성에게 주어질 때 세상의 조건성과 접합니다. 이 때문에 사람들은 측정된 시간을 그분 말씀에 적용하려고 합니다.

Nevertheless, when God's word is given to His people, it is not subjected to them who are subjected to the conditionality of the world. Rather, it releases them from the conditionality of the world so that they may be His people who are together with Him. Thus, they do not live any more in accordance with the measured time.

그렇지만, 하나님의 말씀이 그분 백성에게 주어질 때, 하나님의 말씀은 세상 조건성에 종속된 그들에게 종속되지 않습니다. 그 보다 세상 조건성으로부터 그들을 풀어서 그분과 함께하는 그분 백성이 되게 합니다. 따라서 그들은 더 이상 측정된 시간으로 살지 않습니다.

When God's word is touched on by His people, they are together with Him so as to live the covenant life of togetherness. Then, the time ascribed to them is no longer the measured time. The new time is unfolding to them with the fulfillment of His word in the covenant life of togetherness.

하나님의 말씀이 그분 백성에게 접해질 때, 그들은 그분과 함께함으로 함께하는 언약의 삶을 살게 됩니다. 그러면 그들에게 부여된 시간은 더 이상 측정된 양이 아닙니다. 함께하는 언약의 삶으로 그분 말씀이 이루어짐과 더불어 새로운 시간이 그들에게 펼쳐집니다.

They live with God's togetherness in the covenant time. In this case, time is not expanded like space. It is newly fulfilled with His togetherness, for His togetherness cannot be set in the interval of measured time. Therefore, the covenant life of togetherness cannot be set in the interval of measured time like the historical life.

그들은 하나님과 함께로 언약의 시간에서 삽니다. 이 경우 시간은 공간과 같이 확장되지 않습니다. 그분 함께로 새로이 이루어집니다. 그분 함께가 측정된 시간 간격으로 설정될 수 없기 때문입니다. 그러므로 함께하는 언약의 삶은 역사적인 시간과 같이 측정된 시간 간격에 설정될 수 없습니다.

At any rate, God's togetherness is disclosed in the covenant life of togetherness which is fulfilled in the world. Therefore, it has temporality even if it is not to be set in the interval of measured time. And its temporality is disclosed into the fulfilled covenant life of togetherness.

어떻든 하나님의 함께는 세상에 이루어지는 함께하는 언약의 삶으로 드러납니다. 그러므로 그것은 측정된 시간의 간격에 둘 수 없지만 시간성을 지닙니다. 그리고 그 시간성은 이루어지는 함께하는 언약의 삶으로 드러납니다.

Therefore, the covenant life of togetherness is temporal. In this case, its temporality is not specified by its occupation in time but unfolded into a new fulfillment of time. Togetherness is not settled in a specified region but fulfilled into new time since it is fulfilled with God's togetherness.

그러므로 함께하는 언약의 삶은 시간적입니다. 이 경우 그 시간성은 시간에 점유로 명시되지 않고 시간의 새로운 이루어짐으로 펼쳐집니다. 함께는 명시된 영역에 정착되지 않고 새로운 시간으로 이루어집니다. 하나님 함께로 이루어지기 때문입니다.

The temporality of togetherness is not its sustenance in time, since togetherness is not to be identified as what-is. Therefore, in order to clarify the temporality of togetherness, a new perspective of time, i.e., the covenant perspective of time, is needed. Togetherness is not identified in time but unfolding with time.

함께의 시간성은 시간에 유지됨이 아닙니다. 함께가 있음으로 확인되지 않기 때문입니다. 그러므로 함께의 시간성을 분명하게 하기 위해 새로운 시간 관점, 곧 언약의 시간 관점이 필요합니다. 함께는 시간에 확인되지 않고 시간과 더불어 펼쳐집니다.

The covenant life is initiated with God's togetherness. Its visibility in the world is temporal as seen by the life of the Israelites in the OT. Therefore, its temporal visibility has to be recapitulated with His time. Otherwise, it is narrated in the historical time frame. That is, the covenant time cannot be noted in the historical time frame.

언약의 삶은 하나님의 함께로 개시됩니다. 세상에서 그 보임은 구약에서 이스라엘 백성의 삶에서 보이듯이 시간적입니다. 그러므로 그 시간적인 보임은 그분의 시간으로 재현되어야 합니다. 그렇지 않으면 그것은 역사적인 시간 체계에서 서사됩니다. 즉 언약의 시간은 역사적 시간 체계에 표시될 수 없습니다.

God's time is significantly asserted because of His togetherness. That is, it is noted with the fulfillment of His togetherness. But His togetherness cannot be set in the measured time frame, for togetherness is not a what-is in the world. And, thus, His time with His togetherness is disclosed into the covenant time.

하나님의 시간은 그분 함께 때문에 의미 있게 주창됩니다. 즉 그분 함께의 이루어짐으로 표시됩니다. 그러나 그분 함께는 측정된 시간 체계에 설정될 수 없습니다. 함께가 세상에 있음이 아니기 때문입니다. 따라서 그분 함께로 그분 시간은 언약의 시간으로 드러납니다.

God's time should not be talked about in the measured time frame. It cannot be noted as a special moment in the time frame. As long as it is mentioned in the time frame, it is considered His interventive work with His power. Therefore, His time has to be considered with His togetherness rather than His power.

하나님의 시간은 측정된 시간 체계에서 말해지지 말아야합니다. 시간 체계에서 특별한 순간으로 표시될 수 없습니다. 하나님의 시간이 시간 체계에서 언급되는 한 그분 힘을 더불어는 그분 개입의 일로 여겨집니다. 그러므로 그분 시간은 그분의 힘보다 그분 함께로 고려되어야 합니다.

God's time as the covenant time unfolds with the fulfillment of His togetherness. That is, His time is sensibly told in the covenant life. His time, from the ontological perspective, is not significant, for ontology brings out only one time frame of dealing with what-is. But His togetherness cannot be noted as a what-is.

언약의 시간으로 하나님의 시간은 그분 함께의 이루어짐으로 펼칩니다. 즉 그분의 시간은 언약의 삶에서 뜻있게 말해집니다. 존재론적 관점으로 그분의 시간은 의미 없습니다. 존재론은 있음을 다루는 하나의 시간 체계만 불러오기 때문입니다. 그러나 그분 함께는 있음으로 표시될 수 없습니다.

The temporality of fulfillment is told in the covenant life, since it is fulfilled. Therefore, it is only narrated in the time of fulfillment. If it is conceived to be narrated in historical time, it is only viewed in terms of its sustenance in time. But it cannot be narrated in time but be narrated with time.

이루어짐의 시간성은 언약의 삶에서 말해집니다. 언약의 삶이 이루어지기 때문입니다. 그러므로 단지 이루어짐의 시간으로 서사됩니다. 만약 언약의 삶이 역사적 시간으로 서사된다고 여겨지면 시간에 그 유지됨으로만 보입니다. 그러나 언약의 삶은 시간 안에 서사되지 않고 시간으로 서사됩니다.

This problem is encountered when the narrative of the life of the Israelites in the OT is read. In general, it is read historically. Thus, it is considered as a part of human history, for it is read in the common time frame of history. It is considered as historically interactive with other narratives of neighboring people.

이 문제는 구약에서 이스라엘 백성의 삶의 서사가 읽어질 때 접해집니다. 일반적으로 그 서사는 역사적으로 읽어집니다. 따라서 그것은 인간 역시의 부분으로 여겨집니다. 왜냐하면 역사의 공통 시간 체계로 읽혀지기 때문입니다. 그 서사는 부근 사람들의 다른 서사와 역사적으로 상호작용한다고 여겨집니다.

But such historical reading overlooks the key theme of the unfolding of the life of the Israelites. The covenant theme of their life cannot be put in the historical time frame; thus, it is inevitably overlooked. Anything that is not historically interactive is excluded from the historical time frame.

그러나 그런 역사적 읽음은 이스라엘 백성의 삶을 전개하는 기조 된 주제를 간과합니다. 그들의 삶의 언약의 주제는 역사적인 시간 체계에 담아질 수 없습니다. 따라서 어쩔 수 없이 간과되게 됩니다. 역사적으로 상호작용하지 않는 것은 무엇이든 역사적 시간 체계로부터 제외됩니다.

God's togetherness was the covenant theme of the Israelites. Their life unfolded with His togetherness. Therefore, their covenant life had to be narrated with His togetherness. Nevertheless, His togetherness could not be taken into consideration in the historical narrative.

하나님의 함께는 이스라엘 백성의 언약의 주제였습니다. 그들의 삶은 그분 함께로 펼쳐졌습니다. 그러므로 그들의 언약의 삶은 그분 함께로 서사됐어야 합니다. 그렇지만 그분 함께는 역사적 서사에 고려될 수 없었습니다.

In this respect, the temporality of God's word is taken into consideration. It is the word of fulfillment; therefore, it is essentially temporal. And it is not a word of generalization. Thus, it cannot be put into the common time frame. It cannot be a kind of religious word that can be put into the common time frame.

이 점에서 하나님 말씀의 시간성이 고려되어야 합니다. 하나님의 말씀은 이루어짐의 말입니다. 그러므로 기본적으로 시간적입니다. 그리고 일반화의 말이 아닙니다. 따라서 공통된 시간 체계에 담아질 수 없습니다. 공통의 시간 체계에 담아질 수 있는 일종의 종교적인 말일 수 없습니다.

God's togetherness is disclosed into the covenant life with time. Thus, it is temporal. However, it is eternal since it unfolds time. In this respect, its eternalness is temporal. Here, temporality does not mean the interval of time but means the unfolding of time. Therefore, His togetherness unfolds time eternally.

하나님의 함께는 시간과 더불어 언약의 삶으로 드러납니다. 따라서 시간적입니다. 그렇지만 시간을 펼치기 때문에 영원합니다. 이 점에서 그 영원함은 시간적입니다. 여기서 시간성은 시간의 간격을 뜻하지 않고 시간의 펼침을 뜻합니다. 그러므로 그분 함께는 영원히 시간을 펼칩니다.

집중(Focus)

하나님의 말씀은 이루어지기 때문에, 그것엔 시간성이 내재됩니다.
따라서 하나님 말씀의 이루어짐은 시간으로 펼쳐가는 서사가 됩니다.
그러나 사람의 말은 기본적으로 있는 상태를 진술하기 때문에 진술하
는 시점이 전제됩니다. 언제라는 시간의 매개에 사람의 말은 처해집니
다. 따라서 사람의 말에 수반된 시간성은 외재적입니다.

Since God's word is fulfilled, temporality is inherent in it. Thus,
the fulfillment of His word becomes a narrative that unfolds in
time. Nevertheless, since man's word basically states the state of
what-is, its stated time is presupposed. It is situated in the medium
of time of the when. Thus, the temporality that is accompanied
with man's word is external.

하나님의 말씀은 말씀 외적 요인에 조건적이지 않습니다. 단지 하나
님께서 그분 함께로 주시는 말씀이기 때문입니다. 그러므로 그분 함께
로 이루어지는 시간은 그분의 함께로 펼쳐집니다. 그분 백성의 언약의
삶으로 펼쳐집니다. 따라서 언약의 삶은 측정된 시간의 연장, 곧 수명
으로 말해지지 않습니다. 수명을 다루는 세상 삶과 구별됩니다.

God's word is not conditioned by any external factor, for it is
merely the word that He gives with His togetherness. Therefore,
the time that is fulfilled with His togetherness is unfolded with His
togetherness. It unfolds with the covenant life of His people. Thus,
the covenant life is not talked about in terms of the extension of
measured time, i.e., lifespan. It is separated from the worldly life

that deals with lifespan.

　세상 삶에서는 주어진 시간의 측정에 의해 있는 것이 의식됩니다. 따라서 측정된 시간을 매개로 있는 삶이 서술됩니다. 그러나 언약의 삶은 시간의 펼쳐감 가운데 인도됩니다. 언약의 삶은 시간에 실현되지 않고, 언약의 삶을 따라 시간이 이루어집니다. 언약의 시간은 하나님 말씀의 이루어짐을 따라 이루어지기 때문입니다.

　In the worldly life, what-is is being conscious of in terms of the measurement of the given time. Thus, in terms of the medium of the measured time, the existing life is described. But the covenant life is guided in the unfolding of time. The covenant life is not realized in time, but time is fulfilled in accordance with it, for the covenant time is fulfilled in accordance with the fulfillment of His word

Part 2

Creation

(창조)

2.1

Creation(창조)

The account of creation in the beginning of the Bible was narrated from the perspective of the covenant. The covenant God created the world. This was the affirmation of the covenant people who were together with Him. Therefore, the creation account is part of the covenant narrative.

성경 시작에 나오는 창조의 기술은 언약의 관점으로 서사되었습니다. 언약의 하나님이 세상을 창조하셨습니다. 이것은 그분과 함께하는 언약의 백성의 확언입니다. 그러므로 창조 기술은 언약 서사의 한 부분입니다.

The covenant God was the Creator. Since the world was created by Him, it could be narrated from the covenant perspective. The creation account was the covenant narrative of the covenant people. Therefore, it was not supposed to be read from the scientific perspective.

언약의 하나님은 창조주셨습니다. 세상이 그분에 의해 창조되었음으로 언약의 관점에서 서사될 수 있었습니다. 창조 기술은 언약의 백성의 언약의 서사였습니다. 그러므로 그것은 과학적인 관점으로 읽어지지 않습니다.

According to the covenant account, the world is not what is, or what is natural. It is what was created. Therefore, in the covenant life, the account of the world is not primary. Since it was created by God with His word, His word is primary. The covenant affirms not the priority of the world but the priority of His word.

언약의 기술에 의하면 세상은 있는 것이나 혹은 자연적인 것이 아닙니다. 창조된 것입니다. 그러므로 언약의 삶에서 세상의 기술은 일차적이 않습니다. 세상은 하나님 말씀으로 그분에 의해 창조되었음으로, 그분 말씀이 일차적입니다. 언약은 세상의 우선성이 아닌 그분 말씀의 우선성을 확언합니다.

The ordinary people who live in the world are its part. It is the basis and bondage of their life. Therefore, they are primarily concerned with the knowledge of it since they encounter it as what already is or what is natural. And, thus, they know themselves as what is or what is natural.

세상을 사는 보통 사람들은 세상의 부분입니다. 세상은 그들 삶의 기반이고 속박입니다. 그러므로 그들은 일차적으로 세상을 아는 것에 관심합니다. 그들은 세상을 이미 있거나 혹은 자연적인 것으로 접하기 때문입니다. 따라서 그들 자신들을 있는 것으로 혹은 자연적인 것으로 압니다.

But the covenant people recognize themselves as created people by their covenant God. And they see the world where they are as what was created. Thus, they narrate the world as well as their life from the covenant perspective. The creation account is the extension of their covenant narrative to the world.

그러나 언약의 백성은 그들 자신을 언약의 하나님에 의해 창조된 사람들로 인식합니다. 그리고 그들은 그들이 있는 세상을 창조된 것으로 봅니다. 따라서 그들은 세상과 그들의 삶을 언약의 관점으로 서사합니다. 창조의 기술은 세상에 대한 그들의 언약 서술의 연장입니다.

If the covenant word, i.e., the word of God, includes the creation account, the covenant people can live with it in the created world. Then, it becomes covenant wisdom with which they live in the created world. The word of God tells them how to live in it wisely. This covenant wisdom, of course, is different from philosophical wisdom.

언약의 말, 곧 하나님의 말씀이 창조의 기술을 포함하면, 언약의 백성은 하나님의 말씀으로 창조된 세상에서 살 수 있습니다. 그러면 하나님의 말씀은 창조된 세상을 사는 언약의 지혜가 됩니다. 하나님의 말씀은 그들이 세상에서 어떻게 지혜롭게 살지 들려줍니다. 이 언약의 지혜는 물론 철학의 지혜와 다릅니다.

In this respect, the creation account that is in the beginning of the Bible, itself, tells covenant wisdom. It narrates that creation was not an event, or a series of events. An event is a causal outcome in the world so that it can be explained. But the creation account does not give any explanation.

이 점에서 성경 시작에 있는 창조 기술은 그 자체로 언약의 지혜를 들려줍니다. 그것은 창조가 하나의 사건이나 일련의 사건이 아님을 서사합니다. 사건은 세상에서 인과적 결과이라서 설명될 수 있습니다. 그러나 창조 기술은 어떤 설명도 주지 않습니다.

The creation account consists of a series of God's announcements of the cases and the subsequent fulfillment of them. The announcement of the word and its fulfillment are seen as typical of God's covenant word of promise. Thus, His covenant word is also affirmed to be creational.

창조 기술은 경우들에 대한 일련의 하나님 선언과 이어지는 그 이루어짐으로 구성됩니다. 말의 선언과 그 이루어짐은 전형적인 약속에 대한 하나님의 언약의 말씀으로 보입니다. 따라서 그분 언약의 말씀도 또한 창조적이라고 확언됩니다.

The created world is not explanatory. It is unfolding the fulfillment in accordance with God's word. Therefore, the covenant people live in the fulfilling rather than changing world. Thus, the creation account gives the basic formation of the fulfilling world. But to ordinary people the world is what is there, or what is natural.

창조된 세상은 설명적이지 않습니다. 하나님의 말씀을 따른 이루어짐을 펼쳐갑니다. 그러므로 언약의 백성은 변화하는 세상보다 이루어지는 세상을 삽니다. 따라서 창조 기술은 이루어지는 세상의 기본적인 형성을 들려줍니다. 그러나 보통 사람들에게 세상은 있는 것 혹은 자연적인 것입니다.

The creation account is a covenant account of the covenant people toward the whole world. The scope of the covenant word is not restricted to the region where the covenant people live but extended to the whole world. Their covenant God is its Creator. And their covenant word encompasses the whole world.

창조 기술은 온 세상을 향한 언약 백성의 언약 기술입니다. 언약의 말이 미치는 범위는 언약의 백성이 사는 영역에 제한되지 않고 온 세상으로 확장됩니다. 그들 언약의 하나님은 창조주십니다. 그리고 그들 언약의 말은 온 세상을 아우릅니다.

The world was so created with God's word that the covenant people might live with His word in it. And the world was so created with His word that His covenant word would be fulfilled in it. The world was originally and would be ultimately the ground of the covenant life. It's absurd to think of covenant life in the natural world.

세상은 하나님의 말씀으로 창조되어 언약의 백성은 그분 말씀으로 그 안에서 살 수 있게 됐습니다. 그리고 세상은 그분 말씀으로 창조되어 언약의 말이 그 안에서 이루어질 것입니다. 세상은 원래 언약의 삶의 근거였고 또 궁극적으로 언약의 삶의 근거일 것입니다. 자연적인 세상에서 언약의 삶을 생각하는 것은 부조리합니다.

Then, what is the meaning of creation from the covenant perspective? The ordinary people intuitively think that the creation of the world means that it was made out of nothing. Thus, "creatio ex nihilo" is idiomatically used for the meaning of "creation". That is, creation is regarded as what-is from what-is-not.

그러면 언약의 관점에서 창조의 뜻은 무엇입니까? 보통 사람들은 세상의 창조는 무로부터 만들어졌다는 것을 뜻한다고 직감적으로 생각합니다. 따라서 "창조"의 뜻으로 "무로부터 창조"가 관용구로 써집니다. 즉 창조는 없음으로부터 있음이라고 여겨집니다.

But creatio ex nihilo comes from the ontological perspective of what-is. Intuitively people think that "creation" is defined in the statement that what-is is created from what-is-not. And they want to read the creation account in the Bible with such a perspective. Their primary concern is about what was created rather than how it was created.

그러나 무로부터 창조는 있음의 존재론적 관점으로부터 나옵니다. 직감적으로 사람들은 "창조"는 있음은 없음으로부터 창조된다는 진술로 정의된다고 생각합니다. 그리고 그들은 성경의 창조 기술을 그런 관점에서 읽으려고 합니다. 그들의 일차적 관심은 어떻게 창조되었는지보다 무엇이 창조되었는지에 관해서입니다.

But creation from the covenant perspective does not keep the ontological sense of what-is. From the covenant perspective creation is fulfilled in togetherness. The world was created in togetherness, not simply in what-is, for it was created by the covenant God of togetherness with His word.

그러나 언약의 관점에서 창조는 있음의 존재론적 의미를 유지하지 않습니다. 언약의 관점에서 창조는 함께로 이루어짐입니다. 세상은 함께로 창조되었지 단순히 있음으로 창조되지 않았습니다. 왜냐하면 세상은 함께하는 언약의 하나님에 의해 그분 말씀으로 창조되었기 때문입니다.

The world was so created that God's togetherness might be visible. Each stage of creation was the fulfillment of His word. It did not introduce any causal efficacy. Therefore, the created world did not move its own inherent nature. It consisted of what was fulfilled by His word. The covenant account of creation tells that the world was full of the fulfillment of His word.

세상은 하나님의 함께가 보일 수 있게 창조되었습니다. 창조의 단계는 그분 말씀의 이루어짐이었습니다. 인과적 효능을 도입하지 않았습니다. 그러므로 창조된 세상은 자체의 내재된 본성으로 움직이지 않았습니다. 창조된 세상은 그분 말씀에 의하여 이루어진 것으로 구성되었습니다. 창조에 대한 언약 기술은 세상은 그분 말씀의 이루어짐으로 가득했다고 말합니다.

The creation account shows the integration of what was fulfilled by God's word. The fulfillment of creation is narrated as His six days' work. Therefore, the world is not linked with causal relationships but integrated with His word. It is the embedment of His word.

창조의 기술은 하나님의 말씀으로 이루어진 것들의 통합을 보입니다. 창조의 이루어짐은 그분의 6일 일로 서사됩니다. 그러므로 세상은 인과관계로 연결되지 않고 그분 말씀으로 통합됩니다. 세상은 그분 말씀의 깔림입니다.

From the covenant perspective, the creation account is to affirm the world of God's word. It is the assurance of the world of words rather than words of the world. And it clearly states the priory of His word to the world so that His word may be assured to be fulfilled in the world. That is, it is narrated to affirm the priority of His word.

언약의 관점에서 창조 기술은 하나님 말씀의 세상을 확언하려 합니다. 창조 기술은 세상의 말보다 말의 세상에 대한 확신입니다. 그리고 그것은 세상보다 그분 말씀의 우선성을 분명히 진술함으로 그분 말씀이 세상에 이루어지는 것이 확신되게 합니다. 즉 그것은 그분 말씀의 우선성을 확언하기 위해 서사됩니다.

Since the covenant life is the life of God's word, its fulfillment should be basically affirmed. The creation account gives such affirmation. Because the world was created by His word, His word would be certainly fulfilled in it. This is the reason that the Bible begins with the creation account.

언약의 삶은 하나님의 말씀의 삶이기 때문에, 그 이루어짐은 기본적으로 확언되어야 합니다. 창조 기술은 그런 확언을 줍니다. 세상은 그분 말씀으로 창조되었기 때문에, 그분 말씀은 확실히 그 안에서 이루어질 것이었습니다. 이것이 창조 기술로 성경이 시작하는 이유입니다.

Therefore, it is a mistake merely to think that the Bible begins with the creation account because the creation of the world is prior to any event in it. Rather, the Bible begins with it since the fulfillment of God's word into the creation of the world is prior to any other fulfillment of His word of promise.

그러므로 세상의 창조가 그 안에 일어나는 어떤 사건보다 우선이기 때문에 성경이 창조 기술로 시작한다고 생각하는 것은 잘못입니다. 그보다 하나님 말씀의 창조로 이루어짐이 그분 약속의 말씀의 다른 이루어짐보다 우선이기 때문에 성경은 창조 기술로 시작합니다.

The creation account reverses the perception of the world to see it in terms of God's word. Thus, the covenant people live in the world of His word. They are secured with His word, for the world will be unfolded with it. Compared to it, any human word for telling the world is partial and temporary.

창조 기술은 하나님의 말씀으로 세상을 보도록 세상의 관점을 전환합니다. 따라서 언약의 백성은 그분 말씀의 세상에서 삽니다. 그들은 그분 말씀으로 보장됩니다. 세상이 하나님의 말씀으로 펼쳐질 것이기 때문입니다. 그것에 비해 세상을 말하는 어떤 사람의 말이든 부분적이고 일시적입니다.

In this respect, God's word becomes the wisdom of the world for the covenant people. Prior to creation, the world was chaotic, and darkness prevailed over it. And prior to having the creation account, they saw the chaotic and darkness-covered world. Prior to having scientific knowledge, ordinary people saw the fearful and mystery-covered world.

이 점에서 하나님의 말씀은 언약의 백성을 위한 세상의 지혜가 됩니다. 창조 이전에 세상은 혼돈이었고 어두움이 그 위를 덮고 있었습니다. 그리고 창조 기술을 갖기 이전 그들은 혼돈이고 어두움이 덮어진 세상을 보았습니다. 과학적인 지식을 갖기 전 보통 사람들은 무섭고 신비로 덮어진 세상을 보았습니다.

Light as the first creation means visibility. With visibility, each stage of the fulfillment of creation is commented as good. Especially, the fulfillments of creation of life are accompanied with the comment of goodness and blessing. What was created by the covenant God with His word is good and blessed.

첫 창조로 빛은 보임을 뜻합니다. 보임으로 창조가 이루어지는 매 단계는 좋음으로 평가됩니다. 특히 생명의 창조의 이루어짐은 좋음과 축복의 논평이 수반됩니다. 언약의 하나님에 의해 그분 말씀으로 창조된 것은 좋고 복됩니다.

The covenant wisdom searches for goodness and blessing. Therefore, they are the basis of the life of wisdom. Since the wisdom life unfolds in the world, the world should be the ground of goodness and blessing. Or since the world was created as good and blessed with God's word, the life of His word in the world is good and blessed.

언약의 지혜는 좋음과 축복을 추구합니다. 그러므로 좋음과 축복은 지혜의 삶의 기본입니다. 지혜의 삶이 세상에 펼쳐가기 때문에, 세상은 좋음과 축복의 근거여야 합니다. 혹은 세상은 하나님의 말씀으로 좋음과 축복으로 창조되었기 때문에, 세상에서 그분 말씀의 삶은 좋고 복됩니다.

God's word is given for its fulfillment. It is basically a promised word. Therefore, it is not tied with factuality. The creation account does not set any created fact, and, thus, it does not set a factually determined life. That is, it is not narrated to give the basis of causality for explanation.

하나님의 말씀은 그 이루어짐으로 주어집니다. 기본적으로 약속의 말씀입니다. 그러므로 사실성과 결부되지 않습니다. 창조 기술은 어떤 창조된 사실을 설정하지 않습니다. 따라서 사실성으로 결정된 삶을 설정하지 않습니다. 즉 창조 기술은 설명을 위한 인과성의 근거를 주기 위해 서사되지 않습니다.

Any scientific theory of the creation of the universe is not accompanied with the comment of goodness or blessing. It is senseless to say that the universe created by big-bang is good or blessed. Therefore, the creation account in the Bible should not be confused with a scientific theory.

우주의 창조에 대한 어떤 과학적 이론도 좋음과 축복의 평가를 수반하지 않습니다. 빅뱅으로 창조된 우주가 좋다거나 복되다고 하는 것은 무의미합니다. 그러므로 성경에서 창조 기술은 과학 이론으로 혼동되지 말아야 합니다.

If the account of the Biblical narrative, including the creation narrative, is confused with a scientific theory, determinism becomes the basic consciousness. Then, God's work of intervention in the deterministic course of life tends to be anticipated and prayed for. His work of intervention is considered a causal factor for changing.

창조 서사를 포함한 성경 서사의 기술이 과학 이론으로 혼동되면, 결정론이 기본 의식이 됩니다. 그러면 삶의 결정적인 진로에 하나님 개입의 일이 기대되고 기도되게 됩니다. 그분 개입의 일은 변화를 위한 인과 요인으로 여겨집니다.

Of course, the Israelites' life seen in the OT was bound in the world. But they were in need of the clarification of the world as their God's creation, for they lived with His word. Thus, they put the creation account as the beginning and ground of their wisdom life. That is, their wisdom is based on His word of creation.

물론 구약에서 보이는 이스라엘 백성의 삶은 세상에 속박되었습니다. 그러나 그들은 그들 하나님의 창조로서 세상의 명시가 필요했습니다. 왜냐하면 그들은 그분 말씀으로 살았기 때문입니다. 따라서 그들은 창조 기술을 그들 지혜의 삶의 시작과 근거로 두었습니다. 즉 그들의 지혜는 그분 창조의 말씀에 근거합니다.

The fulfillment of God's word is good and blessed. Therefore, His word of the old covenant can be seen from the perspective of wisdom. The fulfillment of His promise to Abraham and his descendants can be assessed as wisdom of goodness and blessing. In this respect, the creational wisdom is separated from the philosophical wisdom.

하나님 말씀의 이루어짐은 좋고 복됩니다. 그러므로 옛 언약의 그분 말씀은 지혜의 관점에서 보아질 수 있습니다. 아브라함과 그 후손을 향한 그분 약속의 이루어짐은 좋음과 축복의 지혜로 평가될 수 있습니다. 이 점에서 창조의 지혜는 철학적 지혜와 구별됩니다.

Contrasted to the creation account, the predestination account in the beginning of the gospel of John envisages life that is not bound in the world. The life that is fulfilled with Jesus who was the incarnate Word into flesh is not a life of wisdom in the world. That is, the gospel does not show a kind of wisdom.

창조 기술에 대조되어 요한복음 시작에 나오는 예정 기술은 세상에 속박되지 않는 삶을 착상합니다. 말씀이 성육신이 된 예수님으로 이루어진 삶은 세상에서 지혜의 삶이 아닙니다. 즉 복음은 일종의 지혜를 보이지 않습니다.

Therefore, the notion of the beginning mentioned in the Bible is not tied with any fact. What is fulfilled with God's word should not be confused as fact. Everything that people see is regarded as fact, but what is fulfilled by His word cannot be observed as fact. He fulfills His word with His togetherness, but His togetherness cannot be an observed fact.

그러므로 성경에 언급된 시작의 통념은 사실과 결부되지 않습니다. 하나님의 말씀으로 이루어진 것은 사실로 혼동되지 말아야 합니다. 사람들이 보는 모든 것은 사실로 고려됩니다. 그러나 그분 말씀으로 이루어진 것은 사실로 주시될 수 없습니다. 그분은 그분 함께로 그분 말씀을 이루십니다. 그러나 그분 함께는 주시된 사실일 수 없습니다.

집중(Focus)

세상을 사는 보통 사람들은 세상이 어떻게 있게 되었는지 로 창조를 말합니다. 따라서 창조는 없음에서 있음을 뜻한다고 합니다. 그러면서 없음에서 있음으로 된 연유를 설명하려고 합니다. 이 경향을 따라 그들은 성경에 나오는 창조의 기술을 이해하려고 합니다. 하나님은 무로부터 어떤 것을 창조할 수 있는 창조주라고 주장합니다.

The ordinary people who live in the world tell of its creation as how it came to be. Thus, they say that creation means what-is from what-is-not. And, then, they want to explain the reason of what-is from what-is-not. They, according to this trend, want to understand the creation account in the Bible. They claim that God is the Creator who can create something out of nothing.

그러나 성경에 나오는 창조 기술은 세상을 근거로 전개되지 않습니다. 그보다 세상은 함께하시는 하나님의 말씀으로 창조된 것이라고 합니다. 하나님의 말씀에 근거한 언약의 시각으로 세상을 바라보게 합니다. 있게 된 것으로 창조가 아닌 그분 말씀의 이루어짐으로 창조를 서사합니다. 있게 된 것은 설명을 요하지만, 그분 말씀의 이루어짐은 서사될 뿐입니다.

But the creation account in the Bible is not developed on the basis of the world. It, rather, tells that it was created by the word of God who is together. It leads to seeing the world from the perspective of the covenant that is based on His word. It narrates creation not as what comes to be but as the fulfillment of His word. What comes to be is in need of explanation, but the fulfillment of His word is only narrated.

세상이 하나님의 말씀으로 창조되었음으로 하나님의 말씀은 세상을 사는 지혜가 됩니다. 따라서 세상에서 언약의 삶은 설명을 요하는 삶이 아닌 하나님 말씀의 이루어짐의 삶입니다. 세상을 아는 삶이 아닌 하나님 말씀을 묵상하는 삶입니다. 하나님의 말씀으로 이루어지는 삶은 좋고 복됩니다. 이렇게 창조의 지혜는 세상 사람들이 말하는 어떤 지혜와도 다릅니다.

Since the world was created by God's word, His word becomes the wisdom of living in the world. Thus, the covenant life in the world is not life that is in need of explanation but life of the fulfillment of His word. It is not a life of knowing the world but a life of meditating on His word. The life that is fulfilled by His word is good and blessed. In this way, the creational wisdom is different from any wisdom that the worldly man speaks.

2.2

Creation of Man(사람의 창조)

The creation account in the Bible is not mythological but cove-
nantal. Even if its similar versions are seen in various mytholog-
ical stories of different regions, it is distinctively narrated in the
covenant setting. Therefore, it should not be read as one of various
mythological versions.

성경에 있는 창조 기술은 신화적이 아니라 언약적입니다. 그 유사한
판이 다른 지역의 다양한 신화에서 보인다고 하더라도 그것은 독특하
게 언약의 설정에서 서사되었습니다. 그러므로 그것은 또 하나의 신화
적인 판으로 읽혀지지 말아야 합니다.

The mythological account of creation comes from man's imagi-
nation, but the covenant account of creation is given as God's word
to His covenant people with His togetherness. His togetherness is
pivotal for reading the Bible as His word. Therefore, the creation
account also should be read with His togetherness.

창조의 신화 기술은 사람의 상상으로부터 나옵니다. 그러나 창조의
언약 기술은 하나님 함께로 그분 언약의 백성에게 그분 말씀으로 주어
집니다. 그분 함께는 성경을 그분 말씀으로 읽는 추축입니다. 그러므로

창조 기술도 또한 그분 함께로 읽어져야 합니다.

In the creation account, the creation order is arranged in accordance with God's daily activities. It is narrated as if His daily activities are witnessed in the life of being together with Him. Therefore, it is sensible when it is read from the covenant perspective. His first person statement is significant in the covenant setting.

창조의 기술에서 창조 순서는 하나님의 하루하루 활동에 따라 배열됩니다. 그것은 그분의 매일 활동이 그분과 함께하는 삶에서 증거 되는 것처럼 서사됩니다. 그러므로 그것은 언약의 관점에서 읽어질 때 의미 있습니다. 그분 일인칭 진술은 언약의 설정에서 중요합니다.

A narrative that unfolds with God's own remarks and activities is plausible in the covenant setting. In the covenant God and His people are together, and, thus, both of them appear in the covenant narrative. Therefore, the creation account is not an objective description but a covenant affirmation of togetherness with Him.

하나님의 발언과 활동을 펼치는 서사는 언약의 설정에서 타당합니다. 언약에서 하나님과 그분 백성은 함께하고, 따라서 둘 다 언약의 서사에 등장합니다. 그러므로 창조 기술은 객관적인 서술이 아니라 그분과 함께하는 언약의 확언입니다.

Especially, the part of God's creation of man is obviously covenantal. It is meaningfully told only to the covenant people that man is created by God in His own image. This implies that the covenant people appear in the world in the image of Him, the Creator [cf. Gen.]

1:27, and, in their image, they are completely distinctive among other creatures.

특히 사람에 대한 하나님의 창조 부분은 분명히 언약적입니다. 사람이 하나님에 의해 그분의 형상으로 창조된 것은 언약의 백성에게만 의미 있게 말해집니다. 이것은 언약의 백성이 세상에 하나님, 곧 창조주의 형상으로 등장한다는 것을 시사합니다창 1:27 참조. 그리고 그들은 형상에서 다른 피조물 가운데 완전히 독특합니다.

The creation narrative features the distinctiveness of man in terms of his image. But traditionally his uniqueness has been characterized in terms of his thinking or nature. That is, he bas been treated with his essence. But his essence is not associated with his image. His essence is what has to be thought of, but his image is what is to be seen.

창조 서사는 사람의 독특함을 그 형상으로 특징짓습니다. 그러나 전통적으로 사람의 특유함은 사고나 본성으로 특징지어져왔습니다. 즉 사람은 본질로 다루어져왔습니다. 그러나 사람의 본질은 사람의 형상과 연관되지 않습니다. 사람의 본질은 생각되어야 할 것이지만 사람의 형상은 보이게 될 것입니다.

As seen, the Biblical narrative of man begins with not his essence but his image. He is recognized for his distinctive image in the created world. He is primarily encountered with his image, not with his essence. Therefore, the primary perspective of him in the created word is directed to his outward image.

보인 바와 같이 사람에 대한 성경의 서사는 그의 본질이 아닌 형상으로 시작합니다. 그는 독특한 형상으로 창조된 세상에서 인지됩니다. 그는 일차적으로 형상으로 접해지지 본질로 접해지지 않습니다. 그러므로 창조된 세상에서 그에 대한 일차적 관점은 그의 외적 형상으로 향해집니다.

The emphasis of the outward image rather than the inward essence of man involved in the departure of the covenant perspective of him from the philosophical perspective of him. Since the covenant people live together with God, they should recognize him with his image of His likeness.

사람의 내적 본질보다 외적 형상에 대한 강조는 사람에 대한 철학적인 관점으로부터 언약의 관점으로 떠나게 했습니다. 언약의 백성은 하나님과 함께 살기 때문에, 그들은 사람을 그분을 닮은 형상으로 인지해야 합니다.

From the covenant perspective, man cannot be characterized apart from God, for he preserves His image. With his own image, his createdness is affirmed. His created part is embedded in his own image. That is, not with his essence but with his own image, he stands on the creation ground.

언약의 관점에서 사람은 하나님을 떠나 특징지어질 수 없습니다. 사람은 하나님의 형상을 보전하기 때문입니다. 그의 형상으로 그의 창조됨은 확언됩니다. 그의 창조된 부분은 그의 형상에 깔려져있습니다. 즉 사람은 자신의 본질이 아닌 형상으로 창조의 근거에 섭니다.

The account of the creation of man in terms of his outward feature is focused on his visibility in the created world. The beginning and conclusion of God's creation work are dealt with by visibility. It is emphatically noted that, in the created world, he should have seen distinctively.

사람의 외적 모습에 의한 그의 창조 기술은 창조된 세상에서 그의 보임에 집중됩니다. 하나님의 창조 일의 시작과 결론은 보임으로 다루어집니다. 창조된 세상에서 사람은 독특하게 보여야 되는 것이 강조됩니다.

God's image is meaningful to the covenant people, but it is senseless to others. It provides the 'common' ground to the covenant people to stand with others. They contact others in the image of God. As long as their outlook is concerned, there is no difference between the covenant people and others.

하나님의 형상은 언약의 백성에게 의미 있지만 다른 이들에게 의미가 없습니다. 그러나 언약의 백성에게 다른 이들과 같이 설 '공통'의 근거를 제공합니다. 그들은 다른 이들과 하나님의 형상에서 접합니다. 그들 외적 모습에 관하는 한, 언약의 백성과 다른 이들 사이에 다름은 없습니다.

The common ground of creation is somewhat vague, but the image of God can be directly applied for beholding other people. Since they have His image, they are not to be treated carelessly. Encountering others with His image prevents the careless trespassing to harm them.

창조의 공통 근거는 다소 모호합니다. 그러나 하나님의 형상은 다른 사람들을 바라보는데 직접적으로 적용될 수 있습니다. 그들은 그분 형상을 지니기 때문에 소홀히 다루어지지 말아야 합니다. 다른 이들을 그분 형상으로 접합은 그들을 해치는 개의치 않은 침범을 막습니다.

Man's dignity lies in his image of God's likeness. He is dignified with his outlook. He is not damaged in order for his image of His likeness to be kept intact. This is the instruction given to the covenant people. Thus, they uphold man's dignity with his own image. That is, his dignity is visible rather than thinkable.

사람의 존엄성은 하나님을 닮은 그의 형상에 있습니다. 그는 외적 모습으로 존엄합니다. 그분을 닮은 그의 형상이 온전히 지켜지기 위해 그는 손상되지 않습니다. 이것은 언약의 백성에게 주어진 지시입니다. 따라서 그들은 사람의 형상으로 사람의 존엄성을 옹호합니다. 즉 사람의 존엄성은 생각할 수 있기보다 보일 수 있습니다.

The overall creation account, as seen, is not for generalization but for covenant affirmation. It is not narrated to draw any conclusion. It consists of the steps of affirmations with the guidance of God's togetherness. Each step is the fulfillment of His word rather than a consequential stage.

전반적인 창조 기술은 보이는 바와 같이 일반화를 위함이 아니라 언약의 확언을 위함입니다. 그것은 어떤 결론을 이끌어내기 위해 서사되지 않습니다. 그것은 하나님 함께의 인도로 확언의 단계로 구성됩니다. 매 단계는 결과적인 수위이기보다 그분 말씀의 이루어짐입니다.

Any other account of the creation of man apart from the covenant setting tends to be mythological. It is a product of human imagination which cannot be reflected in actual life. There is nothing to bind mythological imagination to the actuality of life. The tendency toward mythological imagination is the inevitable departure from God's togetherness.

언약의 설정을 떠난 사람에 대한 다른 창조의 기술은 신화적이 되는 경향입니다. 그것은 실질적인 삶에 반영될 수 없는 인간의 상상의 소산입니다. 신화적인 상상을 삶의 실질성에 묶는 것은 없습니다. 신화적인 상상으로 가는 경향은 하나님 함께로부터 어쩔 수 없는 떠남입니다.

However, the account of the creation of man in the covenant setting is directly reflected in the covenant life. for it is a covenant affirmation. Therefore, the overall people in the world, because of their being created by the covenant God, come to be reflected into the covenant life by the covenant people.

그렇지만 언약의 설정에서 사람의 창조 기술은 언약의 삶으로 직접 반영됩니다. 왜냐하면 언약의 확언이기 때문입니다. 그러므로 세상에서 전반적인 사람들은, 언약의 하나님에 의해 창조되었음으로. 언약의 백성에 의해 언약의 삶에 반영됩니다.

Without the creational account of man, the covenant people have no covenant theme to be applicable to other people. And there is no way to affirm that their God is the God of the overall people in the world. In the covenant setting, the creational account of man is included in the overall creation account.

사람의 창조 기술 없이, 언약의 백성이 다른 사람들에게 적용할 언약의 주제는 없습니다. 그리고 그들 하나님이 세상 모든 사람들의 하나님이라고 확언할 길이 없습니다. 언약의 설정에서, 사람의 창조 기술은 전반적인 창조 기술에 포함됩니다.

In the covenant setting, the creational account of man does not merely state that God created man. It affirms that He created man in His image. This affirmation is hardly seen in any mythological narrative. It is only significantly told with His togetherness. That is, the likeness of His image can be told only with His togetherness.

언약의 설정에서, 사람의 창조 기술은 단지 하나님께서 사람을 창조하셨다고 진술하지 않습니다. 그분이 그분의 형상으로 사람을 창조하셨다고 확언합니다. 이 확언은 어떤 신화적인 서사에도 보아지지 않습니다. 단지 그분 함께로 의미 있게 말해집니다. 즉 그분 형상의 닮음은 그분 함께로만 말해질 수 있습니다.

Therefore, it can be summed up that the creational account of man is the affirmation of the Israelites, i.e., the old covenant people, that all people in the world have the image of their covenant God. This is a remarkable assertion of man's dignity, for it affirms that even their foes who destroyed their life had His image.

그러므로 사람의 창조 기술은 세상 모든 사람들이 언약의 하나님의 형상을 지녔다고 하는 이스라엘 백성, 곧 옛 언약의 백성의 확언이라고 요약됩니다. 이것은 사람의 존엄성에 대한 놀랄만한 주장입니다. 왜냐하면 그것은 자신들의 삶을 파괴한 적들조차 그분 형상을 지녔다고 확언하기 때문입니다.

Man with God's image can be meaningfully narrated only in the covenant context. With His togetherness he can be narrated. Although His existence can be proved in thought, His image cannot be told apart from His visibility. Therefore, the overall creation account is grounded on His togetherness rather than His being.

하나님의 형상으로 사람은 단지 언약의 문맥에서 의미 있게 서사됩니다. 그분 함께로 그는 사사될 수 있습니다. 그분 존재는 사고로 증명이 될 수 있지만, 그분 형상은 그분의 보임을 떠나 말해질 수 없습니다. 그러므로 전반적인 창조 기술은 그분의 존재보다 그분의 함께에 근거합니다.

The account of the creation of man is narrated in the covenant context. And since the covenant is narrated with God's togetherness, togetherness is the creational ground. This means that he was created for togetherness rather than for existence. Phrasing differently, the creational ground is not existence but togetherness.

사람의 창조 기술은 언약의 문맥에서 서사됩니다. 그리고 언약은 하나님의 함께로 서사되기 때문에, 함께가 창조의 근거입니다. 이것은 사람이 존재를 위해서기보다 함께를 위해서 창조되었다는 것을 뜻합니다. 달리 말하면 창조의 근거는 존재가 아닌 함께입니다.

Since man was created with God's image, the narrative of him begins with togetherness. It is a mistake to begin the narrative of him with his existence. The covenantal account of man is deeper than the ontological account of him. It is by no means a partial account of him.

사람이 하나님의 형상으로 창조되었기 때문에, 사람의 서사는 함께로 시작됩니다. 사람의 서사를 그의 존재로 시작하는 것은 잘못입니다. 사람의 언약적 기술은 그의 존재론적 기술보다 깊습니다. 그것은 결코 그에 대한 부분적인 기술이 아닙니다.

The covenant account of man is grounded on togetherness. The creation account is its one facet, because it deals with the salvational account of him too. That is, he is fully envisioned with the covenant perspective, i.e., the perspective of togetherness with creation and salvation.

사람의 언약 기술은 함께에 근거합니다. 창조의 기술은 그 한 면입니다. 그의 구원기술도 또한 다루기 때문입니다. 즉 사람은 언약의 관점, 곧 창조와 구원을 더불어는 함께의 관점으로 완전히 구상됩니다.

Man in the world is groundless, for the world cannot be the ground. He is a part of it. Therefore, his being or his existence in the world is buoyant. For this reason, philosophical dealing of him is limited, for his philosophical thought cannot be his ground. Philosophy is a product of his own thought.

세상에서 사람은 근거가 없습니다. 세상이 근거일 수 없기 때문입니다. 그는 세상의 부분입니다. 그러므로 세상에서 그의 존재나 그의 실존은 부유합니다. 이 때문에 그에 대한 철학적 다룸은 제한됩니다. 왜냐하면 그의 철학적 생각이 그의 근거일 수 없기 때문입니다. 철학은 자신의 사고 소산입니다.

The covenant account begins with God's togetherness. Therefore, any covenant account of togetherness is grounded. For this reason, creation or salvation of man can be properly narrated in the covenant account. And the narrative of him from the covenant perspective is wholesome.

언약의 기술은 하나님의 함께로 시작합니다. 그러므로 어떤 함께의 언약 기술이든 근거를 갖습니다. 이 때문에 사람의 창조나 구원은 언약의 기술에서 적절하게 서사될 수 있습니다. 그리고 언약의 관점에서 사람에 대한 서사는 온전합니다.

The old covenant deals with the creational part of man, and the new covenant deals with the salvational part of him. But because they are both covenant, they unfold with God's togetherness. Therefore, it can be affirmed that the covenant account begins with and ends with togetherness.

옛 언약은 사람의 창조 부분을 다룹니다. 그리고 새 언약의 사람의 구원 부분을 다룹니다. 그러나 둘 다 언약이기 때문에 하나님의 함께로 펼쳐갑니다. 그러므로 언약 기술은 함께로 시작해서 함께로 끝난다고 확언될 수 있습니다.

The old and new covenant both affirm the priority of togetherness. It is affirmed as creation in the old covenant and as predestination in the new covenant. Man, in the covenant, is narrated with togetherness from creation to salvation. Thus, his holistic picture is seen in the covenant account.

옛 언약과 새 언약은 둘 다 함께의 우선성을 확언합니다. 옛 언약에서는 창조로 또 새 언약에서는 예정으로 확언됩니다. 언약에서 사람은 창조에서부터 구원에까지 함께로 서사됩니다. 따라서 사람의 전체적 그림은 언약의 기술에서 보입니다.

The creational account of man is not to give any explanation of how he appeared in the world. Therefore, it should not be used to explain the present situation of him. Instead, it is to affirm that he originated from and, thus, destined to the covenant togetherness. It narrates that covenant man was created, so to speak.

사람의 창조 기술은 사람이 세상에 어떻게 나타나게 되었는가에 대해 어떤 설명도 주지 않습니다. 그러므로 사람의 현 상태를 설명하기 위해 사용되지 말아야 합니다. 그 대신 그것은 사람이 언약의 함께로부터 유래되었고 따라서 언약의 함께를 향해 예정되었다고 확언하려 합니다. 그것은 말하자면 언약의 사람이 창조되었다고 서사합니다.

There is no way to set the creation of man as a fact in the world. But this does not allow the claim that the story of creation is re-garded as a myth. Some ardent believers claim that what is written in the Bible is fact. But such a claim overlooks the very 'fact' that the Bible is the book of covenant.

사람의 창조를 세상의 사실로 설정할 방법은 없습니다. 그러나 이것은 창조 이야기가 신화로 고려된다는 주장을 허용하지 않습니다. 열렬하게 믿는 이들은 성경에 기록된 것이 사실이라고 주장합니다. 그러나 그런 주장은 성경이 언약의 책이라는 그 '사실'을 간과합니다.

What is dealt with in the covenant is not fact but togetherness. The basic theme of man in the covenant is: man was created with

God's togetherness and will be saved unto His togetherness. There-fore, the creation account of man invites factual man to be created as covenant man so as to be saved with His togetherness.

　언약에서 다루어지는 것은 사실이 아닌 함께입니다. 언약에서 사람에 대한 기본 주제는 이렇습니다: 사람은 하나님의 함께로 창조되었고 그분 함께에로 구원될 것입니다. 그러므로 사람의 창조 기술은 사실적인 사람을 창조된 언약의 사람으로 초대하여 그분 함께로 구원되게 합니다.

집중(Focus)

하나님과 함께하는 언약의 백성은 언약의 시각으로 세상의 창조와 더불어 사람의 창조를 서사합니다. 그들은 모든 사람을 하나님께서 당신의 형상을 닮은 모습으로 지으신 창조 생명체로 바라봅니다. 세상으로 사람을 서사하지 않고 하나님으로 사람을 서사합니다. 사람이 하나님의 형상을 닮은 모습을 지닌다는 확언은 사람은 하나님으로만 온전히 말해질 수 있다는 것을 뜻합니다.

The covenant people who are together with God narrate the creation of man as well as the creation of the world. They behold all man as the created life that God created in the image of the likeness of His image. They narrate man not in terms of the world but in terms of Him. The affirmation that man has the image of the likeness of His image means that man can be wholly told with Him only.

언약의 관점에서 사람은 존재로 보다 모습으로 독특함이 기술됩니다. 하나님에 의한 사람의 창조는 존재보다 모습으로 다루어집니다. 사람의 존재는 세상에 있는 것을 근거로 말해지니 세상에 있는 특성으로 다루어집니다. 세상에 있는 모든 존재 가운데 특성상으로 분류됩니다. 그러므로 사람이 존재로 다루어지는 한, 분류되는 의미는 있어도 창조의 의미는 없습니다.

From the covenant perspective, man is accounted for by his distinctiveness in terms of his image rather than his being. The creation of man by God is dealt with his image rather than his being.

Since his being is told on the basis of what-is in the world, it is dealt with in terms of its characteristics in the world. It becomes classified with its characteristics among all beings in the world. Therefore, as long as man is dealt with as being, he has the sense of classification, but not of creation.

창조의 기술은 사람을 존재로 분류하지 않고 모습으로 구별합니다. 사람은 세상에 나타난 모습으로 세상에 있는 다른 어떤 것과도 구별됩니다. 창조주 하나님을 닮은 모습을 지니기 때문입니다. 모습은 봄으로 식별되지만 존재는 사고로 이해됩니다. 성경은 사람을 생각에 의한 이해로 접근되게 하지 않고 드러난 모습으로 인식하게 이끕니다.

The account of creation does not classify man with his being but separate him with his image. He, with his apparent image, is separated from anything in the world, for he has the image of the likeness of the image of God, the Creator. Image is identified by seeing, but being understood by thinking. The Bible does not let man approach in terms of understanding via thinking but lead to recognize him with his apparent image.

2.3

Blessing(축복)

The Bible introduces God's blessing in this way:

Then God said, "Let the waters abound with an abundance of living creatures, and let birds fly above the earth across the face of the firmament of the heavens." So God created great sea creatures and every living thing that moves, with which the waters abounded, according to their kind, and every winged bird according to its kind. And God saw that it was good. And God blessed them, saying, "Be fruitful and multiply, and fill the waters in the seas, and let birds multiply on the earth" Gen. 1:20-22.

성경은 하나님의 축복을 이렇게 도입합니다:

하나님이 이르시되 물들은 생물을 번성하게 하라 땅 위 하늘의 궁창에는 새가 날으라 하시고 하나님이 큰 바다 짐승들과 물에서 번성하여 움직이는 모든 생물을 그 종류대로, 날개 있는 모든 새를 그 종류대로 창조하시니 하나님이 보시기에 좋았더라 하나님이 그들에게 복을 주시며 이르시되 생육하고 번성하여 여러 바닷물에 충만하라 새들도땅에 번성하라 하시니라 창 1:20-22.

God blesses His created living creatures to be fruitful and multiply. His blessing is accompanied with His creation of living creatures as His assessment of goodness is accompanied with His overall creation. Thus, His created living creatures are good and blessed.

하나님은 그분의 창조된 생명체가 생육하고 번성하도록 축복하십니다. 그분 좋음의 평가가 모든 창조에 수반된 것처럼 그분 축복은 생명체의 창조에 수반됩니다. 따라서 그분의 창조된 생명체는 좋고 복됩니다.

God's blessing is primarily tightened with His creation of living creatures. Since they are created by Him, they cannot fade away from His created world. They have to be fruitful and multiply. Therefore, His blessing has to be embedded in His creation of them. For this reason, blessing is an accompanied notion of creation.

하나님의 축복은 일차적으로 그분의 생명체의 창조와 결부됩니다. 생명체는 그분에 의해 창조되었음으로 그분의 창조된 세상에서 사라질 수 없습니다. 생육하고 번성해야 합니다. 그러므로 그분 축복은 생명체에 대한 그분 창조에 깔려 있어야 합니다. 이런 이유로 축복은 창조에 수반된 통념입니다.

God's creation does not mean the mere making something out of nothing. It is not eventful, if goodness and blessing are integrated in it. The Biblical account of creation, because of its integration of goodness and blessing, departs from any mythological or physical account of creation.

하나님의 창조는 무로부터 어떤 것을 만드는 것만을 뜻하지 않습니다. 좋음과 축복이 창조에 통합된다면 창조는 사건적이지 않습니다. 성경적 창조 기술은, 좋음과 축복의 통합 때문에, 어떤 신화적이나 물리적 창조의 기술로부터도 떠납니다.

Since blessing is integrated in creation, it is treated in the creational depth. The created living creatures are blessed, so are created man. Man is blessed as his created status. In this case, he is not an individual. That is, God's created man is not an individual. Phrasing differently, individual is not a creational notion.

축복은 창조에 통합됨으로 창조의 깊이에서 다루어집니다. 창조된 생명체는 축복됩니다. 창조된 사람도 그렇습니다. 사람은 창조된 신분으로 축복됩니다. 이 경우 그는 개인이 아닙니다. 즉 하나님의 창조된 사람은 개인이 아닙니다. 달리 말하면 개인은 창조의 통념이 아닙니다.

Man is blessed to be fruitful and multiply on the creational ground. That is, on the creational ground, his blessedness is treated with his fruitfulness and multiplicity. Therefore, his fruitfulness and multiplicity carry God's creational blessing. The created man is fruitful and multiplies with His blessing.

사람은 창조의 근거에서 생육하고 번성하도록 축복됩니다. 즉 창조의 근거에서 그의 축복됨은 그의 생육과 번성으로 다루어집니다. 그러므로 그의 생육과 번성은 하나님의 창조 축복을 지닙니다. 창조된 사람은 그분의 축복으로 생육하고 번성합니다.

But the ordinary people are not concerned with man's fruitfulness and multiplicity in their daily life. They are not concerned with God's creational blessing although they mention His blessing all the time. This means that His creation blessing is not the blessing that they are paying attention to.

그러나 보통 사람들은 그들의 일상적인 삶에서 사람의 생육과 번성에 관심을 갖지 않습니다. 즉 그들은 하나님의 축복을 항시 말하더라도 그분의 창조 축복에 관심을 갖지 않습니다. 이것은 그분의 창조 축복은 그들이 주의를 주지 않는 축복인 것을 뜻합니다.

After God's creation, man becomes fallen so that he lives with his own impulse. Thus, he becomes individualized. To him. His creational blessing is not transparent. He arbitrarily thinks of blessing in terms of his conditional benefit in his fallen life. He just verbally attributes it to God's blessing.

하나님의 창조 후 사람은 타락해서 자신의 충동으로 삽니다. 따라서 그는 개인화됩니다. 그에게 그분 창조의 축복은 투명하지 않습니다. 그는 타락된 세상에서 임의로 조건적인 혜택을 축복으로 생각합니다. 그것을 말로 하나님의 축복에 부여합니다.

The fallen individuals look for their conditional betterness. Whenever they enjoy a better condition, they think that they are blessed. However, they are fallen individuals who are departed from the creational ground. Thus, God, the Creator, is no more the One who blesses them.

타락된 개인들은 그들의 조건적인 나음을 바랍니다. 그들은 나은 조건을 누릴 때마다 자신들이 축복되었다고 생각합니다. 그렇지만 그들은 창조의 근거로부터 떠난 타락된 개인들입니다. 따라서 하나님, 곧 창조주는 더 이상 그들을 축복하는 분이 아니십니다.

Notwithstanding, the creational account of blessing leads to seeing it from the perspective of the One who blesses. Since those who receive blessings think of it as their own benefit, they mistakenly attribute their benefit to God's blessing. Ironically, they may attribute their benefit that comes from someone else's hazard to His blessing.

그럼에도 축복의 창조 기술은 축복하시는 분의 관점으로 그것을 보도록 이끕니다. 축복을 받는 이들은 축복을 자신들의 혜택으로 생각하기 때문에 그들 혜택을 하나님의 축복에 잘못 부여합니다. 반어적으로 그들은 다른 사람의 재난으로부터 오는 자신들의 혜택을 그분 축복으로 부여할 수 있습니다.

Besides the creational blessing, the Bible deals also the covenant blessing.

> Now the Lord had said to Abram: "Get out of your country, From your family And from your father's house, To a land that I will show you. I will make you a great nation; I will bless you And make your name great; And you shall be a blessing. I will bless those who bless you, And I will curse him who curses you; And in you all the families of the earth shall be blessed" Gen. 12:1-3.

창조 축복 외에 성경은 또한 언약 축복을 다룹니다:

여호와께서 아브람에게 이르시되 너는 너의 고향과 친척과 아버지의 집을 떠나 내가 네게 보여 줄 땅으로 가라 내가 너로 큰 민족을 이루고 네게 복을 주어 네 이름을 창대하게 하리니 너는 복이 될지라 너를 축복하는 자에게는 내가 복을 내리고 너를 저주하는 자에게는 내가 저주하리니 땅의 모든 족속이 너로 말미암아 복을 얻을 것이라 하신지라^{창 12:1-3}.

God's blessing to Abraham is the covenant blessing, not an individual blessing. He blesses him for the covenant life. Thus, His blessing to him is for the fruitfulness and multiplicity of the covenant life. His blessing is accompanied with His covenant togetherness with him. The covenant blessing affirms that His blessing comes from His togetherness.

아브라함에 대한 하나님의 축복은 언약 축복입니다. 개인의 축복이 아닙니다. 하나님은 그를 언약으로 삶을 위해 축복하십니다. 따라서 그에 대한 그분 축복은 언약의 삶의 생육과 번성을 위함입니다. 그분 축복은 그와 그분의 언약의 함께에 수반됩니다. 언약 축복은 그분 축복이 그분 함께로 오는 것을 확언합니다.

The covenant life is blessed. The covenant is given in blessing, since it is set with God's togetherness. The life of His togetherness is inherently blessed, for blessing is a mode of the disclosure of His togetherness. People who are together with Him are blessed. It is not what is to be added to them.

언약의 삶은 축복됩니다. 언약은 축복으로 주어집니다. 하나님의 함께로 설정되기 때문입니다. 그분 함께의 삶은 본래부터 축복됩니다. 축복은 그분 함께의 드러남의 양상이기 때문입니다. 그분과 함께하는 사람들은 축복됩니다. 축복은 그들에게 더해질 것이 아닙니다.

God's blessings to Abraham are to be unfolded into his and his descendants' life. That is, it is unfolded into the covenant life of His togetherness with him and them. Here, His covenant life rather than His created life is blessed. In the fallen world, the covenant blessing replaces the creational blessing.

아브라함에 대한 하나님의 축복은 그와 그 후손의 삶으로 펼쳐지게 됩니다. 즉 그것은 그와 그 후손과 더불어는 그분 함께의 언약의 삶으로 펼쳐지게 됩니다. 여기서 그분 창조된 삶보다 그분 언약의 삶이 축복됩니다. 타락된 세상에서 언약 축복은 창조 축복을 대치합니다.

After the fall, God's togetherness has not been visible, for people have been individually indulged in themselves. That is, in the fallen life, His creational blessing of fruitfulness and multiplicity of the created man have not been a matter of concern, for they have been individually subjected to death.

타락 후 하나님의 함께는 보이지 않았습니다. 사람들이 개인적으로 자신들에게 몰입되어왔기 때문입니다. 즉 타락된 삶에서 창조된 사람의 생육과 번성에 대한 그분 창조의 축복은 관심의 일이 아니었습니다. 그들은 개인적으로 죽음에 처해왔기 때문입니다.

But, in the fallen world, the covenant life with God's togetherness comes to be visible, for His togetherness is disclosed with His covenant promise which is given to His people. Thus, the covenant blessing is visible in accordance with the fulfillment of His covenant promise. The covenant life is a blessed life.

그러나 타락된 세상에 하나님 함께로 언약의 삶은 보이게 됩니다. 그분 함께가 그분 백성에게 주어진 그분 언약의 약속으로 드러나기 때문입니다. 따라서 언약 축복은 그분 언약 약속의 이루어짐을 따라 보입니다. 언약의 삶은 축복된 삶입니다.

The covenant blessing is unveiled with the fulfillment of the covenant life as the creational blessing is unveiled with the appearance of the created life. Therefore, God's blessing cannot be separated from His creation or togetherness. That is, it is not associated with the fallen condition of the world.

언약 축복은, 창조 축복이 생명체의 나타남으로 드러나듯이, 언약의 삶의 이루어짐으로 드러납니다. 그러므로 하나님의 축복은 그분 창조나 함께로부터 분리될 수 없습니다. 즉 그것은 타락된 세상 조건과 연관되지 않습니다.

Blessing is not an extra to be added. That is, the covenant blessing is not extra that is to be added to the covenant life. If it is what is to be added, the conditional requirement is to be specified in order for it to be added. Then, the conditional requirement is led to the non-covenantal domain.

축복은 더해질 여분이 아닙니다. 즉 언약 축복은 언약의 삶에 더해질 여분이 아닙니다. 만약 그것이 더해질 것이면 더해지기 위한 조건적인 요구가 명시됩니다. 그렇다면 조건적인 요구는 비 언약적인 영역으로 이끌어집니다.

The added blessing is well seen in Moses' exhortation of the Israelites to keep the law: "Every commandment which I command you today you must be careful to observe, that you may live and multiply, and go in and possess the land of which the Lord swore to your fathers" Deut. 8:1 .

더해지는 축복은 이스라엘 백성을 율법을 지키도록 한 모세의 권면에 잘 보입니다: "내가 오늘 명하는 모든 명령을 너희는 지켜 행하라 그리하면 너희가 살고 번성하고 여호와께서 너희의 조상들에게 맹세하신 땅에 들어가서 그것을 차지하리라신 8:1 ."

Unlike the covenant blessing, the blessing remark that is associated with the instruction of the law is conditionally added. It is not within the law. It is added by the exhortation for the keeping of the law. That is, the keeping of the law and blessedness are not linked in the law. The law, itself, cannot integrate blessing.

언약 축복과 달리, 율법의 지시와 연관된 축복의 언급은 조건적으로 더해집니다. 그것은 율법 안에 있지 않습니다. 율법을 지키기 위한 권면에 의해 더해집니다. 즉 율법을 지킴과 축복됨은 율법 안에서 연결되지 않습니다. 율법 자체는 축복을 통합할 수 없습니다.

As the covenant is renewed into the new covenant, the covenant blessing is renewed into the new covenant blessing. The new covenant blessing is well seen in Jesus' blessing to His disciples:

Blessed are the poor in spirit, For theirs is the kingdom of heaven.

Blessed are those who mourn, For they shall be comforted.

Blessed are the meek, For they shall inherit the earth.

Blessed are those who hunger and thirst for righteousness, For they shall be filled.

Blessed are the merciful, For they shall obtain mercy.

Blessed are the pure in heart, For they shall see God.

Blessed are the peacemakers, For they shall be called sons of God.

Blessed are those who are persecuted for righteousness' sake, For theirs is the kingdom of heaven.

Blessed are you when they revile and persecute you, and say all kinds of evil against you falsely for My sake ^{Matt. 5:3-11}.

언약이 새 언약으로 새롭게 됨에 따라, 언약 축복도 새 언약 축복으로 새롭게 됩니다. 새 언약 축복은 제자들을 향한 예수님의 축복에서 잘 보입니다:

> 심령이 가난한 자는 복이 있나니 천국이 그들의 것임이요
> 애통하는 자는 복이 있나니 그들이 위로를 받을 것임이요
> 온유한 자는 복이 있나니 그들이 땅을 기업으로 받을 것임이요
> 의에 주리고 목마른 자는 복이 있나니 그들이 배부를 것임이요
> 긍휼히 여기는 자는 복이 있나니 그들이 긍휼히 여김을 받을 것임이요
> 마음이 청결한 자는 복이 있나니 그들이 하나님을 볼 것임이요
> 화평하게 하는 자는 복이 있나니 그들이 하나님의 아들이라 일컬음을 받을 것임이요
> 의를 위하여 박해를 받은 자는 복이 있나니 천국이 그들의 것임이라

나로 말미암아 너희를 욕하고 박해하고 거짓으로 너희를 거슬러 모든 악한 말을 할 때에는 너희에게 복이 있나니^{마 5:3-11}.

These blessings, in their expressed form, are similar to this:

Blessed is the man who walks not in the counsel of the ungodly, nor stands in the path of sinners, nor sits in the seat of the scornful; but his delight is in the law of the Lord, and in His law he meditates day and night. He shall be like a tree planted by the rivers of water, that brings forth its fruit in its season, whose leaf also shall not wither; and whatever he does shall prosper ^{Ps. 1:1-3}.

이 축복은, 표현된 형태에서, 이것과 유사합니다:

복 있는 사람은 악인들의 꾀를 따르지 아니하며 죄인들의 길에 서지 아니하며 오만한 자들의 자리에 앉지 아니하고 오직 여호와의 율법을 즐거워하여 그의 율법을 주야로 묵상하는도다 그는 시냇가에 심은 나무가 철을 따라 열매를 맺으며 그 잎사귀가 마르지 아니함 같으니 그가 하는 모든 일이 다 형통하리로다^{시 1:1-3}.

The blessing in Psalms 1:1-3 can be converted to a conditional blessing: if one meditates God's law day and night, he shall be prosperous. Therefore, it is basically the same as the conditional blessing that is given for the observation of the law. It is given for the conditional life of the world.

시편 1:1-3의 축복은 조건적인 축복으로 바꾸어질 수 있습니다: 누구나 하나님의 율법을 주야로 묵상하면, 그는 번성할 것입니다. 그러므로 그것은 율법을 지키도록 주어진 조건적인 축복과 기본적으로 같습니다. 세상의 조건적인 삶을 위해 주어집니다.

But Jesus' blessing is not a conditional blessing. His blessing cannot be converted to a conditional blessing. The part, "blessed are the poor in spirit, for theirs is the kingdom of heaven," is not to be converted to "if people are poor in spirit, theirs is the kingdom of heaven."

그러나 예수님의 축복은 조건적인 축복이 아닙니다. 예수님의 축복은 조건적인 축복으로 바꾸어질 수 없습니다. "심령이 가난한 자는 복이 있나니 천국이 그들의 것임이요"라는 부분은 "만약 사람들이 심령이 가난하면 천국이 그들의 것입니다"로 바꾸어질 수 없습니다.

In Jesus' blessings, the parts that are stated after "for" are not what can be given conditionally. Rather, they are what are to be unfolded with His blessing. For instance, those who mourn are blessed since comfort is unfolded to them with His blessing. Comfort is not what can be given conditionally.

예수님의 축복에 "때문에" 후에 진술된 부분은 조건적으로 주어질 수 없는 것입니다. 그보다 그것은 예수님의 축복으로 펼쳐지는 것입니다. 예를 들어 애통하는 자들은 예수님의 축복으로 위로가 그들에게 펼쳐지기 때문에 축복됩니다. 위로는 조건적으로 주어질 수 있는 것이 아닙니다.

Jesus brings out blessings with the coming kingdom of God. His blessings are given for those who live in the kingdom of God.

Blessings for those who live in the kingdom of the world cannot but be conditional. But blessings for those who live in the kingdom of God cannot be conditional.

예수님은 임하는 하나님의 나라로 축복을 불러오십니다. 예수님의 축복은 하나님 나라에 사는 이들에게 주어집니다. 세상 나라에 사는 이들을 위한 축복은 조건적일 수밖에 없습니다. 그러나 하나님 나라로 사는 이들을 위한 축복은 조건적일 수 없습니다.

Therefore, in Jesus' blessing, the parts that begin with "blessed" indicate people who live in the kingdom of God, and the parts that follow "for" indicate the constituents of the kingdom of God. Those who live in the kingdom of God are blessed with its constituent qualities.

그러므로 예수님의 축복에서 "축복된"으로 시작된 부분은 하나님 나라에 사는 사람들을 지적합니다. 그리고 "때문에"를 따라오는 부분은 하나님의 나라의 구성요인을 지적합니다. 하나님 나라에서 사는 이들은 그 구성요인의 성품으로 축복됩니다.

The disciples who come out of the multitudes who live in the kingdom of the world are blessed to live in the kingdom of God. In the kingdom of the world, blessing is a conditional add-on. But in the kingdom of God, blessing is constitutive. That is, those who live in the kingdom of God are blessed.

세상 나라를 사는 군중으로부터 나온 제자들은 하나님 나라에 살도록 축복됩니다. 세상 나라에서 축복은 조건적인 더함입니다. 그러나 하나님 나라에서 축복은 구성적입니다. 즉 하나님 나라에 사는 이들은 축복됩니다.

Jesus' blessing is the new covenant blessing in the kingdom of God. Therefore, it has to be differentiated from the old covenant blessing in the kingdom of the world. In the kingdom of the world, blessing is inevitably a conditional add-on in order to differentiate it from non-blessing.

예수님의 축복은 하나님 나라에서 새 언약의 축복입니다. 그러므로 그것은 세상 나라에서 옛 언약의 축복과 구별되어야 합니다. 세상 나라에서 축복은 축복의 없음과 구별하기 위해 조건적인 더함일 수밖에 없습니다.

But in the kingdom of God, blessing is immanent with God's togetherness. It is not conditional but Spiritual. Jesus' blessing is given for the Spiritual life of the kingdom of God. Therefore, Christians who live with His blessing should not confuse blessing with a conditional betterness in the world.

그러나 하나님 나라에서 축복은 하나님의 함께와 내재됩니다. 그것은 조건적이 아니라 영적입니다. 예수님의 축복은 하나님 나라의 영적 삶을 위해 주어집니다. 그러므로 예수님의 축복으로 사는 그리스도인들은 축복을 세상에서 조건적인 나음으로 혼동하지 말아야 합니다.

집중(Focus)

축복은 사람이 기대하는 혜택이 아니라 하나님께서 배려하신 부여입니다. 우리는 세상에서 늘 바라지는 조건적인 혜택이 아닌 하나님의 함께로 축복을 생각할 수 있습니다. 그러면 사람의 행복으로부터 하나님의 축복으로 우리의 시각이 바뀌질 수 있습니다. 우리는 세상에서 보다 나은 삶이 아닌 하나님과 함께하는 삶으로 축복을 진술할 수 있습니다.

Blessing is not man's anticipated benefit but God's prepared endowment. We can think of blessing not as a conditional benefit that is always wished in the world but as His togetherness. Then, our perspective can be changed from man's happiness to His blessing. We can state blessing in terms of not a better life in the world but in terms of a life of being together with Him.

축복은 더함이 아닌 내재됨입니다. 세상 삶을 위한 조건적인 혜택의 더함이 축복이 아니라 하나님과 함께 사는 삶이 축복입니다. 하나님과 함께 사는 삶에서 축복은 내재됩니다. 하나님과 함께 사는 삶에 내재된 축복은 하나님과 함께 사는 삶의 번성을 뜻합니다. 여기에 창조의 축복과 더불어 언약의 축복을 다루는 의미가 있습니다.

Blessing is not an addition but inherence. The addition of conditional benefit for the worldly life is not a blessing, but the life of being together with God is a blessing. In the life of being together with Him, blessing is inherent. The inherent blessing in the life of being together with Him means its flourishing. Here is the significance of the dealing of the covenantal as well as creational blessing.

하나님과 함께하는 삶으로 축복은 개인들이 누리를 수 없습니다. 세상을 사는 개인들은 기껏 세상의 좋은 조건을 바랄 뿐입니다. 따라서 축복이 개인의식에 근거하는 한 행복의 뜻을 벗어날 수 없습니다. 이점에서 개인의 삶으로부터 하나님과 함께하는 삶으로 이전이 진정 축복입니다. 성경에서 다루어지는 축복은 개인적이 아닌 언약적입니다.

The blessing with the life of being together with God is not to be cherished by individuals. Individuals who live in the world, at most, wish for a better condition of the world. Thus, as long as blessing is based on individual consciousness, it cannot escape the meaning of happiness. In this respect, the shift from the life of individuals to the life of being together with Him is a true blessing. The blessing dealt in the Bible is not individual but covenantal.

2.4

The Sabbath(안식일)

The Sabbath is the day of rest, being ceased after six days of work. It is specified in the narrative of the sequence of creation: "And on the seventh day God ended His work which He had done, and He rested on the seventh day from all His work which He had done. Then God blessed the seventh day and sanctified it, because in it He rested from all His work which God had created and made" [Gen. 2:2-3].

안식일은 6일 동안의 일을 멈춘 후 맞는 쉼의 날입니다. 그것은 창조의 순차로 전개되는 서사에서 명시됩니다: "하나님이 그가 하시던 일을 일곱째 날에 마치시니 그가 하시던 모든 일을 그치고 일곱째 날에 안식하시니라 하나님이 그 일곱째 날을 복되게 하사 거룩하게 하셨으니 이는 하나님이 그 창조하시며 만드시던 모든 일을 마치시고 그 날에 안식하셨음이니라[창 2:2-3]."

And, also, the observation of the Sabbath is included in the Ten Commandments:

Remember the Sabbath day, to keep it holy. Six days you shall labor and do all your work, but the seventh day is the Sabbath of the Lord your God. In it you shall do no work: you, nor your son, nor your daughter, nor your male servant, nor your female servant, nor your cattle, nor your stranger who is within your gates. For in six days the Lord made the heavens and the earth, the sea, and all that is in them, and rested the seventh day. Therefore the Lord blessed the Sabbath day and hallowed it Ex. 20:8-11.

또한 안식일의 지킴은 십계명에 포함됩니다.

*안식일을 기억하여 거룩하게 지키라 엿새 동안은 힘써 네 모든 일을 행할 것이나 일곱째 날은 네 하나님 여호와의 안식일인즉 너나 네 아들이나 네 딸이나 네 남종이나 네 여종이나 네 가축 이나 네 문안에 머무는 객이라도 아무 일도 하지 말라 이는 엿 새 동안에 나 여호와가 하늘과 땅과 바다와 그 가운데 모든 것 을 만들고 일곱째 날에 쉬었음이라 그러므로 나 여호와가 안식 일을 복되게 하여 그 날을 거룩하게 하였느니라*출 20:8-11.

The Sabbath is not a work-less day. It is the separated day of ceasing work. It is the day of being freed from work. That is, it is not work-less but work-free day. It provides the rest of being free from work. But it is not given as a holiday but as an observation day. That is, it, as seen, is basically assigned as an observation day.

안식일은 일 없는 날이 아닙니다. 일을 멈추는 구별된 날입니다. 일로 부터 자유로운 날입니다. 즉 안식일은 일이 없는 날이 아니라 일로부터 자유로운 날입니다. 일로부터 자유로운 쉼을 주는 날입니다. 그러나 안 식일은 휴일로 주어지지 않고 지키는 날로 주어집니다. 즉 그것은 보이는 바와 같이 기본적으로 지키는 날로 배정됩니다.

Holiday is defined in terms of work. But the Sabbath is not. God assigns it independently from work. Therefore, its significance is not determined as a worldly affair but unveiled by His plan. It is not simply assigned for work-less rest but separately disclosed with His care. The created world is visible with His six days' work and one day's rest.

휴일은 일로 정의됩니다. 그러나 안식일을 그렇지 않습니다. 하나님 께서 일로부터 독립적으로 그것을 배정하십니다. 그러므로 그 뜻은 세 상의 사태로 결정되지 않고 그분의 계획에 의해 드러납니다. 그것은 단 지 일없는 쉼으로 배정되지 않고 그분의 배려로 드러납니다. 창조된 세 상은 그분의 6일 일함과 하루의 쉼으로 보입니다.

The narrative of creation may end with only six days' work of God. The account of the Sabbath is not directly linked to it. Rather, it is separately assigned to be fit to the covenant setting. And it is suitable for the narrative of the care of the covenant God for His people. His work and rest are reflected to them as creation and the Sabbath.

창조의 서사는 하나님의 6일 일함으로만 끝나질 수 있습니다. 안식 일의 기술은 거기에 직접적으로 연계되지 않습니다. 그보다 언약의 설 정에 맞도록 구별되게 배정되었습니다. 그리고 그것은 그분 백성을 위 한 언약의 하나님의 배려 서사에 적절합니다. 그분의 일함과 쉼은 그들 에게 창조와 안식일로 반영됩니다.

Taking this assessment into consideration, the narrative of creation and the account of the Sabbath are well combined into the covenant perspective. The covenant people live in God's created world with six days' work and the Sabbath. Six days' work and the Sabbath constitutes their basic life-cycle.

이 평가가 고려하면, 창조의 서사와 안식일의 기술은 언약의 관점으로 잘 합쳐집니다. 언약의 백성은 하나님의 창조된 세상에 6일 일함과 안식일로 삽니다. 6일 일함과 안식일은 그들에게 기본 삶의 주기를 구성합니다.

The covenant life unfolds in accordance with God's creation work and the Sabbath. His creation work and rest are well integrated into the covenant narrative. Creation as His work and the subsequent rest are meaningfully reflected in the covenant life, for the covenant life is the life of togetherness with Him.

언약의 삶은 하나님의 창조의 일과 안식일로 펼쳐집니다. 그분 창조의 일과 쉼은 언약의 서사에 잘 통합됩니다. 그분의 일함으로 창조와 이어지는 쉼은 언약의 삶에 뜻있게 반영됩니다. 언약의 삶은 그분과 함께하는 삶이기 때문입니다.

This is the reason that the Ten Commandments include the observation of the Sabbath. It is covenant care. However, it is told in conjunction with creation. Therefore, the covenant care of rest should be taken into consideration on the background of creation. It should be visible in the created world.

이것은 십계명이 안식일의 지킴을 포함하는 이유입니다. 그것은 언약의 배려입니다. 그렇지만 그것은 창조와 결부되어 말해집니다. 그러므로 쉼에 대한 언약의 배려는 창조의 배경에서 고려되어야 합니다. 그것은 창조된 세상에 보여야 합니다.

The Sabbatical rest is grounded on the creation setting. Since God, the Creator, rested after His creation work, rest is accompanied with work in His created world. That is, the covenant people are supposed to live in His created world with work and rest. They do not work or rest to cope with the conditionality of the world.

안식일 쉼은 창조 설정에 근거됩니다. 하나님, 창조주께서 창조의 일을 하신 후 쉬셨기 때문에, 쉼은 그분의 창조된 세상에서 일과 수반되게 됩니다. 즉 언약의 백성은 그분의 창조된 세상에서 일과 쉼으로 살게 됩니다. 그들은 세상의 조건성에 맞추어 일하거나 쉬지 않습니다.

Both work and rest have creation as the basis. Rest should not be understood under the subjection of work. God, the Creator, blessed and sanctified the Sabbath. Therefore, it is not to be dismissed in accordance with the conditionality of the world, or its meaning is not to be explained by the conditionality of the world.

일과 쉼 둘 다 창조를 근거로 갖습니다. 쉼은 일에 종속시켜 이해되지 말아야 합니다. 하나님, 창조주는 안식일을 축복하셨고 구별되게 하셨습니다. 그러므로 그것은 세상의 조건성을 따라 묵살되지 말아야 합니다. 혹은 그것의 의미는 세상의 조건성으로 설명되지 말아야 합니다.

The rest of the Sabbath comes from God's ordination accompanied with His creation. The Bible narrates it as what cannot be any conventional outcome. It is not an option but one of the pivotal constituents of the covenant life. That's why the Israelites were stubborn to keep it.

안식일의 쉼은 하나님의 창조에 수반된 그분 규례로부터 옵니다. 성경은 그것을 어떤 인습적인 소산일 수 없다고 서사합니다. 그것은 선택이 아니라 언약의 삶의 추축적인 구성요인 가운데 하나입니다. 그 때문에 이스라엘 백성은 완고하게 지키려 했습니다.

Under the conditionality of the world, work is weighed over rest. Therefore, rest is marginally dealt with. Because of this tendency, the Bible narrates rest with work on the creation background. Rest is secured on the ground of creation rather than of conditionality. Rest on the ground of creation is free from conditionality.

세상의 조건성 아래 일함은 쉼보다 무게가 갑니다. 그러므로 쉼은 주변적으로 다루어집니다. 이 경향 때문에 성경은 쉼을 창조의 배경에서 일과 같이 서사합니다. 쉼은 조건성보다 창조의 근거에서 확보됩니다. 창조의 근거에서 쉼은 조건성으로 부터 자유롭습니다.

If the Sabbath is merely observed because of its requirement, the depth of rest comes to be overlooked. It is merely observed as a non-working day. Its requirement may be observed without doing anything. In this case, non-working as well as working is merely identified conditionally.

만약 안식일이 요구 때문에 단지 지켜지면, 쉼의 깊이는 간과되게 됩니다. 그것은 단지 일하지 않는 날로 지켜집니다. 그 요구는 아무 것도 하지 않음으로 지켜질 수 있습니다. 이 경우 일하지 않음은 일함과 같이 단지 조건적으로 확인됩니다.

However, the conditional observation of the Sabbath does not bring out rest that comes with God's creation. Non-working does not warrant rest. With the Sabbatical rest, God's blessing and sanctification can be taken into consideration. That is, Sabbatical rest is accompanied with His blessing and sanctification.

그렇지만 안식일의 조건적인 지킴은 하나님의 창조로부터 오는 쉼을 가져오지 못합니다. 일하지 않음은 쉼을 보장하지 않습니다. 안식일의 쉼으로 하나님의 축복과 거룩함이 고려될 수 있습니다. 즉 안식일의 쉼은 그분의 축복과 거룩함을 수반합니다.

Therefore, the mere practice of non-working cannot be considered as the observation of the Sabbath. The observation of the Sabbath was given as God's word. But the practice of non-working is not to be considered as the fulfillment of His word. The Sabbath should be observed as His word.

그러므로 단지 일하지 않음의 실행은 안식일의 지킴으로 여겨질 수 없습니다. 안식일을 지킴은 하나님의 말씀으로 주어졌습니다. 그러나 일하지 않음의 실행은 그분 말씀의 이루어짐으로 여겨지지 않습니다. 안식일은 하나님의 말씀으로 지켜져야 합니다.

Non-working can be practiced, but rest cannot be practiced. Non-working can be conditionally recognized, but rest cannot be. Lying down on the bed may be seen as rest. But it is only physical. Usually rest is regarded as mental and emotional. Physical rest is not always accompanied with mental or emotional rest.

일하지 않음은 실행될 수 있습니다. 그러나 쉼은 실행될 수 없습니다. 일하지 않음은 조건적으로 인식됩니다. 그러나 쉼은 그렇지 않습니다. 침대에 누워있음은 쉼으로 보일 수 있습니다. 그러나 그것은 단지 육체적입니다. 통례적으로 쉼은 정신적이고 감정적으로 고려됩니다. 육체적인 쉼은 언제나 정신적이나 감정적인 쉼을 동반하지 않습니다.

Rest cannot be stated in terms of conditional specification. Thus, it cannot be practiced, because any practice is demonstrated by conditional specification. People learn their practice in terms of behavioral modification through education. But rest cannot be specified by any physical criteria.

쉼은 조건적인 명시로 진술될 수 없습니다. 따라서 그것은 실행될 수 없습니다. 어떠한 실행이든 조건적인 명시로 입증되기 때문입니다. 사람들은 교육을 통한 행동의 개량으로 실행을 배웁니다. 그러나 쉼은 어떤 육체적인 기준에 의해 명시될 수 없습니다.

Therefore, even if the observation of the Sabbath can be practiced, such practice does not warrant bringing out rest. Even the observation of the Sabbath can be a burden since it is a requirement. Rest may not come even though the Sabbath is observed. Therefore, in order for it to be dealt with, a new perspective is needed.

그러므로 안식일의 지킴이 실행될 수 있더라도, 그런 실행이 쉼을 불러오는 것은 보장되지 않습니다. 안식일을 지키는 것조차 부담이 될 수 있습니다. 그것이 요구이기 때문입니다. 쉼은 안식일이 지켜지더라도 오지 않을 수 있습니다. 그러므로 그것이 다루어지기 위해 새로운 관점이 필요합니다.

It is somewhat ironic to observe rest in terms of law-like specification. Since the law was the basic framework of the life of the Israelites, they wanted to practice anything in the context of the law. But their practice turned out to be superficial. Nevertheless, rest has to be genuine. It cannot be superficial.

쉼을 법과 같은 명시로 지키는 것은 다소 반어적입니다. 율법이 이스라엘 백성의 삶의 기본 체계였기 때문에, 그들은 율법의 맥락에서 어떤 것이든 실행하려 했습니다. 그러나 그들의 실행은 피상적으로 드러났습니다. 그렇지만 쉼은 순전해야 합니다. 그것은 피상적일 수 없습니다.

The significance of the account of the Sabbath that is accompanied with the narrative of creation is to affirm that it is based on God's rest. Although the requirement of its observation is affirmed on the basis of His rest, the practice of the observation of the Sabbath may obstruct the disclosure of His rest.

창조 서사에 수반된 안식일 기술의 의미는 그것이 하나님의 쉼에 근거하는 것을 확언하는 것입니다. 안식일의 지킴의 요구는 그분의 쉼의 근거에서 확언되지만, 안식일의 지킴의 실행은 그분 쉼의 드러남을 가릴지 모릅니다.

The account of rest begins with God's rest after creation, Therefore, He, in a sense, gives rest to His created man. It is not to be attained from His created world. That is, it originates from the Creator. Thus, it is not to be derived from what is created, or it is not a created state of the world.

쉼의 기술은 창조 후 하나님의 쉼으로 시작합니다. 그러므로 그분은 어느 면에서 쉼을 그분이 창조하신 사람에게 주십니다. 그것은 그분의 창조된 세상으로부터 얻어지지 않습니다. 즉 그것은 창조주로부터 유래됩니다. 따라서 그것은 창조된 것으로부터 끌어내지지 않습니다. 혹은 그것은 창조된 세상의 상태가 아닙니다.

The mention of the Creator's rest implies that rest is not something accompanied with creation. It, therefore, is not to be pursued in the realm of creation. The depth of rest should be noted from this perspective. Rest comes from Him, not from His work. That is, it is not creational but covenantal.

창조주의 쉼에 대한 언급은 쉼이 창조에 수반된 것이 아닌 것을 시사합니다. 그러므로 그것은 창조의 영역에서 추구될 수 없습니다. 쉼의 깊이는 이 관점에서 감지되어야 합니다. 쉼은 그분으로부터 오지 그분의 일함으로부터 오지 않습니다. 즉 창조적이 아니라 언약적입니다.

The commandment of the observation of the Sabbath touches the significance of rest. But it fails to unveil the significance of rest. The observation of the Sabbath in terms of practice is nothing but a modification in the created realm. Rest is not to be gained or realized by means of man's own effort.

안식일의 지킴에 대한 계명은 쉼의 의미에 접합니다. 그러나 쉼의 의미를 드러내지 못합니다. 실행으로 안식일을 지키는 것은 창조된 영역에서 개량에 지나지 않습니다. 쉼은 사람의 수고로 얻거나 실현될 수 없습니다.

Rest comes from God's rest, It is the fulfillment of His word. Rest, unlike His creation work, does not lie within the reach of man's effort. As His rest is the cessation of His work, his rest has to be also the cessation of his work. The cessation of his work is also his own realization. Nevertheless, his rest comes from His rest.

쉼은 하나님의 쉼으로부터 옵니다. 그것은 그분 말씀의 이루어짐입니다. 쉼은, 그분 창조의 일과 달리, 사람의 수고로 도달함에 있지 않습니다. 그분 쉼은 그분 일함의 멈춤이듯이, 사람의 쉼도 그의 일함의 멈춤이어야 합니다. 그의 일함의 멈춤은 또한 그 자신의 실현입니다. 그렇지만 그의 쉼은 그분의 쉼으로부터 옵니다.

God's rest unveils with His togetherness. Those who are together with Him cherish rest. Therefore, rest is what is fulfilled with His togetherness. It is fulfilled in togetherness. It cannot be realized in an individual state. What is realized in an individual state is conditioned by what is created.

하나님의 쉼은 그분 함께로 드러납니다. 그분과 함께하는 이들은 쉼을 누립니다. 그러므로 쉼은 그분 함께로 이루어지는 것입니다. 그것은 함께로 이루어집니다. 그것은 개인의 상태로 실현되지 않습니다. 개인의 상태로 실현되는 것은 창조된 것에 의해 조건적입니다.

The controversy between Jesus and the Jews stemmed from His

healing of the disabled on the Sabbath. They accused Him as a violator of the law of the Sabbath, making judgment that His healing was His work. But His healing did not belong to the creational order but comes from God's togetherness.

예수님과 유대인들 사이의 논쟁은 안식일에 예수님이 병자들을 고침으로부터 초래되었습니다. 그들은 예수님의 고침이 예수님의 일함이라고 판단하면서 예수님을 안식일 법의 위배자로 고발했습니다. 그러나 예수님의 고침은 창조된 질서에 속하지 않고 하나님의 함께로부터 옵니다.

At any rate, the controversy between Jesus and the Jews on the Sabbath brought out the gist of rest. He gave the disabled true rest which could not be obtained with the mere observation of the Sabbath. Since they could not work at all, the observation of the Sabbath was not meaningful to them at all.

어떻든 안식일에 대한 예수님과 유대인들의 논쟁은 쉼의 핵심을 불러옵니다. 예수님은 병자들에게 단지 안식일을 지킴으로 얻을 수 없는 진정한 쉼을 주셨습니다. 그들은 전혀 일을 할 수 없었음으로, 안식일을 지키는 것은 그들에게 전혀 뜻이 없습니다.

To the disabled rest comes with healing. God's rest comes to them with His togetherness. This was shown by Jesus in the healing of them. In this respect, Jesus came to the world as Lord of the Sabbath ^Matt. 12:8. Through Him, God's sabbath came to be fulfilled. Until He came to the world, God's sabbath had been shadowed by man's Sabbath of the law.

병자들에게 쉼은 고침으로 옵니다. 하나님의 쉼은 그분의 함께로 그들에게 옵니다. 이것은 그들을 고치신 예수님에 의해 보였습니다. 이 점에서 예수님은 세상에 안식일의 주인으로 오셨습니다.마 12:8. 예수님을 통해 하나님의 안식이 이루어지게 되었습니다. 예수님이 오시기까지 하나님의 안식은 율법에 의한 사람의 안식일에 의해 가려져 왔습니다.

The notion of God's rest leads to the affirmation that rest is fulfilled with His togetherness. The Sabbath is the day of the fulfillment of rest. Jesus came to the world as Lord of the Sabbath in the sense that He was the fulfiller of the Sabbath of rest. He came to fulfill the law. That is, in terms of Him, the fulfillment of the law could be told.

하나님의 쉼의 통념은 그분의 함께로 쉼이 이루어짐에 대한 확언에 이끕니다. 안식일은 쉼이 이루어지는 날입니다. 예수님은 쉼의 안식일을 이루시는 분이라는 뜻에서 안식일의 주로 세상에 오셨습니다. 그분은 율법을 이루기 위해 오셨습니다. 즉 그분으로 율법의 이루어짐이 말해질 수 있었습니다.

As Jesus came to the world, the fulfillment of the Sabbath instead of the practice of the Sabbath became narrated in the gospel. The Jews saw Him in terms of the Sabbath. But the Sabbath has to be narrated in terms of Him. When the law is seen in terms of Him, it is not what is to be kept but what is to be fulfilled.

예수님이 세상에 오심으로 안식일의 실행 대신 안식일의 이루어짐이 복음서에서 서사되게 되었습니다. 유대인들은 안식일로 예수님을 보았습니다. 그러나 안식일은 예수님으로 서사되어야합니다. 율법이 예수님으로 보아질 때 지켜져야 될 것이 아니라 이루어져야 될 것입니다.

집중(Focus)

안식일은 구별된 날입니다. 하나님께서 일하신 6일과 구별되게 칠일
째는 쉬셨습니다. 하나님의 쉼은 하나님의 일함과 완전히 구별됩니다.
하나님의 일함과 쉼을 따라 언약의 백성은 일과 쉼을 누립니다. 세상의
조건적인 삶에서 일의 비중에 가리어 자칫 쉼이 간과될 수 있습니다.
이 때문에 쉼은 십계명에 명시됩니다.

The Sabbath is a separate day. God rested on the seventh day
which was separated from the six days in which He worked. His
rest is completely separated from His work. The covenant people,
in accordance with His work and rest, cherish their work and rest.
In the conditional life of the world, rest, being shadowed by the
weight of work, can be apt to be overlooked. For this reason, rest
is specified in the Ten Commandments.

6일 일함을 끝내고 하나님은 칠일 째 쉬셨습니다. 따라서 안식은 하
나님께서 일함으로 이루신 창조된 세상에 주어지지 않았습니다. 그것
은 하나님의 쉼으로부터 옵니다. 그러므로 안식은 세상에서 누려질 수
없습니다. 사람이 세상에서 어떤 것을 함으로 얻어질 수 없습니다. 즉
안식은 율법의 지킴에 의해 얻어질 수 없습니다.

God rested on the seventh day after finishing the six days' work.
Thus, sabbath was not given to the created world that He fulfilled
His work. It comes from His rest. Therefore, it cannot be cherished
in the world. It cannot be attained by man's doing anything in the
world. That is, it cannot be attained by the keeping of the law.

창조나 십계명은 안식을 안식일을 지키는 것으로 시사합니다. 안식일은 지킬 수 있지만, 안식은 누려지지 않습니다. 안식은 세상에서 무얼 함으로 얻어질 수 없습니다. 하나님의 함께로만 누리게 됩니다. 즉 안식은 구원적입니다. 예수님은 규정된 안식일을 지켜야 할 분이 아니라 안식일의 주인으로서 구원의 안식을 가져온 분이십니다.

Creation and the Ten Commandments illustrate sabbath in terms of the keeping of the Sabbath, The Sabbath can be kept, but sabbath cannot be cherished. Sabbath cannot be attained by doing anything in the world. It can only be cherished with God's togetherness. That is, the sabbath is salvational. Jesus is the One who is not to keep the Sabbath but to bring salvational sabbath as Lord of the Sabbath.

2.5

Marriage(결혼)

The account of marriage in the Bible is covenantal, since it is narrated with God's togetherness. God ordained the first man and woman to be a married couple. With the ordination of His togetherness, the covenant marriage came to lead the covenant life.

성경에서 결혼의 기술은 언약적입니다. 그것은 하나님의 함께로 서사되었기 때문입니다. 하나님은 첫 남자와 여자를 결혼한 부부로 명하셨습니다. 그분 함께의 명으로 언약의 결혼은 언약의 삶을 이끌게 되었습니다.

The covenant marriage is contrasted to the natural marriage. For a natural marriage, the agreement of a natural man and woman is essential. The two independent individuals have agreed to have a family life together. In this case, the marriage togetherness is the outcome of agreement.

언약의 결혼은 자연적인 결혼과 대조됩니다. 자연적인 결혼에 대해선 자연적인 남자와 여자의 합의가 필수적입니다. 두 독립된 개인들이 가정의 삶을 함께 갖기로 합의합니다. 이 경우 결혼의 함께는 합의의 소산입니다.

But for the covenant marriage, God's togetherness is prior to anything. The covenant life with His togetherness begins with the covenant marriage which is ordained with His togetherness. In this way, the covenant marriage life is unfolded with His ordination of togetherness.

그러나 언약의 결혼에서, 하나님의 함께가 무엇보다 우선입니다. 그분 함께로 언약의 삶은 그분 함께로 명해진 언약의 결혼으로 시작합니다. 이렇게 하여 언약의 결혼 삶은 그분 함께의 명함으로 펼쳐집니다.

Therefore, in the covenant marriage, the marriage togetherness is due to God's ordination rather than men's agreement. It is inseparable because of His ordination. But men's agreement of it is easily dissolved with their agreement of the nullification of it. Men's marriage and divorce are both due to agreement.

그러므로 언약의 결혼에서, 결혼의 함께는 사람의 합의보다 하나님의 명하심에 의합니다. 결혼은 그분의 명하심 때문에 분리될 수 없습니다. 그러나 결혼에 대한 사람들의 합의는 폐기에 대한 그들의 합의로 쉽게 해소됩니다. 사람들의 결혼과 이혼은 둘 다 합의에 의합니다.

In the covenant marriage, a man and woman who are to be married with God's togetherness are created man and woman. The Bible narrates marriage in the line of creation before the fall. A man and woman are married as created man and woman with God's togetherness. The marriage account in the Bible is a covenant account.

언약의 결혼에서 하나님의 함께로 결혼하려는 남자와 여자는 창조된 남자와 여자입니다. 성경은 결혼을 타락이전 창조의 연장선에서 서사합니다. 남자와 여자는 창조된 남자와 여자로서 하나님 함께로 결혼합니다. 성경에서 결혼 기술은 언약의 기술입니다.

God created man and woman, and He ordained their marriage. That is, marriage is narrated as the succession of creation. Thus, the basic account of the covenant marriage is: the created man and woman are ordained in marriage with His togetherness. In the covenant marriage His togetherness is not followed but preceded by their agreement.

하나님은 남자와 여자를 창조하셨고 그들의 결혼을 명하셨습니다. 즉 결혼은 창조의 계승으로 서사되었습니다. 따라서 언약 결혼의 기본적인 기술은 이렇습니다: 창조된 남자와 여자는 그분 함께로 결혼으로 명해집니다. 언약의 결혼에서, 그분 함께는 그들의 합의에 따라오지 않고 전제됩니다.

God's blessing of the created man and woman for their fruitfulness and multiplication are fulfilled through their marriage life. Thus, marriage cannot be dealt with apart from creation. It is integrated in His creation plan. And it is regarded as the conclusion of creation.

창조된 남자와 여자에 대해 그들의 생육과 번식을 위한 하나님의 축복은 결혼의 삶을 통해 이루어집니다. 따라서 결혼은 창조를 떠나 다루어질 수 없습니다. 결혼은 그분 창조 계획에 통합됩니다. 창조의 종결로 여겨집니다.

From the covenant perspective, creation and marriage are combined with God's togetherness. With His togetherness, the succession of marriage from creation makes sense. But these two are completely independent in man's thought or imagination. Any mythological story of creation does not contain an account of marriage.

언약의 관점에서 창조와 결혼은 하나님의 함께로 합쳐집니다. 그분 함께로 창조로부터 결혼으로 이어짐은 뜻이 있습니다. 그러나 이 둘은 사람의 생각이나 상상에서 완전히 독립적입니다. 어떤 창조의 신화도 결혼의 기술을 포함하지 않습니다.

In this respect, the significance of marriage should be taken into consideration in the context of creation. God's creation is fully saturated with His ordination of marriage. With the covenant marriage, His creation is accountable even in the fallen life. That is, the covenant people live with the covenant marriage in the fallen world.

이 점에서 결혼의 중요성은 창조의 맥락에서 고려되어야 합니다. 하나님의 창조는 그분 결혼의 명하심으로 온전히 가득하게 됩니다. 언약의 결혼으로 그분의 창조는 타락된 삶에서도 해명될 수 있습니다. 즉 언약의 백성은 언약의 결혼으로 타락된 세상에서 삽니다.

If the created man and woman become fallen without God's ordination of marriage, they become independent individuals. Then, His blessing of them will be in jeopardy. If they are indulged in themselves, they may overlook the charge that God gave them as a blessing of fruitfulness and multiplicity.

창조된 남자와 여자가 하나님의 결혼에 대한 명하심이 없이 타락되게 되면, 그들은 독립된 개인들이 됩니다. 그러면 그들에 대한 하나님의 축복은 위태로워집니다. 그들이 자신들에 몰두하게 되면, 그들은 하나님께서 생육과 번식의 축복으로 그들에게 주신 임무를 간과할 수 있습니다.

Therefore, the marriage in the covenant life preserves the creational account of marriage. It is not under the disposal of those who are married. Rather, they are under it. Since it is an ordination of God, they are under His ordination of marriage. They are the outcome of His ordination of marriage.

그러므로 언약의 삶에서 결혼은 결혼에 대한 창조의 기술을 보전합니다. 결혼은 결혼하는 이들의 재량 아래 있지 않습니다. 그보다 그들이 결혼 아래 있습니다. 결혼은 하나님의 명하심임으로 그들은 결혼에 대한 그분 명하심 아래 있습니다. 그들은 결혼에 대한 그분 명하심의 소산입니다.

As man is created by God's word, he is also married by His ordinance. In this way, marriage is expounded on the context of creation. Therefore, it is not a matter of man's choice under his own disposal. He did not create him to live alone without being married. The Biblical marriage account is so sequential to the creation account that it may preserve His creational plan.

사람은 하나님의 말씀으로 창조됨으로 또한 그분 명하심으로 결혼하게 됩니다. 이렇게 해서 결혼은 창조의 맥락에서 상술됩니다. 그러므로 결혼은 사람 자신의 재량 아래 선택의 일이 아닙니다. 그분은 결혼하지 않고 홀로 살도록 사람을 창조하지 않으셨습니다. 성경의 결혼 기술은 창조 기술을 이어감으로 그분의 창조 계획을 보전하게 합니다.

Marriage is not an outcome of the created man's own purpose or desire. His own propensity is smoldered after his fall. His individual and personal character is molded after his fall. Marriage is not a matter of his own choice under his fallen state. That is, it is not subjected to his fallen nature but preserves His creational wisdom and blessing.

결혼은 창조된 사람 자신의 목적이나 욕망의 소산이 아닙니다. 그 자신의 성향은 타락 후에 끊어오릅니다. 그의 개인적인 특성은 타락 후에 형성됩니다. 결혼은 타락된 상태에서 그의 선택의 일이 아닙니다. 즉 결혼은 그의 타락된 속성에 종속되지 않고 그분 창조의 지혜와 축복을 보전합니다.

Therefore, marriage should not be considered as a personal or family affair. It is God's ordinance for created man. He sets the ordinance of marriage in His creation realm so that a created man and woman may be married in accordance with it. That is, the covenant marriage is the fulfillment of His ordinance of marriage.

그러므로 결혼은 개인이나 가족의 일로 여겨지지 말아야 합니다. 그것은 창조된 사람들을 위한 하나님의 명하심입니다. 그분은 결혼의 명하심을 그분 창조의 영역에 두셔서 창조된 남자와 여자가 명하심에 따라 결혼하게 하셨습니다. 즉 언약의 결혼은 그분의 결혼 명하심의 이루어짐입니다.

If marriage is regarded as a man's affair, it becomes a fallen affair. Then, God's creational blessing becomes in jeopardy. If individuals are indulged in their own concern, there is no way to overcome death in order to preserve His blessing. Since individuals are fallen in their individuality, His creational blessing cannot be transmitted to their individuality.

결혼이 사람의 사태로 여겨지면 타락된 사태가 됩니다. 그러면 하나님의 창조의 축복이 위태로워집니다. 개인들이 자신들의 관심에만 몰두하게 되면, 그분 축복을 보전하기 위하여 죽음을 극복할 길이 없습니다. 개인들은 그들의 개인성으로 타락되기 때문에, 그분 창조의 축복은 그들 개인성에 전달될 수 없습니다.

In the marriage life, man and woman meet with God's created image. They are not subjected to the fallen individuality. In this respect, marriage might be the way out of fallen individuality to the creational togetherness. And married family life is suitable to His creation. This implies that it cannot be saturated in the fallen world.

결혼한 삶에서 남자와 여자는 하나님의 창조된 모습으로 만납니다. 그들은 타락된 개인성에 종속되지 않습니다. 이 점에서 결혼은 타락된 개인성으로부터 나와 창조의 함께로 가는 길이 될 수 있습니다. 그리고 결혼한 가족의 삶은 그분 창조에 적합합니다. 이것은 결혼이 타락된 세상에서는 충만해질 수 없다는 것을 시사합니다.

God's ordinance of marriage overcomes its conditionality. Men who live under the subjection of the conditionality of the world think that marriage is also subjected to the conditionality of the world. As long as he thinks of his individual life in the conditional world, he cannot but conclude that marriage is also a conditional affair.

결혼에 대한 하나님의 규정은 그것의 조건성을 극복합니다. 세상의 조건성에 종속되어 사는 사람은 결혼도 또한 세상의 조건성에 종속된다고 생각합니다. 그가 조건적인 세상에서 개인의 삶을 생각하는 한, 그는 결혼 또한 조건적인 사태라고 결론내릴 수밖에 없습니다.

The fallen man encounters the condition of the world. The world they see is no more good or blessed. The world they live in is conditions rather than creation. Therefore, they grant that marriage is also nothing but a kind of conditionality. In this way, they are subjected to conditionality.

타락된 사람은 세상의 조건을 접합니다. 그들이 보는 세상은 더 이상 좋거나 축복된 것이 아닙니다. 그들이 사는 세상은 창조이기보다 조건입니다. 그러므로 그들은 결혼 또한 일종의 조건성일 뿐이라고 시인합니다. 이렇게 해서 그들은 조건성에 속박됩니다.

The account of God's creation and marriage are to build up the covenant perspective to see the original status of man with His togetherness. The created world and ordained marriage life with His togetherness can be told meaningfully from the covenant perspective.

하나님의 창조와 결혼의 기술은 그분 함께로 사람의 원래 지위를 보는 언약의 관점을 세우려는 것입니다. 그분과 함께하는 창조된 세상과

명하여진 결혼의 삶은 언약의 관점에서 뜻있게 말해질 수 있습니다.

In the meantime, people who live a natural life see only natural conditions, for their vision is entangled with them. Therefore, they explain their life in accordance with the natural conditions and justify the way they are indulged in. For this reason, they think that marriage is also an outcome of natural life.

한편, 자연적인 삶을 사는 사람들은 자연적인 조건만 봅니다. 그들 시각이 자연적인 조건에 얽혀있기 때문입니다. 그러므로 그들은 자연적인 조건을 따라 그들의 삶을 설명하며 그들이 몰두하는 방식을 정당화합니다. 이 때문에 그들은 결혼도 자연적인 삶의 소산이라고 생각합니다.

God grants the covenant perspective with His togetherness to see His created world with Him. This is the new creation perspective. Along with it, He leads His covenant people to be committed to the marriage life in accordance with His own ordinance. They live the covenant life with the covenant perspective.

하나님은 그분의 창조된 세상을 그분과 함께 보도록 그분 함께와 더불어는 언약의 관점을 허락하셨습니다. 이것은 새 창조의 관점입니다. 그에 따라 그분은 그분 언약의 백성을 그분 자신의 규례를 따라 결혼의 삶에 전념하게 이끄십니다. 그들은 언약의 관점으로 언약의 삶을 삽니다.

With God's togetherness a marriage becomes a covenant marriage of created man and woman. It is well contrasted to a natural marriage of fallen individuals. Since they are so entrapped in the natural course of the world that they cannot have the covenant perspective.

하나님의 함께로 결혼은 창조된 남자와 여자의 언약 결혼이 됩니다. 그것은 타락된 개인들의 자연적인 결혼과 잘 대조됩니다. 그들은 세상의 자연적 진로에 너무 빠져들기 때문에 언약의 관점을 가질 수 없습니다.

God's ordinance of marriage is, in a sense, to lead out fallen individuals from their inclination toward natural marriage life, since the natural marriage life of two natural individuals is obscure and unclear. Naturality is regarded as what happens to be the case. Thus, natural marriage means that a man and woman are happened to be married.

결혼에 대한 하나님의 규례는 어느 의미에서 타락된 개인들을 자연적인 결혼의 삶을 향한 그들의 경향으로부터 이끌어내시려는 것입니다. 두 자연적인 개인들의 자연적인 결혼의 삶은 모호하고 분명하지 않기 때문입니다. 자연성은 공교롭게 경우가 되었다는 것으로 여겨집니다. 따라서 자연적인 결혼은 남자와 여자가 공교롭게 결혼하게 되었다는 것을 뜻합니다.

Usually, a man, as a fallen individual, is engaged in his own affair. But If he wants to marry a woman, he has to think of another individual. Then, he, in a way, has to come out of his own indulgence into himself and have a new perspective of seeing her as his wife. His wife is not to be seen as a woman.

통상적으로 한 남자는 타락된 개인으로 자신의 일에 종사합니다. 그러나 그는 한 여자와 결혼을 원할 때 다른 개인을 생각해야만 합니다. 그러면 그는 어느 정도 자신을 향한 몰두에서 나와야 하고 그 여자를 자신의 아내로 보는 새로운 관점을 가져야 합니다. 그의 아내는 한 여자로 보아질 수 없습니다.

But individuals are entrapped into their own indulgence. It is not easy for them to come out of their own indulgence to be gotten together. What they seek as the common ground for their marriage life is inevitably the conditionality of the world. This is the fate of natural marriage life of natural individuals.

그러나 개인들은 자신들의 몰입에 빠져듭니다. 그들이 자신의 몰입에서 나와 함께하게 되는 것은 쉽지 않습니다. 결혼의 삶을 위한 공통의 근거로 그들이 찾는 것은 어쩔 수 없이 세상의 조건성입니다. 이것은 자연적인 개인들의 자연적인 결혼 삶의 운명입니다.

God's creation and marriage are not to be separated. However, even those who believe in creation do not take into consideration the marriage account in the Bible seriously, for they regard that marriage is a matter of personal or family affair. They only think of the creation of individuals.

하나님의 창조와 결혼은 분리될 수 없습니다. 그렇지만 창조를 믿는 이들조차도 성경에 나오는 결혼 기술을 심각하게 고려하지 않습니다. 그들은 결혼을 개인상 혹은 가족상 사태로 여기기 때문입니다. 그들은 개인들의 창조만 생각합니다.

Because of this tendency, the covenant marriage has been over-
looked by even believers in creation. This implies that they are not
covenant believers. They are individual believers who think that
they were created individually. Then, they cannot stand on the cre-
ation ground, and, thus, they only conditionally interact with one
another with generosity that is cultivated in their belief.

이 경향 때문에 언약의 결혼은 창조를 믿는 이들에게도 간과되어왔
습니다. 이것은 그들이 언약의 신앙인들이 아님을 시사합니다. 그들은
자신들이 개인적으로 창조되었다고 생각하는 개인적인 신앙인들입니
다. 그러면 그들은 창조의 근거에 설 수 없습니다. 따라서 그들은 단지
믿음에 배양된 관대함으로 조건적으로 서로 상호작용합니다.

This tendency is the outcome of the religious interpretation of the
Bible. But since religiosity is grounded on the individual mind, it
is also a fallen propensity of man, seen from the covenant perspec-
tive with God. Creation or marriage is not a subject of religious
meditation. That is, it is not a matter of personal enlightenment.

이 경향은 성경의 종교적 해석의 소산입니다. 그러나 종교성은 개인
의 마음에 근거함으로, 하나님과 함께하는 언약의 관점에서 보아질 때,
또한 사람의 타락된 성향입니다. 창조나 결혼은 종교적인 명상의 주제
가 아닙니다. 즉 그것은 개인적인 깨달음의 문제가 아닙니다.

The only way out of self-indulgence of religiosity is to have the
covenant perspective. The Biblical account of creation and mar-
riage combined lead to this direction. That is, they are arranged to
shift the perspective of religion to the perspective of the covenant.

The Bible is the covenant book in the sense that it should be read from the covenant perspective.

종교성의 자기 몰입에서 나올 수 있는 유일한 길은 언약의 관점을 갖는 것입니다. 창조와 결혼에 대한 성경의 기술은 합쳐져 이 방향으로 이끕니다. 즉 그것들은 종교적인 관점으로부터 언약의 관점으로 이동하도록 정리됩니다. 성경은 언약의 관점에서 읽어져야 된다는 뜻에서 언약의 책입니다.

The covenant perspective is the perspective with God's togetherness. With His togetherness, we live the ordained family life by Him as created men and women in His created world. Apart from His togetherness, the Bible cannot be read covenantally. Then, it is only interpreted religiously.

언약의 관점은 하나님의 함께와 더불어는 관점입니다. 그분의 함께로 그분의 창조된 세상에서 창조된 남자와 여자로 그분에 의해 명해진 가족의 삶을 삽니다. 그분 함께를 떠나 성경은 언약적으로 읽혀질 수 없습니다. 그러면 그것은 단지 종교적으로 해석됩니다.

The exhortations given to the early Christian husband and wife in Ephesians 5:22-33 and Colossians 3:18-19 also have to be read from the covenant perspective. The Christian wife's submission to the Christian husband and the Christian husband's love of the Christian wife mean the covenant togetherness. In this case, God's togetherness is taken into consideration with His Spirit.

에베소서 5:22-33과 골로새서 3:18-19에 나오는 초대 그리스도인 남편과 아내에게 주어진 권면도 또한 언약의 관점에서 읽혀져야만 합니다. 그리스도인 아내의 그리스도인 남편을 향한 순종과, 그리스도인 남편의 그리스도인 아내를 향한 사랑은 언약의 함께를 뜻합니다. 이 경우 하나님의 함께는 그분의 영으로 고려됩니다.

집중(Focus)

하나님의 창조 서사는 하나님께서 남자와 여자를 짝을 지어주시는 것으로 종결됩니다. 하나님은 창조하신 남자와 여자의 결혼을 명하십니다. 결혼은 사람이 편의상 임의로 하는 것이 아닙니다. 사람이 임의로 하는 결혼은 타락한 후에 사람이 자신의 본능으로 나아감으로 보이게 됩니다. 그러나 하나님은 타락하기 이전 창조의 진행가운데 결혼을 명하십니다.

God's creation narrative ends with His match making of man and woman. He ordains the marriage of His created man and woman. Marriage is not what man arbitrarily does according to his convenience. The marriage that man arbitrarily has comes to be seen as he is driven into his own nature after the fall. But He ordains marriage in the ongoing creation before the fall.

하나님께서 내리신 창조된 사람의 생육과 번성에 대한 축복은 결혼으로 이루어집니다. 개인으로 사는 한 생육과 번성은 기대될 수 없습니다. 결혼한 남자와 여자로 사람은 생육하고 번성합니다. 그러므로 하나님의 창조는 그분 결혼의 명하심으로 완전해지고 종결되게 됩니다. 창조는 개인이 세상에 나타난 것으로만 온전히 말해질 수 없습니다.

The blessing that God gives for the fruitfulness and multiplication of His created men becomes fulfilled with marriage. As long as they live as individuals, their fruitfulness and multiplication cannot be expected. They become fruitful and multiplied as married men and women. Therefore, His creation becomes completed and finalized with His ordination of marriage. Creation cannot wholly be told by the appearance of individuals only.

하나님께서 남자와 여자로 결혼을 명하심으로 가정이 형성되게 됩니다. 하나님의 창조는 남자와 여자가 결혼하여 가정으로 이루는 것까지 포함합니다. 가정이 하나님의 창조하신 삶의 단위입니다. 개인이 삶의 단위일 수 없습니다. 개인으로 사는 한 사람은 결국 소멸되게 됩니다. 하나님은 창조된 세상에 사람이 결혼해서 가정을 이루며 살도록 명하십니다.

As God ordains the marriage of man and woman, a family becomes formed. His creation includes the formation of a family via the marriage of man and woman. Family is the unit of His created life. Individuals cannot be the unit of life. Man, as long as lives as an individual, will eventually perish. God ordains men to live a family life with marriage in the created world.

2.6

The Fall(타락)

The actual world where people live is not the world that God created. It is not a good world with His blessing. Then, it is in need of being characterized in conjunction with the created world. The Bible tells that it is the fallen world from the created world. In the actual world, not creation but fallen-ness is apparent.

사람들이 사는 실제 세상은 하나님이 창조하신 세상이 아닙니다. 그것은 그분 축복이 더불어는 좋은 세상이 아닙니다. 그러면 그것은 창조된 세상에 준하여 특징지어져야 합니다. 성경은 그것은 창조된 세상으로부터 타락된 세상이라고 말합니다. 실제적 세상에서는 창조가 아닌 타락이 뚜렷합니다.

The term, "the fall" is used from the perspective of creation. The actual world where people live is not the created world but its fallen state. Although the world and man were created by God, the fallen man lives in the fallen world, actually. Although he was created, his actual life has fallen.

"타락"이라는 용어는 창조의 관점에서 사용됩니다. 사람들이 사는 실제 세상은 창조된 세상이 아니라 그것의 타락된 상태입니다. 세상과 사람이 하나님에 의해 창조되긴 했지만, 실제로는 타락된 사람이 타락된 세상에서 삽니다. 사람은 창조되었지만, 그의 실제적 삶은 타락됩니다.

Seen from the perspective of the covenant of God's togetherness, the ordinary people who live their natural life individually are fallen, for they live apart from His word of togetherness. Individual life has fallen from the perspective of togetherness, since it is not reflected by His word.

하나님 함께의 언약의 관점에서 보면 개인적으로 자연적인 삶을 사는 보통 사람들은 타락됩니다. 그들은 함께하는 그분 말씀을 떠나 살기 때문입니다. 개인의 삶은 함께의 관점에서 타락됩니다. 그분 말씀에 의해 반영되지 않기 때문입니다.

Although man was created by God, he becomes indulged in his own propensity so that he outwardly exhibits it. And it is considered as his own nature. As he lives with his natural propensity, he becomes disobedient to His word. Although the world and himself were created by His word, he does not live in accordance with His word.

사람은 하나님에 의해 창조되었지만 그 자신의 성향에 몰입되어 그 것을 바깥으로 노출하게 됩니다. 그리고 그것은 자신의 본성이라고 여겨집니다. 그는 자신의 자연적 성향으로 삶으로 그분 말씀에 불순종하게 됩니다. 세상과 자신은 그분 말씀으로 창조되었지만, 그는 그분 말씀에 따라 살지 않습니다.

As the fallen man lives with his own nature in the world, it also shows its own nature apart from the created order of God. Therefore, man and the world depart from the creation of His word to be fallen into their own nature. In this regard, the term, "nature," means the fallen state of creation.

타락된 사람이 자신의 본성으로 세상에 사니, 세상도 또한 하나님의 창조된 질서를 떠나 그 자체의 속성을 보입니다. 그러므로 사람과 세상은 그분 말씀의 창조를 떠나 자체의 속성으로 타락되게 됩니다. 이 점에서 "속성"이란 용어는 창조의 타락된 상태를 뜻합니다.

"Nature" is not a Biblical term. Therefore, the meaning of nature as the fallen state of creation is acceptable from the covenant perspective. The natural state is the state that has departed from God's togetherness. That is, man becomes fallen so as to be natural being departed from His togetherness.

"자연"은 성경의 용어가 아닙니다. 그러므로 창조의 타락된 상태로서 자연의 뜻은 언약의 관점에서 받아들일 수 있습니다. 자연적 상태는 하나님의 함께를 떠난 상태입니다. 즉 사람은 타락되어 그분 함께로부터 떠나게 되어 자연적인 존재가 됩니다.

Disobedience is the departure from God's togetherness. It generates its own natural propensity, since it comes out of the inner nature. And since man's disobedience to His word comes out of his inner nature, His will of creation comes to be shadowed by his nature. Thus, his disobedience to His word is regarded as natural.

불순종은 하나님 함께로부터 떠남입니다. 그 자체의 성향을 생성합니다. 그것은 내면적인 속성으로부터 나오기 때문입니다. 그리고 그분 말씀에 대한 사람의 불순종은 내면적인 속성에서 나오기 때문에, 그분 창조 뜻은 사람의 속성에 의해 가려집니다. 따라서 그분의 말씀에 대한 사람의 불순종은 자연적으로 여겨집니다.

Therefore, human nature is the outcome of the disobedience against God's word. Here is the reason that the Bible tells that man is created with God's image rather than with his nature. His nature is not created but fallen so that it should be saved. For this reason, the notion of the essence of man is clumsy from the covenant perspective.

그러므로 인간의 본성은 하나님의 말씀에 대한 불순종의 소산입니다. 성경이 사람은 자신의 본성으로 보다 하나님의 형상으로 창조되었다고 하는 이유가 여기 있습니다. 사람의 본성은 창조되지 않고 타락된 것이어서 구원되어야 합니다. 이 때문에 사람의 본질이라는 통념은 언약의 관점에서 어색합니다.

From the covenant perspective, the terms "fall" and "nature" go together. Therefore, their usage should be differentiated from the way that ordinary people use them from their natural perspective. To ordinary people, the claim that their natural life has fallen may not be sensible at all.

언약의 관점에서 "타락"과 "본성"이라는 용어는 같이 갑니다. 그러므로 그 씀은 보통 사람들이 자연적인 관점에서 쓰는 방식과는 구별되어야 합니다. 보통 사람들에게 그들의 자연적 삶이 타락되었다고 하는 주장은 전혀 무의미할 수 있습니다.

The narrative of the fall in Genesis Chapter 3 shows how the created man and world become the natural man and world. It adopts the symbolism of temptation in order to depict the impulse of his inner nature. His fallen natural mind is tempted. The way from creation to nature is tempted so as to be fallen.

창세기 3장에서 타락의 서사는 어떻게 창조된 사람과 세상이 자연적인 사람과 세상이 되는지 보입니다. 그것은 유혹의 상징성을 사람의 내면적인 본성에서 나오는 충동을 묘사하기 위해 채용합니다. 사람의 타락된 본성의 마음은 유혹됩니다. 창조로부터 본성으로 가는 길은 유혹되어 타락됩니다.

From the creation perspective, the created man should be in accordance with the will of the Creator. But in actual life, people live in terms of their own will. Therefore, their will rather than His will becomes visible in the actual world. His will becomes an obsolete notion. And their vision becomes fixed with the natural perspective.

창조의 관점에서 창조된 사람은 창조주의 뜻을 따라야 합니다. 그러나 실제 삶에서 사람들은 그들 자신들의 뜻으로 삽니다. 그러므로 그분의 뜻보다 그들의 뜻이 실제 세상에서 보입니다. 그분의 뜻은 진부한 통념이 됩니다. 그리고 그들의 시각은 자연적인 관점으로 고정되게 됩니다.

Because of this tendency, the world has fallen. As people see the world with their will and vision, they think of it in terms of its nature. Thus, they are accustomed to its nature rather than its creation. They see it as what it is rather than what is created. And they consider themselves as a part of what is.

이 경향 때문에 세상은 타락되었습니다. 사람들이 세상을 그들의 뜻과 시각으로 봄으로, 그들은 세상을 속성으로 생각합니다. 따라서 그들은 세상의 창조보다 속성에 익숙해집니다. 그들은 그것을 창조된 것으로 보다 있는 것으로 봅니다. 그리고 자신들을 있는 것의 한 부분으로 여깁니다.

The world is created with God's word to the covenant people. This means that they see the world as what is created with His word that is given to them. Therefore, the covenant word they have is the framework of seeing the world. They have the creation perspective with His word.

세상은 언약의 백성에게 하나님의 말씀으로 창조됩니다. 이것은 그들이 세상을 그들에게 주어진 그분 말씀으로 창조된 것으로 보는 것을 뜻합니다. 그러므로 그들이 지닌 언약의 말은 세상을 보는 체계입니다. 그들은 그분의 말씀으로 창조의 관점을 갖습니다.

However, ordinary people see the world as what it is. Thus, they have to make their own words in order to indicate what they see. Their invented words are the outcome of their reference of what they see. In this way, they accumulate their invented words to describe the phenomena of the world.

그렇지만 보통 사람들은 세상을 있는 것으로 봅니다. 따라서 그들은 그들이 보는 것을 지적하는 자신들의 말을 만들어야만 합니다. 그들이 고안한 말은 그들이 보는 것에 대한 가리킴의 소산입니다. 이렇게 하여 그들은 세상의 현상을 서술하기 위해 고안한 말을 축적합니다.

The ordinary people see the world that they are encountered as what is, i.e, as what is natural. The term "natural" is directly contrasted to "creational." They accept and cope with what is natural as what is. What is natural is what is given to them. Thus, they have to know it in order to cope with it.

보통 사람들은 그들이 접해지는 세상을 있는 것, 즉 자연적인 것으로 봅니다. "자연적"이라는 용어는 "창조적"이라는 말과 직접적으로 대조됩니다. 그들은 자연적인 것을 있는 것으로 받아들이고 대처합니다. 자연적인 것은 그들에게 주어진 것입니다. 따라서 그들은 그것을 대처하기 위해 그것을 알아야 합니다.

But what is creational is what is fulfilled with God's word. The created world is what is fulfilled with His word. The world is the fulfillment of His word. Therefore, His word is prior to His creation. In this way, the priority of the covenant is upheld. That is, it is not to be deductible or inferable.

그러나 창조된 것은 하나님의 말씀으로 이루어진 것입니다. 창조된 세상은 그분의 말씀으로 이루어진 것입니다. 세상은 그분의 말씀으로 이루어짐입니다. 그러므로 그분의 말씀은 그분 창조보다 먼저입니다. 이렇게 해서 언약의 우선성이 옹호됩니다. 즉 그것은 연역되거나 추론될 수 없습니다.

God's word is the disclosure of His togetherness. Therefore, the world that is encountered with His togetherness is the world that is created by His word. What is narrated with His togetherness is what is fulfilled by His word. The account of creation and the fall in the Bible lead the readers to shift their focus to His word from the world.

하나님의 말씀은 그분 함께의 드러남입니다. 그러므로 그분 함께로 접해지는 세상은 그분 말씀으로 창조된 세상입니다. 그분 함께로 서사되는 것은 그분 말씀에 의해 이루어진 것입니다. 성경에서 창조와 타락의 기술은 독자로 하여금 그들의 초점을 세상으로부터 그분 말씀으로 이동하도록 이끕니다.

Therefore, the account of creation leads the way of seeing the world with God's word of togetherness. And the account of the fall leads the way of seeing the world with man's word of individuals who do not have His word of togetherness. That is, as long as the world is depicted by man's word, it is the fallen world.

그러므로 창조의 기술은 함께하는 하나님의 말씀으로 세상을 보는 길로 이끕니다. 그리고 타락의 서사는 함께하는 그분 말씀을 갖지 못한 개인들에 의한 사람의 말로 세상을 보는 길로 이끕니다. 즉 세상이 사람의 말로 묘사되는 한 타락된 세상입니다.

Therefore, creation should not be considered as an event. When people read the narrative of creation under the fallen perspective, they speculate about creation as an event. However, what God fulfills with His word cannot be eventful. His word is not to be used as the description of an event. Only man's word is used for that purpose.

그러므로 창조는 일어난 사건으로 여겨지지 말아야 합니다. 사람들이 창조의 서사를 타락한 관점으로 읽을 때, 그들은 창조를 사건으로 추측합니다. 그렇지만 하나님께서 그분 말씀으로 이루시는 것은 사건적일 수 없습니다. 그분의 말씀은 사건의 서술로 쓰일 수 없습니다. 사람의 말만 그 목적으로 쓰입니다.

The fall is the covenant perspective of the world where people live daily. It has no sense of moral judgment. The most suitable common word corresponding to it is "nature." The covenant people regard that natural life in accordance with the changing of the world has fallen. What is not fulfilled with God's word is fallen.

타락은 사람들이 일상적으로 사는 세상에 대한 언약 관점입니다. 그것은 도덕적인 판단의 의미를 갖지 않습니다. 타락에 가장 적합하게 통용되는 말은 "자연"입니다. 언약의 백성은 세상의 변화를 따른 자연적인 삶을 타락된다고 여깁니다. 하나님의 말씀으로 이루어지지 않은 것은 타락됩니다.

In the Bible, the fall is accounted for with the narrative of how the created man and woman slipped away from their created togetherness with God. The account clearly narrates what the main problem of fallen-ness is. Under the fall, people live their natural life being departed from His togetherness.

성경에서 타락은 어떻게 창조된 남자와 여자가 그들의 창조된 하나님과 함께로부터 빗나간 것에 대한 서사로 기술됩니다. 그 기술은 무엇이 타락의 주된 문제인지 분명히 서사합니다. 타락된 채 사람들은 그분 함께를 떠나 그들 본성의 삶을 삽니다.

The Bible begins with the account of creation. This means that creation is not only the beginning but also the ground of the covenant people. They see the world with God's togetherness. Therefore, they live with His word in His created world. This is the way they live with His word.

성경은 창조의 기술로 시작합니다. 이것은 창조가 언약의 백성의 시작일 뿐만 아니라 근거임을 뜻합니다. 그들은 세상을 하나님의 함께로 봅니다. 그러므로 그들은 그분의 창조된 세상에서 그분 말씀으로 삽니다. 이것은 그분 말씀으로 사는 양식입니다.

Therefore, it is a mistake to develop any theological thesis on the basis of the fallen natural state of man, for there is no way to affirm God's togetherness with the fallen natural man. If the priority of His togetherness is overlooked, there is no way to affirm His togetherness. That is, there is no way to return to His togetherness.

그러므로 사람의 타락된 속성의 상태를 근거로 신학적인 논제를 전개하는 것은 문제입니다. 사람의 타락한 속성으로 하나님의 함께를 확언할 길이 없기 때문입니다. 그분 함께의 우선성이 간과되면, 그분 함께를 확언할 길이 없습니다. 즉 그분 함께로 돌아올 길이 없습니다.

There is no way for the fallen man to look for God's togetherness. His togetherness is narrated in the Bible as the covenant account of the covenant people with His togetherness. It is a witness account. His togetherness is only witnessed with His togetherness. Any account of His togetherness begins with His togetherness.

타락된 사람이 하나님의 함께를 찾을 길이 없습니다. 그분 함께는 성

경에서 그분 함께로 언약의 백성의 언약의 기술로 서사됩니다. 그것은
증거 기술입니다. 그분 함께는 그분 함께로만 증거 됩니다. 그분 함께
의 어떤 기술이든 그분 함께로 시작합니다.

Therefore, the covenant account of God's togetherness cannot be
used for the fallen man to be with Him. It is not to be generally ap-
plied to the fallen man meaningfully. Thus, he cannot use it as the
way to be with Him. It is not his achieving account but His fulfill-
ing account.

그러므로 하나님 함께의 언약 기술은 타락된 사람이 그분과 함께하
기 위해 사용될 수 없습니다. 그것은 타락된 사람에게 뜻있게 적용되도
록 일반화될 수 없습니다. 따라서 사람이 그것을 그분과 함께하는 길로
사용할 수 없습니다. 그것은 사람의 성취하는 기술이 아니라 그분의 이
루시는 기술입니다.

The covenant account cannot be interpreted for the use of the
fallen man. If it is interpreted, it becomes a religious account.
Since religiosity is a natural state of his mind, he can only have a
religiously interpreted meaning of the covenant account. The cove-
nant word is not understandable or interpretable. owe

언약 기술은 타락된 사람의 사용을 위해 설명될 수 없습니다. 그것이
설명되면 종교적인 기술이 됩니다. 종교성은 사람의 자연적인 마음 상
태임으로, 그는 종교적으로 해석된 언약 기술의 뜻만 가질 수 있습니
다. 언약의 말은 이해되지도 설명되지도 않습니다.

The religious interpretation of the covenant account is no more covenantal. That is, those who live in accordance with the religious interpretation cannot claim that they live with God's togetherness, since they are trapped in their own religious interpretation. Thus, they do not live the covenant life of togetherness.

언약 기술의 종교적인 해석은 더 이상 언약적이지 않습니다. 즉 종교적인 해석을 따라 사는 이들은 하나님 함께로 산다고 주장할 수 없습니다. 그들은 자신들의 종교적인 해석에 빠지게 되기 때문입니다. 따라서 그들은 함께하는 언약의 삶을 살지 않습니다.

The interpretation of the Bible by the fallen man is inevitably religious, for he has religiosity as his natural propensity. Consequently, his claim of being together with God is the assurance of his own mind. That is, he is trapped in his own religious mind. This is the limitation of the religious interpretation of the covenant.

타락된 사람에 의한 성경의 해석은 어쩔 수 없이 종교적입니다. 그는 종교성을 자연적인 성향으로 갖기 때문입니다. 결과적으로 하나님과 함께한다는 그의 주장은 자신 마음의 확신입니다. 즉 그는 그 자신의 종교적인 마음에 빠져듭니다. 이것은 언약에 대한 종교적 해석의 한계입니다.

The covenant word and religious word are different. The former is God's word, but the latter man's word. It is nonsense to understand His word in terms of his word. With the religious word, although God can be mentioned, His togetherness is not to be disclosed. The assurance of His togetherness is nothing but religious feeling.

언약의 말과 종교적인 말은 다릅니다. 전자는 하나님의 말씀이지만 후자는 사람의 말입니다. 그분의 말씀을 그의 말로 이해하는 것은 무의미합니다. 종교적인 말로, 하나님이 언급될 수 있더라도, 그분 함께는 드러날 수 없습니다. 그분 함께에 대한 확신은 종교적인 느낌일 뿐입니다.

The approach to the fallen man with the Bible should be cautious, for it is to let him know God's togetherness. It is given to witness His togetherness. God can be told about, but His togetherness cannot be told about. His togetherness is only disclosed with His word.

성경으로 타락된 사람에 대한 접근은 조심스러워야합니다. 성경은 그를 하나님의 함께를 알도록 하기 때문입니다. 성경은 그분 함께를 증거하기 위해 주어집니다. 하나님에 대해선 말해질 수 있습니다. 그렇지만 그분의 함께에 대해선 말해질 수 없습니다. 그분의 함께는 단지 그분의 말씀으로 드러납니다.

집중(Focus)

사람은 태어나면서부터 있는 것을 접합니다. 세상을 있는 것으로 접하면서 있는 것에 대한 의식을 기본 의식으로 여깁니다. 존재론은 이기본 의식을 상설한 이론입니다. 그러나 성경은 세상을 하나님에 의해 창조된 것으로 서사합니다. 세상의 창조 의식은 세상의 존재 의식과 다릅니다. 창조된 것을 존재로 의식하는 것은 성경에서 타락으로 서사됩니다.

Man from his birth encounters what-is, He, encountering the world as what-is, regards the consciousness of what-is as the basic consciousness. Ontology is the theory that explicates this basic consciousness. But the Bible narrates the world as what was created by God. The consciousness of the creation of the world is different from the consciousness of the existence of the world. It is narrated as the fall in the Bible to be conscious of what was created as existence.

하나님은 말씀으로 세상을 창조하셨습니다. 따라서 하나님의 말씀을 떠나면 세상이 하나님의 말씀으로 창조되었다고 확언할 수 없습니다. 단지 있는 것만 의식하게 됩니다. 이 때문에 하나님의 말씀을 떠나 세상을 바라보면 단지 그것의 있음만 말하게 됩니다. 물론 세상이 있게 된 것은 창조라고 여겨질 수 없습니다. 세상이 있게 됨은 변화의 소산일 수 있기 때문입니다.

God created the world with His word. Thus, if one departs from His word, he cannot affirm that the world was created by His word.

He is only conscious of what-is. For this reason, if he beholds the world apart from His word, he only comes to talk of its existence. Of course, the world's existence cannot be considered creation, for its existence can be an outcome of change.

있음의 세상에서 살면서 사람들은 있음의 말을 전개해왔습니다. 그들은 있음의 말을 통용합니다. 따라서 성경의 하나님 말씀을 있음의 말로 읽습니다. 그렇지만 있음의 말은 타락된 말입니다. 하나님의 말씀은 타락된 있음의 말로 풀이되거나 이해될 수 없습니다. 전통적인 교회 교리는 이 문제를 안고 있습니다. 교회 교리는 하나님의 말씀을 타락한 사람들에게 풀이해주려고 고안됩니다.

While people live in the world of existence, they have developed the word of existence. And they commonly use the word of existence. Thus, they read God's word in the Bible as the word of existence. Nevertheless, the word of existence is a fallen word. His word cannot be interpreted or understood in terms of the word of existence. The traditional church doctrines have this problem. The church doctrines are designed to interpret His word to the fallen people.

2.7

The First Killing(첫 살인)

The story of Cain and Abel is the covenant account of telling how man's killing of other men comes into God's created world. It is designed to narrate man's killing from the covenant perspective of God's togetherness. That is, it does not simply narrate how killing began in the world.

가인과 아벨의 이야기는 어떻게 사람이 다른 사람을 죽이는 것이 하나님의 창조된 세상에 들어왔는지 들려주는 언약의 기술입니다. 그것은 하나님 함께의 언약 관점에서 사람의 살인을 서사하기 위해 구상됩니다. 즉 그것은 단지 어떻게 살인이 세상에 시작되었는지를 서사하지 않습니다.

Man's killing of other men is frequently reported. But such reports describe and explain killing events from the natural perspective. But the story of Cain and Abel is narrated with their fallen propensity. Such a narrative emerges only from the covenant perspective. That is, they are not natural but fallen men.

사람이 다른 사람을 죽이는 것은 자주 보도됩니다. 그러나 그런 보도는 자연적인 관점에서 살인 사건을 서술하거나 설명합니다. 그러나 가인과 아벨 이야기는 그들의 타락된 성향으로 서사됩니다. 그런 서사는 언약의 관점에서만 나옵니다. 즉 그들은 자연인들이 아니라 타락된 사람들입니다.

Cain and Abel are siblings. But they are both fallen men. This means that God is not together with them. Thus, they want to be together with Him with their offerings that are also a kind of fallen man's natural propensity. The starting point of the narrative is their initiation of offering to God as fallen men.

가인과 아벨은 형제입니다. 그러나 그들은 둘 다 타락된 사람들입니다. 이것은 하나님이 그들과 함께하지 않으신 것을 뜻합니다. 따라서 그들은 타락된 사람의 자연적인 성향의 일종인 예물드림으로 그분과 함께하길 원합니다. 그 서사의 출발점은 타락된 사람들로서 그들의 하나님께 예물드림의 개시입니다.

However, God's togetherness unfolds with His own initiation. It is not a response to men's intensity of eagerness which comes out of their fallen nature. There is no correlation between fallen men's natural propensity and His togetherness. Any alleged correlation is also an outcome of their religious propensity.

그렇지만 하나님의 함께는 그분 자신의 개시로 펼쳐집니다. 사람들의 타락된 본성으로부터 나오는 열심의 강도에 대한 반응이 아닙니다. 타락된 사람들의 본능적 성향과 그분 함께의 사이에 상관성은 없습니다. 어떤 주장된 상관성이든 그들의 종교적 성향의 소산입니다.

The fall means the departure from creation of God's togetherness. With any expression, fallen men cannot be together with Him, for it is a mere self-indulgence with their own natural propensity. Whatever they do, it is merely their own assurance of being together with Him.

타락은 하나님 함께의 창조로부터 떠남을 뜻합니다. 타락된 사람들은 어떤 표현으로도 그분과 함께할 수 없습니다. 그들의 표현은 단지 그들의 본능적 성향을 따른 자기 몰입이기 때문입니다. 그들이 무엇을 하든지 단지 그분과 함께한다는 자기 확신일 뿐입니다.

God is together with fallen men with His own initiation. Even if Cain and Abel both earnestly wanted to be together with Him with their offering, He respected Abel and his offering, and, thus, His togetherness was with Abel. His respect was His initiation, not a consequence. That is, His respect of Abel and his offering was not due to his merit.

하나님은 그분 개시로 타락된 사람들과 함께하십니다. 비록 가인과 아벨이 둘 다 그들의 예물드림으로 그분과 함께하길 진실로 원했지만, 그분은 아벨과 그의 예물을 주시하셨습니다. 따라서 그분의 함께는 아벨과 같이 했습니다. 그분의 주시는 그분의 개시이지 결과가 아닙니다. 즉 아벨과 그의 예물에 대한 그분의 주시는 그의 공적 때문이 아니었습니다.

Cain's disappointment and frustration were turned into anger. Originally his anger was directed to God, since He did not respect him and his offering. But he could not express his anger to Him. Instead, he expressed it to his brother, Abel. That is, Cain's killing of Abel was not due to Abel.

　가인의 실망과 좌절은 분노로 변했습니다. 원래 그의 분노는 하나님을 향했습니다. 그분이 그와 그의 예물을 주시하지 않으셨기 때문입니다. 그러나 그는 그분께 자신의 분노를 표현할 수 없었습니다. 대신 그는 동생 아벨에게 분노를 표현하였습니다. 즉 가인의 아벨을 죽임은 아벨 때문이 아니었습니다.

Since God was not together with Cain, he was so self-indulged with his anger that it exploded as the killing of his own brother, Abel. His killing was the consequence of the self-indulgence of giving into natural impulse. His fallen nature could be driven even to killing his own sibling.

　하나님께서 가인과 함께하지 않으셨기 때문에, 그는 자신의 분노에 몰입되어 동생 아벨을 죽임으로 폭발되었습니다. 그의 살인은 본능적 충동으로 자기 몰입의 결과였습니다. 그의 타락된 속성은 그의 형제를 죽이기까지 몰아질 수 있었습니다.

Nature changes in accordance with the appearance and disappearance of things. Killing is considered a natural force of making living people disappear in order to change the situation of nature. Actually, people frequently kill other people to change the course of the natural process for their benefit.

　자연은 사물의 나타남과 사라짐을 따라 변합니다. 살인은 자연 상태를 변화시키기 위해 산 사람을 사라지게 하는 자연적인 힘으로 고려됩니다. 실제로 사람들은 자신들의 이득을 목적으로 자연적인 과정의 경로를 바꾸기 위해 다른 사람들을 자주 죽입니다.

People break out in war in order to make the natural situation better for themselves. War, like general killing, is also the appearance of natural force for changing the situation of nature whether it is justified or not. In the fallen world, killing is used as a natural force in order to change the status quo.

사람들은 자연적인 상태를 자신들에게 나아지게 만들기 위해 전쟁을 일으킵니다. 전쟁은 일반적인 살인과 같이 정당하든 아니든 자연적인 상태를 바꾸기 위한 자연적인 힘의 출현입니다. 타락된 세상에서 살인은 상황이나 현재 상태를 바꾸기 위한 자연적인 힘으로 이용됩니다.

But the meaning of killing should be observed on the ground of God's creation. Nature changes, but creation is the fulfillment of His word. Since killing is the destruction of man who was created in His image, it is directed to go against His will accompanied with His word.

그러나 살인의 뜻은 하나님의 창조의 근거에서 주시되어야 합니다. 자연은 변합니다. 그러나 창조는 그분 말씀의 이루어짐입니다. 살인은 그분의 현상으로 창조된 사람의 파괴이기 때문에 그분 말씀에 수반된 그분 뜻에 반하여 갑니다.

Killing is destruction against God's creation even though it may be regarded as a natural force accompanied with the change of nature. That is, the creational account of killing is different from the natural account of killing. Therefore, it is senseless to talk of the justification of killing on the creational ground.

살인은 자연의 변화를 따른 자연적인 힘으로 여겨진다고 하더라도 하나님의 창조에 반하는 파괴입니다. 즉 살인에 대한 창조의 기술은 살인에 대한 자연적인 기술과는 다릅니다. 그러므로 창조의 근거에서 살인의 정당성을 말하는 것은 무의미합니다.

Even if Cain was a killer, God did not allow anyone to kill him. This means that on the creational ground killing is against His will of creation. That is, since it destroys man of His image, it is a challenge against His creational will. Destruction is not to be integrated into creation although it is a factor of change.

가인은 살인자였지만, 하나님은 누구도 그를 죽이는 것을 허용하지 않으셨습니다. 이것은 창조의 근거에서 살인은 그분 뜻에 반한다는 것을 뜻합니다. 즉 그것은 그분 형상을 띤 사람을 파괴함으로 그분 창조의 뜻에 도전입니다. 파괴는 변화의 요인이지만 창조에 통합될 수 없습니다.

God's creation is the fulfillment of His togetherness. Killing directly goes against His togetherness. He willed Himself to be together with Abel. But because he was killed by Cain, He had no one to be together with. Thus, the world became chaotic into the fallen nature which was subjected to natural force.

하나님의 창조는 그분 함께의 이루어짐입니다. 살인은 그분의 함께에 직접적으로 반합니다. 하나님은 아벨과 함께하길 뜻하셨습니다. 그러나 그가 가인에 의해 살해됨으로, 그분은 함께하실 이가 없어졌습니다. 따라서 세상은 자연적인 힘에 종속된 타락된 속성으로 혼돈되게 되었습니다.

Being departed from God's togetherness, the world becomes subjected to natural force. Consequently, it becomes buoyant and drifty in accordance with natural force. And people are indulged in attaining natural power in order to change the world for themselves. Their success in the world is measured in terms of their attained natural power.

하나님의 함께로부터 떠나서 세상은 자연적인 힘에 종속됩니다. 결과적으로 세상은 자연적인 힘에 의해 부유하고 표류하게 됩니다. 그리고 사람들은 자신들을 위해 세상을 바꾸기 위해 자연적인 힘을 얻으려고 몰입됩니다. 세상에서 그들의 성공은 그들이 얻은 자연적인 힘으로 재어집니다.

Therefore, killing is, in a sense, the most extreme indulgence into the fallen state of nature. It is the most obstinateness to stand against God's creation. That's why extreme forms of destruction against His creation are portrayed as demonic power. Therefore, any destructive power has to be examined on the creational background.

그러므로 살인은 어느 면에서 타락된 속성 상태로 가장 극단적인 몰입입니다. 그것은 하나님의 창조에 반하는 가장 완고함입니다. 그 때문에 그분의 창조에 반한 극단적인 파괴의 형태를 악마적인 힘으로 묘사됩니다. 그러므로 어떤 파괴적인 힘도 창조의 배경에서 살펴져야 합니다.

Terms like "evil" and "demon" are used on the ground of God's creation, since they convey destructive force against His creation.

But they do not make any sense on the natural ground. Thus, they are regarded as Biblical terms. The warning against a demonic power comes from the Biblical perspective.

"악"과 "데몬" 같은 용어는 하나님의 창조의 근거에서 사용됩니다. 그것은 그분의 창조에 반한 파괴적인 힘을 띠기 때문입니다. 그러나 그 용어는 자연적인 근거에서 아무런 뜻을 주지 않습니다. 따라서 성경의 용어로 여겨집니다. 악마적인 힘에 대한 경고는 성경의 관점에서 나옵니다.

Creation prohibits any form of destruction. This should be remembered as one of the main themes of creation while living in the fallen world. The fallen world is somehow destructive because it is subjected to the natural force. In this respect, creation cannot be reduced to nature.

창조는 어떤 형태의 파괴도 금합니다. 이것은 타락된 세상에서 살면서 창조의 주된 주제 가운데 하나로 기억되어야 합니다. 타락된 세상은 자연적인 힘에 종속되기 때문에 어떻든 파괴적입니다. 이 점에서 창조는 자연으로 환원될 수 없습니다.

The ground of creation is the covenantal domain. Apart from the covenant, creation cannot be narrated with God's togetherness, even though it is religiously assured. And the religious assurance of creation may be religious faith. But the Biblical account of creation is covenantal.

창조의 근거는 언약의 영역입니다. 언약을 떠나서 창조는 종교적으로 확신되더라도 하나님의 함께로 서사될 수 없습니다. 그리고 창조에 대한 종교적인 확신은 종교적인 믿음일 수 있습니다. 그러나 창조에 대한 성경의 기술은 언약적입니다.

Therefore, the creation story should be read with God's togetherness. The fulfillment of His word, the created goodness and blessing, and the created man in His image are meaningful with His togetherness. Otherwise, they remain as assurance in the mind. That is, they remain in the individual inner state.

그러므로 창조 이야기는 하나님의 함께로 읽어져야 합니다. 그분 말씀의 이루어짐, 창조된 좋음과 축복, 그리고 하나님의 형상으로 지어진 사람은 그분 함께로 뜻이 있습니다. 그렇지 않으면 그것들은 마음의 확신에 남습니다. 즉 개인의 내면 상태에 남습니다.

Being departed from God's togetherness, we cannot stand on the ground of creation. We can have only assurance on the fallen ground. The ground of creation with His togetherness does not mean any historical, physical, or religious ground. Therefore, creation and covenant are inseparable in the Bible.

하나님의 함께를 떠나서 우리는 창조의 근거에 설 수 없습니다. 우리는 타락된 근거에서 확신만 가질 수 있습니다. 그분과 함께로 창조의 근거는 역사적, 물리적, 혹은 종교적 근거를 뜻하지 않습니다. 그러므로 창조와 언약은 성경에서 분리되지 않습니다.

We stand on the ground of God's creation with His togetherness. With His togetherness we are not to be subjected to the fallen nature which is self-centered and individualistic. With His togetherness, the covenant people are together on the ground of creation. That is, the covenant life of togetherness unfolds on the creational ground.

우리는 하나님의 함께로 그분 창조의 근거에 섭니다. 그분의 함께로 우리는 자기중심적이고 개인적인 타락된 속성에 종속되지 않습니다. 그분의 함께로 언약의 백성은 창조의 근거에서 함께합니다. 즉 함께하는 언약의 삶은 창조의 근거에서 펼쳐집니다.

The killing narrative should include the killing of Jesus on the cross. He was, at any rate, killed on the cross by the Jews and Romans whether it was justifiable or not. The Jews claimed that the killing of Him was in accordance with the law that was given by God to them. That is, He was killed lawfully.

살인의 서사는 십자가상 예수님의 죽음을 포함해야 합니다. 어떻든 예수님은 정당하든 정당하지 않든 유대인들과 로마인들에 의해 십자가에서 죽음을 당했습니다. 유대인들은 예수님의 죽임은 하나님에 의해 그들에게 주어진 율법을 따라서라고 주장했습니다. 즉 예수님은 적법적으로 죽임을 당했습니다.

Therefore, the killing of Jesus should not be simply assessed as a destruction on the ground of God's creation. The Jews were convinced that they, killing Him, did not go against the word of God. For this reason, their killing of Him could not be settled on the ground of creation. It had to be examined from the perspective of the law as God's word.

그러므로 예수님의 죽임은 하나님의 창조 근거에서 파괴라고 간단하게 가늠되지 말아야 합니다. 유대인들은 예수님을 죽임으로 하나님의 말씀에 반하지 않는다고 확신했습니다. 이 때문에 그들의 예수님을 죽임은 창조의 근거에서 해결될 수 없었습니다. 그것은 하나님의 말씀으로 율법의 관점에서 살펴져야 합니다.

Jesus was not a created man. He came to the world as the Son of God. He was the incarnate Word who was together with God in the beginning. Therefore, the killing of Him could not be treated as the killing of a created man. Its narrative could not be integrated into the OT that began with the account of creation.

예수님은 창조된 사람이 아니었습니다. 예수님은 하나님의 아들로 세상에 오셨습니다. 예수님은 태초에 하나님과 함께하신 성육신된 말씀입니다. 그러므로 예수님의 죽임은 창조된 사람의 죽임과 같이 다루어질 수 없습니다. 그것의 서사는 창조의 기술로 시작된 구약에 통합될 수 없었습니다.

The killing of Jesus is not destructive but redemptive. The destructive killing goes against God's creation. But although He was killed, He was not destructive because He was not a created man but the Son of God. Therefore, the killing of Him should be seen constructively in accordance with God's will.

예수님의 죽임은 파괴적이 아니라 구속적입니다. 파괴적인 죽임은 하나님의 창조에 반합니다. 그러나 예수님은 죽임을 당했지만, 그분은 창조된 사람이 아니라 하나님의 아들이기 때문에 파괴적이지 않았습니다. 그러므로 예수님의 죽임은 하나님의 뜻을 따라 건설적으로 보아져야 합니다.

Since God's word as the law was applied to the fallen people, it was different from His word as creation. The Jews claimed that they killed Jesus in accordance with the law as the word of God. The killing of Him, according to them, was the fulfillment of the word of God. Therefore, their claim that they killed Him as the fulfillment of the will of God could be justified.

율법으로 하나님의 말씀은 타락된 사람들에게 적용되기 때문에 창조로 그분 말씀과 다릅니다. 유대인들은 그들이 하나님의 말씀으로 율법에 따라 예수님을 죽였다고 주장했습니다. 그들에 의하면 예수님을 죽임은 하나님의 말씀의 이루어짐이었습니다. 그러므로 하나님의 뜻의 이루어짐으로 그들이 예수님을 죽였다는 주장은 정당화될 수 있었습니다.

In this respect, the killing of Jesus by the Jews fulfilled the explicit requirement of the law. That is, as He was killed, the requirement of the law was fulfilled. Therefore, it is considered that, with His being killed, God's fulfillment of redemption of people under the law was disclosed.

이 점에서 유대인들에 의한 예수님의 죽임은 율법에 명시된 요구를 이루었습니다. 즉 예수님이 죽임을 당함으로 율법의 요구가 이루어졌습니다. 그러므로 예수님이 죽임을 당함으로 율법 아래 있는 사람들에 대한 하나님의 구속의 이루심이 드러났다고 여겨집니다.

The law is accompanied with sin, and death comes as the consequence of sin. People become sinful as long as they are under the law. Thus, they are inevitably under death. And killing also appears in the world of the law. That is, sin, death, and killing appear in the life of the law.

율법은 죄를 동반합니다. 그리고 죽음은 죄의 결과로 옵니다. 사람들은 율법 아래 있는 한 죄인입니다. 따라서 그들은 어쩔 수 없이 죽음 아래 있습니다. 그리고 죽임 또한 율법의 세상에 등장합니다. 즉 죄, 죽음, 그리고 죽임은 율법의 삶에 등장합니다.

As Jesus was killed, the requirement of the law was fulfilled. Therefore, with Him people under the law were redeemed from its requirement to be free from sin and death because it was fulfilled by Him. In this respect, His being killed in the world was redemptive, since His being killed was not a subjection to death but the fulfillment of redemptive death.

예수님이 죽임을 당했음으로, 율법의 요구는 이루어졌습니다. 그러므로 예수님으로 율법 아래 사람들은 율법의 요구로부터 구속되어 죄와 죽음으로부터 자유롭게 되었습니다. 율법의 요구가 예수님에 의해 이루어졌기 때문입니다. 이 점에서 세상에서 예수님이 죽임을 당한 것은 구속적입니다. 그분의 죽임을 당함은 죽음에 종속이 아니라 구속적인 죽음의 이루어짐이기 때문입니다.

The law is accompanied with killing, for killing is the punishment to the ones who break it. The lawful killing, of course, is in accordance with the lawful judgment of sin. If the word of God is regarded as the law, this consequence is inevitable. The overall narrative of the OT is integrated with killing.

율법은 죽임을 동반합니다. 죽임이 율법을 어기는 이들에게 내리는

벌이기 때문입니다. 적법적인 죽임은 물론 죄의 적법적인 판단을 따릅니다. 하나님의 말씀이 율법으로 여겨지면 이런 결과는 피할 수 없습니다. 구약의 전반적인 서사는 죽임과 통합됩니다.

But if the word of God is given for the fulfillment only, without judgment of sinfulness, its judgmental side of requirement is problematic. Therefore, if its judgmental side of requirement is conceived as fulfilled with the killing of Jesus, the killing of Him also can be accepted as an instance of the fulfillment of the word of God.

그러나 하나님의 말씀이 죄 됨의 판단이 없이 단지 이루어짐으로 주어지면, 그분 말씀의 요구에 대한 판단의 측면은 문제됩니다. 그러므로 그것의 요구에 대한 판단의 측면이 예수님의 죽임으로 이루어졌다고 인식되면, 예수님의 죽임도 또한 하나님의 말씀의 이루어짐의 사례로 받아들여질 수 있습니다.

God's word is originally and ultimately given for the fulfillment of His togetherness. Therefore, it should be accepted as the gospel rather than the law. It should be seen from the perspective of fulfillment rather than judgment, for the latter is to be integrated into the former.

하나님의 말씀은 원래 그리고 궁극적으로 그분 함께의 이루어짐을 위해 주어집니다. 그러므로 그것은 율법보다 복음으로 받아들여져야 합니다. 그것은 판단보다 이루어짐의 관점으로 보아져야 합니다. 후자는 전자에 통합되기 때문입니다.

집중(Focus)

실제적인 세상에서 살인은 현상입니다. 그러나 창조의 근거에서 그 의미가 고려되게 됩니다. 살인은 창조에 반하여 파괴적입니다. 사람이 타락됨으로 죽음이 온 것은 파괴적이라고 할 수 없습니다. 그렇지만 살인은 고의로 하나님께서 창조하신 사람을 소멸합니다. 이 점에서 살인은 하나님의 창조를 파괴하는 힘의 드러남입니다.

In actual life, killing is a phenomenon. But on the basis of creation, its meaning comes to be considered. Killing is destructive against creation. The coming of death as man became fallen cannot be regarded as destructive. Nevertheless, killing intentionally extinguishes God's created man. In this respect, it is the appearance of power that destroys His creation.

살인은 타락된 사람의 극단적인 자기 몰입을 보입니다. 가인이 동생 아벨을 죽인 것은 이 몰입을 보입니다. 사람의 의식이 자신에게만 갇히면 파괴적인 면으로 폭발합니다. 창조의 근거에 서지 못하고 죽음에 종속되어 삽니다. 하나님의 말씀을 떠나 자기 몰입에 빠지면 세상을 지배하는 죽음의 하수인이 될 수 있습니다.

Killing shows an extreme self-indulgence of a fallen man. Cain's killing of his brother Abel shows this indulgence. If one's consciousness is trapped in himself, it bursts into the destructive side. He cannot stand on the ground of creation, and he lives under the subjection to death. If he is indulged in himself apart from God's word, he can be a perpetrator of death that rules over the world.

살인의 배경에서 예수님의 죽임도 보아져야 합니다. 물론 예수님의 죽임은 창조보다 율법의 배경에서 보입니다. 율법은 죽임의 처벌을 수반합니다. 하나님의 말씀에 불순종이 죽음에 처해지고, 율법을 범함은 죽임에 처해집니다. 예수님은 율법에 의해 죽임에 처해집니다. 그러나 예수님의 죽임은 죄인으로 죽음이 아닌 죄인의 구속을 위한 구속적인 죽음입니다.

On the background of killing, Jesus' being killed also has to be seen. Of course, His being killed is seen in the background of the law rather than creation. The law is accompanied with the punishment of being killed. The disobedience to God's word is subjected to death, and the trespassing of the law is subjected to death. Jesus was subjected to being killed by the law. But His being killed is not death as a sinner but redemptive death for the redemption of sinners.

Part 3

The Exodus

(출애굽)

3.1

The Exodus(출애굽)

The Exodus is generally known as the liberation of the Israelites from the ruling of the king of Egypt and their subsequent journey toward the promised land of Canaan. Political liberation and geographical movement are considered as the two main themes of the narrative of the Exodus.

출애굽은 일반적으로 이집트 왕의 통치로부터 이스라엘 백성의 해방과 약속의 땅, 가나안을 향한 그들의 이어지는 여정으로 알려집니다. 정치적 해방과 지리적인 이동이 출애굽 서사의 두 주제로 여겨집니다.

But the narrative of the Exodus begins with Moses' standing on holy ground" Ex. 3:5. And it is succeeded by the self-revelation of God as the God of his father--the God of Abraham, the God of Isaac, and the God of Jacob. And, then, it is followed by the assignment that is given to him by Him, i.e., the deliverance of the Israelites from the land of Egypt to the land of Canaan.

그러나 출애굽 서사는 모세가 거룩한 근거에 섬으로 시작합니다출 3:5. 그리고 그의 조상의 하나님, 곧 아브라함의 하나님, 이삭의 하나님, 그리고 야곱의 하나님이라는 하나님 스스로의 계시로 이어집니다. 그리고서 그분에 의해 그에게 주어진 임무, 곧 이집트 땅으로부터 가나안 땅으로 이스라엘 백성의 구출이 따라옵니다.

The main Biblical theme of the Exodus has to be derived from the remark that Moses who stood on holy ground received the holy task. The deliverance of the Israelites out of the land of Egypt to the land of Canaan was for their holy life with God's togetherness. The deliverance of them had to be seen from the perspective of holiness rather than liberation.

출애굽에 대한 성경의 주된 주제는 거룩한 근거에 선 모세가 거룩한 사명을 받았다는 언급으로부터 도출되어야 합니다. 이스라엘 백성의 이집트 땅으로부터 가나안 땅으로 구출은 하나님의 함께로 그들의 거룩한 삶을 위합니다. 그들의 구출은 해방보다 거룩함의 관점에서 보아져야 합니다.

The assignment that God of Abraham, Isaac, and Jacob gave to Moses for the deliverance of the Israelites was for the fulfillment of His promise given to Abraham. His covenant with him was about the prosperity of his descendants like stars in heaven and the endowment of the land of Canaan for their living ground.

아브라함, 이삭, 그리고 야곱의 하나님이 모세에게 이스라엘 백성의 구출을 위해 주신 임무는 아브라함에게 주신 그분의 약속의 이루어짐을 위함이었습니다. 그와 그분의 언약은 그의 후손이 하늘의 별들과 같이 번성함과 그들의 삶의 근거로 가나안 땅의 부여에 대해서였습니다.

Therefore, the holy task that God gave to Moses was for the holy covenant life of the descendants of Abraham, the Israelites, in the land of Canaan. They were delivered as His covenant people so as to live covenant life with Him. The Exodus narratives unfolded to the covenant life of the covenant people.

그러므로 하나님께서 모세에게 주신 거룩한 사명은 아브라함의 후손, 곧 이스라엘 백성이 가나안 땅에서 거룩한 언약의 삶을 살게 하기 위해서였습니다. 그들은 그분과 언약의 삶을 살도록 그분 언약의 백성으로 구출되었습니다. 출애굽의 서사는 언약의 백성의 언약의 삶으로 펼쳐졌습니다.

The main theme of the Exodus is God's fulfillment of the covenant life in the world. The Exodus narrative is developed into the fulfillment of the covenant life. The Ten Commandments are given to the Israelites as the basic framework of their covenant life as the covenant people.

출애굽의 주된 주제는 세상에 언약의 삶을 하나님께서 이루심입니다. 출애굽의 서사는 언약의 삶의 이루어짐으로 전개됩니다. 십계명은 이스라엘 백성에게 언약의 백성으로 언약의 삶을 사는 기본 체계로 주어집니다.

The Exodus is an event that God initiates. He calls and uses Moses in order to fulfill His covenant promise to Abraham. Its fulfillment is unveiled into the covenant life of the covenant people. This covenant undertone should not be overlooked, for it is the fulfillment of His covenant promise to Abraham.

출애굽은 하나님께서 개시하신 사건입니다. 하나님은 아브라함에게 주신 그분 언약의 약속을 이루시기 위해 모세를 부르시고 사용하십니다. 출애굽의 이루어짐은 언약의 백성의 언약의 삶으로 드러납니다. 이 언약의 저의는 간과되지 말아야 합니다. 아브라함에게 주신 그분 언약의 약속의 이루어짐이기 때문입니다.

Therefore, the descendants of Abraham who appeared in the world as the fulfillment of God's promise are distinguished from the possible descendants of him who might come into the world as a natural birth. For this reason, their life could not be compared or contrasted to other natural ethnic people's life.

그러므로 하나님의 약속의 이루어짐으로 세상에 등장한 아브라함의 후손은 자연적인 출산으로 세상에 나올 수 있는 그의 가능한 후손과는 다릅니다. 이 때문에 그들의 삶은 다른 자연적인 종족의 사람들의 삶과 비교되거나 대조될 수 없습니다.

Accordingly, the Exodus narrative is not merely to be set as a political or geographical dealing of what has happened. It is arranged to show the way to covenant life. That's why the subject of the narrative is God, Himself. He leads the Israelites from Egypt to the land of Canaan. Moses is merely His proxy.

따라서 출애굽 서사는 단지 일어난 것의 정치적인 혹은 지리적인 다룸으로 설정될 수 없습니다. 그것은 언약의 삶의 길을 보이기 위해 정리되었습니다. 그 때문에 서사의 주어는 하나님 자신이십니다. 그분이 이스라엘 백성을 이집트로부터 가나안 땅으로 이끄십니다. 모세는 단지 그분의 대리인입니다.

The life that is led by God's togetherness is the covenant life. The subject of the narrative of the covenant life is God, Himself. Even if His people are His partners of the covenant life, they cannot be the subject of it since the covenant life is fulfilled by Him. Even if they live, they live a fulfilled life by Him.

하나님의 함께에 의해 인도되는 삶은 언약의 삶입니다. 언약의 삶을 서사하는 주어는 하나님 자신입니다. 그분 백성은 언약의 삶에서 그분의 파트너이긴 하지만 언약의 삶을 서사하는 주어일 수 없습니다. 언약의 삶이 그분에 의해 이루어지기 때문입니다. 그들이 살더라도 그분에 의해 이루어진 삶을 삽니다.

God's people are obedient to His covenant word. They are guided by being obedient to it. Since they are obedient only to it, they do not have their own language in which they play the role of the subject. That is, they do not have their own autonomous language. This feature is well observed in the Exodus narrative.

하나님의 백성은 그분 언약의 말씀에 순종합니다. 그들은 언약의 삶에 순종하도록 인도됩니다. 그들은 언약의 삶에만 순종함으로, 그들이 주어로 역할 하는 그들 자체의 언어를 갖지 않습니다. 즉 그들은 그들 자신의 자율적인 언어를 갖지 않습니다. 이 양상은 출애굽 서사에서 잘 주시됩니다.

In the covenant life, God's word is the only word to be told. This is obvious since the covenant people are obedient to His word. If they have their own language, they cannot be wholly obedient to His word, for they are autonomous with their own language. Autonomous language involves autonomous life.

언약의 삶에서 하나님의 말씀은 말해질 유일한 말입니다. 이것은 언약의 백성이 그분 말씀에 순종하기 때문에 분명합니다. 만약 그들이 그들 자신들의 언어를 갖고 있으면, 그들은 온전히 그분 말씀에 순종할 수 없습니다. 그들은 그들 자신의 언어로 자율적이기 때문입니다. 자율적인 언어는 자율적인 삶을 수반합니다.

The covenant life is an obedient life. The Exodus narrative leads to an obedient life. Thus, the Exodus language is the outcome of the way to covenant life. It appears as the exemplar of the covenant word for the covenant life. And the subsequent covenant word is generated with the Exodus language.

언약의 삶은 순종의 삶입니다. 출애굽 서사는 순종의 삶으로 인도합니다. 따라서 출애굽 언어는 언약의 삶으로 가는 길의 소산입니다. 언약의 삶을 위한 언약의 말의 표본입니다. 그리고 이어지는 언약의 말은 출애굽 언어로 생성됩니다.

Cultural language is autonomous. Individuals are autonomous for whatever they express with it. Religious language is autonomous, too, for it is not an obedient language. Culture is what man produces autonomously, and religion is a part of it. But the Biblical language is not autonomous. It is an obedient language.

문화적 언어는 자율적입니다. 개인들은 그들이 문화적 언어로 무엇이든 표현하는 것에 대해 자율적입니다. 종교적인 언어도 또한 자율적입니다. 순종의 언어가 아니기 때문입니다. 문화는 사람이 자율적으로 산출하는 것입니다. 종교는 문화의 한 부분입니다. 그러나 성경 언어는 자율적이 아닙니다. 순종의 언어입니다.

Therefore, the Exodus narrative cannot be a cultural language, for it is evolved into the covenant life of obedience which cannot be the outcome or a part of culture. It is fulfilled with God's promised word; therefore, it cannot be produced by man autonomously. It primarily has to be seen as the departure from cultural language.

그러므로 출애굽 서사는 문화적인 언어일 수 없습니다. 그것은 문화의 소산이거나 부분일 수 없는 순종의 언약의 삶으로 전개되기 때문입니다. 그것은 하나님의 약속의 말씀으로 이루어집니다. 그러므로 사람에 의해 자율적으로 생성될 수 없습니다. 그것은 일차적으로 문화적인 언어에서 떠남으로 보아져야 합니다.

The Exodus is initiated by God. His initiation is for the fulfillment of His promise. Therefore, He should not be understood as a causal agent. His world is the world that He created with His word. Thus, it is the world of the fulfillment of His word. That is, it has to be seen as His fulfillment of His word.

출애굽은 하나님에 의해 개시됩니다. 그분의 개시는 그분 약속의 이루어짐을 위함입니다. 그러므로 그분은 인과관계의 작인으로 이해되지 말아야 합니다. 그분의 세상은 그분이 말씀으로 창조하신 세상입니다. 따라서 그분 말씀의 이루어짐의 세상입니다. 즉 그분 세상은 그분 말씀의 그분 이루심으로 보아져야 합니다.

On the other hand, man's world is the world that he lives in. It is there; therefore, he encounters its existence. For this reason, existence rather than fulfillment is the primary concern of him. And he is engaged in the adaptation and change of what is as the world, for he is a part of the world.

다른 한편, 사람의 세상은 그가 사는 세상입니다. 그 세상은 있습니다. 그러므로 그는 세상의 존재를 접합니다. 이 때문에 이루어짐보다 있음이 그의 일차적인 관심입니다. 그리고 그는 세상으로 있는 것의 순응과 변화에 바쁩니다. 세상의 한 부분이기 때문입니다.

Therefore, existence is preconditioned in man's consciousness. He is conscious of in terms of or for what is. Thus, whatever he is conscious of is directly or indirectly questioned about its existence, Consequently, existence is the basis of culture. It is built up on the ground of existence.

그러므로 있음은 사람 의식의 전제가 됩니다. 그는 있는 것에 의해서나 있는 것을 위해서 의식합니다. 따라서 그가 무엇을 의식하든 직접적으로 혹은 간접적으로 그것의 있음을 질문합니다. 따라서 있음은 문화의 바탕입니다. 문화는 있음의 근거에서 세워집니다.

However, there is no precondition for God's will. What-is is created by Him. Therefore, His will is merely expressed with His word which is to be fulfilled. His word and its fulfillment are all that mattered. That is, there is no precondition that is attached to them. They are transparent.

그렇지만 하나님의 뜻에 대한 전제는 없습니다. 있는 것은 그분에 의해 창조되었습니다. 그러므로 그분 뜻은 단지 이루어질 그분 말씀으로 표현됩니다. 그분 말씀과 그 이루어짐이 문제의의 전부입니다. 즉 그분 말씀과 그 이루어짐에 부착될 어떤 전제도 없습니다. 그분 말씀과 그 이루어짐은 투명합니다.

Therefore, for God's word, there is nothing to be understood, for it is not given for the change of what is but given for its own fulfillment. Man's understanding is directed to what is, but God's fulfillment is not subjected to what is. Thus, His fulfillment cannot be a subject of his understanding.

그러므로 하나님의 말씀에 대해 이해될 것이 없습니다. 있는 것의 변화로 주어지지 않고 그 자체의 이루어짐으로 주어지기 때문입니다. 사람의 이해는 있는 것을 향합니다. 그러나 하나님의 이루심은 있는 것에 종속되지 않습니다. 따라서 그분 이루심은 사람의 이해 주제일 수 없습니다.

Man's obedience is accompanied with God's fulfillment, for His word which requires obedience is for the fulfillment. Therefore, His word as the obedient language should be separated from man's word as the autonomous language. For this reason, His word cannot be integrated into individual understanding which nourishes autonomous life.

사람의 순종은 하나님의 이루심에 수반됩니다. 순종을 요구하는 그분의 말씀은 이루어짐을 위하기 때문입니다. 그러므로 순종의 언어로서 그분 말씀은 자율적인 언어로서 사람의 말과 구별되어야 합니다. 이 때문에 그분 말씀은 자율적인 삶을 육성하는 개인의 이해에 통합될 수 없습니다.

The Exodus narrative brings out God's word that is to be obedient. The obedient life is a new life which cannot be surmised in terms of the change of situation. In this respect, the Exodus narrative opens up a new life of obedience, that is, the life on holy ground. Obedience is neither conditioned or preconditioned.

출애굽 서사는 순종돼야 될 하나님의 말씀을 불러옵니다. 순종의 삶은 상황의 변화로 추측될 수 없는 새로운 삶입니다. 이 점에서 출애굽 서사는 순종의 삶, 즉 거룩한 근거의 삶을 엽니다. 순종은 조건적이나 전제적이지 않습니다.

Therefore, the Exodus is a journey from the autonomous cultural life to the obedient covenant life. Its journey goes along God's fulfillment. He guides His people with His own fulfillment. In this respect, it is the journey of His fulfillment. It is neither political nor geographical.

그러므로 출애굽은 자율적인 문화의 삶으로부터 순종하는 언약의 삶으로 가는 여정입니다. 그 여정은 하나님의 이루심을 따라갑니다. 그분은 그분 백성을 그분 이루심으로 인도하십니다. 이 점에서 출애굽은 그분 이루심의 여정입니다. 정치적이나 지리적이 아닙니다.

The Exodus people are those who are obedient to God's promised word. In obedience they are guided by His fulfillment. His fulfillment along with their obedience unfolds the covenant life. But the friction between these two results in the eruption of His wrath. This implies that His fulfillment with their obedience is not wholesome or complete.

출애굽 백성은 하나님의 약속된 말씀에 순종하는 이들입니다. 순종 가운데 그들은 그분 이루심으로 인도됩니다. 그들 순종을 따라 그분 이루심은 언약의 삶을 펼칩니다. 그러나 이 둘의 마찰은 그분 진노의 폭발을 야기합니다. 이것은 그들 순종과 더불어는 그분 이루심이 온전하거나 완전하지 않다는 것을 시사합니다.

The disobedience of the Israelites is vividly remarked in the Exodus narrative. This is the other side of the emphasis that the Exodus journey is an obedient one. The punishment of disobedient people is accompanied with the fulfillment of the obedient life, for God's word is received either obediently or disobediently.

이스라엘 백성의 불순종은 출애굽 서사에서 분명히 언급됩니다. 이것은 출애굽 여정이 순종의 여정이라는 것을 강조하는 다른 측면입니다. 불순종하는 백성의 처벌은 순종의 삶의 이루어짐과 동반됩니다. 하나님의 말씀은 순종으로 혹은 불순종으로 받아지기 때문입니다.

For this reason, the punishment in the covenant life is not judgmental. It is for the fulfillment of the obedient life. In this respect, it is different from the legal punishment. The legal punishment is practiced for the settlement of the existing order. Punishment for fulfillment has to be distinguished from punishment for preservation.

이 때문에 언약의 삶에서 처벌은 판단적이지 않습니다. 순종의 삶의 이루어짐을 위함입니다. 이 점에서 법적 처벌과 다릅니다. 법적 처벌은 현존하는 질서의 정착을 위해 실행됩니다. 이루어짐을 위한 처벌은 보전을 위한 처벌과 구별되어야 합니다.

The covenant God is the God of fulfillment rather than the God of judgment. In the Exodus narrative, He should be seen as the fulfillment God. The law only appears as a part of it. Therefore, He should not be identified merely as the God of the law. He should not be simply identified as the Judge.

언약의 하나님은 판단의 하나님이기보다 이룸의 하나님이십니다. 출애굽 서사에서 그분은 이루시는 하나님으로 보아져야 합니다. 율법은 단지 그 부분으로 등장합니다. 그러므로 그분은 단지 율법의 하나님으로만 확인되지 말아야 합니다. 그분은 단순히 재판관으로 확인되지 말아야 합니다.

The Exodus is the journey of God's fulfillment along with the Israelites' obedience. It opens up the covenant life of His fulfillment along with His people's obedience. Therefore, it cannot be properly observed apart from the perspective of fulfillment and obedience. But fulfillment and obedience are odd in cultural life.

출애굽은 이스라엘 백성의 순종을 따라 하나님의 이루심의 여정입니다. 출애굽은 그분 백성의 순종을 따라 그분 이루심의 언약의 삶을 엽니다. 그러므로 이룸과 순종의 관점을 떠나서 적절하게 주시될 수 없습니다. 그러나 이루어짐과 순종은 문화적인 삶에 맞지 않습니다.

The Israelites in the book of Exodus are not an ethnic group, and the Exodus God is not their guardian god. A guardian god only protects his people without punishing them. But the Exodus God punishes His people because of their disobedience. He punishes them for the fulfillment of their obedience.

출애굽 책에서 이스라엘 백성은 하나의 종족이 아닙니다. 그리고 출애굽의 하나님은 그들 수호신이 아닙니다. 수호신은 처벌하지 않고 단지 자신의 사람들을 보호하기만 합니다. 그러나 출애굽의 하나님은 그분 백성의 불순종 때문에 그들을 처벌합니다. 그들의 순종을 이루기 위해 그들을 처벌합니다.

The Exodus God is the covenant God. The people who are together with Him are the covenant people. They do not show their ethnic identity but show their covenant obedience to their covenant God. Ethnic identity is characterized by cultural autonomy. But covenant obedience unfolds into togetherness with Him.

출애굽의 하나님은 언약의 하나님이십니다. 그분과 함께하는 사람들은 언약의 백성입니다. 그들은 종족적인 독자성을 보이지 않고 그들 언약의 하나님을 향한 그들 언약의 순종을 보입니다. 종족적 독자성은 문화적인 자율성으로 특징지어집니다. 그러나 언약의 순종은 그분과 함께로 펼칩니다.

집중(Focus)

출애굽 서사는 출애굽을 단순히 정치적인 해방이나 지리적 이동으로 볼 수 없게 하는 두 전제를 지닙니다. 모세가 거룩한 근거에서 하나님을 만난 것과 하나님께서 아브라함과 맺은 언약입니다. 출애굽의 하나님은 거룩한 하나님이십니다. 그리고 그 거룩한 하나님은 아브라함과 언약을 맺으셨습니다. 따라서 출애굽은 거룩한 하나님께서 언약을 이루시는 여정입니다.

The Exodus narrative has the two presuppositions that do not let the Exodus be seen as a simple political liberation or geographical movement: Moses' encountering God on holy ground and His covenant with Abraham. The Exodus God is the holy God. And the holy God made the covenant with Abraham. Thus, the Exodus is the journey of the fulfillment of the holy God's covenant.

거룩함의 근거에서 출애굽의 서사는 전개됩니다. 하나님과 하나님께서 구출하시려는 이스라엘 백성은 일차적으로 세상에서 구별됩니다. 출애굽에 드러나는 하나님의 힘은 바로의 힘과 구별되고 이스라엘 백성은 이집트인들과 구별됩니다. 출애굽은 단순히 세상에 나타나는 정치적인 힘에 의한 세상에 사는 한 종족의 해방과 이동 현상이 아닙니다.

On the ground of holiness, the Exodus narrative is generated. God and the Israelites whom He wills to deliver are primarily separated in the world. His power revealed in the Exodus is separated from Pharaoh's power, and the Israelites are separated from the

Egyptians. The Exodus is not a simple liberation and movement of a race of the world by a political power of the world.

출애굽 서사는 하나님께서 아브라함과 맺은 언약의 이루어짐으로 전개됩니다. 출애굽의 여정은 이루어짐의 여정입니다. 이스라엘 백성이 하나님의 택한 백성으로서 언약의 삶을 살도록 이루어집니다. 하나님께서 함께하시려고 하기 때문에 이스라엘 백성의 출애굽 여정은 인도와 더불어 질책도 수반됩니다. 그들은 하나님의 백성으로 살도록 출애굽 백성으로 인도됩니다.

The Exodus narrative is generated as the fulfillment of the covenant that God made with Abraham. The Exodus journey is a journey of fulfillment. It is so fulfilled that the Israelites as His elected people may live the covenant life. Since He is together with them, their Exodus journey is accompanied with His reproach as well as guidance. They are led as the Exodus people so that they may live as His people.

3.2

Holiness(거룩함)

"Holiness" etymologically means "separateness." God is holy, since He is the Creator who is separated from the world that He created. But this is an inference from the Biblical verse, "For I am the LORD of your God. You shall therefore consecrate yourselves. and you shall be holy; for I am holy" Lev. 11:44.

"거룩함"은 어원적으로 "구별됨"을 뜻합니다. 하나님은 거룩하십니다. 그분은 그분이 창조하신 세상으로부터 구별되신 창조주시기 때문입니다. 그러나 이것은 성경의 구절, "나는 여호와 너희의 하나님이라 내가 거룩하니 너희도 몸을 구별하여 거룩하게 하고레위기 11:44,"로부터 유추입니다.

God's saying, "I am holy," is meaningfully ascertained with His togetherness. He says, "I am holy," in His togetherness. And His word is heard in His togetherness; thus, His word is holy. If His word is holy, what is fulfilled with His word is holy too. Life with togetherness is holy.

"내가 거룩하니"하는 하나님의 말씀은 그분 함께로 의미 있게 확인됩니다. 그분은 그분 함께로 "나는 거룩하다"고 하십니다. 그리고 그분 말씀은 그분의 함께로 들려집니다. 따라서 그분의 말씀은 거룩합니다. 그분 말씀이 거룩하면 그분 말씀으로 이루어진 것도 또한 거룩합니다. 함께로 삶은 거룩합니다.

In the Bible, the word, "holy," for the first time appears in the phrase, "holy ground" Ex. 3:5. Moses' encountering of God is narrated as he stands on holy ground. God unveils His place as holy ground to him. This is the beginning of the Exodus narrative. Therefore, the Exodus narrative is generated with the theme of holiness.

성경에서 "거룩"이라는 말은 "거룩한 근거출 3:5"라는 어구에서 처음으로 나옵니다. 모세의 하나님 만남은 그가 거룩한 근거에 섬으로서 서사됩니다. 하나님은 그분 장소를 거룩한 근거로 모세에게 드러내십니다. 이것은 출애굽 서사의 시작입니다. 그러므로 출애굽 서사는 거룩함의 주제로 전개됩니다.

Holy ground is unveiled by God. Holiness is told by Him. It cannot be set by man. Man can only distinguish what is in the world in terms of categories and compare and contrast one another. Therefore, he may talk of excellence in terms of comparison, but he cannot talk of holiness.

거룩한 근거는 하나님에 의해 드러납니다. 거룩함은 그분에 의해 말해집니다. 그것은 사람에 의해 설정될 수 없습니다. 사람은 세상에 있는 것을 범주로 분류하고 서로서로 비교하고 대조합니다. 그러므로 그는 비교로 우수함을 말할 수 있지만 거룩함은 말할 수 없습니다.

The disclosure of God's togetherness is holy. The disclosure of His togetherness in the midst of what has to be separated. He talks of holiness because of His togetherness with His people who are in the midst of what is, for they recognize everything in the context of what is.

하나님의 함께의 드러남은 거룩합니다. 있는 것 가운데 그분 함께의 드러남은 구별되어야 합니다. 그분은 있는 것 가운데 있는 그분 백성과 그분의 함께 때문에 거룩함을 말씀하십니다. 그들은 모든 것을 있는 것의 배경으로 인식하기 때문입니다.

God's togetherness is disclosed in the midst of what is, because He is together with His people who are in the midst of what is. Therefore, the recognition of holiness of His togetherness is the primary consciousness of His people who are together with Him. That is, the recognition of His togetherness is accompanied with the consciousness of holiness.

하나님의 함께는 있는 것 가운데 드러납니다. 그분이 있는 것 가운데 있는 그분의 백성과 함께하시기 때문입니다. 그러므로 그분 함께의 거룩함에 대한 인식은 그분과 함께하는 그분의 백성의 일차적인 의식입니다. 즉 그분 함께의 인식은 거룩함의 의식과 동반됩니다.

God's togetherness with His people is holy. This is a basic statement of holiness. Since His togetherness is fulfilled in the midst of what is, it has to be primarily discerned as holy. The discernment of holiness is the awakening of being together with Him. Therefore, togetherness is discerned with holiness.

하나님의 백성과 그분의 함께는 거룩합니다. 이것은 거룩함의 기본 진술입니다. 그분의 함께는 있는 것 가운데 이루어짐으로 일차적으로 거룩함으로 분별되어야 합니다. 거룩함의 분별은 그분과 함께함의 자각입니다. 그러므로 함께는 거룩함으로 분별됩니다.

The place with God's togetherness is holy ground, and the word with His togetherness is holy word, i.e., His word. Holiness is primarily ascribed to His togetherness rather than Him, because His togetherness is fulfilled in the midst of what is. Not Him but His togetherness is, first of all, separated from what is.

하나님 함께로 장소는 거룩한 근거입니다. 그리고 그분 함께로 말은 거룩한 말, 곧 그분의 말씀입니다. 거룩함은 일차적으로 그분보다 그분 함께에 부여됩니다. 하나님의 함께는 있는 것 가운데 이루어지기 때문입니다. 그분이 아니라 그분의 함께가 무엇보다 먼저 있는 것으로부터 구별됩니다.

God's togetherness is covenantal. His covenant has to be discerned as holy. Therefore, holiness is the ground of the exposition of the covenant narrative. On holy ground, His togetherness with His people is narrated. That's why the Exodus narrative begins with the remark of Moses' standing on holy ground.

하나님의 함께는 언약적입니다. 그분의 언약은 거룩함으로 분별되어야 합니다. 그러므로 거룩함은 언약 서사 제시의 근거입니다. 거룩한 근거에서 그분 백성과 그분의 함께가 서사됩니다. 그 때문에 출애굽 서사는 거룩한 근거에 모세가 선 것에 대한 언급으로 시작됩니다.

Holiness is not an ontological term. It is not an attribution of God. Therefore, His holiness is expressed in terms of His togetherness. The statement, "God is holy," is meaningful not ontologically but covenantally, for it means that His togetherness is holy. Holiness is not ascribed to God whom philosophers expound.

거룩함은 존재론적 용어가 아닙니다. 그것은 하나님의 속성이 아닙니다. 그러므로 그분의 거룩함은 그분의 함께로 표현됩니다. "하나님은 거룩하시다"는 진술은 존재론적이 아니라 언약적으로 의미가 있습니다. 그분의 함께가 거룩하다는 것을 뜻하기 때문입니다. 거룩함은 철학자들이 상술하는 하나님께 부여되지 않습니다.

The holiness of God's togetherness means holiness of His people, since togetherness means inseparability. His togetherness unfolds the inseparability of togetherness in the midst of separable what is. Inseparability is separated from what is separable. Therefore, inseparable togetherness is holy.

하나님 함께의 거룩함은 그분 백성의 거룩함을 뜻합니다. 함께는 분리할 수 없음을 뜻하기 때문입니다. 그분의 함께는 분리할 수 있는 있는 것 가운데 함께의 분리할 수 없음을 펼칩니다. 분리할 수 없음은 분리할 수 있는 것으로부터 구별됩니다. 그러므로 분리할 수 없는 함께는 거룩합니다.

What is in the world is categorized into kinds. Thus, "holy" cannot be a predicate of what can be categorized. That is, it is not an ontological term. No being is claimed to be holy. No man is holy individualistically. Holiness is completely different from excellence or virtuousness.

세상에 있는 것은 종류로 분류됩니다. 따라서 "거룩"은 분류될 수 있는 것의 술어가 될 수 없습니다. 즉 존재론적 용어가 아닙니다. 어떤 존재도 거룩하다고 주장될 수 없습니다. 어떤 사람도 개인적으로 거룩하지 않습니다. 거룩함은 우수함이나 고결함과 전혀 다릅니다.

When God's holiness is stated in the sense that His togetherness is holy, He cannot be reached ontologically. Ontology remains in the realm where category is applicable. A being is predicated in terms of category. But holiness and category are incompatible. That is, what is holy cannot be predicated in terms of category.

하나님의 거룩함이 그분 함께가 거룩하다는 의미로 진술될 때, 그분은 존재론적으로 이를 수 없습니다. 존재론은 범주가 적용될 수 있는 영역에 머뭅니다. 한 존재는 범주로 서술됩니다. 그러나 거룩함과 범주는 호환될 수 없습니다. 즉 거룩한 것은 범주로 서술될 수 없습니다.

Since God's holiness is expounded by the holiness of His togetherness, it is meaningfully narrated covenantally. Therefore, any ontological claim of Him separates Him from His togetherness. God separated from His togetherness is easily regarded as an ontological object. Then, even though He may be claimed as omnipotent and omniscient, He cannot be claimed as holy.

하나님의 거룩함은 그분 함께의 거룩함으로 상술되기 때문에 언약적으로 뜻있게 서사됩니다. 그러므로 그분에 대한 어떤 존재론적 주장도 그분을 그분 함께로부터 분리시킵니다. 그분 함께로부터 분리된 하나님은 쉬이 존재론적 대상으로 고려됩니다. 그러면 그분은 전능하시고 전지하시다고 주장되더라도, 그분은 거룩하다고 주장될 수 없습니다.

Togetherness is holy, since it does not belong to any kind of what is. It is fulfilled with God's togetherness. Category is not to be applied to togetherness, since it originates from His togetherness. What is is categorized, but togetherness is not categorized but separated. If togetherness is categorically expressed, it becomes individualized.

함께는 거룩합니다. 있는 것의 어떤 종류에도 속하지 않기 때문입니다. 함께는 하나님 함께로 이루어집니다. 범주는 함께에 적용될 수 없습니다. 함께는 그분 함께로부터 유래되기 때문입니다. 있는 것은 분류됩니다. 그러나 함께는 분류되지 않고 구별됩니다. 함께가 범주적으로 표현되면 개체화되게 됩니다.

"Holy" is a predicate that is not to be applicable to anything that is. But it is endowed to man in order for him to be together with God. If anyone is conscious of it seriously, he may be looking for the instance to which it can be applied. In the covenant life, it can be seriously expressed.

"거룩"은 있는 어떤 것에도 적용될 수 없는 술어입니다. 그러나 그것은 사람에게 하나님과 함께하도록 부여됩니다. 만약 누구나 그것을 심각하게 의식하면 그것을 적용할 사례를 찾을 수 있습니다. 언약의 삶에서 그것은 심각하게 표현될 수 있습니다.

God is told with the proper predicates that can be ascribed to

Him with His togetherness. They are shown in His first person statement, like "I am holy." In this case, we should not think that man attributes them as confessional properties to Him. His holiness precludes any ontological predication of Him.

하나님은 그분 함께로 그분에게 부여될 수 있는 적절한 술어로 말해 집니다. 적절한 술어는 "나는 거룩하다"와 같은 그분 일인칭 진술로 보 입니다. 이 경우 우리는 사람이 적절한 술어를 그분에게 고백의 성질로 부여한다고 생각하지 말아야 합니다. 그분 거룩함은 그분에 대한 어떤 존재론적 서술도 금합니다.

God's word can be received as His own statement with His togetherness. And His word is narrated with His togetherness. Because it is holy, it has to be generated apart from philosophical or religious interpretations. But the traditional church doctrines that interpret it philosophically or religiously are not holy.

하나님의 말씀은 그분 함께로 그분 자신의 진술로 받아질 수 있습니 다. 그리고 그분 말씀은 그분의 함께로 서사됩니다. 그분 말씀은 거룩 하기 때문에 철학적이나 종교적인 해석을 떠나 전개되어져야 합니다. 그러나 그분 말씀을 철학적으로나 종교적으로 해석한 전통적인 교회 교리는 거룩하지 않습니다.

The Exodus begins with God's togetherness with Moses on holy ground. It was not a mere liberation of the Israelites that led to a geographical journey. Rather, it was the fulfillment of His togetherness with them so that they might be led to holy ground. The narrative of a political liberation or geographical journey is categorical, but the narrative of the Exodus is holy.

출애굽은 거룩한 근거에서 모세와 하나님의 함께로 시작합니다. 그것은 단지 지리적인 여정으로 이끌어진 이스라엘 백성의 해방이 아니었습니다. 그보다 그것은 그들이 거룩한 근거로 이끌어지도록 그들과 그분 함께의 이루어짐이었습니다. 정치적 해방이나 지리적 여정의 서사는 범주적입니다. 그러나 출애굽의 서사는 거룩합니다.

The ground of the Exodus is holiness. God is narrated as being holy. He is separated from any causal agent in the world. Thus, His togetherness should only be taken into consideration. The Israelites become His holy people with His togetherness. They become elected people to be holy.

출애굽의 근거는 거룩함입니다. 하나님은 거룩함으로 서사됩니다. 그분은 세상의 어떤 인과 적인과 구별됩니다. 따라서 그분 함께만 고려되어야 합니다. 이스라엘 백성은 그분의 함께로 그분의 거룩한 백성이 됩니다. 그들은 택해진 백성이 되어 거룩해집니다.

If holiness is not taken into consideration in the Exodus narrative, it may be read as a mythological narrative since God and the man, Pharaoh, are engaged in a power struggle. However, His holiness separates Him from Pharaoh from its very beginning so that the subsequent development may be seen as the fulfillment of His togetherness.

출애굽 서사에 거룩함이 고려되지 않으면, 하나님과 인간, 바로가 힘의 대결로 교전하기 때문에 신화적인 서사로 읽혀질 수 있습니다. 그렇지만 처음부터 그분의 거룩함은 그분을 바로로부터 구별하여, 이어지는 전개가 그분 함께의 이루어짐으로 보아지게 합니다.

Therefore, the remark of holiness is the signal of the direction of the Exodus journey. It unfolds with the fulfillment of God's togetherness. In the respect of the fulfillment of His togetherness, it is separated from any civilization movement. That is, the Exodus is holy and, thus, covenantal.

그러므로 거룩함의 언급은 출애굽 여정의 방향 신호입니다. 출애굽의 여정은 하나님 함께의 이루어짐으로 펼쳐집니다. 그분 함께의 이루어짐의 관점에서, 출애굽의 여정은 어떤 문명적인 움직임으로부터도 구별됩니다. 즉 출애굽은 거룩하고 따라서 언약적입니다.

The Lord's Prayer that Jesus taught to His disciples begins with, "Our Father in heaven, hallowed be Your name." Jesus specifically emphasizes on the holiness of God's name. His name is called by His people to whom it was given. It is His memorial for all generations of His people.

예수님께서 제자들을 가르치신 주기도는 "하늘에 계신 우리 아버지 이름이 거룩히 여김을 받으시오며"로 시작합니다. 예수님은 하나님의 이름의 거룩함을 구체적으로 강조합니다. 그분 이름은 주어진 그분 백성에 의해 불려집니다. 그분 이름은 그분 백성의 모든 세대를 거쳐 그분의 기억입니다.

God's name is the disclosure of His togetherness. His name is called with His togetherness. And a prayer is narrated with His name. What is prayed for should be separated with predicates that go along with His name as the subject. Since His name is holy, the predicates of it have to be holy too.

하나님의 이름은 그분 함께의 드러남입니다. 그분 이름은 그분 함께로 불러집니다. 그리고 기도는 그분 이름으로 서사됩니다. 기도되는 것은 그분 이름을 주어로 따라가는 술어로 구별되어야 합니다. 그분 이름이 거룩함으로, 그 술어도 역시 거룩해야 합니다.

The Lord's Prayer is holy. And it guides holy prayer that Jesus' disciples have to pray for God's togetherness. Therefore, a prayer that begins with calling His name has to be succeeded in accordance with the holiness of His togetherness. Jesus taught holy prayer with the Lord's Prayer.

주기도는 거룩합니다. 그리고 그것은 예수님의 제자들이 하나님의 함께를 위해 기도해야할 거룩한 기도를 인도합니다. 그러므로 하나님의 이름을 부르며 시작하는 기도는 그분 함께의 거룩함을 따라 이어져야 합니다. 예수님은 주기도로 거룩한 기도를 가르치셨습니다.

Holiness presupposes monotheism. In monotheism, "God" is used as His name. "God is holy" is identical with "His name is holy." But in polytheism, each god is attached with its name. In this case, category is accompanied in the application of each name to its god as seen in Greek mythology.

거룩함은 일신론을 전제합니다. 일신론에서는 "하나님"은 이름으로 쓰입니다. "하나님이 거룩하시다"는 "그분 이름이 거룩하시다"와 일치합니다. 그러나 다신론에서는 각각 신에게 이름이 고착되어 있습니다. 이 경우 그리스 신화에서 보듯이 각기 이름을 그 신에게 적용하는데 범주가 수반됩니다.

And also it is improper to talk of togetherness of a god or gods, since polytheistic gods are independently objectified. Therefore, in polytheism togetherness or holiness is senseless. Reversely speaking, togetherness or holiness is only sensible in monotheism. The Bible is narrated in the holy covenant.

그리고 신 혹은 신들의 함께를 말하는 것은 적절하지 않습니다. 다신론의 신들은 독립적으로 대상화되기 때문입니다. 그러므로 다신론에서는 함께나 거룩함은 무의미합니다. 거꾸로 말하면 함께나 거룩함은 단지 일신론에서만 의미 있습니다. 성경은 거룩한 언약으로 서사됩니다.

The condition of the world is depicted by category. Thus, as long as the change of condition is focused, holiness does not matter at all. A prayer directed to the change of the world is merely arranged by categorical predicaments. It is an expression of wish. But a prayer has to be separated from wish because it is primarily directed to God's togetherness.

세상의 조건은 범주로 묘사됩니다. 따라서 조건의 변화에 초점이 맞추어지는 한, 거룩함은 전혀 문제가 되지 않습니다. 세상의 변화를 향한 기도는 단지 범주적인 상황으로 정돈됩니다. 그것은 바람의 표현입니다. 그러나 기도는 바람과 구별되어야 합니다. 기도는 일차적으로 하나님의 함께로 향하기 때문입니다.

Because man is concerned about God, "God" has ubiquitously

appeared in cultural discourses. But His holiness precludes His togetherness from going along with this trend. That is, the prevalent discourse of God does not imply the fulfilled life of His togetherness if holiness is not visible.

사람은 하나님에 대해 관심을 갖기 때문에, "하나님"은 문화적인 담화에 어디든지 등장합니다. 그러나 그분의 거룩함은 그분 함께가 이런 경향으로 가는 것을 금합니다. 즉 거룩함이 보이지 않으면, 범람하는 하나님에 대한 담화는 그분 함께의 이루어진 삶을 시사하지 않습니다.

It is a mistake to believe that holiness is a kind of man-made barrier. The Israelites in the OT attached holiness to house, people, or land, like holy temple, holy people, or holy land. But the holy temple was demolished; the holy people were deported as slaves; and the holy land was occupied by unholy people.

거룩함이 사람이 만든 일종의 장벽이라고 믿는 것은 잘못입니다. 구약의 이스라엘 백성은 거룩함을 성전, 성민, 혹은 성지와 같이 집, 사람, 혹은 땅에다 부착했습니다. 그러나 성전은 무너지고, 성민은 종으로 끌려가고, 성지는 거룩하지 않은 사람들에 의해 점령되었습니다.

Holiness is visibility or unfolding of God's togetherness. What is unfolding does not matter ontologically. Holiness precludes a categorical implementation from what is unfolded. It guides to see His togetherness among what is in the world. Reversely speaking, His togetherness guides us to have the vision of holiness.

거룩함은 하나님 함께의 보임이거나 펼쳐짐입니다. 펼쳐지는 것은 존재론적으로 문제되지 않습니다. 거룩함은 펼쳐지는 것으로부터 범주 구사를 금합니다. 거룩함은 세상에 있는 것 가운데 그분 함께를 보도록 인도합니다. 거꾸로 말하면 그분 함께는 거룩함의 비전을 갖도록 인도합니다.

집중(Focus)

하나님은 그분의 함께로 말해질 때 거룩함으로 전개됩니다. 하나님의 함께는 세상에 있는 것 가운데 구별되게 드러납니다. 따라서 하나님의 함께와 하나님의 거룩함은 같은 뜻으로 다루어집니다. "하나님은 거룩하시다"는 진술은 하나님은 함께하심으로 세상에서 구별된다는 뜻입니다. 그리고 "하나님이 우리와 함께"라는 구절에 "우리"는 일반적이 아닌 구별된 우리를 언급합니다.

God, when he is spoken about with His togetherness, is generated in terms of holiness. His togetherness is separately revealed among what-is in the world. Thus, His togetherness and His holiness deal with the same meaning. The statement, "God is holy," means that He is separated through His being together in the world. And in the phrase, "God with us," "we" refers to not general but separate us.

하나님의 함께에 비추어 그분의 존재는 분류됩니다. 그분 존재의 특성은 범주로 상설되기 때문입니다. 범주로 서술되는 존재의 특성은 존재하는 것들 가운데 구별되지 않고 분류됩니다. 따라서 그분을 존재로 다루는 신학적이나 철학적인 내용은 그분의 존재하는 내용의 분류를 보입니다. 그러므로 그것은 그분의 거룩함을 내포하지 못합니다.

Compared to God's togetherness, His being is classified, for the characteristics of His being are explicated by categories. The characteristics of a being that is described by categories is not separated but classified among beings. Thus, the theological or philosophical content of the dealing of Him as Being shows the classification of the content of His being. Therefore, it does not entail His holiness.

하나님의 함께로 드러나는 거룩함은 그분의 백성으로 보이게 됩니다. 그분 백성의 언약의 삶은 그분 함께로 이루어지기 때문입니다. 그러므로 언약의 삶은 거룩합니다. 세상에서 구별되어 보입니다. 따라서 언약의 삶은 구별되게 서사됩니다. 이 때문에 언약의 서사는 성경이라고 불러집니다. 성경은 자체가 세상의 모든 책과 구별되는 것을 뜻합니다.

The disclosure of holiness with His togetherness is shown with His people, for the covenant life of His people is fulfilled with His togetherness. Therefore, the covenant life is holy. It is separately seen in the world. Thus, it is narrated separately. For this reason, the narrative of the covenant is called the Bible. The Bible means that it is separated from all books in the world.

3.3

The Name of God(하나님의 이름)

In general, name is used referentially. It is introduced to refer to what is. A name refers to and identifies its object among what is. A general name refers to a group of objects and a proper name, a specified object. "Apple" is a general name of a kind of fruit and also a proper name of a company.

일반적으로 이름은 지시적으로 쓰입니다. 있는 것을 지적하기 위해 도입됩니다. 이름은 그 대상을 있는 것들 가운데 지적하고 확인합니다. 일반명사는 그룹 대상을 지적하고 고유명사는 구체적인 대상을 지적합니다. "애플"은 과일의 일반명사이기도 하고 한 회사의 고유명사이기도 합니다.

This way of usage of names is based on ontology. Man who lives in the world makes a name for the corresponding object in order to refer to and identify it among what is in the world. Therefore, this ontological name is restrictive in the limit of what is. That is, a name is significant on the basis of what is.

이름을 이런 식으로 사용하는 것은 존재론에 근거합니다. 세상에 사는 사람은 세상에 있는 것들 가운데 대상을 지적하거나 식별하기 위해 해당 대상에게 이름을 짓습니다. 그러므로 이런 존재론적 이름은 있는 것들의 한계에 제한됩니다. 즉 이름은 있는 것을 근거해서 의미 있습니다.

In accordance with the ontological trend, God's name is used to refer to Him who exists. But here some confusions arise. "God," in the philosophical discourse, is used as a general name, although it is capitalized. But in the proof of the existence of God, "God" is treated as a proper name whose reference is God.

존재론적 경향을 따라 하나님의 이름은 존재하는 그분을 지적하기 위해 쓰입니다. 그러나 여기 좀 혼동이 생깁니다. 철학적인 담화에서 "신"은 일반 이름으로 쓰입니다. 그러나 하나님의 존재 증명에서 "하나님"은 하나님을 지적하는 고유명사로 다루어집니다.

However, "God" in the Bible is used as a proper name. Although God has His own name, "the LORD," "God" is also used in order to call Him. Therefore, "God" is distinguished from "god." "God" in monotheism functions as a proper name. In the Bible where His name is called, the question of His existence is senseless.

그렇지만 성경에서 "하나님"은 고유명사로 쓰입니다. 하나님은 그분 이름, "주님"을 지니지만 "하나님"도 그분을 부르기 위해 쓰입니다. 그러므로 성경에서 "하나님"은 "신"과는 다릅니다. 일신론에서 "하나님"은 고유명사로 역할 합니다. 그분의 이름이 불러지는 성경에서 그분의 존재에 대한 질문은 무의미합니다.

At any rate, the Bible as God's word is narrated in terms of His name, Therefore, it specifically renders the circumstance of the revelation of His name. In the beginning of the Exodus narrative, Moses asks Him His name. And He tells His name to him. His name becomes known with His togetherness.

어떻든 하나님의 말씀으로서 성경은 그분의 이름으로 서사됩니다. 그러므로 성경은 그분 이름의 계시 상황을 구체적으로 나타냅니다. 출애굽 서사의 시작에 모세는 그분에게 그분 이름을 묻습니다. 그리고 그분은 그분 이름을 그에게 말하십니다. 그분 이름은 그분 함께로 알게 됩니다.

God unveils His name, "I AM WHO I AM," i.e., "the LORD." It is His self-revealing name given to Moses who is acquainted with Him. It is not a referring name of what is. It is not an ontological name. Therefore, it has to be assessed from a self-revealing perspective rather than ontological perspective.

하나님은 그분 이름을 "스스로인 자," 곧 "주님"으로 밝히십니다. 그것은 그분을 알게 된 모세에게 주어진 그분이 스스로 계시하신 이름입니다. 그것은 있는 것을 지적하는 이름이 아닙니다. 그것은 존재론적 이름이 아닙니다. 그러므로 그것은 존재론적 관점으로보다 스스로 계시하는 관점으로 가늠되어야 합니다.

The self-revelatory feature of God is entailed in His name. It is expressed as His identification rather than as His existence. That is, His name tells of who He is. Therefore, any proof of His existence is not related to Him. And His name is not attributed to identify His existence. He only reveals Himself with His name.

하나님의 스스로 계시하시는 양상은 그분 이름에 내포됩니다. 그것은 그분의 존재로 보다 그분의 신분으로 표현됩니다. 즉 그분의 이름은 그분이 누구신지 들려줍니다. 그러므로 그분 존재에 대한 어떤 증명도 그분과 관계되지 않습니다. 그리고 그분 이름은 그분의 존재를 식별하려고 부여되지 않았습니다. 그분은 단지 그분 이름으로 자신을 계시하십니다.

The self-revelatory feature of God's name brings out the question: to whom is it to be given? He gives His name to Moses so as to let it be known to the Israelites whom He is to deliver from the land of Egypt. It is given to the Israelites through Moses. That is, His self-revelatory name is given to specific people.

하나님 이름의 스스로 계시하는 양상은 질문을 불러옵니다: 누구에게 그것이 주어지게 됩니까? 하나님은 이름을 모세에게 주셔서 그분이 이집트 땅으로부터 구출하실 이스라엘 백성에게 알려지게 하려고 하십니다. 하나님의 이름은 모세를 통해 이스라엘 백성에게 주어집니다. 즉 그분의 스스로 계시하신 이름은 구체적인 사람들에게 주어집니다.

God's self-revelatory name goes along with His togetherness. He is together with His people to whom His name is given. Thus, they can call Him with His name. In the respect that they have His name, they are His people. They are, so to speak, together with Him with His name.

하나님의 스스로 계시하시는 이름은 그분 함께와 같이 갑니다. 그분은 그분 이름이 주어진 그분 백성과 함께하십니다. 따라서 그들은 그분을 그분 이름으로 부를 수 있습니다. 그분 이름을 지니는 점에서 그들은 그분 백성입니다. 그들은 말하자면 그분 이름으로 그분과 함께합니다.

God's name was given by Him in His togetherness. And it is called in togetherness. Therefore, it is a covenant name. It is used as the subject in the narrative of the Bible as His word. In terms of it, the covenant narrative is generated. The covenant God has the covenant name that is given to the covenant people.

하나님의 이름은 그분 함께로 그분에 의해 주어집니다. 그리고 함께함으로 불러집니다. 그러므로 언약의 이름입니다. 하나님의 이름은 그분 말씀으로서 성경 서사의 주어로 사용됩니다. 그것으로 언약 서사는 전개됩니다. 언약의 하나님은 언약의 백성에게 주어진 언약의 이름을 지닙니다.

In the covenant narrative, God's name is positioned as the subject. It cannot be positioned as the object. With it, His togetherness is narrated. Speaking reversely, what is narrated with His name as the subject is His togetherness with His people, for His name is known only to them.

언약의 서사에서 하나님의 이름은 주어로 자리 잡습니다. 그것은 목적어로 자리 잡을 수 없습니다. 그것으로 그분의 함께가 서사됩니다. 거꾸로 말하면 그분 이름을 주어로 서사되는 것은 그분 백성과 그분 함께입니다. 그분 이름은 그들에게만 알려지기 때문입니다.

Therefore, God's name is the name of togetherness. With His name the covenant content of togetherness is narrated. When His name is called, His togetherness rather than Himself has to be conscious of. His word narrated with His name is with and for His togetherness. That is, His word is the predication of His name so as to narrate His togetherness,

그러므로 하나님의 이름은 함께의 이름입니다. 그분 이름으로 함께 하는 언약의 내용이 서사됩니다. 그분 이름이 불러질 때 그분보다 그분 함께가 의식되어야 합니다. 그분 이름으로 서사된 그분 말씀은 그분 함께로 또 그분 함께를 위해서입니다. 즉 그분 말씀은 그분의 함께를 서사하도록 그분 이름의 술부입니다.

Therefore, God's name is used only with His togetherness. It should not be used apart from His togetherness. Otherwise, His name is used in vain. If it is followed by philosophical or religious predicates, it is used in vain because His name has to be followed by His togetherness.

그러므로 하나님의 이름은 그분 함께로만 사용됩니다. 그것은 그분 함께를 떠나 사용되지 말아야 합니다. 그렇지 않으면 그분 이름은 헛되게 쓰입니다. 그것에 철학적이나 종교적인 술어가 따르면, 그것은 헛되게 쓰입니다. 왜냐하면 그분 이름에 그분 함께가 따라야 하기 때문입니다.

Without God's name, His togetherness is not to be ascertained. People's enlightenment or imagination is generated with the word, "god." Then, that tendency leads to polytheism rather than monotheism. And, thus, the covenant togetherness is not to be disclosed. The covenant togetherness is unfolded with His name.

하나님의 이름 없이는 그분 함께가 확인되지 않습니다. 사람들의 깨달음이나 상상은 "신"이라는 말로 전개됩니다. 그러면 그 경향은 일신론보다 다신론으로 이끌어집니다. 따라서 언약의 함께는 드러나지 않습니다. 언약의 함께는 그분 이름으로 펼쳐집니다.

The covenant life is anchored by God's name as seen in the OT. What is generated with His name is covenant togetherness with covenant words. But if people are weighed on God rather than His name, they become religious and fall into idolatry. Since God is conceptually weighed on, they may be indulged in their own conceptual God.

언약의 삶은 구약에서 보이듯이 하나님의 이름에 의해 닻이 내려집니다. 그분 이름으로 전개되는 것은 언약의 말로 언약의 함께입니다. 그러나 사람들이 하나님의 이름보다 하나님에 무게를 주면, 그들은 종교적이 되고 우상숭배에 빠져듭니다. 하나님은 개념적으로 무게가 주어지기 때문에, 그들은 자신들의 개념적인 하나님에 몰입될 수 있습니다.

The narrative of God's togetherness is expansive like a snowball in time around His name as the core. And it is fulfilled in time in the covenant life. Its narrative and fulfillment are, in a sense, inscribed by and enclosed in His name. "God" is an outcome of man's imagination, but God's name is given with His togetherness.

하나님 함께의 서사는 그분 이름을 핵심으로 시간적으로 눈덩이 같이 확장됩니다. 그리고 그것은 언약의 삶으로 시간에 이루어집니다. 그것의 서사와 이루어짐은 어느 점에서 그분 이름에 새겨지고 또 내포됩니다. "하나님"은 사람의 상상의 소산이지만 하나님의 이름은 그분의 함께로 주어집니다.

In the treatise on God, His name is redundant or ambiguous. That is, as long as He is dealt with ontologically or conceptually, His name is not in need of. Only a clear conception of Him is sufficient. The overall theological treatises have been developed by the conception of Him rather than the name of Him.

하나님에 대한 논제에서 그분 이름은 췌언이거나 모호합니다. 즉 그 분을 존재론적이나 개념적으로 다루어지는 한, 그분 이름은 필요하지 않습니다. 그분에 대한 분명한 개념만으로 충분합니다. 전반적인 신학 논제는 그분 이름보다 그분 개념으로 전개되어 왔습니다.

The treatise on God as 'all inclusive reality' is a conceptual generation. But what is said of Him with His togetherness is narrated with His name. In the former, God is conceptually fixed, but in the latter, His togetherness is unfolded into the life of togetherness. In terms of His togetherness, He is not to be claimed as all inclusive reality.

하나님을 '모든 것을 포괄하는 실재'로 다루는 논제는 개념적인 전개 입니다. 그러나 그분 함께로 그분에 대해 말해지는 것은 그분 이름으로 서사됩니다. 전자에서는 하나님이 개념적으로 고정됩니다. 그러나 후 자에서는 그분 함께가 함께의 삶으로 펼쳐집니다. 그분 함께로 그분은 모든 것을 포괄하는 실재라고 주장되지 않습니다.

God gave Moses His name as "I AM WHO I AM," i.e., "the

LORD". Here it is clearly shown that what can be complemented to Him is Himself. His name indicates that He is unfolding with His togetherness. There is nothing to be implemented to Him. His name is the name of the generation of togetherness.

하나님은 모세에게 그분 이름을 "스스로인 자," 곧 "주님,"으로 주셨습니다. 여기서 그분에게 보어가 될 수 있는 것은 그분 자신인 것이 분명합니다. 그분 이름은 그분은 그분의 함께로 펼쳐진다는 것을 가리킵니다. 그분에게 보충될 것은 없습니다. 그분 이름은 함께의 전개에 대한 이름입니다.

God's name precludes any adduction about Him in terms of man's reasoning. That is, He is talked about in the beginning, and everything else comes after Him. In this respect, the covenant account is primary, since it narrates His togetherness with His name. It does not narrate Him with His existence, for what is existent comes after Him.

하나님의 이름은 사람의 논증에 의한 그분에 대한 어떤 예증도 금합니다. 즉 그분은 태초로 말해집니다. 모든 것은 그분 후에 옵니다. 이 점에서 언약 기술은 일차적입니다. 그분 함께를 그분 이름으로 서사하기 때문입니다. 그분을 그분의 있음으로 서사하지 않습니다. 왜냐하면 있는 것은 그분 다음에 오기 때문입니다.

God's name is given with His togetherness. It does not come from the world and is not occupied in the world like a man's name. This is its holiness. His name that is hollowed is used in accordance with His togetherness. It should not appear in the description of the world or in the expression of man's imagination.

하나님의 이름은 그분의 함께로 주어집니다. 세상으로부터 오지 않고 사람의 이름처럼 세상에 점유되지 않습니다. 이것은 하나님의 이름의 거룩함입니다. 거룩해진 그분 이름은 그분 함께를 따라 쓰입니다. 세상의 서술에나 사람 상상의 표현에 등장되지 말아야 합니다.

The covenant people who are together with God cherish His name to be hollowed as Jesus taught in the Lord's Prayer. Along with His name His kingdom as well as His will comes to be concerned. His kingdom is for the life of togetherness, and His will is for the fulfillment of it.

하나님과 함께하는 언약의 백성은 예수님이 주기도에서 가르치신 것같이 그분 이름이 거룩 되게 누립니다. 그분 이름을 따라 그분 나라와 그분 뜻이 관심되어집니다. 그분 나라는 함께의 삶을 위해서 이고, 그리고 그분 뜻은 그분 나라의 이루어짐을 위해섭니다.

Because the covenant life is separated from the earthly life, it is only narrated with God's name. The covenant life of His kingdom is assigned by His name, and His will is also disclosed by His name. Thus, the covenant life of His kingdom fulfilled by His will is unfolded by His name with His togetherness.

언약의 삶이 땅의 삶과 구별되기 때문에 하나님의 이름으로만 서사됩니다. 그분 나라의 언약의 삶은 그분 이름으로 명시됩니다, 그리고 그분 뜻 또한 그분 이름으로 드러납니다. 따라서 그분 뜻에 의해 이루어지는 그분 나라의 언약의 삶은 그분 함께로 그분 이름에 의해 펼쳐집니다.

God's kingdom cannot be elucidated in terms of His nature. Its holiness precludes such elucidation. His nature is not to be ascribed as holy even though it is contrasted with man's nature, But Jesus, in the Lord's Prayer, teaches to pray for the coming of His kingdom after praying for the hallowed-ness of His name.

하나님의 나라는 그분 본성으로 밝혀질 수 없습니다. 하나님 나라의 거룩함은 그런 밝힘을 금합니다. 그분 본성은 사람의 본성과 대조되더라도 거룩하다고 부여될 수 없습니다. 그러나 주기도에서 예수님은 그분 이름이 거룩히 여기게 됨을 기도한 후 그분 나라의 임함을 기도하도록 가르치십니다.

In a contract, the parties that agree upon it sign on it. God's covenant is similar to a contract, But His covenant is unilateral; thus, His name appears in His covenant. The covenant content is disclosed with His name. His name is centered in the covenant. That is, the covenant content is clustered around His name.

계약에서 계약에 동의한 당사자들은 계약에 사인을 합니다. 하나님의 언약은 계약과 유사합니다. 그러나 그분 언약은 일방적입니다. 따라서 그분 이름은 그분 언약에 등장합니다. 언약의 내용은 그분 이름으로 드러납니다. 그분 이름은 언약에서 중심입니다. 즉 언약의 내용은 그분 이름 주위에 송이를 이룹니다.

What is narrated with God's name can be converted into His first person statement. "The LORD is my shepherd" can be converted into His own statement, "I am your shepherd." Of course, this conversion is possible with His togetherness. That is, it is possible in the covenant life.

하나님의 이름으로 서사된 것은 그분의 일인칭 진술로 전환될 수 있습니다. "주님은 나의 목자입니다"는 그분 자신의 진술, "나는 너의 목자이다,"로 바꾸어질 수 있습니다. 물론 이런 전환은 그분 함께로 가능합니다. 즉 언약의 삶에서 가능합니다.

But "God is all inclusive reality" cannot be converted into His own statement, "I am all inclusive reality." Without His first person statement, any elucidation of Him is man's own conceptual clarification which remains in his brain. And if He is focused as clarified apart from His name, He is trapped into his own mind.

그러나 "하나님은 모두를 포괄하는 실재다"는 그분 자신의 진술, "나는 모두를 포괄하는 실재다,"로 전환될 수 없습니다. 그분의 일인칭 진술 없이 그분에 대한 밝힘은 사람의 두뇌에 남은 자신의 개념적인 분명함입니다. 그리고 그분 이름을 떠나 그분이 분명하게 되도록 초점이 맞춰지면, 그분은 그 자신의 마음에 가두어집니다.

God's name, holiness, and covenant are interwoven because of His togetherness. That's why these are pivotal in reading the Bible as God's word. Since the whole Bible is narrated with His name as the subject, it is His holy and covenant word. Therefore, if the Bible is focused with these themes, it cannot be read ontologically.

하나님의 이름, 거룩함, 그리고 언약은 그분 함께 때문에 서로 엮여있습니다. 그 때문에 이것들은 성경을 하나님의 말씀으로 읽는데 추축이됩니다. 성경 전체가 그분 이름을 주어로 서사되기 때문에 그분의 거룩한 그리고 언약의 말씀입니다. 그러므로 성경이 이 주제들로 초점이 맞추어지면 존재론적으로 읽어질 수 없습니다.

It is a mistake to think of God's name as what is attributed to the existing God. It should not be confused as a religious or mythological name of god. If His name rather than His existence is primarily concerned, this confusion can be eliminated. His name is not what is attached to Him.

하나님의 이름을 존재하는 하나님께 부여된 것이라고 생각하는 것은 잘못입니다. 하나님의 이름은 종교적이나 신화적인 신의 이름과 혼동되지 말아야 합니다. 그분 존재보다 그분 이름이 일차적인 관심이 되면, 이 혼동은 제거될 수 있습니다. 그분 이름은 그분에게 고착된 것이 아닙니다.

The priority of God's name is associated with the priority of His word. His word is prior given for its fulfillment. It is narrated with His name as the subject. And His word narrated with His name unfolds His togetherness. Therefore, the Bible narrates His togetherness rather than Himself. That's why it is covenantal.

하나님의 이름의 우선성은 그분 말씀의 우선성과 연관이 됩니다. 그분 말씀은 그 이루어짐을 위해 먼저 주어집니다. 그것은 그분 이름을 주어로 서사됩니다. 그리고 그분 이름으로 서사된 그분 말씀은 그분 함께를 펼칩니다. 그러므로 성경은 그분보다 그분의 함께를 서사합니다. 그 때문에 성경은 언약적입니다.

집중(Focus)

성경에서 하나님의 이름은 모세의 물음에 대해 하나님께서 스스로 밝히신 것입니다. 사람이 하나님께 부여한 이름이 아닙니다. 즉 하나님의 이름은 하나님께서 함께하셔서 알려주신 이름입니다. 그러므로 하나님의 이름은 하나님께서 함께하셔서 알려주신 것을 전제합니다. 하나님의 이름은 하나님의 함께로 불러집니다.

In the Bible, God's name is what He Himself unveils for Moses' question. It is not a name that man attributed to Him. That is, His name is the name that He told through His being together. Therefore, His name presupposes His own telling through His being together. His name is called with His togetherness.

하나님의 이름은 구별된 이름입니다. 존재하는 대상의 이름이 아닌 함께하는 삶에서 불러지는 이름입니다. 아무도 하나님의 이름을 대상을 향해 부르면서 기도하지 않습니다. 하나님이 이름을 부르며 이어지는 기도는 하나님과 함께하는 내용으로 진전됩니다. 나아가 하나님의 이름으로 진술되는 내용은 그분 함께에 대해서입니다.

God's name is a separated name. It is not the name of an object but a name that is called in the life of togetherness. Nobody prays, calling His name for an object. The prayer that follows the calling of His name proceeds with the content of being together with Him. Furthermore, the content that is stated with His name is for His togetherness.

하나님의 이름을 부르는 한 언약의 기도를 하며 언약의 삶을 삽니다. 따라서 하나님의 이름은 언약의 이름입니다. 하나님의 이름을 따라 언약의 삶이 서사됩니다. 따라서 성경에 나오는 내용은 하나님의 이름을 주어로 서사됩니다. 언약의 삶을 서사하는 주어는 하나님의 이름입니다. 하나님과 함께하는 내용은 하나님의 이름으로 서사됩니다.

As long as one calls His name, he prays a covenant prayer and lives the covenant life. Thus, God's name is a covenant name. In accordance with His name, the covenant life is narrated. Accordingly, the content in the Bible is narrated in terms of His name as the subject. The subject of the narrative of the covenant life is His name. The content of being together with Him is narrated with His name.

3.4

Glory(영광)

People who live in the world see it as the phenomena of nature. And they recognize themselves as part of it. In this way, they consider themselves also as part of phenomena of nature. As the world, as a whole, changes, they, as a part, are also subjected to change.

세상에서 사는 사람들은 세상을 자연의 현상으로 봅니다. 그리고 자신들을 세상의 부분으로 인식합니다. 이렇게 해서 그들 자신들도 자연 현상의 부분으로 여깁니다. 세상이 전체로 변함으로, 그들도 부분으로 변화에 종속됩니다.

As people know the way of the change of the world, they set up its natural law. And they adapt to it or adopt it in order to utilize it for themselves. In this way, they understand the world scientifically. The scientific understanding basically assumes that the world is natural.

사람들이 세상의 변화 방식을 알아감으로, 그들은 세상의 자연 법칙을 세웁니다. 그리고 그들은 세상에 순응하거나 혹은 세상을 채택해서 그들 자신을 위해 이용합니다. 이렇게 해서 그들은 세상을 과학적으로 이해합니다. 과학적인 이해는 기본적으로 세상은 자연적이라고 가정합니다.

But the covenant people do not live natural life but live covenant life. They see the world not as natural but as what was created. And they see what appears in the world not as natural phenomena but as what is fulfilled with God's togetherness. They see the world from the covenant perspective.

그러나 언약의 백성은 자연적인 삶을 살지 않고 언약의 삶을 삽니다. 그들은 세상을 자연적으로 보지 않고 창조된 것으로 봅니다. 그리고 그들은 세상에 나타나는 것을 자연 현상이 아니라 하나님의 함께로 이루어진 것으로 봅니다. 그들은 세상을 언약의 관점에서 봅니다.

The appearance that the covenant people see as what is fulfilled with God's togetherness is attributed to Him as His glory by them. That is, they see what appears to them as His glory rather than natural phenomena. His glory is attributed to Him from the covenant perspective.

언약의 백성이 하나님의 함께로 이루어진 것으로 보는 나타남은 그분에게 그분 영광으로 그들에 의해 부여됩니다. 즉 그들은 그들에게 나타나는 것을 자연 현상보다 그분의 영광으로 봅니다. 그분의 영광은 언약의 관점에서 그분에게 부여됩니다.

The covenant people do not see appearances with causal explanation, since they talk of everything in terms of the fulfillment with God's togetherness. This does not mean that they explain everything in terms of His togetherness. There is nothing to be explained from the covenant perspective.

언약의 백성은 나타남을 인과관계의 설명으로 보지 않습니다. 그들은 모든 것을 하나님 함께로 이루어짐으로 말하기 때문입니다. 이것은 그들이 모든 것을 그분 함께로 설명한다는 뜻이 아닙니다. 언약의 관점에서 설명될 것은 없습니다.

God's glory has no sense of causal efficacy. His glory is not attributed to Him because He becomes the causal agent of what appears. Rather, what appears is attributed to Him as His glory because it is seen as the unveiling of His togetherness. That is, His glory is told when what appears is seen as His togetherness.

하나님의 영광은 인과 효능성의 의미를 갖지 않습니다. 그분 영광은, 그분이 나타나는 것에 대한 인과성 적인이기 때문에, 그분에게 부여되지 않았습니다. 그보다 나타나게 된 것은 그분의 함께의 드러남으로 보이기 때문에 그분에게 그분 영광으로 부여됩니다. 즉 그분의 영광은 나타난 것이 그분의 함께로 보일 때 말해집니다.

Therefore, God's glory should not be confused with His inter-vention. His intervention means His interruption into the natural causal chain with His omnipotent power. That is, His intervention is told in the background of the natural course of events. The im-pact of His intervention is considered as the change of the natural course of events.

그러므로 하나님의 영광은 그분 개입으로 혼동되지 말아야 합니다. 그분 개입은 그분의 전능한 힘으로 자연적인 인과사슬에 들어오는 그분 간섭을 뜻합니다. 즉 그분 개입은 사건의 자연적인 경로를 배경으로 말해집니다. 그분 개입의 영향은 사건의 자연적 경로의 변화로 여겨집니다.

But God's glory is told from the covenant perspective. The covenant people do not see the world as what is to be changed naturally. They do not see it in terms of the causal explanation. They do not live the natural life which is causally precipitated with the natural conditions but live the covenant life which unfolds with His togetherness.

그러나 하나님의 영광은 언약의 관점에서 말해집니다. 언약의 백성은 세상을 자연적으로 변해지는 것으로 보지 않습니다. 그들은 세상을 인과적 설명으로 보지 않습니다. 그들은 자연적인 조건과 더불어 인과적으로 야기되는 자연적인 삶을 살지 않고 그분 함께로 펼쳐지는 언약의 삶을 삽니다.

God's glory is told from the covenant perspective; on the other hand, His intervention is told from the natural perspective. Since in these days even Christians live the natural life, they like to tell of His intervention rather than His glory. They use "His glory" for excellence or fame in the course of the natural life.

하나님의 영광은 언약의 관점에서 말해집니다. 그 반면에 그분의 개입은 자연적인 관점에서 말해집니다. 현재 그리스도인들조차도 자연적인 삶을 살기 때문에 그분의 영광보다 그분의 개입을 말하길 좋아합니다. 그들은 "그분의 영광"을 자연적인 삶의 경로에서 우수함이나 영예에 대해 씁니다.

From the natural perspective, God' glory is understood with the comparative sense rather than the separative sense. Then, His glory does not have the sense of holiness. As a consequence, it is akin to a mythological notion. It is attributed to His magnificent or omnipotent power.

자연적인 관점에서 하나님의 영광은 구별된 의미보다 비교되는 의미로 이해됩니다. 그러면 그분의 영광은 거룩함의 의미를 갖지 못합니다. 결과적으로 신화적인 통념에 가깝습니다. 그것은 그분의 막강하거나 전능한 힘에 부여됩니다.

For God's glory, its separableness is presupposed. Since it is attributed to specific appearances in the world, they should be, first of all, separated. That is, they should be perceived apart from their causal links that are lurked into them from the natural perspective. Appearance of being fulfilled should be separated from the appearance of being caused.

하나님의 영광에 대해 그 구별됨이 전제됩니다. 그것은 세상에서 구체적인 나타남에 부여되었기 때문에 나타남은 무엇보다 먼저 구별되어야 합니다. 즉 나타남은 자연적 관점으로부터 그것들에 잠행된 인과 사슬을 떠나 지각되어야합니다. 이루어짐의 드러남은 원인된 드러남과 구별되어야 합니다.

If God's glory is attributed to the sound of thunder, it is regarded as the fulfillment with His togetherness. Its happening is not simply explained in terms of climate change. Since the covenant people live with His togetherness, the world that appears to them is full of His glory. The world of praising His glory should be separated from the world of explaining natural phenomena.

하나님의 영광이 천둥소리에 부여되면 그분 함께로 이루어짐으로 여겨집니다. 그 일어남은 단순히 기후의 변화로 설명되지 않습니다. 언약의 백성은 그분의 함께로 살기 때문에, 그들에게 나타나는 세상은 그분 영광의 가득함입니다. 그분 영광을 찬양하는 세상은 자연 현상을 설명하는 세상과 구별되어야 합니다.

The perspective of fulfillment rather than of causal explanation is accompanied with the praising of God's glory. The covenant people who see the world from the perspective of the fulfillment of His word see it as His glory. In this case, His glory is conjoined with His togetherness rather than His power.

인과적 설명의 관점보다 이루어짐의 관점은 하나님 영광의 찬양과 동반됩니다. 세상을 그분 말씀의 이루어짐으로 보는 언약의 백성은 세상을 그분의 영광으로 봅니다. 이 경우 그분 영광은 그분의 힘보다 그분 함께와 결합됩니다.

The covenant life is the life that is fulfilled by God's word. Therefore, it is attributed as His glory. Its constituents are attributed as His glory. Whatever enters into it is perceived as His glory. His glory with the covenant life affirms that it is associated with His togetherness. His togetherness is expressed as His glory from the perspective of appearance.

언약의 삶은 하나님의 말씀으로 이루어진 삶입니다. 그러므로 그것은 그분 영광으로 부여됩니다. 그것의 구성요인은 그분 영광으로 부여됩니다. 거기에 들어가는 무엇이든 그분 영광으로 지각됩니다. 언약의 삶으로 그분 영광은 그것이 그분의 함께와 결부된다고 확언합니다. 그분 함께는 나타남의 관점에서 그분 영광으로 표현됩니다.

"God's glory" is attributed to what appears with weight. Here, "weight" connotes depth. That is, the weight of appearance is felt as pressure so as for its depth to be taken into consideration. In this case, its depth, of course, is not regarded as its cause. The feeling of the weight of an appearance leads to a non-causal perception of it.

"하나님의 영광"은 나타난 것에 무게로 부여됩니다. 여기서 "무게"는 깊이를 함축합니다. 즉 나타남의 무게는 압박으로 느껴져 그 깊이가 고려되게 됩니다. 이 경우 그 깊이는 물론 그것의 원인으로 고려되지 않습니다. 나타남의 무게에 대한 느낌은 나타남에 대한 비원인적 지각으로 이끕니다.

The weight of an appearance gives pressure with its significance. Its significance is independent of its cause. Its significance is to be mentioned by the people who are weighed by it. The perception of the weight of an appearance is, therefore, distinguished from the understanding of it with explanation.

나타남의 무게는 그 의미로 압박을 줍니다. 나타남의 의미는 나타남의 원인과 독립적입니다. 그것의 의미는 그것에 의해 무게를 느낀 사람들에 의해 언급됩니다. 그러므로 나타남의 무게에 대한 지각은 설명으로 그것에 대한 이해로부터 구별됩니다.

The 'weighted' appearances upon the covenant people are accepted as God's glory by them. Everything that is accepted by them is what is fulfilled by His word. It becomes a constituent of the covenant life in terms of its being fulfilled. In this way, they live in the world full of His glory.

언약의 백성에게 "무게"가 실린 나타남은 그들에게 하나님의 영광으로 받아들여집니다. 그들에 의해 받아들여진 모든 것은 그분 말씀으로 이루어진 것입니다. 그것은 이루어짐으로 언약의 삶의 구성요인이 됩니다. 이렇게 해서 그들은 하나님의 영광이 가득한 세상에 삽니다.

The constituents of the covenant life come into it with the significance of being fulfilled, losing their causal nexus in the natural course of affairs. As the constituent parts of the covenant life, they are attributed as God's glory. Therefore, the covenant life unfolded as His glory.

언약의 삶의 구성요인은 사태의 자연적인 경로에서 인과 연결을 잃어버리고 이루어짐의 의미로 언약에 옵니다. 구성요인은 언약의 삶의 구성 부분으로서 하나님의 영광이 부여됩니다. 그러므로 언약의 삶은 그분의 영광으로 펼쳐집니다.

The significance of God's glory frees the conditional bondage. When an appearance comes into the covenant life, it is freed from its causal nexus. Therefore, it is no more explained in terms of its causal relationship in the natural course of affairs. That is, it does not appear in the covenant life with its causal efficacy.

하나님의 영광의 의미는 조건적인 속박을 풀어줍니다. 나타남이 언약의 삶에 들어오면 인과 연결로부터 자유롭게 됩니다. 그러므로 더 이상 사태의 자연적 경로에서 인과관계로 설명되지 않습니다. 즉 인과 효능으로 언약의 삶에 나타나지 않습니다.

What is offered to God loses its worldly value so as to gain its glorified significance in the covenant life. Specifically, the offering to the church is no more counted in terms of its economic value, for the church is not unfolded economically. Since the church is glorified, the offering to it is glorified.

하나님께 드려진 것은 세상의 가치를 잃어버리고 언약의 삶에서 영광스러운 의미를 얻게 됩니다. 구체적으로 교회의 헌금은 더 이상 경제적인 가치로 계산되지 않습니다. 교회가 경제적으로 펼쳐지지 않기 때문입니다. 교회가 영광스럽게 됨으로 거기에 바치는 헌금도 영광스럽게 됩니다.

Everything in the covenant life is glorified, for it is fulfilled by God's word. This means that it is set to be free from conditional binding. It is solely treated with its significance in the covenant life. In this way, the covenant life becomes free from the natural binding of conditions.

언약의 삶에서 모든 것은 영광스럽게 됩니다. 하나님의 말씀으로 이루어지기 때문입니다. 이것은 조건적인 묶임에서 풀려나는 것을 뜻입니다. 모든 것은 언약의 삶에서 의미로만 다루어집니다. 이렇게 해서 언약의 삶은 자연적인 조건의 묶임으로부터 자유로워집니다.

The notion of God's glory comes from the covenant perception of the world. What is fulfilled by His word is seen as His glory. Therefore, the covenant life that is fulfilled by His word deals significantly with His glory. The covenant life is glorified life. Glorification is connoted by fulfillment.

하나님 영광의 통념은 세상에 대한 언약의 지각으로부터 옵니다. 그분 말씀으로 이루어진 것은 그분 영광으로 보아집니다. 그러므로 그분 말씀으로 이루어진 언약의 삶은 그분 영광으로 의미 있게 다루어집니다. 언약의 삶은 영광스러워진 삶입니다. 영광스러움은 이루어짐에 함축됩니다.

The appearance of the Exodus life is seen as God's glory, for it was fulfilled by His promised word. Therefore, it is not narrated as a natural outcome but narrated as a disclosure of glorification. It is a glorified life. Its narrative in the Bible is a glorified narrative. Glorification is one of the main theme of its narrative.

출애굽 삶의 나타남은 하나님의 영광으로 보아집니다. 그분 약속된 말씀으로 이루어졌기 때문입니다. 그러므로 그것은 자연적인 소산으로 서사되지 않고 영광의 드러남으로 서사됩니다. 그것은 영광스러워진 삶입니다. 성경에서 그 서사는 영광스러워진 서사입니다. 영광스러움은 그 서사의 주제 가운데 하나입니다.

The cross of Jesus is also seen as God's glory, for it is the fulfillment of His will. It is difficult to perceive the cross as the fulfillment of His will from the natural perspective. And it is generally believed that His will is likely fulfilled with His mighty power. But the power exercise d on the cross of Jesus comes from men, not from God.

예수님의 십자가도 또한 하나님의 영광으로 보입니다. 하나님의 뜻의 이루어짐이기 때문입니다. 자연적인 관점으로 십자가가 그분 뜻의 이루어짐이라고 지각하기 어렵습니다. 그리고 그분 뜻은 그분의 막강한 힘으로 이루어질 것 같다고 일반적으로 믿어집니다. 그러나 예수님의 십자가에 행사된 힘은 사람으로부터 옵니다. 하나님으로부터 오지 않습니다.

Nevertheless, the cross of Jesus is so lowly and humble that it is hardly coupled with glory in the world. But since glory is attributed to what is fulfilled by God's word or will, the cross, however it may appear in the world, is seen as His glory. Christians do not behold it as the frame of punishment but behold it as His glory.

그렇지만 예수님의 십자가는 너무 낮아지고 비천해서 세상의 영광과 결부되지 않습니다. 그러나 영광이 하나님의 말씀이나 뜻에 의해 이루어진 것에 부여됨으로, 십자가는 세상에 어떻게 나타나든 그분의 영광으로 보입니다. 그리스도인들은 십자가를 처벌의 틀로 바라보지 않고 그분 영광으로 바라봅니다.

Therefore, glory does not mean excellence or honor in the natural life. God's glory cannot be attributed to whatever comes out of people. Speaking reversely, whatever comes out of people should not be given to Him as glory. His glory has to be mentioned in the covenant life of togetherness.

그러므로 영광은 자연적인 삶에서 우수함이나 영예를 뜻하지 않습니다. 하나님의 영광은 사람으로부터 오는 것에 부여될 수 없습니다.

거꾸로 말하면 사람들로부터 나오는 것은 무엇이든 그분에게 영광으로 드려지지 말아야 합니다. 그분 영광은 함께하는 언약의 삶에서 언급되어야 합니다.

At any rate, Jesus was punished to death on the cross. The cross was despicable and loathsome. Therefore, it could not be represented as excellence or honor. It was the punishment of the world. Or it was the negation by men's will. But it was the fulfillment of God's will.

어떻든 예수님은 십자가에 죽음으로 처벌되었습니다. 십자가는 경멸스럽고 혐오스러웠습니다. 그러므로 우수함이나 영예로 표상될 수 없었습니다. 세상의 처벌이었습니다. 혹은 사람 뜻에 의한 부인이었습니다. 그러나 하나님의 뜻의 이루어짐이었습니다.

With the cross of Jesus, God's glory could be narrated with His togetherness. Since Jesus was obedient to His will, His togetherness came to be affirmed with Jesus. Therefore, Jesus could be narrated with His glory of togetherness. Or the gospel could be read with His glory of togetherness.

예수님의 십자가로 하나님의 영광은 그분 함께로 서사될 수 있었습니다. 예수님은 하나님의 뜻에 순종하셨음으로, 하나님의 함께가 예수님과 더불어 확언되게 되었습니다. 그러므로 예수님은 함께하는 하나님의 영광으로 서사될 수 있었습니다. 혹은 복음은 함께하는 그분 영광으로 읽혀질 수 있었습니다.

Because of Jesus, God's glory can be narrated with togetherness.

Phrasing differently, togetherness is attributed to His glory. What is fulfilled by His word is togetherness, for His word is given with His togetherness. The narrative of Jesus is the narrative of His glory of togetherness.

예수님 때문에 하나님의 영광은 함께로 서사됩니다. 달리 말하면 함께는 그분 영광에 부여됩니다. 그분 말씀으로 이루어지는 것은 함께입니다. 그분 말씀은 그분 함께로 주어지기 때문입니다. 예수님의 서사는 함께하는 그분 영광의 서사입니다.

The Christian life is attributed to God's glory because it is disclosed as togetherness. That is, Christians are glorified because they live a life of togetherness. Glorification is separately and distinctly seen in the fulfillment of togetherness. In this respect, they do not live moral or religious lives but live glorified lives.

그리스도인의 삶은 함께로 드러나기 때문에 하나님의 영광에 부여됩니다. 즉 그리스도인들은 함께의 삶을 살기 때문에 영광스러워집니다. 영광스러움은 함께의 이루어짐으로 구별되고 또 독특하게 보입니다. 이 점에서 그들은 도덕적이거나 종교적인 삶을 살지 않고 영광스러워진 삶을 삽니다.

Jesus was glorified on the cross, for God's togetherness with Him was disclosed on it. Therefore, the attribution of God's glory to the cross is due to the disclosure of God's togetherness with Him on it. Togetherness that is fulfilled on Him is the glory due to God's togetherness.

예수님은 십자가상에서 영광스러워지셨습니다. 예수님과 하나님의 함께가 거기에 드러났기 때문입니다. 그러므로 십자가에 하나님의 영광을 부여함은 거기에 예수님과 하나님 함께의 드러남에 의해서입니다. 예수님에게 이루어진 함께는 하나님의 함께에 의한 영광입니다.

집중(Focus)

영광은 세상에 보이는 현상으로 말해집니다. 구체적인 현상이 하나님에 의해 드러난 것으로 보아질 때 영광으로 여겨집니다. 그것이 특별하거나 이롭기 때문이 아닙니다. 특별함이나 이로움은 사람의 의식으로 판단됩니다. 그러나 영광을 말하는 데는 하나님으로부터 드러남의 시각이 따릅니다. 예수님을 하나님으로부터 오신 분이라는 확언은 영광의 시각으로부터 나옵니다.

Glory is told in terms of the phenomena of the world. When a concrete phenomenon is seen as what is unveiled by God, it is considered glory. It is regarded as glory not because it is special or beneficial. Specialty or beneficiary is judged by man's consciousness. In the telling of glory, the perspective of unveiling from Him is accompanied with. The affirmation that Jesus is the One who comes from God comes from the perspective of glory.

영광은 어떤 현상에 대해 그것의 '무게'를 느끼거나 '깊이'로 보는 것입니다. 현상에 대한 무게나 깊이는 원인과는 다릅니다. 원인은 인과관계의 힘을 따릅니다. 그러나 영광은 힘이 수반되지 않습니다. 무게나 깊이는 현상의 드러남에서 느껴집니다. 현상을 드러남으로 보는 것은 그것의 일어난 원인을 설명하는 것과 전혀 다릅니다.

For a certain phenomenon, glory is to feel its 'weight' or to see its 'depth'. The weight or depth of a phenomenon is different from its cause. A cause follows the power of causality. But glory is not accompanied with power. Weight or depth is felt in the unveiling of phenomena. The seeing of a phenomenon in terms of its unveiling is different from the explanation of the cause of its occurrence.

어떤 현상이 영광으로 보아지면, 그 일어남에 대한 인과관계의 설명 논리가 차단됩니다. 출애굽이나 십자가의 영광은 출애굽이나 십자가의 인과관계로 설명되지 않습니다. 그것에 드러나는 하나님의 뜻이 보아집니다. 즉 영광은 하나님의 뜻으로 말해집니다. 하나님의 뜻이 이루어진 현상은 영광스럽습니다.

If a certain phenomenon is seen as glory, the explanatory logic of the causal relationship of its occurrence is precluded. The glory of the Exodus or the cross is not explained by the causal relationship of the Exodus or the cross. God's will unveiled on it is seen. That is, glory is told with His will. The phenomena with which His will is fulfilled is glorious.

3.5

Commandment(계명)

God gives His word for fulfillment. That is, His word is the word of fulfillment. This is the basic statement about His word. But man's word is based on fact. Therefore, for man's word, whether it is factual or not always matters. In this way, God's word and man's word are different.

하나님은 그분 말씀을 이루기 위해 주십니다. 즉 그분 말씀은 이룸의 말씀입니다. 이것은 그분의 말씀에 대한 기본적인 진술입니다. 그러나 사람의 말은 사실에 근거합니다. 그러므로 사람의 말에 대해선 그것이 사실인지 아닌지가 언제나 문제입니다. 이렇게 하나님의 말씀과 사람의 말은 다릅니다.

Nevertheless, most people do not pay attention to the difference. They want to understand God's word as the extrapolation of man's word, since they only think that He can do what he cannot do. They are ignorant about His holiness. Consequently, they claim that what is written in the Bible is fact.

그러나 대부분 사람들은 그 다름에 주의하지 않습니다. 그들은 하나님의 말씀을 사람의 말의 외삽으로 이해하려고 합니다. 그들은 사람이 할 수 없는 것을 하나님께서 하신다고만 생각하기 때문입니다. 그들은 하나님의 거룩하심에 대해 무지합니다. 결과적으로 그들은 성경에 쓰인 것은 사실이라고 주장합니다.

God's word that is led to its fulfillment cannot be interpreted by man's word that is set for its reality or realization. Fulfillment is unfolding, but realization is goal-oriented. The fulfillment of His word cannot be specified in terms of the change of the conditions of the world. But man's word is always specified in terms of the state of the conditions of the world.

이루어짐으로 이끌어진 하나님의 말씀은 실재나 실현으로 설정된 사람의 말로 해석될 수 없습니다. 이룸은 펼쳐지지만 실현은 목적에 향해집니다. 그분 말씀의 이루어짐은 세상 조건의 변화로 명시될 수 없습니다. 그러나 사람의 말은 언제나 세상 조건의 상태로 명시됩니다.

Since God's word is for fulfillment, it is observed as promise or commandment in the human realm. That is, when it is given to His people by Him, they receive it as promise or commandment. This means that commandment is received in conjunction with promise. He gives His word as either promise or commandment.

하나님의 말씀은 이루어짐을 위하기 때문에 인간의 영역에서 약속이나 계명으로 주목됩니다. 즉 하나님의 말씀이 그분에 의해 그분 백성에게 주어질 때, 그들은 그것을 약속이나 계명으로 받습니다. 이것은 계명이 약속과 연관되어 받아진다는 것을 뜻합니다. 그분은 그분 말씀을 약속이나 혹은 계명으로 주십니다.

In the Bible, God's commandments are specifically given to His people. They are, at any rate, His word. Therefore, they should be received with a sense of fulfillment. They are basically given for their own fulfillment rather than for the conditional change of the world. That is, what is commanded is not to be identified by the conditional change of the world.

성경에서 하나님의 계명은 구체적으로 그분 백성에게 주어집니다. 하나님의 계명은 어떻든 그분 말씀입니다. 그러므로 이룸의 뜻으로 받아져야 합니다. 하나님의 계명은 기본적으로 세상 조건의 변화보다 자체의 이루어짐으로 주어집니다. 즉 계명으로 주어진 것은 세상의 조건적인 변화로 식별될 수 없습니다.

But man's commandments in daily life are given to do specific actions which result in the concrete change of the conditions of the world. They are directed to achieve the specified goals. Since man is an agent, the outcome of any commandment given to him can be anticipated.

그러나 일상적인 삶에서 사람의 계명은 세상 조건의 구체적인 변화를 야기하는 특정한 행동을 하도록 주어집니다. 특정한 목적을 달성하기 위해 지시됩니다. 사람은 작인이기 때문에, 그에게 주어진 계명의 결과는 예상될 수 있습니다.

For a man's commandment, the one who gives it is different from the one to whom it is given to do. But for God's commandment, He who gives it is together with His people to whom it is given. That is, it is given to His people with and for His togetherness.

Promise is given to them for His initiation for His togetherness; meanwhile, commandment is given to them for their response to His togetherness.

사람의 계명에 대해선 계명을 주는 이는 계명을 지키도록 주어진 이와 다릅니다, 그러나 하나님의 계명에 대해선 주시는 분은 그것을 지키도록 주어진 그분 백성과 함께하십니다. 즉 그것은 그분 백성에게 그분 함께로 또 그분 함께를 위해서 주어집니다. 약속은 그분 함께를 위한 그분 개시를 위해 그들에게 주어집니다. 한편 계명은 그분 함께에 대한 그들의 반응을 위해 그들에게 주어집니다.

God's commandment springs out on the ground of His togetherness. Therefore, it cannot be fulfilled by performing its mere literally specified acts. In order for it to be fulfilled, its literally specified acts should be perceived as the disclosure of His togetherness. That's why His commandment has to be received with His togetherness.

하나님의 계명은 그분 함께의 근거에서 솟아납니다. 그러므로 그것은 단지 문자적으로 명시된 행동을 실행함으로 이루어질 수 없습니다. 그것이 이루어지기 위해 문자적으로 명시된 행위는 그분 함께의 드러남으로 지각되어야 합니다. 그 때문에 그분 계명은 그분 함께로 받아져야 합니다.

In this respect, God's commandment is covenantal, for it is given for the fulfillment of His togetherness. It is not given for the change of condition of the world but for the fulfillment of the covenant life of His togetherness. It is fulfilled into the life of togetherness with Him. That is, His commandment is basically and ultimately given for togetherness.

이 점에서 하나님의 계명은 언약적입니다. 그분 함께의 이루어짐으로 주어지기 때문입니다. 그것은 세상 조건의 변화를 위해 주어지지 않고 그분과 함께하는 언약의 삶의 이루어짐을 위해 주어집니다. 그것은 그분과 함께하는 삶으로 이루어집니다. 즉 그분 계명은 기본적으로 또한 궁극적으로 함께를 위해 주어집니다.

Man lives in the world. What he does results in conditional change of the world. But God's people who have the covenant live with His togetherness. Thus, what they do is the fulfillment of togetherness with Him. With His commandment, they live the life of togetherness with Him.

사람은 세상에서 삽니다. 그가 하는 것은 세상의 조건적인 변화를 야기합니다. 그러나 언약을 지닌 하나님의 백성은 그분 함께로 삽니다. 따라서 그들이 하는 것은 그분과 함께하는 이루어짐입니다. 그분 계명으로 그들은 그분과 함께하는 삶을 삽니다.

The Ten Commandments in the OT were given to the Israelites who came out of the land of Egypt by God. They were His words that were given for the Israelites to live as His covenant people in accordance with them. They were given for the separated life of His togetherness.

구약의 십계명은 이집트 땅으로부터 나온 이스라엘 백성에게 하나님에 의해 주어졌습니다. 십계명은 이스라엘 백성이 그에 따라 언약의 백성으로 살도록 주어진 그분 말씀입니다. 십계명은 그분이 함께하시는 구별된 삶을 살도록 주어졌습니다.

The natural life is worldly, but the covenant life wordy. The former is sustained in accordance with the change of nature, but the latter is unfolded in accordance with the fulfillment of the covenant word, i.e., God's word. And the covenant word precedes nature, for nature is the fallen state of creation by the covenant word.

자연적인 삶은 세상적입니다. 그러나 언약의 삶은 언어적입니다. 전자는 자연의 변화를 따라 지속되지만, 후자는 언약의 말, 곧 하나님의 말씀의 이루어짐을 따라 펼쳐집니다. 그리고 언약의 말은 자연에 선행됩니다. 자연은 언약의 말에 의한 창조의 타락된 상태이기 때문입니다.

The covenant word that is to be fulfilled is given as promise, commandment, or exhortation. Since it is given for the fulfillment, it is preceded by its fulfillment. But the worldly word comes out of the fact of the world. It tells of the case of the world of past, present, or future. Therefore, the worldly promise, commandment, or encouragement is given in accordance with the case of the world of past, present, or future.

이루어질 언약의 말은 약속, 계명, 혹은 권면으로 주어집니다. 그것은 이루어짐을 위해 주어지기 때문에 그 이루어짐에 선행됩니다. 그러나 세상의 말은 세상의 사실로부터 나옵니다. 그것은 과거, 현재, 혹은 미래의 세상 경우를 들려줍니다. 그러므로 세상의 약속, 계명, 혹은 격려는 과거, 현재, 혹은 미래의 세상 경우에 따라 주어집니다.

Man's factual word and God's covenant word are different. The former is meaningfully discoursed on the basis of fact, even if it expresses non-case or imagination. But the latter is given by Him who wills to fulfill the covenant life with His people regardless of the factuality of the world.

사람의 사실적인 말과 하나님의 언약의 말씀은 다릅니다. 전자는 경우가 아닌 것이나 상상을 표현하더라도 사실에 근거해서 의미 있게 전개됩니다. 그러나 후자는 세상의 조건성에 상관없이, 그분 백성과 함께 언약의 삶을 이루길 뜻하시는 그분에 의해 주어집니다.

God's togetherness is not natural but covenantal. Therefore, it is to be fulfilled. Because of this reason, the covenant word entails promise, commandment, or exhortation, which comes out with His togetherness for the fulfillment of His togetherness. His word as the covenant word that comes out with His togetherness is given for His togetherness.

하나님의 함께는 자연적이지 않고 언약적입니다. 그러므로 이루어질 것입니다. 이 연유로 언약의 말은 그분의 함께의 이루어짐을 위해 그분 함께로부터 나오는 약속, 계명, 혹은 권면을 내포합니다. 그분 함께로 나오는 언약의 말로서 그분 말씀은 그분 함께를 위해 주어집니다.

Therefore, God's togetherness cannot be naturally or factually stated. It is only stated for the fulfillment. Because of this reason, the Bible is regarded as the fulfillment narrative of His togetherness. It is called the book of the covenant. It requires the covenant perspective in order to be read.

그러므로 하나님의 함께는 자연적으로 혹은 사실적으로 진술될 수 없습니다. 단지 이루어짐으로 진술됩니다. 이 때문에 성경은 그분 함께의 이룸 서사로 여겨집니다. 언약의 책으로 불러집니다. 성경은 읽혀지기 위해 언약의 관점을 요구합니다.

The law was given to the Israelites on the background of the covenant. With it they wanted to live the covenant life with God. But it had requirements of specific acts, since it was formulated in letters. Therefore, they had to demonstrate the required acts that were expressed in letters in order to keep it.

율법은 언약의 배경에서 이스라엘 백성에게 주어졌습니다. 그것으로 그들은 하나님과 함께하는 언약의 삶을 살기를 원했습니다. 그러나 율법은 문자로 형성되었기 때문에 구체적인 행위의 요구를 보입니다. 그러므로 그들은 그것을 지키기 위해 문자로 표현된 요구된 행위를 보여야 했습니다.

The law is given to be observed. And it is observed individually. Thus, the observation of it cannot be the fulfillment of God's togetherness. Consequently, the observation of the law and the fulfillment of it are different. The observation of it upbuilds the one who observes it, but the fulfillment of it unfolds His togetherness.

율법은 지키도록 주어집니다. 그리고 개인적으로 지켜집니다. 따라서 율법을 지킴은 하나님 함께의 이루어짐일 수 없습니다. 따라서 율법을 지킴과 율법의 이루어짐은 다릅니다. 율법의 지킴은 그것을 지키는 이를 세웁니다. 그러나 율법의 이루어짐은 그분 함께를 펼칩니다.

If God's togetherness is not taken into consideration, His word is merely regarded as what is to be kept. Then, it becomes accepted like the law. People are naturally inclined to keep what He says. This natural inclination is embedded in their fallen state. And their own will is the outcome of their natural inclination.

하나님의 함께가 고려되지 않으면, 그분 말씀은 단지 지켜져야 할 것으로 여겨집니다. 그러면 그것은 율법과 같이 받아들여집니다. 사람들은 그분이 말씀하신 것을 지키려고 자연적으로 기웁니다. 이 자연적인 성향은 그들의 타락된 상태에 깔려 있습니다. 그리고 그들 자신의 뜻은 자연적인 성향의 소산입니다.

The doctrinal understanding of God's word is not much different. His word apart from His togetherness is conceptually understood as what is associated with the conceptual God. The doctrinal formulation of His word is prepared in order to apply human nature. Therefore, it is readable to the natural people rather than the covenant people.

하나님의 말씀에 대한 교리적인 이해는 많이 다르지 않습니다. 그분 함께를 떠난 그분 말씀은 개념적인 하나님과 관련된 것으로 개념적으로 이해됩니다. 그분 말씀에 대한 교리적 형성은 인간 본성에 적용하기 위해 준비됩니다. 그러므로 그것은 언약의 백성보다 자연적인 사람들에게 읽혀질 수 있습니다.

Contrary to the keeping of God's word, the obedience of His word leads to the fulfillment of it. The reception of His word as commandment means obedience to it. Commandment requires obedience rather than practice. Obedience is the primary response to His word of togetherness. The covenant people are primarily obedient.

하나님 말씀의 지킴에 반하여 그분 말씀의 순종은 그분 말씀의 이루어짐으로 이끌어집니다. 그분 말씀을 계명으로 받아들임은 그에 대한 순종을 뜻합니다. 계명은 이행보다 순종을 요구합니다. 순종은 함께하는 그분 말씀에 대한 일차적인 반응입니다. 언약의 백성은 일차적으로 순종합니다.

If God's togetherness is not taken into consideration, the keeping of His word and the obedience of it are not to be distinguished clearly. This means that the keeping of it is regarded as the obedience of it. That's why the Israelites in the OT affirm that their keeping of the law is the obedience to God's word.

만약 하나님의 함께가 고려되지 않으면, 그분 말씀의 지킴과 그분 말씀의 순종은 분명하게 구별될 수 없습니다. 이것은 그분 말씀의 지킴이 그분 말씀의 순종으로 여겨짐을 뜻합니다. 그 때문에 구약의 이스라엘 백성은 그들이 율법을 지키는 것이 하나님의 말씀에 순종하는 것으로 확언합니다.

The Jews charged Jesus as the one who did not keep the law because He healed the disabled on the Sabbath. But He told His disciples that He came to fulfill it ^{Matt. 5:17}. He awakened them to see that God's word was originally and ultimately what was to be fulfilled rather than what was to be kept.

유대인들은 예수님이 안식일에 병자를 고치셨기 때문에 율법을 지키지 않은 이로 고발했습니다. 그러나 예수님은 제자들에게 율법을 이루기 위해 오셨다[마 5:17]고 하셨습니다. 예수님은 하나님의 말씀은 원래 그리고 궁극적으로 지켜질 것으로보다 이루어질 것으로 보도록 그들을 일깨우셨습니다.

Jesus shows His fulfillment of the law in the obedience on the cross. In His obedience, God's togetherness with His word is revealed or unfolded. Obedience is only visible in togetherness. It is not visible objectively or subjectively. Therefore, because of Jesus' obedience, His life is narrated into the new covenant.

예수님은 십자가상 순종으로 율법에 대한 그분의 이룸을 보이십니다. 예수님의 순종 가운데, 하나님의 말씀으로 하나님 함께가 계시되고 펼쳐집니다. 순종은 함께로만 보입니다. 객관적으로나 주관적으로 보이지 않습니다. 그러므로 예수님의 순종으로 예수님의 삶은 새 언약으로 서사됩니다.

"Love your enemy," "Rejoice always in the Lord," or "In everything gives thanks," is a commandment or exhortation. It is not easy to give an objective criterion of keeping it. It is misleading to think of a subjective state of mind for it. It should be fulfilled in obedience of God's togetherness, for it, in obedience, is guided by the Holy Spirit.

"네 이웃을 사랑하라," "주 안에서 항상 기뻐하라," 혹은 "모든 것에 감사하라,"는 계명이나 혹은 권면입니다. 그것을 지킴에 대해 객관적인 기준을 주기는 쉽지 않습니다. 그것에 대해 주관적인 마음의 상태를 생각하는 것은 잘못입니다. 그것은 하나님의 함께로 순종으로 이루어져야 합니다. 그것은 순종 가운데 성령님에 의해 인도되기 때문입니다.

Obedience in God's togetherness was seen by Jesus. Jesus vividly showed obedience of life rather than obedience of letters. He was not only crucified by the Jews who were obedient to the law of letters but also crucified in obedience of the law of life. Thus, in Him God's word of togetherness is wholly and completely fulfilled.

하나님의 함께로 순종은 예수님으로 보였습니다. 예수님은 분명히 문자의 순종보다 삶의 순종을 보이셨습니다. 예수님은 문자적인 율법에 순종하는 유대인들에 의해 십자가에 못 박혔을 뿐만 아니라 삶의 율법에 순종함으로 십자가에 못 박혔습니다. 따라서 예수님에, 함께하는 하나님의 말씀이 온전히 그리고 완전히 이루어졌습니다.

Commandment or exhortation springs out of the covenant. It is, so to speak, a covenant reiteration. It is addressed for the fulfillment of the on-going covenant life. That is, it is directed to the fulfillment of the life of togetherness. The Biblical commandment or exhortation is given for togetherness.

계명이나 권면은 언약에서 솟아납니다. 그것은 말하자면 언약의 반복입니다. 그것은 진행하는 언약의 삶의 이루어짐을 위해 제기됩니다. 즉 그것은 함께의 삶의 이루어짐을 향합니다. 성경의 계명과 권면은 함께로 주어집니다.

That's why the apostle Paul says, "he who loves another has fulfilled the law" Rom. 13:8. Jesus' teaching of the fulfillment of the law becomes fulfilled in loving one another. This means that the fulfillment of the law leads to the covenant life togetherness. But the keeping of it leads to individualization.

그 때문에 사도 바울은 "남을 사랑하는 자는 율법을 다 이루었느니라
롬 13:8"고 합니다. 율법의 이룸에 대한 예수님의 가르침은 서로 사랑함
으로 이루어집니다. 이것은 율법의 이룸이 함께하는 언약의 삶으로 이
끌어지는 것을 뜻합니다. 그러나 율법의 지킴은 개인화로 이끌어집니
다.

Therefore, commandment has to be received from the perspective of temporal unfolding rather than of spatial movement. Love as the fulfillment of the law is temporal unfolding rather than spatial movement. That is, it has to be considered in terms of its covenantal impact in time. Fulfillment connotes temporality.

그러므로 계명은 공간적인 움직임보다 시간적인 펼쳐짐의 관점으로
받아들여져야 합니다. 율법의 이룸으로서 사랑은 공간적인 움직임이
기보다 시간적인 펼쳐짐입니다. 즉 그것은 시간상 언약의 영향으로 고
려되어야만 합니다. 이룸은 시간성을 함축합니다.

Therefore, in the NT, love, joy, and thanksgiving appear in the form of the commandment seen as "love one another" [John. 13:34], "rejoice in the Lord always" [Phil. 4:4], and "in everything give thanks" [1 Thess. 5:18]. They are what are to be fulfilled in the covenant life of togetherness, i.e., the church.

그러므로 신약에서 사랑, 기쁨, 그리고 감사는 "서로 사랑하라[요 13:34]"
"주안에서 항상 기뻐하라[빌 4:4]," 혹은 "모든 것에 감사하라[살전 5:18]"에서
보는 계명의 형태로 나타납니다. 사랑, 기쁨, 그리고 감사는 함께하는
언약의 삶, 곧 교회로 이루어질 것입니다.

집중(Focus)

사람의 말에 의한 계명은 지켜야 될 일종의 명령입니다. 그러나 하나님의 말씀에 의한 계명은 단순한 명령이 아닙니다. 사람의 말은 있는 상태를 기본으로 발설되니 사람의 계명은 있는 상태를 바꾸는 행위를 요구합니다. 그러나 하나님의 말씀은 이루어짐으로 주어지니 그분 계명은 그분 말씀에 수반됩니다. 그분 계명은 하나님께서 이루시는 말씀에 함께하는 언약의 백성이 따르도록 주어집니다.

Commandment by man's word is a kind of order. But commandment by God's word is not simple order. Since man's word is uttered on the basis of the existing state, his commandment demands an action of changing the existing state. But His word is given for its fulfillment, His commandment is accompanied with His word. His commandment is given for the covenant people of togetherness to follow His fulfilling word.

따라서 하나님께서 주시는 계명은 세상의 변화를 위함이 아니라 하나님과 함께함을 위함입니다. 그분이 이루실 그분의 약속의 말씀은 함께하는 그분 백성에게 계명으로 주어집니다. 약속과 계명이 같이 함께를 이룹니다. 따라서 그분의 계명은 언약적입니다. 십계명과 사랑의 계명은 언약의 계명으로 주어집니다.

Accordingly, the commandment that God gives is not for the change of the world but for the togetherness with Him. His promised word that He fulfills is given as commandment to His people of togetherness. Promise and commandment together fulfills togetherness. Thus, His commandment is covenantal. The Ten Commandments and the command of love are given as covenant commandments.

하나님의 약속은 언약으로 주어지기 때문에 언약으로 이루어집니다. 사람들에게 혜택을 주는 단순한 약속이 아닙니다. 사람들이 생각하는 혜택은 안주하고 있는 세상 삶에서 보다 나은 조건입니다. 그러나 언약의 약속은 언약의 삶으로 이루어집니다. 이 경우 언약의 삶은 언약의 백성에게 주어진 계명으로 명시됩니다. 즉 언약의 계명은 언약의 약속의 다른 면입니다.

Since God's promise is given as the covenant, it is fulfilled into the covenant. It is not a simple promise to give some benefit to people. The benefit that people think of is a better condition in the world where they are settled. But the covenant promise is fulfilled in the covenant life. In this case, the covenant life is specified by the commandment given to the covenant people. That is, the covenant commandment is the other side of the covenant promise.

3.6

The Land(땅)

The land in the Bible was the place where God's people would live. God gave Abraham a promise for the prosperity of his descendants and the land where they would live. With this promise, He made a covenant with him. Thus, his descendants were His people, and the land where they would live was His promised land.

성경에서 땅은 하나님의 백성이 살 장소였습니다. 하나님은 아브라함에게 그의 후손이 번성할 것과 그들이 살 땅에 대한 약속을 주셨습니다. 이 약속으로 그분은 그와 언약을 맺었습니다. 따라서 그의 후손은 그분 백성이고, 그들이 살 땅은 그분 약속의 땅이었습니다.

Therefore, the land in the Bible is not identified as a geographically, politically, or economically fixed area but identified as what is to be provided for the covenant people's lives through the fulfillment of God's promise. It is a constituent for the covenant life. Thus, it is the covenant land, being contrasted to the natural land.

그러므로 성경에서 땅은 지리적으로, 정치적으로, 혹은 경제적으로 고정된 지역이 아니라 하나님의 약속의 이루어짐으로 언약의 백성의 삶을 위해 제공되는 것으로 확인됩니다. 그것은 언약의 삶의 구성요인입니다. 따라서 자연적인 땅과 대조되는 언약의 땅입니다.

Since the covenant life unfolds with the fulfillment of God's word, the land where it is unfolded is also included in it. Since the land is included for it, the land is not a condition but constituent of it. Thus, the land comes into it with a sense of fulfillment, since it is fulfilled. The covenant land is not a fixed area that is to be occupied.

언약의 삶은 하나님의 말씀의 이루어짐으로 펼쳐지기 때문에, 언약의 삶이 펼쳐지는 땅도 거기에 포함됩니다. 땅은 언약의 삶을 위해 포함됨으로 언약의 삶의 조건이 아닌 구성요인입니다. 따라서 땅은 이루어짐의 의미로 언약의 삶에 옵니다. 언약의 삶이 이루어지기 때문입니다. 언약의 땅은 점유될 고정된 지역이 아닙니다.

Since the covenant life is life with God's togetherness, everything for it is provided. It is not a conditional life but a fulfilling life. Therefore, it is basically narrated not in terms of conditionality but with fulfillment. The land is also narrated with a sense of fulfillment. Therefore, not life of land but land of life has to be taken into consideration.

언약의 삶은 하나님의 함께로 삶임으로, 언약의 삶을 위한 모든 것은 제공됩니다. 그것은 조건적인 삶이 아닌 이루어짐의 삶입니다. 그러므로 그것은 기본적으로 조건성이 아닌 이루어짐으로 서사됩니다. 땅도 또한 이루어짐의 의미로 서사됩니다. 그러므로 땅의 삶이 아닌 삶의 땅이 고려되어야 합니다.

Since the land is provided for the fulfillment of the covenant life, it no longer remains as a natural condition of life. It becomes a constituent part of the covenant life. Thus, it has to be observed from the perspective of the covenant. The natural life is sustained on it as a natural condition, but the covenant life is unfolded on it as a covenant constituent.

땅이 언약의 삶의 이루어짐을 위해 제공되기 때문에 더 이상 삶의 자연적인 조건으로 남지 않습니다. 그것은 언약의 삶의 구성적인 부분이 됩니다. 따라서 그것은 언약의 관점에서 주시되어야 합니다. 자연적인 삶은 자연적 조건으로서 땅위에 유지됩니다. 그러나 언약의 삶은 언약의 구성요소로서 땅위에 펼쳐집니다.

In this way, the significance of the land is to be reviewed in the covenant life. It is no longer considered a natural condition. Instead, it is narrated as a constituent of the fulfilled covenant life. It comes to be renewed with the covenantal sense. In order for the covenant people to live the covenant life, the land where they live has to be secured.

이런 식으로 땅의 의미가 언약의 삶에서 재조명되게 됩니다. 그것은 더 이상 자연조건으로 고려되지 않습니다. 그보다 그것은 이루어진 언약의 삶의 구성요인으로 서사됩니다. 언약의 의미로 새롭게 됩니다. 언약의 백성이 언약의 삶을 살기 위해 그들이 사는 땅이 보장되어야 합니다.

Then, everything in the world, in its significance, is renewed in the covenant life. Even the world is renewed as what was created in the covenant life. Therefore, not covenant life in the world but the world of the covenant life can be narrated. That is, the world is not fixed as the ground of life from the covenant perspective.

그러면 세상에 있는 모든 것은, 그 의미에서, 언약의 삶으로 새롭게 됩니다. 세상조차도 언약의 삶에서 창조된 것으로 새롭게 됩니다. 그러므로 세상에서 언약의 삶이 아닌 언약의 삶의 세상이 서사될 수 있습니다. 즉 세상은 언약의 관점에서 삶의 근거로 고정되지 않습니다.

Thus, everything in the world, losing its natural status, attains its covenantal significance in accordance with God's fulfillment of the covenant life. He does not fulfill the covenant life in accordance with natural conditions. Therefore, the land in the Bible is not narrated conditionally. If the land is fixed as a condition, the life on it is inevitably conditional.

따라서 세상에 있는 모든 것은, 자연적인 지위를 잃으면서, 언약의 삶을 하나님께서 이루심을 따라 자체의 언약의 뜻을 얻습니다. 하나님은 자연조건을 따라 언약의 삶을 이루지 않으십니다. 그러므로 성경에서 땅은 조건적으로 서사되지 않습니다. 땅이 조건으로 굳혀지면 그 위에 사는 삶은 어쩔 수 없이 조건적입니다.

Anything in the world is no more seen as what is. It comes to be seen as what is together with. The covenant perspective is the perspective of togetherness. And God's fulfillment is originally and ultimately toward togetherness. Thus, the land is also seen from the perspective of togetherness.

세상에 있는 어떤 것도 더 이상 있는 것으로 보이지 않습니다. 함께하는 것으로 보이게 됩니다. 언약의 관점은 함께의 관점입니다. 그리고 하나님의 이룸은 원래 그리고 궁극적으로 함께로 향합니다. 따라서 땅도 또한 함께의 관점으로 보입니다.

The covenant life is accompanied with the perspectival change from what is the case to what is to be fulfilled. Then, everything is viewed not as a fixed condition but as what is to be entered with new significance into the covenant life. This is the covenant perspective, or the Biblical perspective.

언약의 삶은 경우인 것으로부터 이루어질 것으로 관점의 전환을 동반합니다. 그러면 모든 것은 고정된 조건으로서 아니라 언약의 삶에 새로운 의미로 들어올 것으로서 보입니다. 이것이 언약의 관점, 혹은 성경의 관점입니다.

Natural life is conditional. It is conditionally interlinked. Therefore, it is explained in terms of the causal relationship. People who participate in it as causal agents are also causal recipients. Their participation is explicable in terms of their conditional and causal interactions in it.

자연적인 삶은 조건적입니다. 조건적으로 연결되어 있습니다. 그러므로 그것은 인과관계로 설명됩니다. 자연적인 삶에 원인의 작인으로 참여한 사람들은 또한 원인의 감수자들입니다. 그들의 참여는 그 안에서 조건적이고 인과 작용으로 설명됩니다.

But the covenant life is a fulfilled life. Therefore, natural conditions are accompanied with the fulfillment of the covenant life.

They come into it with the significance of fulfillment in accordance with God's fulfillment. That is, they are participating in it not as conditions but as fulfillments.

그러나 언약의 삶은 이루어진 삶입니다. 그러므로 자연조건은 언약의 삶의 이루어짐에 수반됩니다. 하나님의 이룸에 따른 이루어짐의 의미로 언약의 삶에 들어옵니다. 즉 자연조건은 언약의 삶에 조건으로서 아니라 이루어짐으로서 참여됩니다.

The covenant life cannot be conditionally explained, for it is not the result of change but the outcome of fulfillment. But it can be narrated with the accompaniment of God's togetherness. And its narrative is the narrative of the fulfillment which is the disclosure of His togetherness.

언약의 삶은 조건적으로 설명될 수 없습니다. 변화의 결과가 아닌 이루어짐의 소산이기 때문입니다. 그러나 언약의 삶은 하나님의 함께의 수반으로 서사될 수 있습니다. 그리고 그 서사는 그분 함께의 드러남인 이루어짐의 서사입니다.

The land of Canaan is narrated in the Bible with the fulfillment of God's promise. It is newly fulfilled for the covenant life of the Israelites. Thus, it is no more narrated in terms of its conditional efficacy or impact. It is fulfilled in the covenant life of togetherness. That is, it is the fulfilled land for the Israelites.

가나안 땅은 하나님의 언약의 이루어짐으로 서사됩니다. 이스라엘 백성의 언약의 삶을 위해 새로이 이루어집니다. 따라서 가나안 땅은 더 이상 조건적인 효능이나 효과로 서사되지 않습니다. 함께하는 언약의

삶에 이루어집니다. 즉 가나안 땅은 이스라엘 백성을 위해 이루어진 땅
입니다.

Since fulfillment is disclosed with God's togetherness, what
is fulfilled is rearranged for togetherness. The land of Canaan is
fulfilled for the covenant life of the Israelites. However, it is con-
ditionally existent for the natural life of the inhabitants. Thus, it is
the conditional ground of the conditional life of the inhabitants.

이룸은 하나님의 함께로 드러나기 때문에, 이루어진 것은 함께를 위
해 재정리됩니다. 가나안 땅은 이스라엘 백성의 언약의 삶을 위해 이루
어집니다. 그렇지만 그것은 거주자들의 자연적인 삶을 위해 조건적으
로 존재합니다. 따라서 그것은 거주자들의 조건적인 삶의 조건적인 근
거입니다.

To the covenant people, their land is fulfilled in their covenant
life. This is the basic stance of the dealing of the land of Canaan
in the OT. It was the covenant land that was fulfilled according to
God's promise. It, so to speak, became the covenant land from one
of the natural existent lands when the covenant people lived.

언약의 백성에게, 그들의 땅은 언약의 삶을 위해 이루어집니다. 이것
이 구약에서 가나안 땅을 다루는 기본자세입니다. 가나안 땅은 하나님
의 약속에 따라 이루어진 언약의 땅이었습니다. 그것은, 말하자면, 언
약의 백성이 살 때 자연적으로 존재하던 땅 가운데 하나로부터 언약의
땅이 되었습니다.

Although the land of Canaan was the natural land for the habitation of the Canaanites, it became the covenantally fulfilled land for the Israelites. Here, we have to notice the two different perspectives of the land. Therefore, we should not claim that it is the same land. It is nonsense to assert that the created world and the scientific world are the same.

가나안 땅은 가나안 사람들의 거주를 위한 자연적인 땅이었지만 이스라엘 백성에겐 언약적으로 이루어진 땅이 되었습니다. 여기서 우리는 땅에 대한 두 개의 다른 관점을 인지해야 합니다. 그러므로 가나안 땅을 같은 땅이라고 주장하지 말아야 합니다. 창조된 세상과 과학적인 세상이 같다고 주장하는 것은 무의미합니다.

The natural land and the covenant land are not to be claimed to be the same land. In order to claim so, the common ground should be assumed. If they are claimed to be the same land geographically, the geographical common ground has to be presumed. But since geography is ascribed to only natural land, it is not to be accepted as the common ground to the covenant people.

자연적인 땅과 언약의 땅이 같은 땅이라고 주장될 수 없습니다. 그렇게 주장하기 위해서는 공통된 근거가 가정되어야 합니다. 만약 자연적인 땅과 언약의 땅이 지리적으로 같은 땅이라고 주장되려면, 지리적인 공통 근거가 가정되어야 합니다. 그러나 지리가 자연적인 땅에 대해서만 부여되기 때문에 언약의 백성에게 공통 근거로 받아들여질 수 없습니다.

The sun of geocentrism and heliocentrism cannot be claimed as the same. The claim of the sameness is not entailed in either geocentrism or heliocentrism. Both theories have the identifying descriptions of the sun in themselves. They are neither compared nor contrasted.

지동설의 태양과 천동설의 태양은 같다고 주장될 수 없습니다. 동일함의 주장은 지동설에도 천동설에도 내포되지 않습니다. 두 이론은 태양을 식별하는 서술을 자체 내에 지니고 있습니다. 그것들은 비교되거나 대조되지 않습니다.

Therefore, what can be said about the land of Canaan is this: it is the natural land of the inhabitation of the Canaanites; on the other hand, it is the covenantally fulfilled land for the Israelites. What is commented more than these should be carefully examined about its ground.

그러므로 가나안 땅에 대해서 말할 수 있는 것은 이렇습니다: 그것은 가나안 사람들이 거주하는 자연적인 땅이고, 다른 한편 이스라엘 백성을 위해 언약적으로 이루어진 땅입니다. 이보다 더 언급되는 것은 그 근거에 대해 주의 깊게 살펴져야 합니다.

The covenant life that is fulfilled with the descendants of Abraham on the land where they live is subjected to the two specifications of its constituents. Both of them are specified by the earthly conditions. The descendants of Abraham are a race, and the land of Canaan is a place where any race can live.

아브라함의 후손들이 사는 땅에 이루어진 언약의 삶은 두 개의 명시된 구성요인에 종속됩니다. 둘 다 땅의 조건으로 명시되었습니다. 아브라함의 후손은 인종입니다. 그리고 가나안 땅은 어떤 인종도 살 수 있는 장소입니다.

As long as the constituents of the covenant life are subjected to the earthly conditions, it is challenged by those who live natural life. The OT tells that there have been conflicts between the Israelites who live covenant life and the inhabitants who live natural life in the land of Canaan.

언약의 삶의 구성요인이 세상의 조건에 종속되는 한 자연적인 삶을 사는 이들로부터 도전을 받습니다. 구약은 가나안 땅에서 언약의 삶을 사는 이스라엘 백성과 자연적인 삶을 사는 거주민들 사이에 분쟁을 들려줍니다.

Natural life originally comes from natural conditions. And the covenant life in terms of race and land cannot be free from the earthly conditions. Then, these two lives cannot avoid conditional conflicts. Their conflicts are almost like conflicts between two natural lives. That is, the covenant life of a race and land is not much different from a natural life.

자연적인 삶은 원래 자연적인 조건으로부터 옵니다. 그리고 인종과 땅에 의한 언약의 삶은 세상 조건으로부터 자유로울 수 없습니다. 그러면 이 둘 삶은 조건적인 갈등을 피할 수 없습니다. 그 둘의 갈등은 두 자연적인 삶의 갈등과 거의 같습니다. 즉 인종과 땅의 언약의 삶은 자연적인 삶과 별 다를 바가 없습니다.

If the covenant life is a racial or land life, its conflict with the natural life is inevitable. The overall OT narrative mostly consists of the conflicts of the Israelites: their conflict with God and the neighboring inhabitants. That is, their race and land are factors of their conflicting life.

언약의 삶이 인종이나 땅의 삶이면 자연적인 삶과 갈등은 피할 수 없습니다. 전반적인 구약의 서사는 거의 이스라엘 백성의 갈등으로 구성됩니다. 하나님과 그리고 이웃 거주민들과 갈등입니다. 즉 그들의 인종과 땅이 그들 갈등의 삶의 요인입니다.

If the covenant life is not free from the earthly conditions, it cannot be a fully obedient life to God's word because it is conditionally constituted. Obedience and conditionality cannot go together. If people are subjected to the present conditionality, they cannot be fully obedient to the fulfilling of His word.

언약의 삶이 세상의 조건으로부터 자유롭지 못하면 하나님의 말씀에 온전히 순종하는 삶일 수 없습니다. 조건적으로 구성되기 때문입니다. 순종과 조건성은 같이 갈 수 없습니다. 사람들이 현재의 조건성에 종속되면 하나님 말씀의 이루어짐에 온전히 순종할 수 없습니다.

People who are not fully obedient cannot be the covenant people with God's togetherness. He is together with those who are obedient to His word. And those who are subjected to the conditionality of the world are not fully subjected to His word, for they are subjected to the conditionality of the world because of their individuality.

온전히 순종하지 않는 사람들은 하나님의 함께로 언약의 백성일 수 없습니다. 그분은 그분 말씀에 순종하는 이들과 함께하십니다. 그리고 세상의 조건성에 종속된 이들은 그분의 말씀에 온전히 종속될 수 없습니다. 그들은 자신들의 개인성 때문에 세상의 조건성에 종속되기 때문입니다.

The cross of Jesus shows the full obedience to God's will. On its basis, therefore, the covenant life that is free from the conditionality of the world is fulfilled. It is the new covenant in the sense that it is free from the conditionality of the old covenant that is constituted with race and land.

예수님의 십자가는 하나님의 뜻에 대한 온전한 순종을 보입니다. 그러므로 예수님의 십자가 근거에서, 세상 조건성으로 부터 자유로운 언약의 삶이 이루어집니다. 그것은 인종과 땅으로 구성된 옛 언약의 조건성으로 부터 자유롭다는 의미에서 새 언약입니다.

In this respect, the new covenant should be told on the basis of the cross of Jesus. There is no other way of being free from conditionality. The obedient life is a condition-free life. Therefore, the life of being together with God should be a condition-free life. That's why the cross of Jesus is the basis of the condition-free new covenant.

이 점에서 새 언약은 예수님의 십자가를 바탕으로 말해져야 합니다. 조건성으로부터 자유로워질 다른 길이 없습니다. 순종의 삶은 조건으로부터 자유로운 삶입니다. 그러므로 하나님과 함께하는 삶은 조건으로부터 자유로운 삶입니다. 그 때문에 예수님의 십자가는 조건으로부터 자유로운 새 언약의 바탕입니다.

Jesus said to a Samaritan woman who was in the problem of worshiping God in the land of Samaria, "Woman, believe Me, the hour is coming when you will neither on this mountain, nor in Jerusalem, worship the Father" ^{John 4:21}. Since worship was the core of the covenant life, He asserted that the covenant life would not matter with its place.

예수님은 사마리아 땅에서 하나님께 예배드리는 문제에 처한 사마리아 여인에게 말씀하셨습니다: "여자여 내 말을 믿으라 이 산에서도 말고 예루살렘에서도 말고 너희가 아버지께 예배할 때가 이르리라^{요 4:21.}" 예배는 언약의 삶의 핵심이기 때문에, 예수님은 언약의 삶이 장소에 문제가 되지 않는다고 단언하셨습니다.

And Jesus announced, "God is Spirit, and those who worship Him must worship in spirit and truth" ^{John 4:24}. The covenant people are those who worship God in spirit and truth. Since the worship in spirit and truth is condition-free worship, the covenant life of worship in spirit and truth is a condition-free life.

또 예수님은 "하나님은 영이시니 예배하는 자가 영과 진리로 예배할지니라^{요 4:24}"고 선언하셨습니다. 언약의 백성은 영과 진리로 하나님을 예배하는 이들입니다. 영과 진리의 예배는 조건으로부터 자유로운 예배임으로, 영과 진리로 예배하는 언약의 삶은 조건으로부터 자유로운 삶입니다.

집중(Focus)

땅은 세상 삶의 근거입니다. 사람들은 그것을 확보하려고 투쟁하면서 갈등으로 몰아집니다. 그러나 언약의 삶에서 땅은 언약의 삶에 부여되는 것입니다. 언약의 삶의 구성요인입니다. 즉 언약의 삶은 땅에서 영위되지 않고 땅이 부여되며 펼쳐집니다. 이 경우 땅은 삶의 조건이 아니라 삶의 구성요인입니다. 땅의 삶이 아닌 삶의 땅이 부각됩니다.

Land is the ground of worldly life. People, struggling in order to secure it, are driven into conflict. But land, in the covenant life, is what is endowed on it. It is a constituent of the covenant life. That is, the covenant life is not maintained on the land but unfolded with the endowment of its land. In this case, land is not a condition of life but a constituent of life. Not life of land but land of life is envisioned.

언약의 땅은 세상의 땅과는 다른 시각에서 접근되어야 합니다. 세상의 땅은 지리적, 경제적, 혹은 정치적으로 다루어집니다. 삶의 다양한 측면은 땅의 다양한 측면에 반영됩니다. 그러나 언약의 땅은 하나님과 함께하는 그분 백성의 삶의 구성요인으로 보아집니다. 따라서 세상의 땅과 언약의 땅은 같은 근거에서 다루어질 수 없습니다.

The covenant land has to be approached from the different perspective of the worldly land. The worldly land is geographically, economically, or politically dealt with. The various sides of life are reflected on the various sides of land. But the covenant land is seen as a constituent of the life of God's people who are together with

Him. Thus, the worldly land and the covenant land are not to be dealt with on the same ground.

옛 언약에서 땅은 아브라함의 후손과 같이 언약의 구성요인입니다. 그러나 새 언약에서 땅은 언약의 구성요인이 아닌 축복입니다. 예수님의 축복에서 보는 바입니다^{마 5:5}. 옛 언약의 삶은 땅으로 펼쳐지지만 새 언약의 삶은 그렇지 않습니다. 하나님의 나라는 땅에 실현되지 않고 땅에 임하니 땅에 조건적이지 않습니다.

In the old covenant, land together with the descendants of Abraham are constituents of the covenant. But in the new covenant, land is not a constituent of the covenant but a blessing. This is seen in Jesus' blessing ^{Matt. 5:5}. The old covenant life is unfolding with the land, but the new covenant life is not. Since the kingdom of God is not realized on the land but comes to the land, it is not conditioned by the land.

3.7

The Temple(성전)

The temple originated with the meaning of the house of God^Beth-el. It was also expressed as His dwelling place. When the Israelites were wandering in the wilderness after the Exodus, they installed the tabernacle where they offered their sacrifices to Him. Thus, it connotes the tabernacle.

성전은 하나님의 집벧엘이라는 뜻으로 유래되었습니다. 그것은 또한 그분의 거주 장소로 또한 표현됩니다. 이스라엘 백성이 출애굽 후 광야에서 유랑할 때 하나님께 제사를 드리는 곳으로 장막을 세웠습니다. 따라서 성전은 장막의 뜻을 함축합니다.

The temple in the Bible was originally and primarily installed for God's togetherness. He was together with the wandering Israelites who journeyed with their tabernacle. His togetherness was narrated with the tabernacle. It was His meeting place with them. Therefore, the temple did not begin with the meaning of a fixed place.

성경에서 성전은 원래 그리고 일차적으로 하나님의 함께를 위해 세워졌습니다. 그분은 장막과 더불어 여행하는 유랑하는 이스라엘 백성과 함께하셨습니다. 그분의 함께는 장막과 더불어 서사되었습니다. 장막은 그들과 그분의 만남의 장소였습니다. 그러므로 성전은 고정된 장소의 뜻으로 시작하지 않았습니다.

The narrative of God with the temple was developed with His togetherness. His blessing as well as wrath was delivered from the temple. The Israelites, installing the temple as His dwelling place, affirmed that the Exodus God was together with them. That is, the tabernacle became the temple.

성전으로 하나님에 대한 서사는 그분 함께로 전개됩니다. 그분의 축복과 더불어 진노는 성전으로부터 전해집니다. 이스라엘 백성은 성전을 그분 처소로 세우면서 출애굽의 하나님이 그들과 함께하신다고 확언했습니다. 즉 장막이 성전이 되었습니다.

However, as time went on, the Israelites came to regard God as the One who presided over them in the temple. Thus, they were concerned with His presence rather than His togetherness. Under this trend, they considered that the temple was the place where He ruled over them. In this respect, His temple was akin to a king's palace.

그렇지만 시간이 지나면서 이스라엘 백성은 하나님을 성전에서 그들을 다스리시는 분으로 여기게 되었습니다. 따라서 그들은 그분 함께보다 그분 임재에 관심을 갖게 되었습니다. 이 경향으로 그들은 성전이 그분께서 그들을 다스리시는 장소였다고 여겼습니다. 이 점에서 그분 성전은 왕의 궁전과 유사해졌습니다.

In this way, the Israelites were concerned with the physical presence of the temple. Their emphasis of its physical presence was the outcome of the shift of their perception of God to His presence from His togetherness. The weight of the temple conveyed that of His presence. What it showed with weight was its own presence.

이런 식으로 이스라엘 백성은 성전의 물리적 임재에 관심을 가졌습니다. 성전의 물리적 임재에 대한 그들의 강조는 하나님 함께로부터 하나님 임재로 그분에 대한 관점의 이동의 결과였습니다. 성전의 무게는 그분 임재의 무게를 지녔습니다. 성전이 무게로 보인 것은 그 자체의 임재였습니다.

The Israelites came to believe that the presence of God among them could be visible with the physical presence of the temple. That is, they identified His presence as the temple's presence. Thus, their life became a temple-centered life, even if they believed that their life was God-centered.

이스라엘 백성은 그들 가운데 하나님의 임재는 성전의 물리적 임재로 보일 수 있다고 믿게 되었습니다. 즉 그들은 하나님의 임재를 성전의 임재로 확인했습니다. 따라서 그들은 그들 삶이 하나님 중심적이라고 믿긴 했지만, 그들 삶은 성전중심적인 삶이 되었습니다.

God's presence in the world might be viewed as philosophical pantheism. But His presence among His people was demonstrated with the temple they built. They wanted to show His presence in terms of the physical presence of the temple. However, while the temple's presence might be identified as His presence, it could not be identified as His togetherness.

세상에서 하나님의 임재는 철학적 범신론으로 보아질 수 있습니다. 그러나 그분 백성 가운데 그분 임재는 그들이 지은 성전으로 과시되었습니다. 그들은 그분 임재를 성전의 물체적인 임재로 보이길 원했습니다. 그렇지만 성전의 임재는 그분 임재로 확인될지 모르지만 그분 함께로 확인될 수 없었습니다.

Therefore, the physicality of the temple was very specific and meticulously elaborated in the case of the tabernacle as well as the Jerusalem temple. However, the Israelites' attachment to the temple was different from the neighboring people's indulgence in their temples. The Israelites' temple originated from the house of God for His togetherness, but the neighboring people's temples were the expression of their own indulgence. Thus, their temples were filled with statues of various gods.

그러므로 성전의 물체성은 장막과 더불어 예루살렘 성전인 경우 매우 구체적이고 세밀하게 상술되었습니다. 그렇지만 이스라엘 백성의 성전에 대한 집착은 이웃 백성의 사원에 대한 몰입과는 다릅니다. 이스라엘 백성의 성전은 하나님 함께를 위한 하나님의 집으로부터 유래되었습니다. 그러나 이웃 백성의 사원은 그들 자신의 몰입의 표현이었습니다. 따라서 그들 사원은 다양한 신들의 조상으로 채워졌습니다.

Nevertheless, the attachment of the physicality of the temple would eventually lead to the concern of the physicality of life. What was reflected in life was nothing but what was influenced by the physical presence of the temple. In this way, it became the center of physical power.

그렇지만 성전에 대한 물체성의 집착은 결국 삶의 물체성에 대한 관심으로 이끕니다. 삶에 반영되는 것은 성전의 물리적 임재에 의해 영향된 것에 지나지 않았습니다. 이런 식으로 성전은 물리적 힘의 중심이 되었습니다.

The formidable visibility of the temple covered up even the presence of God. As a consequence, it became present in terms of its own influence apart from His togetherness. This feature was well reflected in the writings of the prophets who prophesied that He would be together with His people.

성전의 가공스러운 보임은 하나님의 임재조차 가려버립니다. 결과적으로 그것은 하나님의 함께로부터 떠나 자체의 영향으로 임재하게 되었습니다. 이런 양상은 하나님께서 그분 백성과 함께하실 것이라고 예언한 예언자들의 글에 잘 반영되었습니다.

The presence of the temple apart from God's togetherness was the background of the rise of prophetic voices. Even though the Israelites were gathered around it, they could not be together with God. He was not together with them in the temple. Thus, it was no more His dwelling house.

하나님의 함께로부터 떠나 성전의 임재는 예언자들 소리의 일어남의 배경입니다. 이스라엘 백성은 성전 중심으로 모여졌지만 하나님과 함께 할 수 없었습니다. 그분께선 성전에서 그들과 함께하지 않으셨습니다. 따라서 성전은 더 이상 그분의 거하는 집이 아니었습니다.

This means the serious crisis of the life of the Israelites. They believed they were the covenant people who were together with God. His togetherness with them could be confirmed with the temple, i.e., His dwelling house. But since they could not be together with Him in it, His togetherness became what was to be prophesied.

이것은 이스라엘 백성의 삶의 심각한 위기를 뜻합니다. 그들은 그들이 하나님과 함께하는 언약의 백성이라고 믿었습니다. 그들과 그분의 함께는 성전, 곧 그분의 거주하는 집으로 확인될 수 있었습니다. 그러나 성전으로 그들이 그분과 함께할 수 없었기 때문에, 그분의 함께는 예언되어야 할 것이 되었습니다.

The temple was located at the center of the covenant life of the Israelites. As it was physically located in their life, their life that was directed by it was oriented to physicality. Under this trend, their life has fallen into the conditionality of the world. Consequently, it came to be subjected to the conditionality of the world.

성전은 이스라엘 백성의 언약의 삶의 중심에 자리잡아졌습니다. 그것이 물체적으로 그들 삶에 자리 잡아짐에 따라. 그것에 의해 지시된 그들의 삶은 물체성으로 향했습니다. 이 경향으로 그들 삶은 세상의 조건성으로 타락되었습니다. 결국 성전은 세상의 조건성에 종속되게 되었습니다.

As the Israelites were muddled into the conditionality of the world, they became detached from God's togetherness. This was the outcome of the physical presence of the temple apart from His togetherness. The prophet Jeremiah denounced them for their indulgence in the physicality of the temple ^{cf. Jer. Ch, 7}.

이스라엘 백성이 세상의 조건성으로 혼란되게 됨에 따라 하나님 함께로부터 떨어지게 되었습니다. 이것은 하나님의 함께를 떠난 성전의 물체적 임재의 소산이었습니다. 예언자 예레미야는 성전의 물체성에 대한 그들의 몰입에 대해 그들을 탄핵하였습니다렘 7장 참조.

God's togetherness is covenantal, but His presence is ontologically tinted. The former is the disclosure of His freedom, but the latter is focused on His appearance or influence in the world, These two are completely different perspectives. Therefore, they should not be mixed up.

하나님의 함께는 언약적입니다. 그러나 그분 임재는 존재론적으로 변질됩니다. 전자는 그분 자유의 드러남입니다. 그러나 후자는 세상에서 그분의 나타남이나 영향에 초점이 맞추어집니다. 이 둘은 전혀 다른 관점입니다. 그러므로 그 둘은 섞여지지 말아야 합니다.

If the temple is seen from the perspective of God's presence, its significance is also seen from its presence in the world. Then, its physical presence cannot but be interacted with the condition of the world, for its physical presence is conditional. Therefore, the temple-centered life is a misguided consequence of the covenant life.

성전이 하나님 임재의 관점으로 보아지면, 성전의 의미도 세상에서 그 임재로 보입니다. 그러면 그것의 물체적 임재는 세상의 조건과 상호작용 될 수밖에 없습니다. 왜냐하면 그것의 물체적 임재가 조건적이기 때문입니다. 그러므로 성전중심적인 삶은 언약의 삶의 잘못 이끌어진 결과입니다.

But if the temple is seen from the perspective of God's together-ness, its significance also has to be seen from the covenant life of togetherness. Nevertheless, the covenant life of togetherness can-not be unfolding fully with the temple, for it is located in the world physically.

그러나 성전이 하나님 함께의 관점으로 보이면, 그 의미도 또한 함께 하는 언약의 삶으로 보여야합니다. 그렇지만 함께하는 언약의 삶은 성전으로 온전히 펼쳐지지 않습니다. 그것은 세상에 물체적으로 자리잡기 때문입니다.

This is the limitation of the covenant life on the basis of the tem-ple, for God's togetherness cannot be wholly disclosed in terms of it. It is not to be thought of apart from its physical presence in the conditional world. However, His togetherness overcomes the con-ditionality of the world.

이것은 성전에 근거한 언약의 삶의 한계입니다. 하나님의 함께가 성전으로 완전히 드러나지 않기 때문입니다. 성전은 조건적인 세상에 물체적 임재를 떠나 생각될 수 없습니다. 그렇지만 그분 함께는 세상의 조건성을 극복합니다.

The prophetic voice of Immanuel was the consequence of the keen awareness of God's togetherness that was not to be unveiled into the temple. If the life of Immanuel could not be the tem-ple-centered life, it was only prophesied for its fulfillment in the days of the prophets.

임마누엘에 대한 예언의 소리는 성전으로 드러나질 수 없는 하나님의 함께에 대한 예민한 자각의 결과입니다. 임마누엘의 삶이 성전중심적인 삶이 될 수 없었으면 예언자들의 시기에 그 이루어짐에 대해 예언될 뿐이었습니다.

The life of Immanuel is what is to be fulfilled. But the temple-centered life is the status quo, as long as the temple is sustained. It is not what is to be fulfilled but what is to be sustained. Therefore, the fulfillment of God's togetherness is not to be integrated into the temple. This implies that the temple has no sense of fulfillment.

임마누엘의 삶은 이루어질 것입니다. 그러나 성전중심적인 삶은 성전이 유지되는 한 현 상태입니다. 그것은 이루어질 것이 아니라 유지될 것입니다. 그러므로 하나님의 함께의 이루어짐은 성전으로 통합될 수 없습니다. 이것은 성전이 이루어짐의 뜻을 지니지 않는다는 것을 시사합니다.

God's togetherness is narrated with its fulfillment. But its fulfillment is not seen in the temple because the temple only shows what is practiced there. The temple consists of practice rather than fulfillment. This is critically seen in its narrative in the OT. The practice of the sacrifice in it prevails apart from His togetherness.

하나님의 함께는 그 이루어짐으로 서사됩니다. 그러나 그 이루어짐은 성전에서 보이지 않습니다. 성전은 거기서 이행되는 것만 보이기 때문입니다. 성전은 이루어짐보다 이행으로 구성됩니다. 이것은 구약에서 성전 서사에 비판적으로 보입니다. 성전에서 제사의 이행은 그분 함께를 떠나 성행되었습니다.

The Jew's weight on and obstinacy of the temple are well exposed in the narrative of Jesus. He bluntly challenges their attitude, saying, "Destroy this temple, and in three days I raise it up" [John 2:19]. He directly criticizes their view of it as an artifact which has to be destroyed.

성전에 대한 유대인들의 무게와 완고함은 예수님의 서사에서 잘 드러납니다. 예수님은 그들의 태도에 직설적으로 "너희가 이 성전을 헐라 내가 사흘 동안에 일으키리라[요 2:19]"라고 하시면서 도전하십니다. 예수님은 헐어야 할 인공물로서의 성전에 관한 그들의 견해를 직접적으로 비판하십니다.

The saying of Jesus leads to the Spirituality rather than physicality of the temple. If the temple, as the house of God, is fulfilled with His togetherness, its physicality is out of sense. His togetherness should not be confined into the physicality of the world, for any physicality is identified in terms of its distinctiveness.

예수님의 말씀은 성전의 물체성보다 영성으로 이끕니다. 하나님 집으로 성전이 하나님 함께로 이루어지면, 그것의 물체성은 의미 없습니다. 그분 함께는 세상의 물체성에 가둬지지 말아야 합니다. 어떤 물체성도 자체의 독특함으로 식별되기 때문입니다.

The saying of Jesus affirms the inseparability of God's togetherness and the temple. The church arises on the basis of this inseparability. Its Spirituality is not in need of its physicality. It has no physical sense. Any physical measurement is not in need of as the accompaniment of its appearance.

예수님의 말씀은 하나님 함께와 성전의 구별될 수 없음을 확언합니다. 교회는 이 구별될 수 없음의 바탕에서 일어납니다. 교회의 영성은 그것의 물체성을 필요로 하지 않습니다. 교회는 물체적 의미를 지니지 않습니다. 어떤 물체적 측정도 교회의 나타남의 동반으로 필요하지 않습니다.

For this reason, the church is not grounded on the sense of the temple in the OT. But it has to be said in its own context. Paul writes to the Corinthian Christians in this way: "Or do you not know that your body is the temple of the Holy Spirit who is in you, whom you have from God, and you are not your own?" [1 Cor. 6:19].

이 때문에 교회는 구약에서 성전의 의미에 근거되지 않습니다. 그러나 교회는 자체의 맥락에서 새롭게 말해져야 합니다. 바울은 고린도 교인들에게 이렇게 씁니다: "너희 몸은 너희가 하나님께로부터 받은 바 너희 가운데 계신 성령의 전인 줄을 알지 못하느냐 너희는 너희 자신의 것이 아니라[고전 6:19]."

"The temple" Paul uses in his letter is not referring to the temple that the Jews physically built. Rather, he wants to keep its original meaning. As the temple is the dwelling place of God, the body of Christians becomes the temple of the Holy Spirit. This is sensible if the temple is considered with His togetherness.

바울이 편지에서 쓰는 "성전"은 유대인들이 물체적으로 세운 성전을 지적하기 위함이 아닙니다. 그보다 그는 그것의 원래 뜻을 유지하려고 합니다. 성전이 하나님의 거하시는 장소임으로 그리스도인들의 몸은 성령님의 성전이 됩니다. 이것은 성전이 그분 함께로 여겨지면 의미 있습니다.

Therefore, the temple in the Christian context is not pivotal. Christianity is guided by the Holy Spirit. And it is senseless to fix the physical position or artifact as the dwelling of the Holy Spirit. Therefore, the temple is obsolete in the Christian context. The church becomes fulfilled apart from the temple.

그러므로 그리스도적 맥락에서 성전은 추축적이 아닙니다. 그리스도교는 성령님에 의해 인도됩니다. 그리고 물체적 장소나 인공물을 성령님의 거하심으로 고정하는 것은 무의미합니다. 그러므로 성전은 그리스도적 맥락에서 쓸모없습니다. 교회는 성전을 떠나 이루어지게 되었습니다.

The Israelites' consciousness of God's togetherness in terms of the temple was obscure. They thought that His presence in the midst of them would be His togetherness with them. But His presence in the midst of them could not be His togetherness with them, for they had no sense of togetherness because of the law.

성전으로 하나님의 함께에 대한 이스라엘 백성의 의식은 모호했습니다. 그들은 그들 가운데 하나님의 임재가 그들과 그분의 함께일 거라고 생각했습니다. 그러나 그들 가운데 그분의 임재는 그들과 그분의 함께가 될 수 없었습니다. 그들은 율법 때문에 함께의 의미를 지니지 못했기 때문입니다.

God's togetherness is Spiritual. Physical contact does not mean togetherness. Togetherness cannot be deduced from being. It comes from His togetherness. Because Jesus came with His togetherness, the life of togetherness was fulfilled as the church. With the church, the Spiritual togetherness which could not be shown with the temple became visible.

하나님의 함께는 영적입니다. 물리적 접촉은 함께를 뜻하지 않습니다. 함께는 존재로부터 연역될 수 없습니다. 함께는 하나님의 함께로부터 옵니다. 예수님이 하나님의 함께로 오셨기에, 함께의 삶이 교회로 이루어졌습니다. 교회로 성전으로는 보일 수 없었던 영적 함께가 보이게 되었습니다.

The limitation of the temple became clear with the coming of Jesus, for with Him, God's togetherness was disclosed. With His coming, God's togetherness rather than the temple came to be focused on. With His coming, God's togetherness came to be Spiritually dawned.

성전의 한계는 예수님이 오심으로 분명하게 되었습니다. 예수님으로 하나님 함께가 드러났기 때문입니다. 예수님이 오심으로, 성전보다 하나님의 함께에 초점이 맞춰지게 되었습니다. 예수님이 오심으로, 하나님의 함께가 영적으로 동트게 되었습니다.

집중(Focus)

성전은 하나님의 집으로 유래됩니다. 하나님이 세상에 거하시는 곳을 말하는 뜻은 하나님의 함께를 의식하면서 나옵니다. 그러나 하나님이 거하시는 집으로서 성전이 고착화되면 하나님의 함께에 대한 의식이 고착화됩니다. 따라서 고정된 성전과 하나님의 함께가 등식화되게 됩니다. 사람들은 고정된 성전을 바라보면서 하나님의 함께도 그 성전에 고정된 것으로 봅니다.

The holy temple originated from the house of God. The meaning of the telling of the dwelling place of Him in the world comes with the consciousness of His togetherness. But if the holy temple as His dwelling house is rigidified, the consciousness of His togetherness is also rigidified. Thus, the fixed temple and His togetherness become identified. People, beholding the fixed temple, see His togetherness as what is fixed to the temple.

이렇게 해서 성전에서 하나님과 함께한다는 고정된 의식이 형성됩니다. 이 고정된 의식은 성전이 붕괴될 때 같이 와해됩니다. 따라서 하나님의 함께가 새로이 자각되게 됩니다. 성전으로 하나님의 함께가 고정될 수 없다는 자각입니다. 예수님의 성전 정화는 근본적으로 또 궁극적으로 하나님의 함께를 보게 하시려는 것입니다. 하나님의 함께는 인공물에 고정될 수 없습니다.

In this way, a fixed consciousness that one is together with God in the temple is formed. This fixed consciousness collapses when the temple is demolished. Thus, His togetherness is newly awakened: the awakening that His togetherness cannot be fixed with the temple. Jesus' cleansing temple is basically and ultimately to lead to His togetherness. His togetherness is not to be fixed on any artifact.

　하나님의 함께가 하나님의 영으로 말해지면, 성전은 고정된 인공물일 필요가 없습니다. 하나님의 영을 따라 그분이 함께하시니 사람의 몸이 하나님의 성전일 수 있습니다. 물론 하나님이 함께하시는 몸은 개인의 몸으로 생각될 수 없습니다. 그것은 그리스도인의 몸이고 결국 교회로 말해지게 됩니다. 이렇게 해서 그분의 함께는 성전보다 교회로 말해집니다.

If God's togetherness is told with His Spirit, the holy temple need not to be a fixed artifact. Since He is together in accordance with His Spirit, man's body can be the holy temple. Of course, the body with which He is together is not to be thought of as an individual body. It is the body of Christ and is eventually told with the church. In this way, His togetherness is told with the church rather than the holy temple.

Part 4

The Law

(율법)

4.1

The Law(율법)

The law in the Bible was not natural but covenantal. It was not for binding a natural life. It was given by God to the Israelites for their covenant life with Him. Thus, it should be differentiated from the ordinary law that is set by the agreement of people in order for themselves to be regulated for their life as a nation.

성경에서 율법은 자연적이 아니라 언약적입니다. 율법은 자연적인 삶을 묶기 위함이 아니었습니다. 율법은 하나님과 함께하는 이스라엘 백성의 언약의 삶을 위해 그분에 의해 그들에게 주어졌습니다. 따라서 그것은 국가로서 사람들의 삶을 위해 규제된 사람들의 합의에 의해 설정된 보통 법과 구별되어야 합니다.

The law for covenant life has to be demarcated from the law for natural life in order for the Bible to be read as the word of God that is given to the covenant people. The covenant people live the covenant life with the covenant law, but the natural people live the natural life with the natural law.

언약의 삶을 위한 율법은 성경이 언약의 백성에게 주어진 하나님의 말씀으로 읽혀지기 위해 자연적인 삶을 위한 법과는 구별되어야 합니다. 언약의 백성은 언약의 율법으로 언약의 삶을 삽니다. 그러나 자연적인 사람들은 자연법으로 자연적인 삶을 삽니다.

But this is only a schematic differentiation, as long as covenant togetherness and natural binding are not clearly differentiated. The covenant law is the outcome of covenant togetherness with God's togetherness, but the natural law is the imposition for natural binding with people's agreement.

그러나 이것은, 언약의 함께와 자연적인 묶음이 분명하게 구별되지 않는 한, 단지 개요적인 구별입니다. 언약의 율법은 하나님 함께로 언약의 함께의 소산입니다. 그러나 자연법은 사람들의 합의로 자연적인 묶음을 위한 부과입니다.

The law was given by God to the Israelites through Moses for His togetherness with them. He made the old covenant with Abraham for His togetherness and let it be inherited to his descendants. His descendants were the covenant people who had to live the covenant life.

율법은 이스라엘 백성과 하나님의 함께를 위해 모세를 통하여 하나님에 의해 그들에게 주어졌습니다. 그분은 그분 함께를 위해 아브라함과 옛 언약을 맺으셨고 그것이 그의 후손들에게 유전되게 하셨습니다. 그의 후손은 언약의 삶을 살아야 할 언약의 백성이었습니다.

God gave the law to the descendants of Abraham so as to keep His covenant promise to Abraham faithfully. In terms of the law as His word. They, from their birth, were supposed to live the covenant life with His togetherness. That is, they were the covenant people from birth.

하나님은 아브라함과 맺은 언약의 약속을 신실하게 지키기 위해 그 후손에게 율법을 주셨습니다. 그분 말씀으로서 율법으로, 그들은 태어나면서부터 그분과 함께하는 언약의 삶을 살아야 했습니다. 즉 그들은 태어나면서부터 언약의 백성이었습니다.

The Israelites, i.e., the descendants of Abraham, lived the law-obedient life as the covenant life. They believed that, as long as they lived in accordance with the law, they were together with God because it was His word. They were convinced that they, while observing it, were the covenant people of His togetherness.

이스라엘 백성, 곧 아브라함의 후손은 언약의 삶으로 율법에 순종하는 삶을 살았습니다. 그들은 율법에 따라 사는 한, 그것이 하나님의 말씀이기 때문에, 그들은 그분과 함께한다고 믿었습니다. 그들은 율법을 지키면서 그분 함께의 언약의 백성이라고 확신했습니다.

Nevertheless, the Israelites had to be admitted that the law-obedience did not warrant God's togetherness. As their life became desolate d, they could not but confess that He was not with them. This was the main theme of the cry-out of their prophets. The rise of the prophetic voice that was ultimately directed to His togetherness with His people implied that He was not together with them at that time.

그렇지만 이스라엘 백성은 율법 순종이 하나님의 함께를 보장하지 않는다고 인정했어야 했습니다. 그들의 삶이 황폐하게 되었을 때, 그들은 그분이 그들과 함께하지 않으신다고 고백하지 않을 수 없었습니다. 이것이 예언자들의 소리침의 주제였습니다. 그분 백성과 더불어는 그분 함께로 궁극적으로 향하는 예언의 소리의 일어남은 그 당시 그분이 그들과 함께하지 않으신다는 것을 시사했습니다.

So, the limitation of the law is this: the law-abiding is not sufficient for God's togetherness. Nevertheless, this does not mean that the law is not His word. Even though it is His word, its keeping does not warrant His togetherness. The observation of it cannot be identified as the covenant life of His togetherness.

그래서 율법의 한계는 이렇습니다: 율법에 머묾은 하나님 함께에 충분하지 않습니다. 그렇지만 이것은 율법이 그분 말씀이 아닌 것을 뜻하지 않습니다. 율법이 그분 말씀이더라도, 그 지킴은 그분 함께를 보증하지 않습니다. 율법을 지킴이 그분 함께의 언약의 삶으로 확인될 수 없습니다.

God gives His word for His fulfillment. The fulfillment of His word means His togetherness. But the law can be kept apart from His fulfillment. If individuals keep it with their own will, their own will can be accomplished. But there can be no fulfillment of His will that is given to the law as His word.

하나님은 그분 말씀을 그분의 이룸을 위해 주십니다. 그분 말씀의 이룸은 그분 함께를 뜻합니다. 그러나 율법은 그분의 이룸을 떠나 지켜질 수 있습니다. 개인들이 자신들의 의지로 그것을 지키면, 자신들의 의지가 성취될 수 있습니다. 그러나 그분 말씀으로서 율법에 주어진 그분 뜻의 이루어짐은 있을 수 없습니다.

If even the covenant people accept God's word as the law that they should keep, they only perform it in accordance with its requirement. Then, what is shown with it is not His fulfillment but their achievement. Therefore, the law can be practiced apart from His togetherness. That is, its practice does not warrant His togetherness.

언약의 백성조차도 하나님의 말씀을 그들이 지켜야할 율법으로 받으면, 그들은 율법의 요구를 따라 단지 이행합니다. 그러면 율법으로 보이는 것은 그분의 이룸이 아닌 그들의 성취입니다. 그러므로 율법은 그분의 함께를 떠나 이행될 수 있습니다. 즉 율법의 이행은 그분 함께를 보증하지 않습니다.

Here arises the ambivalence of the law. Its ambivalence is keenly observed by the apostle Paul. As the conclusion of his thesis of righteousness by faith, he leaves a trailing note: "Do we then make void the law through faith? Certainly not! On the contrary, we establish the law" Rom. 3:31.

여기에 율법의 양면성이 제기됩니다. 그 양면성은 사도 바울에 의해 예리하게 주시됩니다. 그는 믿음에 의한 의의 주제의 결론으로서 여운의 주의를 남깁니다: "그런즉 우리가 믿음으로 말미암아 율법을 파기하느냐 그럴 수 없느니라 도리어 율법을 굳게 세우느니라롬 3:31."

The observation of God's word as the law and the observation of the law as His word are two different perspectives. Even if the first perspective is negated, the second perspective is intact. The ambivalence of the law comes out because these two are different. This means that His word cannot be fully fulfilled in terms of the law.

하나님의 말씀을 율법으로 지키는 것과 율법을 그분의 말씀으로 지키는 것은 두 개의 다른 관점입니다. 첫 관점을 부정한다고 하더라도 둘째 관점은 유효합니다. 율법의 양의성은 이 둘이 다르기 때문에 옵니다. 이것은 그분 말씀이 율법으로 완전히 이루어질 수 없다는 것을 뜻합니다.

Jesus brings out this problem in this way: "Do not think that I came to destroy the Law or the Prophets. I did not come to destroy but to fulfill" Matt. 5:17. He emphasizes that the law should be fulfilled as God's word even if it has been practiced in limitation. If it is wholesome, He needs not to come to the world.

예수님은 이 문제를 이렇게 불러옵니다: "내가 율법이나 선지자를 폐하러 온 줄로 생각하지 말라 폐하러 온 것이 아니요 완전하게 하려 함이라마 5:17." 예수님은 율법이 한계적으로 이행되더라도 그것은 하나님의 말씀으로 이루어져야 한다고 강조하십니다. 율법이 완전하다면 예수님이 세상에 오실 필요가 없습니다.

Here, we see a paradox: the Jews practiced God's word as the law so as to crucify Jesus, but He was crucified as the fulfillment of the law as God's word. At any rate, it can be asserted that God's word came to be fulfilled through the crucifixion of Jesus. That is, the ambivalence of the law could be resolved through the crucifixion of Him.

여기서 우리는 역설을 봅니다: 유대인들은 하나님의 말씀을 율법으로 이행함으로 예수님을 십자가에 못 박았습니다. 그러나 예수님은 율법을 하나님의 말씀으로 이루심으로 십자가에 못 박혔습니다. 어떻든 하나님의 말씀은 예수님이 십자가에 못 박힘으로 이루어지게 되었습니다. 즉 율법의 양의성은 예수님이 십자가 못 박힘으로 해결될 수 있었습니다.

The cross of Jesus opened up the observation of the law as God's word. It was transmitted as written words to the days of Jesus. The Jews of His time practiced it so literally that their own interpretation of it was problematic. That is, they practiced it almost like a natural law of written words.

예수님의 십자가는 하나님의 말씀으로 율법의 지킴을 열어주었습니다. 율법은 예수님 당시에 쓰인 말로 전해졌습니다. 그분 당시 유대인들은 율법을 문적으로 이행했음으로 그것에 대한 그들의 해석이 문제였습니다. 즉 그들은 그것을 거의 문자로 쓰인 자연법처럼 이행했습니다.

But Jesus saw the fulfillment of the law as God's word. He was obedient to the fulfillment of the law as God's word. Since He was obedient with the law as God's word, He was together with God. Therefore, God's togetherness could be narrated with Jesus' crucifixion. But this does not mean that God's togetherness could be narrated with the Jew's crucifixion of Jesus.

그러나 예수님은 하나님의 말씀으로 율법의 이루어짐을 보셨습니다. 예수님은 하나님의 말씀으로 율법의 이루어짐에 순종하셨습니다. 예수님은 율법을 하나님의 말씀으로 순종하셨음으로 하나님과 함께 하셨습니다. 그러므로 하나님의 함께가 예수님의 십자가 못 박힘으로 서사될 수 있었습니다. 그러나 이것은 하나님의 함께가 유대인들의 예수님을 십자가에 못 박음으로 서사될 수 있었다는 것을 뜻하지 않습니다.

God's word is given for the obedience of the fulfillment of His togetherness. But if it is accepted as what has to be done as the requirement of the law, it becomes to be practiced apart from His togetherness. Not requirement but fulfillment is the perspective of seeing His word with His togetherness.

하나님의 말씀은 그분 함께의 이루어짐에 대한 순종으로 주어집니다. 그러나 그것이 율법의 요구로서 해야 될 것으로 받아들여지면 그분 함께를 떠나 이행되게 됩니다. 요구가 아닌 이루어짐이 그분 함께로 그분 말씀을 보는 관점입니다.

If even the covenant people accept God's word as the law, they become indulged in keeping it their own way as long as they are not together with God. They mistakenly think that they can be together with Him by means of keeping it. It may be kept by their own will, but it is to be fulfilled with His togetherness.

언약의 백성조차도 하나님의 말씀을 율법으로 받아들이면, 그들이 하나님과 함께하지 못하는 한, 그들 자신의 방식으로 그것을 지키려고 몰입하게 됩니다. 그들은 하나님의 말씀을 지킴으로 그분과 함께할 수 있다고 잘못 생각합니다. 하나님의 말씀은 자신들의 뜻으로 지켜질지 모릅니다. 그러나 하나님의 말씀은 하나님 함께로 이루어지게 됩니다.

Since the covenant is grounded on God's togetherness, there cannot be the covenant people apart from His togetherness. Therefore, His togetherness is presupposed in any covenant discourse. That is, if they keep the law with His togetherness, it becomes fulfilled with His togetherness.

언약은 하나님 함께에 근거하기 때문에, 그분 함께를 떠난 언약의 백성은 있을 수 없습니다. 그러므로 그분 함께는 어떤 언약의 담화에서도 전제됩니다. 즉 그들이 그분 함께로 율법을 지키면, 율법은 그분 함께로 이루어지게 됩니다.

If God's word is not concerned with His togetherness, it is easily regarded as what should be done individually. Because of this tendency, the old covenant life became a legal life. However, if it is accepted with His togetherness, it is regarded as what is to be fulfilled into the covenant life.

하나님의 말씀이 그분 함께와 더불어 고려되지 않으면 개인적으로 해야 될 바로 쉬이 여겨집니다. 이 경향 때문에, 옛 언약의 삶은 법적인 삶이 되었습니다. 그렇지만 그것이 그분의 함께로 받아들여지면 언약의 삶으로 이루어질 것으로 여겨집니다.

At any rate, the observation of the law as God's word precedes the observation of the gospel as His word. Therefore, the gospel should be read from the perspective of the law as His word. Otherwise, it can be easily read from the perspective of religiosity. Religiosity comes from the human mind, but the law comes from His word.

어떻든 율법을 하나님의 말씀으로 지킴은 복음을 그분 말씀으로 지

킴보다 선행합니다. 그러므로 복음은 하나님 말씀으로서 율법의 관점
으로 읽어져야 합니다. 그렇지 않으면 그것은 쉬이 종교성의 관점으로
읽어질 수 있습니다. 종교성은 인간의 마음에서 나오지만 율법은 그분
말씀으로부터 나옵니다.

In order for the gospel to be read from the covenant perspective, the covenant perspective of the law should be secured. Since the old covenant is tightly interwoven with the law, the covenant perspective arose and resumed with it. In spite of its shortcomings, it instructs the way of God's togetherness and fulfillment.

복음이 언약의 관점으로 읽어지기 위해 율법의 언약 관점이 보장되
어야 합니다. 옛 언약은 율법과 견고하게 짜여 있음으로, 언약의 관점
은 율법으로 생기고 지속됩니다. 율법은 결점에 불구하고 하나님의 함
께와 이룸의 길을 지시합니다.

Alongside the law, the gospel can be read from the perspective of the fulfillment of God's word. If it is considered as merely the life of Jesus, it can be easily read from the perspective of religion. Actually, most people read the gospel religiously since they read it with their own individuality.

율법과 같이 복음은 하나님의 말씀의 이루어짐의 관점으로 읽어질
수 있습니다. 복음이 단지 예수님의 삶으로만 여겨지면 쉬이 종교적인
관점으로 읽어질 수 있습니다. 실제로 대부분 사람들은 복음을 그들 자
신의 개인성으로 읽기 때문에 종교적으로 읽습니다.

If people want to read the gospel directly, they cannot but approach it from their own religious propensity. And they think of Jesus as a religious figure. Then, with the gospel, they are only concerned with their own personal religious life. That is, they are entrapped into their own mind, and they do not think of God's togetherness.

사람들이 복음을 직접적로 읽기를 원하면 자신들의 종교적인 성향으로 복음에 접근할 수밖에 없습니다. 그리고 그들은 예수님을 종교적인 인물로 생각합니다. 그러면 복음으로 그들은 단지 자신들의 종교적인 삶에 관심을 갖게 됩니다. 즉 그들은 자신들의 마음에 갇히게 되고 하나님의 함께를 생각하지 않습니다.

As long as the covenant perspective is not secured, the gospel can be easily approached from the religious perspective. And in order for the covenant perspective to be secured, the covenant status of the law has to be scrutinized. In this respect, it is read as the step to the gospel.

언약의 관점이 확보되지 않는 한, 복음은 쉬이 종교적인 관점으로부터 접근되게 됩니다. 그리고 언약의 관점이 확보되기 위해 율법의 언약 위상이 면밀히 검사되어야 합니다. 이 점에서 율법은 복음의 발판으로 읽어집니다.

Therefore, the law and the gospel have to be read together. As long as the perspective of the fulfillment of God's word is not secured, the gospel cannot be read as the new covenant. That's why the old covenant and the new covenant have to be read together, and so have the OT and the NT.

그러므로 율법과 복음은 같이 읽어져야 합니다. 하나님 말씀의 이루어짐에 대한 관점이 확보되지 않는 한, 복음은 새 언약으로 읽어질 수 없습니다. 그 때문에 옛 언약과 새 언약은 같이 읽어져야 합니다. 구약과 신약도 그래야 합니다.

The gospel was written from the secured perspective of the covenant. That's why it contains ubiquitous remarks of the law. Of course, although the remarks of it is to show its shortcomings, they ensure that the overall gospel preserves its covenant perspective. And the gospel overcomes its shortcomings covenantally.

복음은 확보된 언약의 관점으로 써졌습니다. 그 때문에 복음은 도처에 율법에 대한 언급을 포함합니다. 물론 율법에 대한 언급은 율법의 결함을 보이기 위함이지만 전반적인 복음이 율법의 언약 관점을 보전한다는 것을 확실시합니다. 그리고 복음은 율법의 결함을 언약적으로 극복합니다.

The remarks of the shortcoming of the law is to unveil the fullness of the gospel. The shortcoming of the law and the fullness of the gospel are contrasted from the perspective of the covenant. Therefore, the negativity of the law is shown to affirm its positivity as God's word.

율법의 결함에 대한 언급은 복음의 가득함을 드러내려합니다. 율법의 결함과 복음의 가득함은 언약의 관점에서 대조됩니다. 그러므로 율법의 부정성은 하나님의 말씀으로 율법의 긍정성을 확언하도록 보입니다.

The law has to be considered as the entrance of the gospel. To sum up, the gospel can be read through the law, since the law secures the perspective of the covenant. From the perspective of the covenant, the law and the gospel are affirmed as God's word. That is, as the covenant they are complementary.

율법은 복음의 입문으로 고려되어야합니다. 요약하면, 율법이 언약의 관점을 확보하기 때문에, 복음은 율법을 통해 읽어질 수 있습니다. 언약의 관점에서 율법과 복음은 하나님의 말씀으로 확언됩니다. 즉 언약으로서 그 둘은 상보적입니다.

At any rate, if the law had not been given to the Israelites, they would have lived with their own natural propensity like other people around them. But since as God's word it was given to them, they could be directed to the covenant life of the fulfillment of it as His word. For this reason, they were called the covenant people rather than religious people.

어떻든 율법이 이스라엘 백성에게 주어지지 않았으면, 그들은 주위 다른 백성과 같이 그들 자신의 자연적인 성향으로 살았을 것입니다. 그러나 하나님의 말씀으로 율법이 그들에게 주어졌기 때문에, 그들은 그분 말씀으로 율법의 이루어짐의 언약의 삶으로 향해질 수 있었습니다. 이 때문에 그들은 종교적인 사람들로 보다 언약의 백성으로 불러집니다.

집중(Focus)

율법은 누구에게나 적용되는 요구 사항을 보입니다. 따라서 일반성과 강제성으로 특징지어집니다. 그러나 이런 특징이 하나님의 말씀에 적절하냐 하는 문제가 제기됩니다. 하나님의 말씀이 율법과 같이 의식되면, 그것은 일차적으로 누구나 지켜야 할 것입니다. 율법적으로는 누구나 하나님의 말씀을 지킴으로 하나님과 함께한다고 주장됩니다.

The law shows requirements that are applied to everyone. Thus, it is characterized in terms of generality and compulsiveness. But there arises a question of whether these characteristics are proper to God's word. If His word is being conscious like the law, it primarily has to be kept by everyone. Legalistically, it is claimed that everyone is together with Him in keeping His word.

이스라엘 백성은 율법을 하나님의 말씀으로 받았습니다. 율법은 하나님께서 택하신 이스라엘 백성에게 주신 말씀입니다. 율법은 하나님께서 그들과 함께하심으로 그들에게 주신 것입니다. 하나님의 함께에 근거된 하나님의 말씀입니다. 그렇다면 율법을 지킴으로 하나님과 함께한다고 할 수 없습니다. 하나님의 함께는 율법의 전제이지 조건적인 부과가 아닙니다.

The Israelites received the law as God's word. It is the word that He gave to His elected Israelites. It is what He gave them through His being together with them. It is His word based on His togetherness. If so, it cannot be claimed that one, keeping the law, is together with Him. His togetherness is not a conditional add of but the presupposition of the law.

율법의 관점에서 하나님께서 함께하시는 말씀을 율법으로 주셨지만 사람이 율법을 지키지 않음으로 하나님과 함께하지 못한다는 것이 주장됩니다. 따라서 율법을 지키지 않는 죄인들이 생깁니다. 반면, 율법을 지키는 이들은 자신들의 율법을 지키는 공로로 하나님과 함께한다고 생각합니다. 이 문제들은 하나님의 말씀이 하나님 함께에 근거한 것임이 의식되지 않기 때문에 생깁니다.

From the perspective of the law, it is claimed that, although God gave His word of togetherness as the law, man is not together with Him because he does not keep it. Thus, there appear sinners who do not keep the law. On the other hand, those who keep the law think that they are together with Him in terms of their merit of keeping the law. These problems arise because it is not being conscious of that His word is based on His togetherness.

4.2

Righteousness(의)

In ordinary life, "right" is contrasted to "wrong" as "good" to "bad". Since people live in a world that is under the control of death, they think of life with death. That's why they think of right with wrong and good with bad. They think of anything with its negativity. Thus, they think of it not ultimately but judgmentally.

보통 삶에서 "좋음"이 "나쁨"에 대조 되듯이 "옳음"은 "잘못"에 대조됩니다. 사람들은 죽음의 지배아래 있는 세상에서 살기 때문에 삶을 죽음과 더불어 생각합니다. 그 때문에 그들은 옳음을 잘못과 좋음을 나쁨과 같이 생각합니다. 그들은 어떤 것이든 그 부정과 같이 생각합니다. 따라서 그들은 어떤 것이든 궁극적이 아니라 판단적으로 생각합니다.

This means that people's consciousness is the mixture of the opposite. And their consciousness is not free from what they do. Therefore, their consciousness of negativity is reflected in their activities. This is the limit of their consciousness and, thus, the limit of their life in the world.

이것은 사람들의 의식이 상반되는 것의 혼합이라는 것을 뜻합니다. 그리고 그들의 의식은 그들이 하는 것으로부터 자유롭지 않습니다. 그러므로 그들의 부정성에 대한 의식은 그들 활동에 번영됩니다. 이것이 그들 의식의 한계이고 따라서 세상에서 그들 삶의 한계입니다.

The adventure to the transcendental realm is to get a freedom of thinking of goodness or righteousness. But such adventure is trapped into mere consciousness without being guided into life which has the mixture of the opposite. Then, there arises a discrepancy between consciousness and life.

초월적인 영역으로 모험은 선이나 의에 대한 생각의 자유를 가지려는 것입니다. 그러나 그런 모험은 상반되는 것의 혼합인 삶으로 인도됨이 없이 의식에만 빠지게 됩니다. 그러면 의식과 삶의 어긋남이 생깁니다.

For this reason, in the world of the mixture of the opposite, any effort of the clarification of goodness or righteousness is in vain and, even further, rigidifies life, for it is to separate goodness or righteousness from the mixture. Then, it aggravates the discrepancy between consciousness and life.

이 때문에 상반되는 것의 혼합된 세상에서 선이나 의의 명백함에 대한 어떤 노력이든 헛되고 나아가 삶을 고정되게 합니다. 그 노력은 선이나 의를 혼합으로부터 분리시키려고 하기 때문입니다. 그러면 그 노력은 의식과 삶의 엇갈림을 악화시킵니다.

The Bible originally tells of righteousness in terms of the covenant. It appears in the covenant story of God with Abraham: "And he[Abraham] believed in the LORD, and He accounted it to him for righteousness" ^{Gen. 15:6}. This is the basic account of the covenant togetherness of Him and him.

성경은 원래 의에 관해서 언약으로 말합니다. 의는 아브라함과 함께 하는 하나님의 언약의 이야기에서 나옵니다: "아브람이 여호와를 믿으니 여호와께서 이를 그의 의로 여기시고^{창 15:6}." 이것은 그분과 그의 언약의 함께에 대한 기본 기술입니다.

Here, Abraham's belief in God is about His promise that his descendants shall be numerous like stars in heaven. He accounts his belief in His promise to him for righteousness. This clearly shows that the account of righteousness originates from His covenant promise. Thus, the covenant togetherness of Him and him consists of faith and righteousness.

여기서 하나님에 대한 아브라함의 믿음은 그의 후손이 하늘의 별들과 같이 많을 것이라는 그분의 약속에 대해서입니다. 그분은 그분 약속에 대한 그의 믿음을 그에게 의로 여기십니다. 이것은 의의 기술이 그분 언약의 약속에서 유래된 것임을 명백히 보입니다. 따라서 그분과 그의 언약의 함께는 믿음과 의를 구성합니다.

Since God's promise is given in terms of His covenant, the belief in the covenant is accounted for righteousness. Thus, righteousness is concerned with faith rather than thought. And it is unfolded by the covenant. That is, it is unfolded as the covenant righteousness. The covenant righteousness is not associated with philosophical justice.

하나님의 약속은 그분 언약으로 주어지기 때문에, 언약에서 믿음은 의로 여겨집니다. 따라서 의는 사고보다 믿음으로 고려됩니다. 그리고 의는 언약으로 펼쳐집니다. 즉 의는 언약의 의로 펼쳐집니다. 언약의 의는 철학적인 정의와 연관되지 않습니다.

The right path of life cannot be a natural path. The accommodation to nature cannot be said as righteousness, although it can be regarded as wisdom. Righteousness is not what is to be disposed of by nature. There can be no righteous nature, even though there is good nature. Thus, righteousness cannot be explicated in terms of wisdom.

삶의 의로운 길은 자연적인 길일 수 없습니다. 자연에 순응은 지혜로 여겨지더라도 의로 말해질 수 없습니다. 의는 자연에 의해 배비될 수 있는 것이 아닙니다. 선한 본성은 있더라도 의로운 본성은 없습니다. 따라서 의는 지혜로 상술될 수 없습니다.

Righteousness is given by word in advance. It has to be shown in accordance with words rather than nature. That's why the Bible deals with righteousness in depth because it is given by God's word. Nevertheless, religion does not deal with righteousness. Instead, it deals with nature.

의는 말에 의해 먼저 주어집니다. 그것은 본성보다 말에 따라 보여야 합니다. 그 때문에 성경은, 의가 하나님의 말씀으로 주어짐으로, 의를 깊이 있게 다룹니다. 그렇지만 종교는 의를 다루지 않습니다. 대신 본성을 다룹니다.

Although the covenant righteousness is the onset of the account of righteousness in the Bible, it is replaced by the lawful righteousness since the overall OT narrative is guided by the law. The notion of righteousness becomes interwoven tightly with the law. Therefore, the covenant righteousness has to be clearly distinguished from the lawful righteousness.

언약의 의는 성경에서 의의 기술의 시작이지만 율법적인 의로 대치됩니다. 전반적인 구약 서사가 율법으로 이끌어지기 때문입니다. 의의 통념은 율법과 단단히 짜이게 됩니다. 그러므로 언약의 의는 율법의 의와 분명히 구별되어야 합니다.

Righteousness accompanied with the law is individualistic. The one who keeps the law is righteous, for the law directs the righteous path. Nevertheless, it is different from the ordinary law because it directs righteousness which is not involved in the ordinary law. Thus, righteousness is the bridging notion between the covenant and the law.

율법에 수반된 의는 개인적입니다. 율법을 지키는 이는 의롭습니다. 율법이 의의 길을 지시하기 때문입니다. 그렇지만 율법은 보통 법과 다릅니다. 그것은 보통 법에 들어있지 않는 의를 지시하기 때문입니다. 따라서 의는 언약과 율법을 연결하는 통념입니다.

But the law in the OT is also written in letters like the ordinary law; thus, it is primarily the word of letters. The word of letters is applied rigidly in terms of its literal sense; thus, righteousness becomes rigidified. It has fallen into legalism. Legalism arises when the law is received literally. In this way, righteousness, being departed from its covenantal origin, is trapped into the literal meaning of the law.

그러나 구약에서 율법은 또한 보통 법과 같이 문자로 써집니다. 따라서 그것은 일차적으로 문자의 말입니다. 문자의 말은 문자적 의미로 고정되게 적용됩니다. 따라서 의는 고정되게 됩니다. 율법주의로 타락됩니다. 율법주의는 율법을 문자적으로 받아들일 때 일어납니다. 이렇게 해서 의는 언약의 근원을 떠나 율법의 문자적 의미에 갇히게 됩니다.

The legalistic tendency of righteousness leads to self-righteousness of individuals. Since an individual can perform what the word of letters requires with his own will, he may be indulged in showing his outward willful pretension in accordance with it. As the literal meaning of the law is superficial, the life with its literal meaning is superficial.

의의 법적인 경향은 개인의 자기 의로 이끕니다. 개인은 문자의 말이 요구하는 것을 자신의 의지로 이행할 수 있기 때문에 그에 따라 자신의 외적 의지적인 가식을 보이는데 몰입될 수 있습니다. 율법의 문자적인 뜻은 피상적임으로, 율법의 문자적 의미로 사는 삶은 피상적입니다.

Because of this tendency, the OT law departed from God's togetherness with the covenant. Righteousness affirmed in and by His togetherness with the covenant is not to be performed individually. Therefore, individual self-righteousness is a departure from the covenant life of togetherness.

이 경향 때문에, 구약의 율법은 언약과 더불어는 하나님 함께로부터 떠납니다. 언약과 더불어는 그분 함께 안에서 또 그분 함께에 의해서 확언되는 의는 개인적으로 이행될 수 없습니다. 그러므로 개인의 자기 의는 함께하는 언약의 삶으로부터 떠남입니다.

The covenant righteousness is not to be led to individual self-righteousness. It is unveiled into togetherness. The path to togetherness is righteous, for the covenant life is unfolded into togetherness. Thus, righteousness is the fulfilled path toward togetherness. For this reason, togetherness cannot be the gathering of self-righteous individuals.

언약의 의는 개인의 자기 의로 이끌어질 수 없습니다. 언약의 의는 함께로 드러납니다. 함께로 향한 길은 의롭습니다. 언약의 삶이 함께로 펼쳐지기 때문입니다. 따라서 의는 함께를 향해 이루어진 길입니다. 이 때문에 함께는 자기 의의 개인들의 모음일 수 없습니다.

Abiding in the law as the word of letters does not involve faith as seen in the life of the ordinary law. What is involved in it is individual will. This implies that the law is practiced by individual will rather than the covenant faith. Consequently, its practice comes to be departed from the covenant.

문자의 말로서 율법에 머묾은 보통 법의 삶에서 보이듯이 믿음을 수반하지 않습니다. 거기에 수반된 것은 개인의 의지입니다. 이것은 율법이 언약의 믿음보다 개인의 의지로 이행되는 것을 시사합니다. 결과적으로 율법의 이행은 언약으로 부터 떠나게 됩니다.

The covenant faith is righteous as seen in the phrase of Genesis 15:6. It is directed to God's promise which He gave for His togetherness. Thus, righteousness is affirmed with His togetherness and disclosed for togetherness. His togetherness leads the path of righteousness.

언약 믿음은 창세기 15:6에서 보이듯이 의롭습니다. 언약의 믿음은 하나님께서 그분 함께를 위해 주신 그분 약속을 향합니다. 따라서 의는 그분 함께로 확언되고 함께를 위해 드러납니다. 그분 함께는 의의 길로 이끕니다.

An individual secures his righteousness in terms of his own separated state. In ordinary life the path to righteousness is not plain or certain. Thus, in order to be righteous, he wants to avoid wrongdoing, and, thus, he wants to show it by negating the negative. In this respect, he who does not break the law is righteous.

개인은 자신의 분리된 상태로 자신의 의를 확고하게 합니다. 보통 삶에서 의의 길은 분명하거나 확실치 않습니다. 따라서 의롭기 위해 그는 잘못을 피합니다. 따라서 그는 부정적인 것을 부정하며 의를 보이려고 합니다. 이 점에서 율법을 깨뜨리지 않는 이가 의롭습니다.

This is why most parts of the Ten Commandments are expressed by prohibition. Prohibition is a kind of separation from what should be avoided. But mere prohibition is not to lead to newness. God's covenant unfolds newness with His fulfillment of togetherness. His togetherness is disclosed in newness.

이것이 십계명의 대부분이 금지로 표현된 이유입니다. 금지는 피해져야 될 것으로부터 일종의 분리입니다. 그러나 단지 금지만은 새로움으로 이끌지 않습니다. 하나님의 언약은 함께에 대한 그분의 이루심으로 새로움을 펼칩니다. 그분의 함께는 새로움으로 드러납니다.

The Bible narrated the covenant righteousness persistently. The crisis of the life of the Israelites was assessed in terms of the departure of the law from the covenant. In their life of practicing the law in its literal sense, God was not with them, for they practiced it apart from His togetherness.

성경은 언약의 의를 끊임없이 서사하였습니다. 이스라엘 백성의 삶의 위기는 언약으로부터 율법의 떠남으로 가늠됩니다. 율법을 문자적인 뜻으로 이행하는 그들 삶에서 하나님은 그들과 함께하지 않으셨습니다. 그들은 율법을 그분 함께를 떠나 이행했기 때문입니다.

In the days of Jesus, the Jews claimed their righteousness in terms of the law. And with their law, they crucified Him, charging Him that He broke it. Therefore, the cross exhibits a direct conflict: if the Jews were righteous, Jesus became a criminal, and vice versa. That is, although the cross is the outcome of the law, the law comes to be observed from the cross.

예수님 시대 유대인들은 율법으로 그들의 의를 주장했습니다. 그리고 그들 율법으로, 그들은 예수님을 율법을 깨뜨렸다고 고발하면서 십자가에 못 박았습니다. 그러므로 십자가는 직접적인 갈등을 보입니다: 유대인들이 의로우면 예수님은 범죄인이고, 또 반대이기도 합니다. 즉 십자가는 율법의 소산이지만, 율법이 십자가로부터 주목되게 됩니다.

In order to defend Jesus, Paul brings out God's righteousness. He affirms that His righteousness was revealed in His raising of Jesus from the dead. And, then, he develops righteousness of faith with His righteousness, criticizing man's righteousness due to the practicing of the law.

예수님을 변호하기 위해 바울은 하나님의 의를 불러옵니다. 그는 하나님의 의는 죽은 자들로부터 예수님을 그분의 일으키심에 계시되었다고 확언합니다. 그러면서 그는 율법을 이행함에 의한 사람의 의를 비판하면서 그분의 의로 믿음의 의를 전개합니다.

In this way, Paul brings out the original covenant theme of God's togetherness. His righteousness is revealed in His togetherness. Thus, the unfolding of His togetherness is righteous. The covenant righteousness is not what is to be attained but what is to be disclosed.

이렇게 해서 바울은 하나님 함께에 대한 본래 언약의 주제를 불러옵니다. 그분의 의는 그분 함께에 계시됩니다. 따라서 그분 함께의 펼쳐짐은 의롭습니다. 언약의 의는 얻어지게 되는 것이 아니라 드러나게 되는 것입니다.

The gospel is the narrative of Jesus with God's togetherness. This is why it cannot be read as the historical facts of Jesus. If it deals with historical facts, it becomes merely words of letters that depict a historical figure, Jesus. Then, the gospel merely tells of His worldly life. And those who want to understand it are only concerned with His worldly life.

복음은 하나님 함께로 예수님의 서사입니다. 이것은 복음이 예수님의 역사적 사실로 읽혀질 수 없는 이유입니다. 복음이 역사적 사실을 다루면 단지 역사적 인물, 예수님을 묘사하는 문자의 말이 됩니다. 그러면 복음은 단지 예수님의 세상 삶만 말합니다. 그리고 복음을 이해하려고 읽는 이들은 단지 그분의 세상 삶에 관심을 갖습니다.

Jesus could not be an individual who would keep the law like the Jews, for He was together with God. Therefore, His story, the gospel, is the word of the life of His togetherness with God. In this respect, the law and the gospel are contrasted: the law is the word of letters, but the gospel the word of life of togetherness.

예수님은 유대인들과 같이 율법을 지키는 개인일 수 없었습니다. 하나님과 함께하셨기 때문입니다. 그러므로 예수님의 이야기 복음은 하나님과 예수님 함께의 삶의 말입니다. 이 점에서 율법과 복음은 대조됩니다: 율법은 문자의 말입니다. 그러나 복음은 함께하는 생명의 말씀입니다.

Righteousness with the gospel is shown with life of togetherness. Life of togetherness is different from the life of an individual. Life of an individual sustains until death. But life of togetherness is eternal since it is the life of being together with God. Here, eternity does not mean endless measured time. It can be narrated with the gospel.

복음으로 의는 함께의 삶으로 보입니다. 함께의 삶은 개인의 삶과 다릅니다. 개인의 삶은 죽음까지 유지됩니다. 그러나 함께의 삶은 하나님과 함께하는 삶이기 때문에 영원합니다. 여기서 영원은 끝없는 측정된 시간을 뜻하지 않습니다. 복음으로 서사될 수 있습니다.

In this respect, righteousness of the gospel is salvational, for it is the disclosure of God's togetherness with Jesus. It can be read as the unfolding of His togetherness with Jesus' life. Therefore, those who believe in Jesus in terms of the gospel live the salvational life of togetherness with God.

이 점에서 복음의 의는 구원적입니다. 예수님으로 하나님 함께의 드러남이기 때문입니다. 복음의 의는 예수님의 삶과 더불어는 그분 함께의 펼침으로 읽어질 수 있습니다. 그러므로 복음으로 예수님을 믿는 이들은 하나님과 함께하는 구원의 삶을 삽니다.

For this reason, the gospel is considered as the new covenant of salvation. Paul develops this theme from the original covenant righteousness. This is well seen in his Epistle to Romans: "For I am not ashamed of the gospel of Christ, for it is the power of God to salvation for everyone who believes, for the Jew first and also for the Greek. For in it the righteousness of God is revealed from faith to faith; as it is written, 'The just shall live by faith'" Rom. 1:16-17.

이 때문에 복음은 구원의 새 언약으로 여겨집니다. 바울은 본래 언약의 의로부터 이 주제를 전개합니다. 이것은 그의 로마서에서 잘 보입니다: "내가 복음을 부끄러워하지 아니하노니 이 복음은 모든 믿는 자에게 구원을 주시는 하나님의 능력이 됨이라 먼저는 유대인에게요 그리고 헬라인에게로다 복음에는 하나님의 의가 나타나서 믿음으로 믿음에 이르게 하나니 기록된 바 오직 의인은 믿음으로 말미암아 살리라 함과 같으니라롬 1:16-17"

In the OT, the word of God is the word of letters, since it is expressed by the law. But His togetherness cannot be disclosed in the word of letters wholly, since the word of letters is kept individually. The word of God has fallen into the word of letters as long as it is to be kept individually.

구약에서 하나님의 말씀은 문자의 말입니다. 율법으로 표현되었기 때문입니다. 그러나 그분 함께는 문자의 말에 온전히 드러나질 수 없습니다. 문자의 말은 개인적으로 지켜지기 때문입니다. 하나님의 말씀은 개인적으로 지켜지는 한 문자의 말로 타락됩니다.

The word of letters only instructs individuals to do what it specifies. Even if it was received from God, what it shows is a specific requirement. And for the carrying out of the requirement, individual will is sufficient. Even if the word of letters was also received from Him, it alone does not convey His togetherness.

문자의 말은 단지 그것이 명시하는 것을 개인이 하도록 지시합니다. 그것이 하나님으로부터 받아졌더라도, 그것이 보이는 것은 구체적인 요구입니다. 그리고 요구를 이행하는 데 개인의 의지가 충분합니다. 문자의 말이 또한 그분으로부터 받아졌더라도, 그것만으로 그분 함께를 지니지 못합니다.

The word of God with His togetherness is only fulfilled. It cannot be carried out by individual will, for it is fulfilled by His will. In terms of what can be done by man's will, righteousness of His togetherness cannot be claimed. His righteousness is not to be revealed into individual will.

하나님의 함께로 그분 말씀은 단지 이루어집니다. 개인의 의지로 이행될 수 없습니다. 하나님의 말씀은 그분 뜻으로 이루어지기 때문입니다. 사람의 의지로 해질 수 있는 것으로 그분 함께의 의는 주장될 수 없습니다. 그분 함께는 개인의 의지에 계시될 수 없습니다.

집중(Focus)

성경에서 다루어지는 의는 객관적인 기준으로 판단되지 않습니다. 그보다 언약적으로 이루어집니다. 하나님의 약속의 말씀을 믿는 믿음을 하나님께서 의로 여기시기 때문입니다. 의는 하나님 편에서 부여됩니다. 의를 하나님의 말씀에 근거해서 보면 이 평가는 분명합니다. 의는 자기 내세움일 수 없습니다. 하나님에 의해 이루어집니다.

The righteousness dealt with in the Bible is not judged by an objective criterion. It is, rather, fulfilled covenantally, for God regards the belief in His promised word as righteous. Righteousness is endowed from Him. If righteousness is seen from the basis of His word, this assessment is obvious. Righteousness cannot be self-showing. It is fulfilled by God.

이스라엘 백성은 하나님의 말씀으로서 율법을 지킴으로 의롭다고 여겼습니다. 일반적으로 법을 지킴은 의로움으로 여겨지지 않습니다. 그러나 그들은 율법을 하나님의 말씀으로 받았기 때문에 그것을 지킴으로 의롭게 된다고 여겼습니다. 이것은 율법이 언약에 근거한 것임을 사사합니다. 따라서 그들이 율법으로 주장하는 의는 결국 그들의 언약의 삶이 이루어짐으로 보일 것입니다.

The Israelites considered themselves as righteous since they keep the law as God's word. Generally, the keeping of the law is not considered as righteous. But they considered that they, keeping the law, were righteous since they received it as His word. This implies that the law is grounded on the covenant. Accordingly, the righteousness that they claim in terms of the law is, after all, to be shown with the fulfillment of their covenant life.

그렇지만 이스라엘 백성이 율법을 문자적으로 읽음으로 개인으로 성취된 행위의 의만 주장하게 됩니다. 개인들이 율법의 행위로 스스로 의롭다고 하더라도, 언약의 삶의 이루어짐은 보이지 않게 됩니다. 즉 의는 개인들로 주장되지만 의로운 삶은 보이지 않습니다. 이 배경에서 바울은 하나님의 의를 말합니다. 하나님께서 의롭게 하시는 의, 곧 하나님께서 이루시는 의입니다.

However, the Israelites come to insist on the righteousness of individually achieved acts because they read the law literally. Even if individuals, themselves, are righteous in terms of their acts of the law, the fulfillment of the covenant life is not to be visible. That is, righteousness is claimed individually, but righteous life is not visible. On this background, Paul says of God's righteousness. It is the righteousness that He makes righteous, i.e., the righteousness that He fulfills.

4.3

Sin(죄)

Sin is the outcome of the law. The code of the law specifies what is lawful and what is sinful. If one practices it, he is lawful. But if he does not practice it, he is sinful, Therefore, each code of the law becomes the criterion of the judgment of lawfulness and sinfulness. In this respect, the law is inevitably judgmental.

죄는 율법의 소산입니다. 율법의 조항은 무엇이 적법이고 무엇이 죄 됨인지 규정합니다. 사람이 조항을 이행하면 적법입니다. 그러나 조항을 이행하지 않으면 죄 됩니다. 그러므로 율법의 각 조항은 적법 됨과 죄 됨의 판단의 기준이 됩니다. 이 점에서 율법은 어쩔 수 없이 판단적입니다.

The law is also accompanied with punishment. For each sin, its punishment is specified in the law. Sin and punishment are the negative side of the practicing of the law. Sin is non-doing of the requirement of the law, and it is followed by punishment. The specification of punishment is also to enforce the practice of it.

율법은 또한 처벌을 수반합니다. 각각의 죄에 대해, 그 처벌이 율법으로 명시됩니다. 죄와 처벌은 율법을 이행하는 부정적인 측면입니다. 죄는 율법의 요구를 하지 않음이고 처벌이 따릅니다. 처벌의 명세 또한 율법 이행을 강행하기 위함입니다.

The Israelites regarded the law as the word given by God and practiced it as the word of God. Thus, they confirmed that the sinfulness against the law is the sinfulness against the word of God. They punished the breakers of the law as the breakers of the word of God. In this way, the word of God became judgmental as the law was judgmental.

이스라엘 백성은 율법을 하나님에 의해 주어진 말씀으로 여기고 하나님의 말씀으로 이행했습니다. 따라서 그들은 율법에 대한 죄 됨은 하나님의 말씀에 대한 죄 됨으로 확인했습니다. 그들은 율법을 깨뜨리는 자들을 하나님의 말씀을 깨드리는 자들로 처벌했습니다. 이렇게 해서 율법이 판단적이었음으로 하나님의 말씀도 판단적이 되었습니다.

However, the sinfulness against God's word is different from the sinfulness against the law. His word is given to His people for His fulfillment. And He wills them to be obedient to it so that they are together with Him in His fulfillment. In this way, He unfolds the covenant life of togetherness.

그렇지만 하나님의 말씀에 대한 죄 됨은 율법에 대한 죄 됨과는 다릅니다. 그분 말씀은 그분 백성에게 그분 이룸을 위해 주어졌습니다. 그리고 그분은 그들이 그분 말씀에 순종함으로 그분의 이룸에 그분과 함께하기를 뜻했습니다. 이렇게 해서 그분은 함께하는 언약의 삶을 펼치십니다.

Those who are not obedient to God's word cannot live together with Him. That is, they cannot live the covenant life of togetherness with Him. Instead, they live the fallen life of their own nature. They are driven to express their disobeying propensity. They are trapped in themselves.

하나님의 말씀에 순종하지 않는 이들은 그분과 함께 살 수 없습니다. 즉 그들은 그분과 함께하는 언약의 삶을 살 수 없습니다. 대신 그들은 그들 본성의 타락된 삶을 삽니다. 그들은 자신들의 불순종 성향을 표현하는 것으로 치닫습니다. 그들은 자신들에게 갇힙니다.

Therefore, the sinfulness against God's word is shown by the disobeying propensity against it. Since His word is ultimately for His togetherness, the disobeying propensity comes to be shunned from His togetherness. In this respect, sin is the departure from Him. And it looks natural.

그러므로 하나님의 말씀에 대한 죄 됨은 그에 대한 불순종 성향에 의해 보입니다. 그분 말씀은 궁극적으로 그분 함께를 위하기 때문에, 불순종 성향은 그분 함께로부터 피해집니다. 이 점에서 죄는 그분으로부터 떠남입니다. 그리고 자연스럽게 보입니다.

Therefore, sin against God's word means falling asunder from His togetherness, One's disobeying indulgence incites his own impulse which is not associated with the created world in accordance with His word. That is, sin is the outcome of the orientation toward self-centeredness.

그러므로 하나님의 말씀에 대한 죄는 그분 함께로부터 흩어짐을 뜻합니다. 사람의 불순종 몰입은 그분 말씀에 따라 창조된 세상과 관련되지 않는 자신의 충동을 자극합니다. 즉 죄는 자기중심으로 향함의 결과입니다.

Sin is not a religious notion. It shows a peculiarity of the Bible. Since the Bible is regarded as God's word, the obedience to His word is the guiding theme of its narrative. And the disobedience against the word of God, i.e., sinfulness, is inevitably interwoven with obedience to it.

죄는 종교적인 개념이 아닙니다. 그것은 성경의 독특함을 보입니다. 성경이 하나님의 말씀으로 고려되니, 그분 말씀에 대한 순종은 성경 서사를 이끄는 주제입니다. 그리고 하나님의 말씀에 대한 불순종, 곧 죄 됨은 어쩔 수 없이 그것에 대한 순종과 짜지게 됩니다.

Obedience is the required response to God's word. That is, His word is not what is to be understood religiously. Obedience or disobedience is the response to be shown to His word. Therefore, sin due to disobedience is an outcome of His word. But religiosity is not wordy but natural.

순종은 하나님의 말씀에 요구된 반응입니다. 즉 그분 말씀은 종교적으로 이해되는 것이 아닙니다. 순종 혹은 불순종은 그분 말씀에 보이게 되는 반응입니다. 그러므로 불순종에 의한 죄는 그분 말씀의 소산입니다. 그러나 종교성은 언어적이 아니라 본능적입니다.

The appearance of sin in the Bible, therefore, means that it is not a religious book. It is a book of obedience rather than enlightenment or understanding. Therefore, the perception of the difference of obedience and enlightenment is crucial for reading it. The word that is to be fulfilled has nothing to be understood.

그러므로 성경에 죄의 나타남은 그것이 종교적인 책이 아닌 것을 뜻합니다. 성경은 깨달음이나 이해보다 순종의 책입니다. 그러므로 순종과 깨달음의 차이에 대한 관점은 성경을 읽는데 결정적입니다. 이루어질 말은 이해될 것이 없습니다.

Because God's word requires obedience, it becomes assimilated to the law. But the requirement of the obedience of His word is not superficial as that of the law. The law only requires the outward conformity with its literal meaning. In this respect, it cannot but be read with its literal meaning.

하나님의 말씀은 순종을 요구하기 때문에 율법에 유사하여지게 됩니다. 그러나 그분 말씀에 대한 순종의 요구는 율법의 요구처럼 피상적이지 않습니다. 율법은 그것의 문자적 뜻과 외적 적합성만 요구합니다. 이 점에서 그것은 문자적 뜻으로 읽혀질 수밖에 없습니다.

But God's word requires inward obedience. Because of this reason, sin due to the disobedience of His word indicates the inward nature of man. The outward specific act against His word comes out of the fallen nature of man. That is, natural life is sinful from the perspective of the Bible as His word.

그러나 하나님의 말씀은 내적 순종을 요구합니다. 이 때문에 그분 말씀에 대한 불순종의 죄는 사람의 내적 본성을 지적합니다. 그분 말씀에 대한 외적 구체적인 행위는 사람의 타락된 본성으로부터 나옵니다. 즉 본성의 삶은 성경을 그분 말씀으로 보는 관점에서 죄 됩니다.

Even if one shows his outward conformity with the requirement of the word of the law, he may be regarded as sinful inwardly against God's word. Therefore, the obedience to His word is not to be specified literally. This means that His word cannot be read literally. Since His word is to be fulfilled, it cannot have any literal sense.

사람이 율법의 말의 요구와 외적 부합을 보이더라도 하나님의 말씀에 대해 내적으로 죄 됨으로 여겨질 수 있습니다. 그러므로 그분 말씀에 대한 순종은 문자적으로 명시되지 않습니다. 이것은 그분 말씀은 문자적으로 읽어질 수 없다는 것을 뜻합니다. 그분 말씀은 이루어질 것이기 때문에 어떤 문자적 뜻도 가질 수 없습니다.

Since man has fallen to nature because of the disobedience of God's word, its outward expression cannot be regarded as sinless even if its outward expression shows conformity with the requirement of the law. That is, the requirement of the law can be practiced with man's fallen nature.

사람이 하나님의 말씀에 불순종 때문에 본성으로 타락됨으로, 그 외적 표현이 율법의 요구와 부합을 보이더라도 죄 없다고 여겨질 수 없습니다. 즉 율법의 요구가 사람의 타락된 본성으로 이행될 수 있습니다.

For this reason, God's word is not to be fixed with its literal sense like man's word. Therefore, sin against His word cannot be fixed with its literal sense. That is, sin against His word cannot be judged like crime or immorality against His word. It cannot be judgmental. What is and what is not are judged, but what is to be fulfilled is not to be judged.

이 때문에 하나님의 말씀은 사람의 말과 같이 문자적인 뜻으로 고정되지 않습니다. 그러므로 그분 말씀에 대한 죄는 문자적 뜻으로 고정될 수 없습니다. 즉 그분 말씀에 대한 죄는 그분 말씀에 대한 범죄나 부도덕함 같이 판단될 수 없습니다. 판단적일 수 없습니다. 있는 것과 있지 않는 것은 판단됩니다. 그러나 이루어질 것은 판단되지 않습니다.

Since God's word is for its fulfillment, sin against it is also against its fulfillment. Therefore, the tendency to stay with the fixed man's nature is sinful. That is, any literal understanding or expression of His word is sinful, since literality goes against fulfillment. The hindrance to the fulfillment of His word is sinful.

하나님의 말씀은 이루어짐을 위하기 때문에, 그에 대한 죄는 또한 그의 이루어짐에 대해서입니다. 그러므로 고정된 사람의 본성으로 머물려는 경향은 죄 됩니다. 즉 그분 말씀에 대해 어떤 문자적 이해나 표현도 죄 됩니다. 문자성은 이루어짐에 반하기 때문입니다. 그분 말씀의 이루어짐에 대한 방해는 죄 됩니다.

Sin is easily judged literally if God's word is accepted literally. As long as His word is accepted literally, it becomes man's word. God, the Creator, does not give His promised word with the fixed meaning, for He creates newness with His promised word. Or what is to be fulfilled is not to be judged in terms of what is fixed.

하나님의 말씀을 문자적으로 받아들이면 죄는 쉬이 문자적으로 판단됩니다. 그분 말씀이 문자적으로 받아들여지는 한 사람의 말이 됩니다. 하나님, 창조주는 그분 약속의 말씀을 고정된 뜻으로 주지 않으십니다. 그분은 그분 약속의 말씀으로 새로움을 창조하시기 때문입니다. 혹은 이루어질 것은 고정된 것으로 판단되지 않습니다.

Man becomes sinful since he stays with his nature. If he cannot go along with the newness that God fulfills with His word, he cannot be together with Him. He is sinful since he is isolated with his own nature apart from His togetherness. From the perspective of His word, naturality is sinful.

사람은 자신의 본성으로 머물기 때문에 죄 됩니다. 그가 하나님께서 그분 말씀으로 이루시는 새로움과 같이 갈 수 없으면 그분과 함께할 수 없습니다. 그는 그분 함께로부터 떠나 자신의 본성으로 격리되기 때문에 죄 됩니다. 그분 말씀의 관점에서 자연성은 죄 됩니다.

God's word is for His togetherness. Therefore, the obedience to His word means the accompaniment with His togetherness. His togetherness is not to be fixed; therefore, the obedience to His word is not to be fixed. Therefore, obedience has no literal sense. There is no criterion to judge obedience of His word.

하나님의 말씀은 그분의 함께를 위함입니다. 그러므로 그분 말씀에 순종은 그분 함께와 동반을 뜻합니다. 그분 함께는 고정되지 않습니다. 그러므로 그분 말씀에 순종도 고정되지 않습니다. 그러므로 순종은 문자적 의미가 없습니다. 그분 말씀에 순종을 판단할 기준이 없습니다.

God's togetherness is fulfilled with His word. Sin due to the disobedience to His word prevents the fulfillment of His togetherness. It basically means to be against His togetherness. Sin goes against togetherness. In this way, it can be illustrated from a different perspective. Sin against togetherness is the Biblical perspective of sin.

하나님의 함께는 그분 말씀으로 이루어집니다. 그분 말씀에 불순종에 의한 죄는 그분 함께의 이루어짐을 막습니다. 죄는 기본적으로 그분 함께에 반하는 것을 뜻합니다. 죄는 함께에 반합니다. 이렇게 해서 죄는 다른 관점에서 예시될 수 있습니다. 함께에 반하는 죄가 죄에 대한 성경의 관점입니다.

Sin is due to the disobedience to God's word. But the covenantal dealing of sin is not for the punishment of it but for the salvation from it. The punishment of sin and the salvation from it are quite different perspectives of sin. But both are included in the Bible. Punishment and salvation are two sides of sin.

죄는 하나님의 말씀에 불순종에 의합니다. 그러나 죄의 언약적 다룸은 죄에 대한 처벌을 위하지 않고 죄로부터 구원을 위합니다. 죄의 처벌과 죄로부터 구원은 죄에 대한 전혀 다른 관점입니다. 그러나 둘 다 성경에 내포됩니다. 처벌과 구원은 죄의 양면성입니다.

The law deals with only the punishment of sin, but the gospel with the salvation from it. In the case that God's word is dealt with as the law, sin and its punishment become clear. The narrative of the OT is succeeded with these remarks. That is, the narrative of OT is not salvational. This means that salvation is not included in the law.

율법은 죄의 처벌만 다룹니다. 그러나 복음은 죄로부터 구원을 다룹니다. 하나님의 말씀을 율법으로 다루어질 경우 죄와 죄의 처벌은 명백합니다. 구약의 서사는 이 언급으로 이어집니다. 즉 구약의 서사는 구원적이지 않습니다. 이것은 구원이 율법에 내포되지 않음을 뜻합니다.

But in the gospel, sin and its punishment were applied only to Jesus. He was judged as sinful against the law and, thus, crucified by the Jews and Romans. That is, He was legally sentenced to death as a criminal. This means that the law was fully applied to Him since He was punished to death.

그러나 복음에서 죄와 그 처벌은 예수님에게만 적용되었습니다. 예수님은 율법에 대해 죄 된다고 판단되었습니다. 따라서 유대인들과 로마인들에 의해 십자가에 못 박혔습니다. 즉 그분은 법적으로 범죄자로 사형을 선고받으셨습니다. 이것은 그분이 죽음에 처벌되었음으로 율법이 그분에게 완전히 적용되었다는 것을 뜻합니다.

Nevertheless, Jesus was not disobedient to God's will. He did not show His individual fallen nature. He was obedient to God's will even to death. That is, even though He was a criminal, He was not sinful. Therefore, His death was not punishment of His sin but obedience to God's will for the fulfillment of the salvation from sin.

그렇지만 예수님은 하나님의 뜻에 불순종하지 않으셨습니다. 예수님은 개인적인 타락된 본성을 보이지 않으셨습니다. 그분은 죽음에 이르기까지 하나님의 뜻에 순종하셨습니다. 즉 그분은 범죄자였지만 죄

되지 않았습니다. 그러므로 그분 죽음은 그분 죄의 처벌이 아니라 죄로부터 구원의 이루어짐을 위한 하나님의 뜻에 순종입니다.

Even though the Jews planned to show the cross of Jesus as sin and its punishment, God willed to show it as sin and its salvation. God was together with Him on the cross. That is, in the midst of the sinful world, His cross stood with God's togetherness. It is an instance of God's togetherness in the world.

유대인들은 예수님의 십자가로 죄와 그 처벌을 보이려고 계획했지만, 하나님은 그것을 죄와 그 구원으로 보이길 뜻하셨습니다. 하나님은 십자가상에서 예수님과 함께하셨습니다. 즉 죄 된 세상 가운데 예수님의 십자가는 하나님의 함께로 섰습니다. 그것은 세상에서 하나님 함께의 사례입니다.

Sin is fixed with the fallen nature. But obedience cannot have a fixed form since it unfolds with God's togetherness. From the perspective of the law, the cross cannot be regarded as obedience to His will since the law fixes it as a punishment for sin. Therefore, it is the juncture of departing from the law.

죄는 타락된 본성으로 고정됩니다. 그러나 순종은 하나님의 함께로 펼치기 때문에 고정된 형태를 갖지 않습니다. 율법의 관점에서, 십자가는 그분 뜻에 대한 순종으로 고려될 수 없습니다. 율법은 십자가를 죄에 대한 처벌로 고정하기 때문입니다. 그러므로 십자가는 율법으로부터 떠나는 접점입니다.

Obedience is salvational, for God's word is salvational. His promised word is ultimately salvational. That is, His word is ultimately salvational, and, thus, His promise is also ultimately salvational. This salvational ultimacy is seen in the gospel, for it is narrated with the theme of obedience to salvation.

순종은 구원적입니다. 하나님의 말씀이 구원적이기 때문입니다. 그분의 약속된 말씀은 궁극적으로 구원적입니다. 즉 그분 말씀은 궁극적으로 구원적이고, 따라서 그분 약속 또한 궁극적으로 구원적입니다. 이 구원적인 궁극은 복음에서 봅니다. 복음은 구원에 대한 순종의 주제로 서사되기 때문입니다.

The OT inevitably shows sin and its punishment, but the NT sin and its salvation. In the NT, sin is indirectly shown as the situation of the world where Jesus came. He came to the sinful world for salvation. Because of Him, sin could be seen from the perspective of salvation. He came to the world to show that sin would be salvational with His own cross.

구약은 어쩔 수 없이 죄와 그 처벌을 보입니다. 그러나 신약은 죄와 그 구원을 보입니다. 신약에서 죄는 예수님이 오신 세상의 상황으로 간접적으로 보입니다. 그분은 죄 된 세상에 구원을 위해 오셨습니다. 그분 때문에 죄는 구원의 관점으로 볼 수 있었습니다. 그분은 자신의 십자가로 죄가 구원적임을 보이기 위해 세상에 오셨습니다.

Jesus in obedience overcomes sin and, thus, death. Because of Him, the world is no more under sin and its punishment, i.e., death. That is, it can be seen from the perspective of salvation. Salvation is meaningfully talked about in the background of sin. The obedience and salvation are well seen on His cross which stands on the background of sin.

예수님은 순종 가운데 죄와, 따라서 죽음을 극복하십니다. 예수님 때문에, 세상은 더 이상 죄와 그 처벌, 곧 죽음 아래 있지 않습니다. 즉 세상은 구원의 관점으로 볼 수 있습니다. 구원은 죄의 배경에서 의미 있게 말해집니다. 순종과 구원은 죄의 배경에 선 예수님의 십자가상에서 잘 보입니다.

Since religion cannot deal with sin, it cannot deal with salvation either. Therefore, if the gospel is understood religiously, sin becomes overlooked. Then, salvation cannot be proclaimed properly. What can be said with religion is the betterness of the world rather than salvation of the world.

종교는 죄를 다룰 수 없기 때문에 구원도 또한 다룰 수 없습니다. 그러므로 복음이 종교적으로 이해되면, 죄는 간과되게 됩니다. 그러면 구원은 적절하게 선포될 수 없습니다. 종교로 말해질 수 있는 것은 세상의 구원보다 세상의 나음입니다.

집중(Focus)

하나님의 말씀을 사람이 지켜야 할 바로 받아들이면 명시적이 됩니다. 사람이 해야 될 바와 하지 말아야 될 바가 분명하게 명시되기 때문입니다. 이 경우 명시적인 내용은 문자적으로 표현됩니다. 해야 될 바를 하지 않거나 하지 말아야 될 바를 하게 되면 죄가 됩니다. 하나님의 말씀을 문자적으로 명시된 것으로 받아들이면 죄를 짓는 것을 피할 수 없습니다.

If God's word is received as what man has to keep, it becomes to be specifical, for what he has to do and what he does not have to do are clearly specified. In this case, the specified content is expressed literally. Non-doing of what is to be done or doing of what is not to be done becomes sin. If one receives His word as what is specified literally, he cannot escape from committing sin.

하나님의 말씀을 문자적으로 명시된 내용으로 받아들여지면 죄와 그에 따른 처벌이 따를 수밖에 없습니다. 하나님의 말씀을 사람이 지켜야 하면, 지키지 않는 한 처벌될 수밖에 없습니다. 따라서 하나님의 말씀이 사람이 지켜야 될 바로 받아들여지면, 하나님의 말씀에 처벌이 수반됩니다. 이 점은 구약의 이스라엘 백성이 하나님의 말씀을 율법으로 받아들인 데서 잘 보입니다.

It God's word is received in terms of its literally specified content, sin and its punishment inevitably follow it. If man has to keep His word, he has to be punished as long as he does not keep it. Thus, if His word is received as what is to be kept by man, His word is accompanied with punishment. This point is well seen in the reception of His word as the law by the Israelites in the OT.

죄는 처벌이 아닌 구속의 시각으로 보아집니다. 사람이 하나님의 말씀을 명시적으로 보아 죄로 빠져들지만, 하나님의 말씀을 구속적인 시각으로 보아 죄로부터 구속됩니다. 예수님의 복음은 하나님의 말씀을 구속적인 시각으로 보게 합니다. 즉 율법은 죄에 따른 처벌을 야기하지만 복음은 죄로부터 구속을 확언합니다. 구속으로 인도하는 하나님의 말씀은 문자적이 아니라 영적입니다.

Sin is seen from the perspective of not punishment but redemption. Man, seeing God's word specifically, is fallen into sin, but he, seeing it from the redemptive perspective, is redeemed from sin. Jesus' gospel is led to see His word from the redemptive perspective. That is, the law involves punishment due to sin, but the gospel affirms redemption from sin. His word that leads to redemption is not literal but Spiritual.

4.4

Redemption(구속)

In the Bible, redemption means to set people under captivity to be free or to take back the inherited land that was transferred to others by payment of ransom. People and land are the two constituents of the old covenant. Therefore, redemption is accompanied with the covenant life.

성경에서 구속은 속량물의 지급으로 사로잡힌 사람을 자유롭게 하거나 다른 사람에게 양도된 유업의 땅을 도로 찾는 것을 뜻합니다. 사람과 땅은 옛 언약의 구성요인입니다. 그러므로 구속은 언약의 삶에 수반됩니다.

God gave two promises to Abraham and made a covenant with him in terms of them. One was for his descendants: his descendants would be prosperous like stars in heaven. And the other was for the land they would live on: the land of Canaan where he was wandering would be the ground of their settlement.

하나님은 두 개의 약속을 아브라함에게 주셨고 약속으로 그와 언약을 맺으셨습니다. 하나는 그의 후손에 대한 것입니다: 그의 후손이 하늘의 별과 같이 번성할 것입니다. 그리고 다른 하나는 그들이 살 땅입

니다: 그가 유랑하였던 가나안 땅은 그들 장착의 근거지가 될 것입니다.

Therefore, the descendants of Abraham and the land of Canaan were the covenant people and covenant land, respectively, for both of them were what were fulfilled by God's promise. The covenant life of the Israelites as the covenant people on the land of Canaan as the covenant land was narrated in the OT.

그러므로 아브라함의 후손과 가나안 땅은 각기 언약의 백성과 언약의 땅이었습니다. 둘 다 하나님의 약속에 의해 이루어졌기 때문입니다. 언약의 땅으로 가나안 땅에서 언약의 백성으로 이스라엘 백성의 언약의 삶이 구약에서 서사되었습니다.

However, these two constituents were subjected to the conditionality of the world. The descendants of Abraham, the Israelites, could be under the oppression of or captivity of other people. And their inherited land could be transferred to other Israelites or deprived by other people.

그렇지만 이 둘 구성요인은 세상 조건성에 종속됩니다. 아브라함의 후손들, 이스라엘 백성은 다른 사람들에 의해 압제받거나 사로잡힐 수 있었습니다. 그리고 그들의 유업 된 땅은 다른 이스라엘인들에게 이전되거나 다른 백성에 의해 뺏길 수 있었습니다.

In order for the covenant life to be upheld, the covenant people and land should be secured. Therefore, the redemption of them should be entailed in the covenant. Since the covenant constituents were what were fulfilled by God with His promises, their redemption was also entailed in His fulfillment.

언약의 삶이 유지되기 위해 언약의 백성과 땅이 보장되어야 합니다. 그러므로 그 구속이 언약에 담아져야 합니다. 언약의 구성요인은 하나님의 약속으로 그분에 의해 이루어진 것임으로, 그 구속 또한 그분의 이루심에 내포되었습니다.

The fulfillment of God's promise is redemptive. Since His promise is given to His people who live under the conditionality of the world, its fulfillment cannot be succumbed to the conditionality of the world. That is, the covenant life is not to be terminated by the conditionality of the world.

하나님의 약속의 이루어짐은 구속적입니다. 그분 약속은 세상 조건성 아래 사는 그분 백성에게 주어지기 때문에, 그 이루어짐은 세상 조건성에 압도될 수 없습니다. 즉 언약의 삶은 세상 조건성에 의해 종결될 수 없습니다.

Since the covenant life is fulfilled by the promise of God, it can be faced with the hostile conditions of the world. The condition of the world has fallen because of people's disobedience to His word. Therefore, the natural condition of the world does not go along with the fulfillment of His promised word.

언약의 삶은 하나님의 약속으로 이루어지기 때문에 적대적인 세상 조건에 직면될 수 있습니다. 세상의 조건은 그분 말씀에 대한 사람들의 불순종 때문에 타락되었습니다. 그러므로 세상의 자연 조건은 그분의 약속된 말씀의 이루어짐과 같이 가지 않습니다.

The fulfillment of God's promised word cannot be fixed in the conditional state of the world. The world always undergoes changing. Thus, it is a mistake to think that what is fulfilled by God is changeless. The everlasting or eternity of the fulfillment of His promised word does not mean changeless.

하나님의 약속된 말씀의 이루어짐은 세상의 조건적인 상태에 고정될 수 없습니다. 세상은 언제나 변화하고 있습니다. 따라서 하나님에 의해 이루어진 것은 불변하다고 생각하는 것은 잘못입니다. 그분 약속의 이루어짐의 영구함이나 영원함은 불변을 뜻하지 않습니다.

In the conditional world, the fulfillment of God's promised word is redemptive. But although it can be subjected to the condition of the world, its subjection is temporary since He fulfills His promise over the conditionality of the world. Therefore, redemption is an integrated part of His fulfillment.

조건적인 세상에서 하나님의 약속된 말씀의 이루어짐은 구속적입니다. 그러나 그것은 세상 조건에 종속될 수 있지만 그 종속은 일시적입니다. 하나님은 그분 약속을 세상 조건성을 너머 이루시기 때문입니다. 그러므로 구속은 그분 이루심의 통합된 부분입니다.

The fulfillment of God's promise is eventual and ultimate. It cannot be identified as an instance of conditional occurrence. That is, it cannot be exhaustively identified in terms of the condition of the world, for His will for it cannot be exhaustively specified. Therefore, the fulfillment of His promise is redemptive.

하나님의 약속의 이루어짐은 종국적이고 궁극적입니다. 조건적인 일어남의 사례로 식별될 수 없습니다. 즉 세상의 조건으로 완전히 식별될 수 없습니다. 그에 대한 그분의 뜻이 완전히 식별될 수 없기 때문입니다. 그러므로 그분 약속의 이루어짐은 구속적입니다.

God's promise is not only what is to be fulfilled but also what is to be redeemed. Therefore, it has to be seen from the perspective of fulfillment as well as redemption. What He fulfills with His promise is also redemptive. His fulfillment is not to succumb to the conditionality of the world because of its redemptive feature.

하나님의 약속은 이루어질 것만이 아니라 구속될 것입니다. 그러므로 이루어짐과 더불어 구속의 관점으로 보아져야 합니다. 그분이 그분 약속으로 이루시는 것은 또한 구속적입니다. 그분의 이루심은 그 구속적인 양상 때문에 세상 조건성에 압도되지 않습니다.

Since God's promised word is eventually and ultimately for His togetherness, redemption is also eventually and ultimately for His togetherness. Redemption is from and toward His togetherness. Succinctly phrasing, His togetherness is fulfilled with redemption, for His togetherness is fulfilled in the conditional world.

하나님의 약속된 말씀은 종국적으로 또 궁극적으로 그분 함께를 위하기 때문에, 구속도 또한 종국적으로 또 궁극적으로 그분 함께를 위합니다. 구속은 그분 함께로부터 또 그분 함께를 향합니다. 간결하게 표현하면, 그분 함께는 구속으로 이루어집니다. 그분 함께는 조건적인 세상에서 이루어지기 때문입니다.

In this way, redemption mattered with the conditionality of the world. But the subjection to the conditionality was due to sin, since man became subjected to the conditionality of the world after the fall. Therefore, redemption of sin had to be taken into consideration in order for him to be together with God.

이렇게 해서 구속은 세상 조건성과 문제가 되었습니다. 그러나 조건성에 종속은 죄에 의하였습니다. 사람이 타락 후에 세상 조건성에 종속되었기 때문입니다. 그러므로 사람이 하나님과 함께하기 위해서 죄로부터 구속이 고려되어야 했습니다.

Redemption from sin is eventually mattered. Since man was disobedient to God's word, he was not together with Him and, thus, became subjected to the conditionality of the world. Therefore, it is clear that, in the conjunction with sin, redemption is unveiled with His togetherness.

죄로부터 구속이 결국 문제입니다. 사람이 하나님의 말씀에 불순종하였기 때문에 그는 그분과 함께하지 못했고, 따라서 세상의 조건성에 종속되게 되었습니다. 그러므로 죄와 연관되어 구속이 그분 함께로 드러나진 것이 분명합니다.

Redemption from conditionality is easily perceived since the removal of conditionality is to be noticed visually. In the narratives of Judges, the deliverance occasions of the Israelites from other people can be observed as redemptive instances. The judges worked for God's redemption.

조건성으로부터 구속은 조건성의 배제가 시각적으로 주목되기 때문에 쉬이 지각됩니다. 사사기의 서사에서 다른 민족으로부터 이스라엘 백성이 구조되는 경우는 구속적인 사례로 볼 수 있습니다. 사사들은 하나님의 구속을 위해 일했습니다.

But redemption from sin is not easily perceived, since sin cannot be removed like conditions. Sin is redeemed only with God's togetherness. Therefore, for redemption from sin, sacrifice of sin offering for His togetherness is specially instructed. That is, redemption from sin is expressed with atonement.

그러나 죄로부터 구속은 쉬이 지각되지 않습니다. 죄는 조건처럼 제거될 수 없기 때문입니다. 죄는 하나님 함께로만 구속됩니다. 그러므로 죄로부터 구속에 대해선 그분 함께를 위한 속죄제로 특별히 지시되었습니다. 즉 죄로부터 구속은 속죄로 표현됩니다.

Sin does not originate from the conditionality of the world but originates from the departure from God's togetherness. Therefore, redemption from sin also has to be seen from the perspective of His togetherness. This perspective is reflected in the sacrifice of sin offering. Sacrifice is instructed for the redemption of sin.

죄는 세상의 조건성이 아니라 하나님의 함께로부터 떠남으로 유래됩니다. 그러므로 죄로부터 구속은 또한 그분 함께의 관점으로 보아져야 합니다. 이 관점은 속죄제에 반영됩니다. 제사는 죄의 구속을 위해 지시되었습니다.

What man can do is associated with the conditions of the world. He can change the conditions of the world with his own will. But his will itself is also conditional. Therefore, whatever he does, he becomes subjected to the conditionality of the world. That is, he is not to be redeemed with his own doing.

사람이 할 수 있는 것은 세상의 조건과 연관됩니다. 그는 자신의 의지로 세상의 조건을 바꿀 수 있습니다. 그러나 그의 의지 또한 조건적입니다. 그러므로 그가 무엇을 하든 그는 세상의 조건성에 종속되게 됩니다. 즉 그는 자신의 행함으로 구속될 수 없습니다.

This means that, whatever man does, it is conditional and sinful. It is conditional since it is subjected to the conditionality of the world, and it is sinful since it is departure from God's togetherness. From the perspective of His togetherness, the subjection to the conditionality of the world is sinful.

이것은 사람이 무엇을 하든 조건적이고 죄 된다는 것을 뜻합니다. 세상 조건성에 종속되기 때문에 조건적이고, 하나님의 함께로부터 떠남이기 때문에 죄 됩니다. 그분 함께의 관점에서 세상 조건성에 종속은 죄 됩니다.

Even if man is indulged into religious assurance of God's togetherness, it remains in his mind. It is not the disclosure of His togetherness. Whatever he is conscious of inwardly, it is merely subjected to the conditionality of the world. His mind is also a part of the condition of the world.

사람이 하나님의 함께에 대한 종교적인 확신에 몰입되더라도 자신의 마음에 남아 있습니다. 그것은 그분 함께의 드러남이 아닙니다. 그가 내면적으로 무엇을 의식하든, 그것은 단지 세상 조건성에 종속됩니다. 그의 마음 또한 세상 조건의 한 부분입니다.

Religious indulgence may lead to enlightenment. But it is not re-demptive. Enlightenment is man's own elevation. It is an outcome of his own strife to be free from the conditionality of the world with his own cultivation. Self-enlightenment is attainable, but self-redemption not attainable.

종교적인 몰입은 깨달음으로 이끌어갈 수 있습니다. 그러나 구속적이지 않습니다. 깨달음은 사람 자신의 고양입니다. 자신의 수양으로 세상의 조건성으로부터 자유로워지려는 노력의 결과입니다. 자기 깨달음은 얻어질 수 있습니다. 그러나 자기 구속은 얻어질 수 없습니다.

Religion does not entail sin, since it begins with man's own re-ligious nature. Therefore, any religious assurance or conviction remains in his own mind. It does not go out toward togetherness. Religion only shows self-emancipation. But self-emancipation is toward nothingness, not toward togetherness.

종교는 죄를 내포하지 않습니다. 사람 자신의 종교적인 본성으로 시작하기 때문입니다. 그러므로 어떤 종교적인 보증이나 확신도 자신의 마음에 머뭅니다. 함께로 나가지 않습니다. 종교는 단지 자기 해방만 보입니다. 그러나 자기 해방은 무로 향하지 함께로 향하지 않습니다.

Redemption is initiated with God's togetherness. Man cannot do anything for it. Thus, it cannot be given as his requirement. It cannot be descriptively identified. Its criterion cannot be set in the conditional world. Redemption cannot be reduced to conditional change of nature even if it is seen in terms of conditional change of nature.

구속은 하나님의 함께로 개시됩니다. 사람은 구속에 대해 무얼 할 수 없습니다. 따라서 그에게 요구로 주어질 수 없습니다. 서술적으로 식별될 수 없습니다. 구속의 기준은 조건적인 세상에서 설정될 수 없습니다. 구속은 조건적인 자연의 변화로 보이더라도 조건적인 자연의 변화로 환원될 수 없습니다.

Therefore, redemption is only expressed with the sacrifice. In this case, the sacrifice is not religious but covenantal. Its ritual is given by God, for it is expressed as the disclosure of His togetherness. The ritual in accordance with His word means the disclosure of His togetherness.

그러므로 구속은 제사로만 표현됩니다. 이 경우 제사는 종교적이 아니라 언약적입니다. 제사의 의식은 하나님에 의해 주어집니다. 제사는 하나님 함께의 드러남이기 때문입니다. 그분 말씀에 따른 의식은 그분 함께의 드러남을 뜻합니다.

But the redemptive ritual performed by people becomes formal and perfunctory. They perform it at their own disposal. Then, even if their sacrifices are prevalent, they cannot come together since there is no redemption with God's togetherness. They only participate in the ritual individually.

그러나 사람들에 의해 수행되는 구속 의식은 형식적이고 겉치레가 됩니다. 그들은 그들 자신의 재량으로 구속 의식을 수행합니다. 그러면 그들 제사가 성행하더라도 하나님 함께의 구속이 없기 때문에 그들은 함께할 수 없습니다. 그들은 단지 개인적으로 의식에 참여합니다.

On the background of the formality of the sacrifice of the Israelites in the OT, Jesus' cross was set as God's redemptive sacrifice. Paul developed his thesis of redemption of His cross, seeing it as the redemptive sacrifice that God set in the fallen world for sinners. That's why he attributes the sacrificial meaning to His cross.

구약에서 이스라엘 백성들 제사의 형식성을 배경으로 예수님의 십자가가 하나님의 구속적 제사로 설정되었습니다. 바울은 예수님의 십자가를 타락된 세상에 하나님께서 죄인들을 위해 세우신 구속의 제사로 보고서 예수님의 십자가의 구속에 대한 그의 주제를 전개합니다. 그 때문에 그는 예수님의 십자가에 제사적인 의미를 부여합니다.

Paul's thesis is Spiritual. That is, Jesus' redemptive sacrifice on the cross is proclaimed by the Spiritual word. Accordingly. the old sacrificial language is turned into the Spiritual language. Redemption through Jesus can be guided by the Spiritual word, since it cannot be a ritual.

바울은 주제는 영적입니다. 즉 십자가상 예수님의 구속적인 제사는 영적 말로 선포됩니다. 따라서 옛 제사의 언어는 영적 언어로 바뀌게 됩니다. 예수님을 통한 구속은 의식일 수 없기 때문에 영적인 말로 인도됩니다.

With the cross of Jesus, redemption with God's togetherness can be proclaimed with the Spiritual word. God is together with sinners with His Spirit. Sinners who are led by His Spirit are together with Him. This has happened since He sent His Spirit into the world for the fulfillment of the church.

예수님의 십자가로, 하나님 함께로 구속은 영적인 말로 선포될 수 있습니다. 하나님은 그분 영으로 죄인들과 함께하십니다. 그분 영에 의해 인도된 죄인들은 그분과 함께합니다. 이것은 그분이 교회의 이루어짐을 위해 세상에 그분 영을 보내셨기 때문에 일어났습니다.

The gospel which was written by the guidance of the Holy Spirit is the redemptive word. It has to be read from the perspective of redemption. It is the story of Jesus who came to the world of sinners in order to redeem them. Therefore, it has to be read as the word of redemption of sinners.

성령님의 인도하심으로 쓰인 복음은 구속적인 말입니다. 복음은 구속의 관점으로 읽어져야 합니다. 죄인들의 세상에 그들을 구속하기 위해 오신 예수님의 이야기입니다. 그러므로 죄인들의 구속의 말로 읽어져야 합니다.

Redemption from sin is fulfilled Spiritually. With the gospel, we are acquainted with the Spiritual word of redemption. Reversely speaking, if we are not guided by the Holy Spirit, we cannot read it as a redemptive narrative. Then, we read it merely as religious text for personal enlightenment.

죄로부터 구속은 영적으로 이루어집니다. 복음으로 우리는 구속의 영적 말에 친밀해집니다. 거꾸로 말하면, 우리가 성령님에 의해 인도되지 않으면, 우리는 복음을 구속의 서사로 읽을 수 없습니다. 그러면 우리는 복음을 단지 개인의 깨달음을 위한 종교적인 텍스트로 읽습니다.

집중(Focus)

하나님께서 약속으로 이루시는 것은 구속적입니다. 변하는 세상의 조건에 종속될 수 없기 때문입니다. 그러므로 언약은 구속적입니다. 하나님이 함께하시는 언약의 삶은 세상의 조건에 의해 종식될 수 없습니다. 어떠한 상황에 처하더라도 하나님의 함께는 구속적입니다. 개체들의 세상에서 함께는 구속적이어야 합니다.

What God fulfills with His promise is redemptive, for it cannot be subjected to the changing condition of the world. Therefore, the covenant is redemptive. The covenant life with which He is together cannot be ended by the condition of the world. Under any circumstance, His togetherness is redemptive. In the world of individuals, togetherness should be redemptive.

죄의 처벌은 율법적입니다. 따라서 율법으로 구속은 다루어질 수 없습니다. 그렇지만 하나님의 말씀으로서 율법은 언약적이어야 합니다. 하나님의 말씀은 언약으로 이루어지기 때문입니다. 이 경우 언약의 백성 모두 율법을 지키지 않으면 모두 죄인으로 처벌받게 됩니다. 그 결과 율법에 의해 언약의 삶은 종식되게 됩니다. 여기에 구속적이지 않은 율법의 문제가 있습니다.

The punishment of sin is lawful. Thus, redemption cannot be dealt with by the law. Nevertheless, the law as God's word should be covenantal, for His word is fulfilled in the covenant. In this case, if all of the covenant people do not keep the law, they all are to be punished as sinners. As a consequence, the covenant life comes to be ended by the law. Here is the problem of the law that is not redemptive.

예수님의 십자가는 죄의 구속을 보입니다. 그것은 죄 된 세상에 구속으로 세워졌습니다. 그러므로 복음은 근본적으로 구속적으로 읽어져야 합니다. 예수님의 죽음과 부활은 세상의 조건에 종속될 수 없는 예수님을 단적으로 보입니다. 하나님과 함께하는 삶은 죽음에 종속되지 않고 죽음으로부터 구속됩니다. 새 언약은 이 점을 분명히 보입니다.

The cross of Jesus shows the redemption of sin. It stands as the redemption in the sinful world. Therefore, the gospel fundamentally has to be read redemptively. His death and resurrection directly show Him who is not subjected to the condition of the world. The life of being together with God is not to be subjected to death but to be redeemed from death. The new covenant clearly shows this point.

4.5

Sacrifice(제사)

Sacrifice, in general, is a religious expression toward the absolute. Its ritual reflects the characteristics of each religion. Thus, its diversity is observed in the various religious traditions. At any rate, it has been a major part of human expression - the expression toward the absolute.

제사는 일반적으로 절대자를 향한 종교적인 표현입니다. 그 의식은 각 종교의 특성을 반영합니다. 따라서 그 다양성은 여러 종교 전통에서 주시됩니다. 어떻든 제사는 인간 표현의 주요한 부분 – 절대자를 향한 표현 입니다.

Since sacrifice is a religious expression, the human mind is directly involved in its ritual. It is. in a sense, regarded as the outward appearance of the depth of the mind. And the human mind directed to the absolute is easily led to the absolutization of itself. In this case, the absolute is the imaginative product of the absolutized mind.

제사는 종교적인 표현이기 때문에, 인간의 마음은 제사 의식에 직접적으로 개입됩니다. 제사는 어떤 의미에서 마음 깊이의 외면적 나타남으로 여겨집니다. 그리고 절대자를 향한 인간의 마음은 자체의 절대화로 쉬이 이끌어집니다. 이 경우 절대자는 절대화된 마음의 상상적 소산입니다.

Because of this tendency, sacrifice tends to lead to idolatry. Idols appear as the objectification of the absolutized human mind. Therefore, there is no clear boundary to distinguish the religious mind from the idolatry mind, for the mind toward the absolute becomes absolutized.

이 경향으로, 제사는 우상숭배로 이끌어지는 경향이 있습니다. 우상은 절대화된 인간 마음의 대상화로 나타납니다. 그러므로 우상숭배의 마음으로부터 종교적인 마음을 구별할 명백한 경계가 없습니다. 절대자를 향한 마음은 절대화되기 때문입니다.

The Bible also deals with sacrifice. But the Bible deals with it from the covenant perspective rather than from the religious perspective. The sacrifice seen in the Bible is regulated by the law of the Israelites. Since the law is given to them for the covenant life, the sacrifice regulated by the law is for the covenant life. That is, it is the covenant sacrifice.

성경 또한 제사를 다룹니다. 그러나 성경은 그것을 종교적인 관점으로보다 언약적 관점으로 제사를 다룹니다. 성경에서 보이는 제사는 이스라엘 백성의 율법으로 규정됩니다. 율법은 그들에게 언약의 삶으로 주어짐으로, 율법에 의해 규정된 제사는 언약의 삶을 위합니다. 즉 그것은 언약의 제사입니다.

The covenant sacrifice is regulated by the law, i.e., the word of God, for the covenant life of the covenant people. Since the covenant people are separated from the natural people, their sacrifice is also separated from the natural people's sacrifice. For this reason, the narrative of sacrifice in the Bible is differentiated.

언약 제사는 언약의 백성의 언약의 삶을 위해 율법, 곧 하나님의 말씀으로 규정됩니다. 언약의 백성은 자연인들로부터 구별되기 때문에, 그들의 제사도 또한 자연인들의 제사와 구별됩니다. 이 때문에 성경에서 제사의 서사는 달라집니다.

The regulation of sacrifice by the law as the word of God does not mean to set up the format of the ritual of sacrifice. It is to show that sacrifice is the fulfillment of the law as the word of God. That is, the covenant sacrifice is the fulfillment of the covenant word of God. The Biblical sacrifice is not performed but fulfilled.

하나님의 말씀으로서 율법에 의한 제사의 규정은 제사 의식의 체제를 설정하려고 뜻하지 않습니다. 그것은 제사가 하나님의 말씀으로서 율법의 이루어짐을 보이려는 것입니다. 즉 언약 제사는 하나님의 언약 말씀의 이루어짐입니다. 성경의 제사는 이행되지 않고 이루어집니다.

Therefore, the covenant sacrifice is the word oriented sacrifice which departs from the nature oriented sacrifice. In this regard, the covenant sacrifice conveys the word of God rather than the nature of man. Therefore, the sacrifice with the word of God is the fulfillment of it, but the sacrifice of the nature of man is expressive or performative.

그러므로 언약 제사는 본성 지향적인 제사를 떠난 말씀 지향적인 제사입니다. 이 점에서 언약 제사는 사람의 본성보다 하나님의 말씀을 띱니다. 그러므로 하나님 말씀으로 제사는 하나님 말씀의 이루어짐입니다. 그러나 사람 본성의 제사는 표현적이고 이행적입니다.

The sacrifice with the word of God is the outcome of His initiation. He wills that His people should offer the sacrifice under His own ordination. That is, He wills that with the sacrifice His word, i.e., His togetherness, should be disclosed so as to be fulfilled. In this respect, the covenant sacrifice is disclosed as the fulfillment of His word.

하나님의 말씀으로 제사는 그분 개시의 결과입니다. 그분은 그분 백성이 그분 규정 하에 제사를 드려야 할 것을 뜻하십니다. 즉 그분은 제사로 그분 말씀, 곧 그분 함께가 이루어지도록 드러나길 뜻하십니다. 이 점에서 언약 제사는 그분 말씀의 이루어짐으로 드러납니다.

For this reason, the covenant sacrifice is grounded on God's togetherness, for He gives His own word for it. Therefore, the sacrifice on the ground of His togetherness has to be differentiated from that of human yearning for being together with Him. His togetherness should not be confused as the outcome of human yearning for being together with Him.

이 때문에, 언약 제사는 하나님의 함께에 근거합니다. 그에 대해 그분이 그분 말씀을 주시기 때문입니다. 그러므로 그분 함께의 근거에서 제사는 그분과 함께하려는 인간 열망의 제사로부터 차별되어야 합니다. 그분 함께는 그분과 함께하려는 인간의 열망의 소산으로 혼동되지 말아야 합니다.

The religious sacrifice is grounded on the life of the world. Thus, it is ritualistically practiced. Its ritualistic word is commonly shared with people in the world. Therefore, they are encouraged to be enlightened to catch its meaning so that they may participate in it. It is expansive.

종교적 제사는 세상 삶에 근거합니다. 따라서 의식적으로 이행됩니다. 종교적 제사의 의식적인 말은 세상에서 사람들과 공통적으로 나누어집니다. 그러므로 그들은 그 의미를 포착하도록 깨닫게 되어 종교적 의식에 참여하도록 격려됩니다. 그것은 확장됩니다.

However, the covenant sacrifice is offered in order for the covenant life of togetherness to be intact. It is required in the situation that the covenant life with God's togetherness is problematic because the law as His word is not kept wholly. The covenant people are sinful when the law as His word is not kept wholly.

그렇지만 언약 제사는 함께하는 언약의 삶이 온전하도록 드려집니다. 그것은 하나님의 말씀으로 율법이 온전히 지켜지지 않기 때문에 그분 함께로 언약의 삶이 문제된 상황에서 요구됩니다. 그분 말씀으로서 율법이 온전히 지켜지지 않을 때 언약의 백성은 죄 됩니다.

Therefore, the covenant sacrifice is basically required for the remission of sins. The covenant life is sustained as long as the covenant people keep the law as God's word. But in the case that it is not kept wholly, the way to return to the original covenant is in need of so as for the covenant life of togetherness to be intact.

그러므로 언약 제사는 기본적으로 죄 사함을 위해 요구됩니다. 언약의 삶은 언약의 백성이 율법을 하나님의 말씀으로 지키는 한 유지됩니다. 그러나 그것이 온전히 지켜지지 않을 경우, 함께하는 언약의 삶이 온전하게 되도록 원래 언약으로 돌아가는 길이 필요합니다.

For this reason, the covenant sacrifice is set as the ordinance of the law. It is wordy so as to be judged whether it is kept or not. That is, it is required to be obedient. Thus, it is groundless and senseless to search for the symbolical meaning of the covenant sacrifice. Obedience and symbolism have completely different originations.

이 때문에 언약 제사는 율법의 규례로 설정됩니다. 그것이 지켜졌는지 아닌지 판단되기 위해 그것은 언어적입니다. 즉 그것은 순종하도록 요구됩니다. 따라서 언약 제사에 대해 상징적인 의미를 찾는 것은 근거가 없고 무의미합니다. 순종과 상징성은 전혀 다른 유래를 갖습니다.

The association of the covenant sacrifice with symbolism is the outcome of the religious reading of the Bible. God's togetherness cannot be entailed in man's imagination which can be expressed as a symbol. That is, His togetherness is not to be reduced to his feeling of dependency.

언약 제사를 상징성과 연계함은 성경을 종교적으로 읽음의 결과입니다. 하나님의 함께는 상징으로 표현될 수 있는 사람의 상상에 내포될 수 없습니다. 즉 그분 함께는 사람의 의존 느낌으로 환원될 수 없습니다.

God's togetherness is unveiled in the obedience of His word. His togetherness goes along the covenant sacrifice in obedience. Therefore, the covenant sacrifice is obedient sacrifice. With it, obedience rather than symbolism has to be observed. In obedience, the covenant sacrifice is fulfilled.

하나님의 함께는 그분 말씀의 순종으로 드러납니다. 그분 함께는 순종 가운데 언약 제사를 따라갑니다. 그러므로 언약 제사는 순종하는 제사입니다. 언약 제사로 상징성이 아닌 순종이 주시되어야 합니다. 순종 가운데 언약의 제사는 이루어집니다.

People's eagerness to contribute their meaning to the covenant sacrifice leads it to depart from being obedient sacrifice. If they want to weigh the meaning of it rather than their obedience to it, they eventually come to offer their sacrifice without obedience. Then, it becomes a mere ritualistic repetition.

사람들의 의미를 언약 제사에 부여하려는 그들의 열망은 그것을 순종의 제사로부터 떠나도록 이끕니다. 그들이 언약 제사에 대한 그들의 순종보다 그들의 뜻에 무게를 주기를 원하면, 그들은 결국 순종 없이 그들의 제사를 드리게 됩니다. 그러면 언약 제사는 단지 의식적인 반복이 됩니다.

This tendency is well seen in the reproach of Samuel to Saul:
Has the LORD as great delight in burnt offerings and sacrifices, As in obeying the voice of the LORD? Behold, to obey is better than sacrifice, And to heed than the fat of rams. For rebellion is as the sin of witchcraft, And

stubbornness is as iniquity and idolatry ^{I Sam. 15:22-23}.

이런 경향은 사울에 대한 사무엘의 질책에서 잘 보입니다:

여호와께서 번제와 다른 제사를 그의 목소리를 청종하는 것을 좋아하심 같이 좋아하시겠나이까 순종이 제사보다 낫고 듣는 것이 숫양의 기름보다 나으니 이는 거역하는 것은 점치는 죄와 같고 완고한 것은 사신 우상에게 절하는 죄와 같음이라^{삼상} *15:22-23*

If sacrifice departs from obedience, it drifts to idolatry. The frequent warning to the Israelites against idolatry is to keep them to be obedient to the law, the word of God. Nevertheless, as they become attracted to the natural sacrifice of the native people in the land of Canaan, they fall into idolatry.

제사가 순종으로부터 떠나면 우상숭배로 표류합니다. 이스라엘 백성에게 우상숭배에 대한 빈번한 경고는 그들로 율법, 곧 하나님의 말씀에 순종하도록 지키려는 것입니다. 그렇지만 그들이 가나안 땅에 있는 원주민의 자연적인 제사에 끌려짐으로 우상숭배로 빠져듭니다.

This tendency happens if it is overlooked that the covenant sacrifice is fulfilled with God's togetherness. People become indulgent to the sacrifice if they are conscious of it as their own expression. On the contrary, they come to cherish their covenant sacrifice if they are obedient to its fulfillment with His togetherness.

이 경향은 언약 제사가 하나님의 함께로 이루어진다는 것을 간과하면 일어납니다. 사람들이 제사를 그들 자신의 표현으로 의식하면 그것에 몰입되게 됩니다. 반대로 그들이 그분 함께로 그 이루어짐에 순종하면 그들의 언약 제사를 누리게 됩니다.

The sacrifice with obedience is sacrifice with God's togetherness. Therefore, if it is performed without obedience, it is the expression of man's indulgence to his own nature. Then, what is shown with it is self-elevation, and, thus, it becomes idolatry. Its outward expression is merely ritualistic symbolism.

순종으로 제사는 하나님 함께로 제사입니다. 그러므로 순종 없이 제사가 이행되면 사람의 자기본성에 몰입하는 표현입니다. 그러면 제사로 보이는 것은 자기 올림입니다. 따라서 우상숭배가 됩니다. 제사의 외적 표현은 단지 의식적인 상징성입니다.

The covenant sacrifice with obedience is for the remission of sins. Since with it God's togetherness is fulfilled, the covenant life of togetherness is recovered or renewed. That is, the covenant sacrifice is entailed in the covenant life of togetherness with its own recovery or renewal.

순종으로 언약 제사는 죄 사함을 위합니다. 언약 제사로 하나님의 함께가 이루어지기 때문에 함께하는 언약의 삶이 회복되고 새롭게 됩니다. 즉 언약 제사는 함께하는 언약의 삶이 회복되고 새로워짐으로 언약의 삶에 내포됩니다.

With the word of the covenant sacrifice God grants the way of the atonement of sins. Togetherness is what is to be fulfilled with His togetherness. Therefore, in the life of togetherness, the path to togetherness should be included. It is shown with sacrifice. The path is given as the ordinance of sacrifice.

언약 제사의 말로 하나님은 죄를 속하는 길을 허락하십니다. 함께는 그분 함께로 이루어지는 것입니다. 그러므로 함께의 삶에 함께로 가는 길은 내포되어야 합니다. 그것은 제사로 보입니다. 그 길은 제사의 규례로 주어집니다.

The atonement of sin is not a regular practice of the law. It cannot be a performance of the law, for a sinner is outside of the boundary of the law. Therefore, the way to go inside of the boundary of the law should be, first of all, prepared for him with the accompaniment of the law.

죄의 속함은 율법의 정상적인 이행이 아닙니다. 율법의 실행일 수 없습니다. 죄인은 율법의 경계 밖에 있기 때문입니다. 그러므로 무엇보다 먼저 율법의 경계 안에 들어가는 길이 율법의 부수로 그를 위해 준비되어야 합니다.

Although the sacrifice of atonement is a law-abiding practice, it cannot be performed by sinners who are subjected to it. Although a priest is in charge of it, it is not performed by him either. The covenant sacrifice is not the performance of the law. That is, it is not charged by anyone.

속죄제는 율법에 머무는 이행이지만 속죄제에 종속된 죄인들에 의해 실행될 수 없습니다. 제사장이 속죄제를 관장하지만 그에 의해서도 실행되지 않습니다. 언약 제사는 율법의 실행이 아닙니다. 즉 누구에 의해 관장되지 않습니다.

Since the covenant sacrifice is required for sinners to be recovered to the covenant life, it is what is to be fulfilled with God's togetherness. Sin is atoned with His togetherness, for it is a fallen natural state apart from His togetherness. Thus, its atonement is prepared for His togetherness from its fallen natural state.

언약 제사는 죄인들이 언약의 삶으로 회복되도록 요구되기 때문에 하나님의 함께로 이루어지게 되는 것입니다. 죄는 그분 함께로 속해집니다. 그분 함께로부터 떠난 타락된 자연적인 상태이기 때문입니다. 따라서 죄의 속함은 타락된 자연적인 상태로부터 그분 함께를 위해 준비됩니다.

Since sin is due to disobedience to the word of God, the atonement of sin should be included in the covenant life of togetherness. Accordingly, the sacrifice of the atonement of sin is part of the covenant life of togetherness. This is why the narratives of sacrifice are ubiquitous in the OT.

죄가 하나님의 말씀에 대한 불순종에 의하기 때문에, 죄를 속함은 함께하는 언약의 삶에 내포되어야 합니다. 따라서 죄를 속하는 제사는 함께하는 언약의 삶의 부분입니다. 이것이 죄사의 서사가 구약에 편재하는 이유입니다.

In this respect, the covenant sacrifice is a constituent of the covenant life of togetherness that is fulfilled with God's word. The covenant life of His word is fulfilled in obedience. However, if disobedience happens to be the case, the sacrifice to recover the obedient life is prepared.

이 점에서 언약 제사는 하나님의 말씀으로 이루어지는 함께하는 언약의 삶의 구성요인입니다. 그분 말씀의 언약의 삶은 순종으로 이루어집니다. 그렇지만 불순종이 경우가 되면, 순종의 삶으로 회복되는 제사가 준비됩니다.

The Biblical sacrifice is covenant sacrifice, since the Biblical life is fulfilled with God's word. The fulfilled life of His word is an obedient life. But every situational or occasional disobedience which inevitably happens in it cannot be always judged into punishment. With the law of the punishment of sinners, the sacrifice of remitting their sin is accompanied in the covenant life.

성경의 제사는 언약 제사입니다. 성경의 삶이 하나님의 말씀으로 이루어지기 때문입니다. 그분 말씀의 이루진 삶은 순종의 삶입니다. 그러나 성경의 삶에서 피할 수 없이 일어나는 모든 상황적인 혹은 우연한 불순종은 항시 처벌로 판단될 수 없습니다. 죄인들을 처벌하는 율법과 더불어 그들의 죄를 사하는 제사는 언약의 삶에 동반합니다.

Paul develops worship on the basis of sacrifice: "I beseech you therefore, brethren, by the mercies of God, that you present your bodies a living sacrifice, holy, acceptable to God, which is your reasonable service" Rom. 12:1. According to him, worship is a living sacrifice of being together with Him.

바울은 제사의 근거에서 예배를 전개합니다: "그러므로 형제들아 내가 하나님의 모든 자비하심으로 너희를 권하노니 너희 몸을 하나님이 기뻐하시는 거룩한 산 제물로 드리라 이는 너희가 드릴 영적 예배니라롬 12:1." 그에 의하면 예배는 그분과 함께하는 산 제사입니다.

With the sacrifice, disobedience is included in the life of God's word. Therefore, it is visible in the world since the worldly life is disobedient to His word. In the midst of the disobedient life of the world, the cross of Jesus stands. And it can be seen from the perspective of the sacrifice. Both redemption and atonement are unveiled on His cross.

제사로 불순종은 하나님 말씀의 삶에 내포됩니다. 그러므로 세상 삶이 그분 말씀에 불순종하기 때문에 제사는 세상에 보입니다. 세상의 불순종 삶 가운데, 예수님의 십자가는 섭니다. 그리고 제사의 관점에서 보아질 수 있습니다. 구속과 속죄 둘 다 예수님의 십자가상에 드러납니다.

집중(Focus)

성경은 종교적인 제사와 다른 언약 제사를 보입니다. 종교적인 제사는 절대자를 향하는 마음을 제사로 표현하기 때문에 마음의 제사입니다. 그러나 언약 제사는 언약의 함께로 규정됩니다. 드려져야 할 제사는 언약의 말로 명시됩니다. 명시된 언약의 말은 제사로 이루어집니다. 계명이 하나님의 말씀으로 주어지고 이루어지듯 제사도 그분 말씀으로 주어지고 이루어집니다.

The Bible shows the covenant sacrifice that is different from the religious sacrifice. Since the religious sacrifice expresses the mind directed to the absolute, it is the sacrifice of mind. But the covenant sacrifice is provisioned with the covenant togetherness. The sacrifice to be offered is specified by the covenant word. The specified covenant word is fulfilled with the sacrifice. As the commandment is given and fulfilled by His word, the sacrifice is also given and fulfilled by His word.

언약 제사는 기본적으로 지은 죄에 대해 규정됩니다. 언약의 삶에서 하나님의 말씀에 불순종하는 이는 하나님과 함께하지 못합니다. 따라서 그의 불순종의 죄가 속하여져 그가 그분과 함께하도록 제사가 규정됩니다. 명시된 제사가 이루어짐으로 그는 그분과 함께하는 언약의 삶으로 돌아오게 됩니다. 이렇게 언약 제사는 언약의 삶이 보전되도록 이루어집니다.

The covenant sacrifice is basically provisioned for the committed sin. In the covenant life, one who is disobedient to God's word is not to be together with Him. Thus, a sacrifice is provisioned for his sin of disobedience to be atoned so as for him to be together with Him. As the specified sacrifice is fulfilled, he returns to the covenant life of being together with Him. In this way, the covenant sacrifice is fulfilled for the covenant life to be preserved.

따라서 언약 제사로 표현되는 기본 내용은 순종입니다. 규정된 제사를 지닐 때 의식적인 면만 보일 수 있습니다. 율법에 규정된 내용처럼 제사에 규정된 내용이 문자적인 행위에 의해서만 보일 수 있습니다. 그러나 언약 제사의 의미는 하나님과 함께로 돌아가는 것입니다. 그러므로 그것이 뜻하는 바는 제사 규정에 대한 순종입니다.

Accordingly, the basic content expressed with the covenant sacrifice is obedience. When the provisioned sacrifice is offered, only its ritualistic side can be shown. Like the content regulated in the law, the content provisioned in the sacrifice may be shown by its literal act. But the significance of the covenant sacrifice is to return to togetherness with God. Therefore, what it means is the obedience to its provision.

4.6

Atonement(속죄)

Atonement in the OT was regulated by the law. Its regulation was specified by the ritual of sacrifice as seen in the fourth chapter of Leviticus. It was, so to speak, sacrificially regulated. Then, why is it regulated by sacrifice? Or what is the significance of its regulation in terms of sacrifice?

구약에서 속죄는 율법에 의해 규정되었습니다. 그 규정은 레위기 4 장에서 보인 대로 제사의 의식으로 명시되었습니다. 속죄는 말하자면 제사적으로 규정되었습니다. 그러면 왜 속죄는 제사로 규정됩니까? 혹 은 제사에 의한 속죄의 규정 의미는 무엇입니까?

In the Bible, atonement is provided for sins that are unintentionally committed. That is, for unintentionally committed sins, not punishment but atonement is prescribed by the law. And its prescription is specified by the ritualistic sacrifices for the corresponding sins. The prescription of sacrifice for sin is not for the punishment of sin but the remission of sin.

성경에서 속죄는 고의가 아니게 저지른 죄에 대해 준비됩니다. 즉 고 의가 아니게 저지른 죄에 대해 처벌이 아닌 속죄가 율법에 의해 규정되었습니다. 그리고 속죄의 규정은 해당하는 죄에 대한 의식적인 제사로 명시됩니다. 죄에 대한 제사의 규정은 죄의 처벌이 아닌 죄의 사함을 위합니다.

The Bible raises the problem of sin seriously, for it narrates the covenant life of God's word. The covenant life is fulfilled in the obedience of His word. But there are instances that it is not obeyed if it has to be obeyed like the law. The obedience of it is righteous, but the disobedience of it sinful.

성경은 죄의 문제를 심각하게 제기합니다. 성경은 하나님 말씀의 언약의 삶을 서사하기 때문입니다. 언약의 삶은 하나님 말씀의 순종 가운데 이루어집니다. 그러나 하나님의 말씀이 율법과 같이 순종해야 되면, 하나님의 말씀이 순종되지 않는 사례가 있습니다. 하나님 말씀에 대한 순종은 의롭습니다. 그러나 그것에 대한 불순종은 죄 됩니다.

Righteousness and sinfulness are the outcomes of the covenant life of the word of God. Even though sin due to intentional disobedience is not allowed, there should be a way of reparation for sin due to unintentional disobedience in order for the covenant life to be intact.

의와 죄 됨은 하나님의 말씀에 대한 언약 삶의 결과입니다. 고의적인 불순종에 의한 죄는 허용되지 않지만, 고의가 아닌 불순종에 의한 죄의 보수의 길은 언약의 삶이 온전하기 위해 있어야 합니다.

However, sinners, even if they were disobedient to the word of God unintentionally, are not in position to perform the word of

God righteously, Since they are not together with Him, they cannot perform His word that is given to the people of togetherness. Therefore, they should be, first of all, atoned for their sin in order to be returned to the covenant life of the word of God.

그렇지만 죄인들은, 그들이 고의가 아니게 하나님의 말씀에 불순종하였더라도, 하나님의 말씀을 의롭게 실행할 위치에 있지 않습니다. 그들은 그분과 함께하지 않음으로 함께하는 사람들에게 주어진 그분 말씀을 실행할 수 없습니다. 그러므로 그들은 무엇보다 먼저 하나님 말씀의 언약의 삶으로 돌아오게 되기 위해 그들의 죄에 대해 속해져야 합니다.

Sin offering is regulated for the sinners for the atonement of their sin. Sin is committed against God since it is due to disobedience to His word. Therefore, they cannot perform their own act of atonement directly. The priest who is ordained by Him performs the act of atonement on behalf of them.

속죄제는 죄인들의 죄를 속하기 위해 죄인들을 위해 규정됩니다. 죄는 하나님 말씀에 불순종에 의하기 때문에 하나님에 반하여 저지러집니다. 그러므로 그들은 그들 자신의 속죄의 행위를 직접적으로 수행할 수 없습니다. 그분에 의해 명해진 제사장이 그들 대신에 속죄의 행위를 실행합니다.

In this way, atonement for sin is regulated as a ritual of sacrifice. Ritual of sacrifice has been the only considerable way of man's expression toward God. Until the Holy Spirit came, his desire to be with Him had been expressed by ritual sacrifice. That is, his propensity of mind is outwardly shown by the ritual of sacrifice.

이렇게 해서 죄에 대한 속함이 제사의 의식으로 규정됩니다. 제사의 규정은 하나님을 향한 사람의 표현으로 유일하게 고려되는 길입니다. 성령님이 오시기까지 하나님과 함께하려는 사람의 욕망은 제사의 의식으로 표현되어 왔습니다. 즉 사람의 마음 성향은 제사의 의식에 의해 외면적으로 보입니다.

Sin is told in the background of the covenant of God's togetherness. The regulation of atonement for sin is given by His word, and its ritual is performed by the priest who was ordained by Him. In this respect, the ritual of atonement of sacrifice is considered as one of the covenant rituals.

죄는 하나님 함께의 언약의 배경으로 말해집니다. 죄에 대한 속함의 규정은 그분 말씀에 의해 주어집니다. 그리고 그 의식은 그분에 의해 명해진 제사장에 의해 수행됩니다. 이 점에서 속죄제의 의식은 언약 의식 가운데 하나로 여겨집니다.

Therefore, the covenant ritual in the Bible should be distinguished from the social or religious rituals which are accompanied with symbolical meaning, since it cannot be given descriptively. Most cultural or religious expressions contain abundant symbols, since they come out of the human mind.

그러므로 성경에서 언약 의식은, 서술적으로 주어질 수 없기 때문에, 상징적인 의미를 동반한 사회적이나 종교적인 의식으로부터 구별되어야 합니다. 대부분 문화적이거나 종교적인 표현은 풍부한 상징들을 포함합니다. 인간의 마음에서 나오기 때문입니다.

But the covenant sacrifice that is regulated in terms of rituals is not expressed symbolically. The word of God is not symbolic. That's why it is expressed into the law. Symbol is an outcome of man's imagination. But His word is given as what is to be obedient. Obedience cannot be expressed symbolically.

그러나 의식에 의해 규정된 언약 제사는 상징적으로 표현되지 않습니다. 하나님의 말씀은 상징적이지 않습니다. 그 때문에 율법으로 표현됩니다. 상징은 사람의 상상의 소산입니다. 그러나 그분 말씀은 순종해야 될 것으로 주어집니다. 순종은 상징적으로 표현될 수 없습니다.

The way to obedience from disobedience began with obedience of sin offering. This was regulated into rituals in the OT, for there was no word of God to deal with it directly. But when His Spirit came, His Spiritual word guided to the way of atonement of obedience instead of ritual of sin offering.

불순종으로부터 순종으로 길은 속죄제의 순종으로 시작하였습니다. 이것은 구약에서 의식으로 규정되었습니다. 그것을 직접적으로 다룰 하나님의 말씀이 없었기 때문입니다. 그러나 그분의 영이 오셨을 때, 그분 영적 말씀이 속죄제의 의식 대신에 순종의 속죄 길로 인도하였습니다.

When the way to obedience from disobedience is guided by the Holy Spirit, repentance rather than atonement of sacrifice is guided to the way to obedience from disobedience. God is together with His people with His Spirit, i.e., the Holy Spirit. Spiritual repentance rather than sacrificial atonement is proclaimed in the gospel.

불순종으로부터 순종으로 길이 성령님에 의해 인도될 때, 속죄제보다 회개가 불순종으로부터 순종의 길로 인도됩니다. 하나님은 그분 영, 곧 성령님으로 그분 백성과 함께하십니다. 제사적인 속죄보다 영적 회개가 복음에 선포됩니다.

If the word of God is given as the law, its scope is inevitably limited since the law is what is to be kept by man's capability. Since he is subjected to the conditionality of the world, its word cannot but be reflected by the conditionality of the world. That is, its word becomes literalized.

하나님의 말씀이 율법으로 주어지면, 그 영역은 제한됩니다. 율법이 사람의 능력으로 지켜져야 될 것이기 때문입니다. 사람이 세상의 조건성에 종속되기 때문에, 율법의 말도 세상 조건성에 의해 반영될 수밖에 없습니다. 즉 율법의 말은 문자화 되게 됩니다.

The sacrificial atonement for sin shows, in a sense, the limitation of the law. Unintentional disobedience and the sacrifice for it set the clear boundary of the law, for the conditionality of the world does not let people remain in the boundary of the law always. The rigidity of the law cannot be adapted to the change of the conditionality of the world.

죄에 대한 제사적인 속함은 어떤 의미에서 율법의 한계를 보입니다. 고의가 아닌 불순종과 그에 대한 제사는 율법의 명백한 경계를 설정합니다. 세상 조건성이 사람들로 율법의 경계 안에 항시 머물게 하지 않기 때문입니다. 율법의 고정은 세상 조건성의 변화에 순응될 수 없습니다.

Therefore, the sacrificial atonement for sin unleashes the tightness of the law. Its tightness comes when it is literally tied with the conditionality of the world. When it is applied to the conditionality literally, its scope inevitably becomes limited because the conditionality always changes.

그러므로 죄에 대한 제사적 속함은 율법의 빡빡함을 풉니다. 율법의 빡빡함은 율법이 세상의 조건성과 문자적으로 묶일 때 옵니다. 율법이 조건성에 문자적으로 적용될 때, 조건성이 항시 변하기 때문에 그 범위는 어쩔 수 없이 제한되게 됩니다.

God's word for the sacrificial atonement for sin is fulfilled whenever sin is atoned with the sacrifice. But His word as the law is merely kept by His people repeatedly, since it is tied up with the conditionality of the world. Here is the discrepancy between His word for sacrificial atonement and His word as the law.

죄에 대한 제사적 속죄를 위한 하나님의 말씀은 죄가 제사로 속하여질 때마다 이루어집니다. 그러나 율법으로 그분 말씀은 그분 백성에 의해 단지 반복적으로 지켜집니다. 율법이 세상 조건성과 결부되기 때문입니다. 여기에 속죄제에 대한 그분 말씀과 율법으로 그분 말씀 사이에 어긋남이 있습니다.

The loss of the sense of fulfillment of God's word resulted from the practice of the law as His word. It came to be noticed vividly when the sacrifice was no longer practiced. In that case, the lawful boundary was only set in the sinful world so that the lawful life became legalistic.

하나님의 말씀의 이루어짐에 대한 의미의 상실은 율법을 그분 말씀으로 실행한 결과입니다. 그것은 제사가 더 이상 실행되지 않았을 때 생생하게 인지하게 되었습니다. 그 경우 적법적인 경계가 단지 죄 된 세상에 설정되어 적법적인 삶은 율법적이 되었습니다.

As a consequence, the law had nothing to do with sinners. It only worked to increase them so that they became visible abundantly. However, since the world had fallen, all people in the world were sinful. But the people who were under the law insisted on their own self-claimed lawfulness.

결과적으로 율법은 죄인들에게 아무 것도 할 것이 없었습니다. 그것은 단지 죄인들을 증가시키는 일을 하여 그들이 많이 보이게 되었습니다. 그렇지만 세상이 타락되었기 때문에 세상에 있는 모든 사람들이 죄인이었습니다. 그러나 율법 아래 있었던 사람들은 자기 주장된 적법성만 고집했습니다.

This was the situation of the days of Jesus' coming. The word of God was so confined to the law that it could not be reached to the prevalent sinners in the world. That is, it was not helpful to them. Thus, they were driven to their own natural propensity. In the world of sinners, His word as the law was isolated.

이것이 예수님의 오신 때의 상황이었습니다. 하나님의 말씀은 율법에 제한되었음으로 세상에 성행하는 죄인들에게 미칠 수 없었습니다. 즉 그들에게 도움이 되지 못했습니다. 따라서 그들은 그들 자신의 자연적인 성향으로 몰아졌습니다. 죄인들의 세상에서 율법으로 그분 말씀은 격리되었습니다.

Under the situation, the word of God apart from the law should come to the world so that the prevalent sinners could be atoned. That is, the word of the atonement for sin could be heard to them so that they might be returned to the covenant life with His togetherness. In this respect, Jesus had to come out of the law.

그 상황에서 율법을 떠나 하나님의 말씀이 세상에 와서 성행하는 죄인들이 속하게 될 수 있어야 했습니다. 즉 속죄의 말씀이 그들에게 들려져서 그들이 그분 함께로 언약의 삶에 돌아오게 되었습니다. 이 점에서 예수님은 율법으로부터 나오셔야 했습니다.

God sent Jesus to the world of sinners in order to be together with them. They could be together with Him, believing in Jesus as the One whom He sent for His togetherness. His togetherness with sinners was expressed as His love in John 3:16. He loves sinners, not individuals.

하나님은 예수님을 죄인들의 세상에 보내셔서 그들과 함께하게 하셨습니다. 그들은, 예수님을 하나님께서 그분의 함께를 위해 세상에 보내신 분으로 믿어서, 그분과 함께할 수 있었습니다. 죄인들과 그분의 함께는 요한복음 3:16에 그분의 사랑으로 표현되었습니다. 그분은 죄인들을 사랑하십니다. 개인들이 아닙니다.

To put this into other words, God's word of sending Jesus to the world of disobedience is for the atonement for sin of the world. That is, He sent Jesus to the world for the atonement of sinners. And He sent Jesus to the cross as the sacrifice of atonement for them. Thus, Jesus was not seen in the natural world but seen in the sinful world.

달리 말하면, 불순종의 세상에 예수님을 보내신 하나님의 말씀은 세상의 죄에 대한 속함을 위해섭니다. 즉 그분은 예수님을 죄인들의 속함을 위해 세상에 보내셨습니다. 그리고 그분은 예수님을 그들을 위한 속죄의 제사로 십자가에 보내셨습니다. 따라서 예수님은 자연적인 세상에서 보이지 않고 죄 된 세상에서 보였습니다.

Therefore, Jesus came to the world for the redemption or salvation from sin. He came to the sinful world. He did not come to the world to show righteous or wise life in the world. Therefore, His life should be seen from the perspective of the sacrifice of atonement of OT, since He was in the sinful world.

그러므로 예수님은 세상에 죄로부터 구속 혹은 구원을 위해 오셨습니다. 그분은 죄 된 세상에 오셨습니다. 그분은 세상에서 의로운 혹은 지혜로운 삶을 보이기 위해 세상에 오지 않으셨습니다. 그러므로 그분의 삶은 구약의 속죄의 제사의 관점으로 보아져야 합니다. 그분은 죄 된 세상에 있었기 때문입니다.

The story of Jesus, i.e., the gospel, is the word of God in the sense that it is the word of atonement for sin. Thus, it is His word given to sinners as and for His togetherness. With it, they become His people so as to be together with Him. In this respect, it is well contrasted to the law.

예수님의 이야기, 곧 복음은 죄에 대한 속죄의 말씀이라는 의미에서 하나님의 말씀입니다. 따라서 그분 함께로서 그리고 그분 함께를 위해 죄인들에게 주어진 그분 말씀입니다. 그것으로 그들은 그분과 함께하는 그분 백성이 됩니다. 이 점에서 그것은 율법과 잘 대조됩니다.

Jesus came to the world of sinners in order to show the way of being together with God. His story, the gospel, was the narrative of His life of being together with God. Thus, the sinners who were heard of it could be led to the way to be together with God. In this respect, it was heard as good news.

예수님은 하나님과 함께하는 길을 보이시려고 죄인들의 세상에 오셨습니다. 예수님의 이야기, 복음은 하나님과 함께하는 그분 삶의 서사였습니다. 따라서 그것을 듣는 죄인들은 하나님과 함께하는 길로 이끌어질 수 있었습니다. 이 점에서 그것은 좋은 소식으로 들렸습니다.

Jesus' obedience on the cross was shown in the disobedient world. The cross stood outside of the law. It was the disclosure of God's togetherness in the disobedient world. It was the only path toward His togetherness. Those who would follow Jesus unto it could be together with God.

십자가상의 예수님의 순종은 불순종의 세상에서 보입니다. 십자가는 율법 바깥에 세워졌습니다. 그것은 불순종의 세상에서 하나님 함께의 드러남이었습니다. 그것은 그분 함께로 향한 유일한 길이었습니다. 그것에로 예수님을 따르는 이들은 하나님과 함께할 수 있었습니다.

The gospel was given to sinners; thus, it was a salvational account of being together with God. It was given to them so as to be obedient to God's will as Jesus was obedient to it. Jesus' obedience to God's will was salvational unlike the Jews' obedience to the law. Salvation is meaningful to sinners, not to individuals.

복음은 죄인들에게 주어졌습니다. 따라서 하나님과 함께하는 구원의 기술이었습니다. 그것은 예수님이 하나님의 뜻에 순종하신 것처럼 그들도 하나님의 뜻에 순종하도록 주어졌습니다. 하나님의 뜻에 대한 예수님의 순종은 유대인들의 율법에 순종과 달리 구원적입니다. 구원은 죄인에게 의미가 있습니다. 개인에게가 아닙니다.

The basic setting of the gospel is that it is given to sinners. Therefore, the gospel is announced as the proclamation of God's togetherness with them. That is, they are told that Jesus came to them for His togetherness and stood in front of them as His togetherness. The cross is meaningful to sinners because it stands in the midst of them.

복음의 기본 설정은 죄인들에게 주어졌다는 것입니다. 그러므로 복음은 그들과 하나님의 함께의 선포로 선언되었습니다. 즉 그들은 예수님이 그분 함께로 세상에 오셔서 그분 함께로 그들 앞에 섰다고 들려집니다. 십자가는 죄인들 가운데 섬으로 그들에게 의미 있습니다.

Since the cross stood among sinners, Jesus' whole life was among them. In this respect, He came to sinners. And the gospel came to be heard by them. Thus, those who heard of it would be led to the salvation of being together with God. Since His togetherness is not fixed, salvation of being together with Him cannot be fixed like lawfulness.

십자가가 죄인들 가운데 섰음으로, 예수님의 전 생애는 그들 가운데 있었습니다. 이 점에서 그분은 죄인들에게 오셨습니다. 그리고 복음은 그들에게 들려지게 되었습니다. 따라서 그것을 들은 이들은 하나님과 함께하는 구원으로 인도될 것이었습니다. 그분 함께는 고정되지 않기 때문에 그분과 함께하는 구원도 적법성같이 고정될 수 없습니다.

Therefore, assurance of salvation is a mistaken notion, since God's togetherness is not to be confined in one's mind as assurance. Salvation is what is to be fulfilled with His togetherness. It is not what is to be assured by the mind but what is to be guided by the Holy Spirit. Salvation is not to be assured individually but to be guided into togetherness.

그러므로 구원의 확증은 잘못된 개념입니다. 하나님의 함께는 개인의 마음에 확증으로 한정되지 않기 때문입니다. 구원은 그분 함께로 이루어질 것입니다. 그것은 마음으로 확증되는 것이 아니라 성령님에 의해 인도되는 것입니다. 구원은 개인적으로 확증되지 않고 함께로 인도됩니다.

Sinners are not in the position of assurance of salvation. They are overwhelmed by salvation. Since individuals have their own mind of understanding, they may have assurance in their mind. But God's togetherness is not for individuals but for sinners. Individuals are born to be isolated. Thus, when they become sinners, they become together with His togetherness.

죄인들은 구원을 확증하는 위치에 있지 않습니다. 그들은 구원에 압도됩니다. 개인들은 이해하는 그들 자신의 마음을 갖기 때문에 마음에서 확증을 가질 수 있습니다. 그러나 하나님의 함께는 개인을 위하지 않고 죄인을 위합니다. 개인은 고립되게 태어났습니다. 따라서 그들이 죄인들이 될 때 그분 함께로 함께하게 됩니다.

Therefore, the cross is centered in the gospel. It stands for the atonement of sinners. God is together with atoned sinners through the cross, for atonement is what God fulfills with His togetherness. In this way, sin due to the disobedience to His word is to be atoned through the cross of Jesus.

그러므로 십자가는 복음에서 중심입니다. 그것은 죄인들의 속죄를 위해 섭니다. 하나님은 십자가로 속죄된 죄인들과 함께하십니다. 속죄는 하나님께서 그분 함께로 이루시는 것이기 때문입니다. 이렇게 해서 그분 말씀에 불순종에 의한 죄는 예수님의 십자가로 속해집니다.

집중(Focus)

죄를 속하는 내용은 언약의 구성요인입니다. 즉 죄를 속하는 속죄 제사는 언약에서 간과될 수 없습니다. 죄에 대한 속죄의 의미는 언약에서 근원적으로 의식됩니다. 죄와 속죄는 언약의 설정에서 제기됩니다. 죄와 속죄는 종교적으로 다루어질 문제가 아닙니다. 하나님과 함께하는 언약에서 죄와 속죄는 근본적으로 제기됩니다.

The content of the atonement of sin is a constituent of the covenant. That is, the atonement sacrifice of atoning sin is not to be overlooked in the covenant. The significance of the atonement for sin is fundamentally being conscious of. Sin and atonement are raised in the covenant setting. Sin and atonement are not matters that are dealt with religiously. In the covenant of being together with God sin and atonement are fundamentally raised.

율법은 죄를 처벌하는 것만 규정합니다. 따라서 율법으로 사는 삶에서는 죄인들의 수가 증가될 수밖에 없습니다. 율법의 언약으로 살면 모든 사람들이 죄인이 될 수 있습니다. 그렇다면 모두가 하나님과 함께할 수 없습니다. 즉 율법으로 언약의 삶이 결과적으로 파기될 수 있습니다. 즉 죄를 처벌하기만 하는 율법으로는 언약의 삶이 온전히 보전될 수 없습니다.

The law regulates only punishment for sin. Thus, in the life of the law, the number of sinners inevitably increases. If people live with the covenant of the law, they all can be sinners. If so, all cannot be together with God. That is, with the law, the covenant life can be consequently collapsed. With the law that only punishes sin, the covenant life cannot be preserved wholly.

예수님 당시 율법은 하나님의 말씀으로서 사람들에게 미치지 못했습니다. 율법은 단지 죄인들을 처벌했기 때문입니다. 죄인들이 산재했더라도 율법은 어쩔 수 없었습니다. 이들 죄인들의 세상에 예수님이 오셨습니다. 죄인들이 사는 세상에서 예수님은 속죄 제물로 십자가에 드려졌습니다. 이렇게 예수님은 개인들의 세상에 오지 않고 죄인들의 세상에 오셨습니다.

In the time of Jesus, the law as the word of God did not reach people, for it only punished sinners. Even if sinners were scattered, it could not do anything. In the world of these sinners, Jesus came. In the world where sinners lived he was offered as the atonement sacrifice to the cross. In this way, He did not come to the world of individuals but to the world of sinners.

Part 5

The Prophets and the Writings
(예언자와 일반 글)

5.1

The Prophets(예언자)

The prophecy in the Bible does not tell of knowledge about the future but tells what is to be fulfilled. The telling of foreknowledge can be seen in man's affairs. But the telling of what is to be fulfilled cannot be seen in man's affairs. The telling of what is to be fulfilled, itself, is what is fulfilled.

성경에서 예언은 미래에 대한 지식을 말하지 않고 이루어질 것을 말합니다. 예지를 말함은 사람의 사태에 보일 수 있습니다. 그러나 이루어질 것을 말함은 사람의 사태에서 보일 수 없습니다. 이루어질 것을 말함 자체가 이루어진 것입니다.

The prophets do not tell their own word but tell God's promise. They convey the promise that is given to them by Him. Therefore, their word is eventually His word. And they are chosen by Him to convey His promise to His people. Thus, they do not tell of what will occur but tell of what will be fulfilled.

예언자들은 자신들의 말을 하지 않고 하나님의 약속을 말합니다. 그들은 그분에 의해 그들에게 주어진 약속을 전합니다. 그러므로 그들의 말은 결국 그분 말씀입니다. 그리고 그들은 그분 백성에게 그분 약속을 전하도록 그분에 의해 선택됩니다. 따라서 그들은 일어나게 될 것을 말하지 않고 이루어지게 될 것을 말합니다.

The appearance of the prophecy by the prophets, therefore, implies the recapitulation of God's word as what is to be fulfilled. It is well contrasted to the practicing of His word as the law. It is the signal of His togetherness with His people in terms of the fulfillment of His word rather than of the practicing of His word as the law.

예언자들에 의해 예언의 나타남은, 그러므로, 하나님의 말씀을 이루어질 것으로 재현함을 뜻합니다. 예언은 그분 말씀을 율법으로 실행하는 것과 잘 대조됩니다. 예언은 그분 말씀의 율법으로 실행보다 그분 말씀의 이루어짐으로 그분 백성과 더불어는 그분 함께의 신호입니다.

The appearance of the prophecy means that God initiates togetherness with His people. He calls the prophets to tell of His togetherness as their prophecy that will lead the attention of His people, i.e., the covenant people, to the fulfillment of His promise. That is, His togetherness is prophesied for its fulfillment.

예언의 등장은 하나님께서 그분 백성과 함께하심을 개시하는 것을 뜻합니다. 그분은 예언자들을 부르셔서 그분 함께를 그분 백성, 곧 언약의 백성의 주의를 그분 약속의 이루어짐으로 이끌 예언으로 말하게 하십니다. 즉 그분 함께는 그 이루어짐을 위해 예언됩니다.

In this case, God's people cannot be identified apart from His togetherness. His people are those with whom He is together. They are set apart from the world with His togetherness. Therefore, the appearance of the prophecy guides us to think over who His people are, since His togetherness with His people is prophesied.

이 경우 하나님의 백성은 그분 함께를 떠나 식별될 수 없습니다. 그분 백성은 그분이 함께하시는 이들입니다. 그들은 그분 함께로 세상으로부터 분리됩니다. 그러므로 예언의 등장은 그분 백성이 누군지 생각하게 이끕니다. 그분 백성과 더불어는 그분 함께가 예언되기 때문입니다.

In the OT, the Israelites believed that they were God's people since they were the descendants of Abraham with whom He made a covenant. They considered themselves as His chosen people with whom He was together. And they claimed that, since they were His people from birth, they were together with Him as long as they abide in the law as His word.

구약에서 이스라엘 백성은 그들이 하나님께서 언약을 맺은 아브라함의 후손이기 때문에 그분의 백성이라고 믿었습니다. 그들은 그분이 함께하시는 그분의 택한 백성으로 여겼습니다. 그리고 그들은 자신들이 태어나면서부터 그분의 백성이기 때문에 그들이 그분 말씀으로 율법에 머무는 한 그분과 함께한다고 주장했습니다.

The Israelites practiced the law as the word that God gave for them to live the covenant life with His togetherness. However, they were indulged in the practice of it in its literal sense. Since it was, at any rate, written with man's word, it could not be His word as long as it was kept with its literal sense.

이스라엘 백성은 율법을 하나님께서 그들이 그분 함께로 언약의 삶을 살도록 주신 말씀으로 실행했습니다. 그렇지만 그들은 문자적인 의미로 율법을 실행하는데 몰입되었습니다. 율법은 어떻든 사람의 말로 써졌기 때문에 문자적인 의미로 지켜지는 한 그분 말씀이 될 수 없었습니다.

Man's word is individualistic. With it, togetherness cannot be literally shown. But God's word is for togetherness, for He gives His word with His togetherness. His togetherness cannot be expressed literally. Thus, it is nonsense to keep His word literally. His word is given for its fulfillment.

사람의 말은 개인적입니다. 그것으로 함께는 문자적으로 보일 수 없습니다. 그러나 하나님의 말씀은 함께를 위합니다. 그분이 그분 말씀을 그분 함께로 주시기 때문입니다. 그분 함께는 문자적으로 표현될 수 없습니다. 따라서 그분 말씀을 문자적으로 지키는 것은 무의미합니다. 그분 말씀은 그 이루어짐을 위해 주어집니다.

God's word cannot be literally practiced. That is, it cannot be kept by individual activities. In terms of individual activities, only individual will is expressed. Therefore, with them, God's will cannot be fulfilled. As long as His word is practiced with its literal sense, His togetherness is not to be disclosed.

하나님의 말씀은 문자적으로 실행될 수 없습니다. 즉 개인의 활동으로 지켜질 수 없습니다. 개인의 활동으로 개인의 뜻만 표현됩니다. 그러므로 개인의 활동으로 하나님의 뜻은 이루어질 수 없습니다. 그분 말씀이 문자적인 의미로 실행되는 한, 그분 함께는 드러나게 되지 않습니다.

However, the Israelites believed that God's togetherness was already integrated in their chosen-ness as His people. Thus, the fulfillment side of His togetherness was not their concern at all. They alleged that, as long as they remained in the boundary of the law, they would be together with Him.

그렇지만 이스라엘 백성은 하나님의 함께가 이미 그들이 그분의 백성으로 선택됨에 통합되었다고 믿었습니다. 따라서 그분 함께의 이루어짐의 측면은 전혀 그들의 관심이 아니었습니다. 그들이 율법의 경계 안에 머무는 한 그들은 그분과 함께할 것이라고 주장했습니다.

Conclusively speaking, God's word could not be kept as the law. Therefore, His togetherness was not disclosed with the Israelites who practiced the law. Ironically, the prophets prophesied His togetherness to them who believed that they, practicing the law as His word, were together with Him,

결론적으로 말하면, 하나님의 말씀은 율법으로 지켜질 수 없었습니다. 그러므로 그분 함께는 율법을 실행한 이스라엘 백성으로 드러나지 않았습니다. 반어적으로 예언자들은 율법을 그분의 말씀으로 실행하면서 그분과 함께한다고 믿는 그들에게 그분의 함께를 예언했습니다.

In the meantime, the appearance of the prophecy leads to rethink the significance of God's togetherness. The limitation of the law-abiding life as the covenant life of His togetherness becomes acknowledged, for the law-abiding life can be led to self-indulgence or self-justification.

한편 예언의 등장은 하나님 함께의 의미를 다시 생각하도록 이끕니다. 그분 함께의 언약의 삶으로서 율법에 머무는 삶의 한계가 인정됩니다. 율법에 머무는 삶은 자기 몰입 혹은 자기 정당성으로 이끌어질 수 있기 때문입니다.

God's togetherness is fulfilled with His own will. Otherwise, there is no warranty to claim His togetherness. For this reason, any form of self-indulgence goes away from the fulfillment of His togetherness, since in self-indulgence His togetherness is only alleged. Self-indulgence goes against togetherness.

하나님의 함께는 그분 자신의 뜻으로 이루어집니다. 그렇지 않으면 그분 함께를 주장할 보증이 없습니다. 이 때문에 어떤 형태의 자기 몰입이든 그분 함께의 이루어짐으로부터 떠납니다. 자기 몰입에서 그분 함께는 단지 주장되기 때문입니다. 자기 몰입은 함께에 반합니다.

Individual self-indulgence is seen even nowadays among Christians. Those who read the Bible religiously are self-indulgent. Even though it is supposed to be read in obedience, they read it self-indulgently because they regard it as a religious book to be understood. Obedience is for togetherness, but understanding for self-attainment.

개인의 자기 몰입은 지금도 그리스도인들 가운데서 보입니다. 성경을 종교적으로 읽는 이들은 자기 몰입에 빠집니다. 성경은 순종 가운데 읽어져야 되지만, 그들은 성경을 이해될 종교적인 책으로 여기기 때문에 자기 몰입으로 읽습니다. 순종은 함께를 위합니다. 그러나 이해는 자기 달성을 위합니다.

Those who are religiously self-indulgent also claim that God is together with them in their sure religious conviction. But since they are entrapped in their own conviction, no sign of His togetherness is visible with them. They only have their own feeling of His togetherness. But a feeling is not a sign.

종교적으로 자기 몰입된 이들도 또한 분명한 확신으로 하나님이 그들과 함께한다고 주장합니다. 그러나 그들 자신의 확신에 갇혔음으로, 그분 함께의 표적은 그들에게 보이지 않습니다. 그들은 단지 그분 함께의 느낌만 갖고 있습니다. 그러나 느낌은 표적이 아닙니다.

Therefore, God's togetherness should be told from the perspective of fulfillment. His togetherness is fulfilled with His own will. Since the notion of fulfillment is associated with His will, the prophecy leads to focus on His will of fulfillment rather than His power of intervention. His will is fulfilled, but His power is explanatory in terms of the alleged changed state due to it.

그러므로 하나님 함께는 이루어짐의 관점으로부터 말해져야 합니다. 그분 함께는 그분 자신의 뜻으로 이루어집니다. 이루어짐의 통념은 그분 뜻과 연관됨으로, 예언은 개입하는 그분의 힘보다 이루는 그분의 뜻에 초점을 모으도록 이끕니다. 그분의 뜻은 이루어집니다. 그러나 그분 힘은 주장된 힘에 의해 변화된 상태로 설명됩니다.

Since God's togetherness is fulfilled with His own will, His will has to be paid attention. For His will, its fulfillment matters. Therefore, the prophecy is directed toward the fulfillment of His will. The fulfillment of His will is the very signal of His togetherness.

For this reason, the prophecy is not directed for an anticipatory outcome.

하나님의 함께는 그분 자신의 뜻으로 이루어지기 때문에, 그분의 뜻은 주목되어야 합니다. 그분 뜻에 대해선 그 이루어짐이 문제입니다. 그러므로 예언은 그분 뜻의 이루어짐에 향해집니다. 그분 뜻의 이루어짐은 그분 함께의 신호입니다. 이 때문에 예언은 기대되는 결과로 향해지지 않습니다.

That's why the prophecy culminated in the Immanuel message. The downfall of the life of the Israelites was an apparent phenomenon. But the prophets did not merely see it as the consequence of the frequent attacks from the neighboring nations. They saw it as the sign that God was not together with the Israelites.

그 때문에 예언은 임마누엘 메시지로 절정에 이르렀습니다. 이스라엘 백성의 삶의 몰락은 분명한 현상이었습니다. 그러나 예언자들은 그것을 단순히 이웃 나라로부터 자주 공격을 받은 결과로만 보지 않았습니다. 그들은 그것을 하나님께서 이스라엘 백성과 함께하지 않으신 표적으로 보았습니다.

The coming of the Messiah was prophesied by the prophets as the sign of God's togetherness. The Messiahship was the associated notion with the Immanuel. He would send the Messiah as the sign of His togetherness. Thus, the prophecy of the Messiah was the prophecy of His togetherness.

메시아의 도래는 하나님 함께의 표적으로 예언자들에 의해 예언되었습니다. 메시아는 임마누엘과 연계된 통념이었습니다. 그분은 메시아를 그분 함께의 표적으로 보내실 것이었습니다. 따라서 메시아의 예언은 그분 함께의 예언이었습니다.

God's togetherness is what is to be fulfilled with the prophecy. His togetherness is not to be claimed or affirmed but only to be fulfilled. This implies that His togetherness should, first of all, be seen from the perspective of the prophecy. Thus, the prophecy awakens to have the fulfillment perspective of His word of promise.

하나님의 함께는 예언으로 이루어질 것입니다, 그분 함께는 주장되거나 확언되지 않고 단지 이루어집니다. 이것은 그분 함께가 무엇보다 먼저 예언의 관점에서 보아져야 됨을 시사합니다. 따라서 예언은 그분 약속의 말씀에 대한 이루어짐의 관점을 갖도록 일깨웁니다.

God's togetherness should be told as what is to be fulfilled. Therefore, the prophetic word is fit for the telling of it. The lawful or religious word is not proper to deal with it. Any word of the telling of it has to carry the sense of fulfillment. Thus, ontological language is not appropriate.

하나님의 함께는 이루어질 것으로 말해져야합니다. 그러므로 예언의 말이 하나님 함께를 말하는 데 적절합니다. 율법이나 종교적인 말은 그것을 다루는데 적절하지 않습니다. 그것을 말하는 어떤 말이든 이루어짐의 의미를 지녀야 합니다. 따라서 존재론적 말은 적절하지 않습니다.

In this respect, it can be conclusively said that the rise of the prophecy was to tell of God's togetherness. And the fulfillment word came to be to tell of it. This means that the descriptive word that was developed from the observation of the world was not fit to it. The prophetic word was not told for the future life.

이 점에서, 예언의 일어남은 하나님 함께를 말하기 위함이었다고 결론적으로 말해질 수 있습니다. 그리고 이루어짐의 말이 예언을 말하기 위해 생기게 되었습니다. 이것은 세상의 관측으로 발전된 서술적인 말은 그에 적절하지 않은 것을 뜻합니다. 예언의 말은 미래의 삶을 위해 말해지지 않았습니다.

The appearance of the prophecy Is not temporary. Since His togetherness is prophetically heard, the prophecy is ever-appearing for telling His togetherness. God is told with His togetherness; therefore, the prophecy becomes the basis of the talking of Him. The word of telling His togetherness is prophetic.

예언의 나타남은 일시적이지 않습니다. 그분 함께는 예언적으로 들려지기 때문에, 예언은 그분 함께를 말하기 위해 항시 나타납니다. 하나님은 그분 함께로 말해집니다. 그러므로 예언은 그분을 말함의 근거가 됩니다. 그분 함께를 말하는 말은 예언적입니다.

However, if God is dealt with ontologically, the dealing of His togetherness becomes overlooked. Then, the covenant is disregarded, and the prophecy is considered as telling fore-knowledge. In ontology, the notion of the fulfillment of His word is not meaningful, for it is directly opposed to the notion of being.

그렇지만 하나님이 존재론적으로 다루어지면, 그분 함께를 다룸은 간과되게 됩니다. 그러면 언약은 고려되지 않고, 예언은 미리 앎을 들려주는 것으로 여겨집니다. 존재론에서 그분 말씀의 이루어짐의 통념은 뜻이 없습니다. 직접적으로 존재의 통념에 반하기 때문입니다.

For this reason, it has to be admitted that prophecy and ontology do not go together. The prophecy is directed to God's togetherness, but ontology directly deals with His being. His togetherness and His being are quite different. His togetherness is fulfilled, but His being timeless.

이 때문에 예언과 존재론은 같이 가지 않는다는 것이 인정되어야 합니다. 예언은 하나님의 함께를 향합니다. 그러나 존재론은 그분 존재를 직접적으로 다룹니다. 그분 함께와 그분 존재는 전혀 다릅니다. 그분 함께는 이루어집니다. 그러나 그분 존재는 시간성이 없습니다.

God's togetherness is covenantal and, thus, Biblical. It, as seen in the Bible, is significantly narrated prophetically. However, His being is ontological and, thus, is not Biblical. It is developed philosophically. That is, it is conjectured in man's thought. It is a kind of conceptualization of Him.

하나님의 함께는 언약적이고 따라서 성경적입니다. 성경에서 보듯이 예언적으로 의미 있게 서사됩니다. 그렇지만 그분 존재는 존재론적이고 따라서 성경적이지 않습니다. 철학적으로 전개됩니다. 즉 사람의 생각에서 추측됩니다. 그분 개념화의 일종입니다.

The life of fulfillment is only narrated prophetically. And it is affirmed to be the Biblical life prophetically. Therefore, if the notion of fulfillment is overlooked, the Biblical life becomes a kind of religious life. This tendency is seen in the mainstream of the church life which is settled in terms of its tradition rather than fulfillment.

이루어짐의 삶은 단지 예언적으로 서사됩니다. 그리고 성경적인 삶이라고 예언적으로 확언됩니다. 그러므로 이루어짐의 통념이 간과되면, 성경의 삶은 종교적인 삶의 일종이 됩니다. 이 경향은 이루어짐보다 전통으로 정주된 교회의 삶의 주된 흐름에서 보입니다.

The prophecy of God's togetherness was fulfilled with the coming of Jesus who proclaimed His kingdom in order to announce His togetherness. With Jesus, His togetherness could be proclaimed. That is, the prophecy of His togetherness became the proclamation of His togetherness with Jesus.

하나님 함께의 예언은 그분 함께를 선언하기 위해 그분 나라를 선포하신 예수님의 오심으로 이루어졌습니다. 예수님으로 그분 함께는 선포될 수 있었습니다. 즉 그분 함께의 예언은 예수님으로 그분 함께의 선포가 됩니다.

On the background of the prophecy, Jesus' proclamation of God's togetherness in terms of His kingdom is affirmed as its fulfillment. The gospel is the fulfillment of the prophecy. And Jesus is the Messiah who came as the fulfillment of the prophecy of His togetherness. The Messiah has a sense of fulfillment.

예언의 배경에서 하나님 나라로 그분 함께에 대한 예수님의 선포가 그 이루어짐으로 확언됩니다. 복음은 예언의 이루어짐입니다. 그리고 예수님은 그분의 함께에 대한 예언의 이루어짐으로 오신 메시아십니다. 메시아는 이루어짐의 뜻을 지닙니다.

The narrative of the gospel begins with the affirmation that the coming of Jesus is the fulfillment of the prophecy. This implies that He came not only as the Messiah but also with God's togetherness. With God's togetherness, He was confessed as the Messiah[Christ]. He was narrated as Christ with the sense of fulfillment.

복음의 서사는 예수님의 오심이 예언의 이루어짐이라는 확언으로 시작합니다. 이것은 예수님이 메시아뿐만 아니라 하나님 함께로 오신 것을 시사합니다. 하나님 함께로 예수님은 메시아[그리스도]로 고백 되었습니다. 예수님은 이루어짐의 뜻으로 그리스도로 서사되었습니다.

Jesus' proclamation of the kingdom of God is the fulfillment of the prophecy of His togetherness. This is the basic stance of the gospel. It proclaims the fulfillment of what was prophesied. Therefore, the notion of the fulfillment that was raised by the prophecy should not be overlooked in the reading of the gospel.

하나님 나라에 대한 예수님의 선포는 그분 함께에 대한 예언의 이루 어짐입니다. 이것은 복음의 기본 입장입니다. 복음은 예언된 것의 이루 어짐을 선포합니다. 그러므로 예언에 의해 제기된 이루어짐의 통념이 복음을 읽는데 간과되지 말아야 합니다.

집중(Focus)

율법은 하나님의 말씀이지만 사람이 이행해야 합니다. 그러나 하나님의 말씀으로 예언은 하나님께서 이루실 것입니다. 따라서 율법에서 예언으로 이전은 사람이 이행하는 것에서 하나님이 이루시는 것으로 시각의 바뀜을 보입니다. 예언의 일어남은 하나님의 말씀이 궁극적으로 사람의 이행이 아닌 하나님의 이루심에 대한 것이라는 자각을 동반합니다.

Although the law is God's word, man has to practice it. But the prophecy as His word is what He will fulfill. Thus, the shift to the prophecy from the law shows the change of the perspective to His fulfillment from his practice. The rise of the prophecy is accompanied with the awakening that His word is ultimately for not his practice but His fulfillment.

예언은 미래를 향하기보다 이루어짐을 향합니다. 그것은 언약의 배경에서 나온 언약의 말입니다. 그러므로 세상에 일어날 현상에 대한 예지가 아닙니다. 그것 자체가 하나님 함께의 말씀으로서 이루어질 것을 알립니다. 이 점에서 예언은 하나님의 약속의 말씀으로 주어집니다. 그렇지만 예언의 말은 처한 상황에서 나오기 때문에 그 이루어짐은 아무래도 조건적입니다.

The prophecy is not directed to the future but to the fulfillment. It is the covenant word that comes out of the background of the covenant. Therefore, it is not a foreknowledge for phenomena that will occur in the world. It, as the word of God's togetherness, an-

nounces what will be fulfilled. In this regard, the prophecy is giv-
en as His promised word. Nevertheless, since the prophetic word
comes out of situated circumstances, its fulfillment is somewhat
conditional.

예수님의 하나님 나라는 예언을 배경으로 선포되었습니다. 예수님
은 예언된 것을 선포하심으로 예언자가 아니었습니다. 예언은 이루어
질 것을 말하지만 선포는 이루어지는 것을 보입니다. 예언은 세상의 삶
에 머물지만 선포는 세상에 임하는 것을 보게 합니다. 그러므로 율법에
서 예언, 그리고 예언에서 선포의 변천으로 전개되는 것이 주시되어야
합니다.

Jesus' kingdom of God was proclaimed on the background of
the prophecy. Since He proclaimed what had been prophesied, He
was not a prophet. The prophecy tells what is to be fulfilled, but
the proclamation unveils what is fulfilled The prophecy remains
in worldly life, but the proclamation lets what comes to the world
be seen. Therefore, the generation of the transition to the prophe-
cy from the law and of the transition to the proclamation from the
prophecy has to be noticed.

5.2

The Remnant(남은 자들)

The remnant are told prophetically. Since God's togetherness is prophesied for its fulfillment, His people with whom it is fulfilled are prophesied as the remnant. Speaking differently, the fulfillment of His togetherness with the remnant is told from the perspective of the prophecy. From the perspective of the prophecy, His people are the remnant.

남은 자들은 예언적으로 말해집니다. 하나님의 함께가 그 이루어짐으로 예언되었기 때문에, 그 이루어짐과 더불어는 그분 백성은 남은 자들로 예언됩니다. 달리 말하면, 남은 자들과 더불어는 그분 함께의 이루어짐은 예언의 관점으로 말해집니다. 예언의 관점에서 그분 백성은 남은 자들입니다.

The remnant are God's people from the perspective of the prophecy. If His togetherness is not to be set by the law, His people are not to be set by the law either. If His togetherness is told with its fulfillment, His people are also told with its fulfillment. His people cannot be set apart from His togetherness.

남은 자들은 예언의 관점에서 하나님의 백성입니다. 그분 함께가 율법에 의해 설정될 수 없으면, 그분 백성도 또한 율법에 의해 설정될 수 없습니다. 그분 함께가 그 이루어짐으로 말해지면, 그분 백성도 또한 그 이루어짐으로 말해집니다. 그분 백성은 그분 함께로부터 떠나 설정될 수 없습니다.

Although the law as the word of God was supposed to be fulfilled, it departed from fulfillment as it was tainted with requirement. The Israelites in the OT only practiced it, neglecting its sense of fulfillment. Since they were practicing it, they could not be fulfilled as God's people.

율법은 하나님의 말씀으로 이루어져야 했지만 요구로 퇴색됨에 따라 이루어짐으로부터 떠났습니다. 구약의 이스라엘 백성은 이루어짐의 의미를 방치하고 율법을 단지 실행했습니다. 그들이 율법을 실행했기 때문에 하나님의 백성으로 이루어질 수 없었습니다.

The Israelites wanted to show that they were God's people with their own effort of practicing the law. Therefore, they had nothing other than their own conviction that they were His people. They wanted to prove their conviction with their effort of the keeping of the law. That is, they wanted to show their inward conviction of being His people with their outward practice of the law.

이스라엘 백성은 율법을 실행하는 그들 노력으로 하나님의 백성임을 보이길 원했습니다. 그러므로 그들은 그들이 그분 백성이라는 그들 자신들의 확신밖에 지니지 못했습니다. 그들은 율법을 지키는 그들 노력으로 그들 확신을 증명하길 원했습니다. 즉 그들은 율법에 대한 그들 외면의 실행으로 그분 백성임에 대한 그들 내면의 확신을 보이려고 했습니다.

The Israelites practiced the law with the conviction of their being God's people. They identified themselves as His people with the law, for it instructed them to do so because they were His people. As long as it became His word, its instruction could be sensible. His people had to do what was instructed by His word.

이스라엘 백성은 하나님의 백성임의 확신으로 율법을 실행했습니다. 그들은 자신들을 율법으로 그분 백성으로 동일시하려고 했습니다. 율법은, 그들이 그분 백성임으로, 그렇게 해야 한다고 지시했기 때문입니다. 율법이 그분 말씀이 된 한, 그 지시는 의미 있을 수 있습니다. 그분 백성은 그분 말씀으로 지시된 것을 해야 했습니다.

However, if the law instructs the Israelites to practice it and they follow the instruction, it becomes no more God's word. His word will not be practiced with their own will but be fulfilled in obedience. When His word is fulfilled with His will, His togetherness can be affirmed. But if His word is practiced by their will, His togetherness can not be affirmed.

그렇지만 율법이 이스라엘 백성이 율법을 실행하도록 지시하고, 그들이 그 지시를 따르면, 더 이상 하나님의 말씀이 되지 않습니다. 그분 말씀은 그들 자신의 의지로 실행되지 않고 순종 가운데 이루어질 것입니다. 그분 말씀이 그분 뜻으로 이루어질 때, 그분 함께는 확언될 수 있습니다. 그러나 그분 말씀이 그들의 의지로 실행되면, 그분 함께는 확언될 수 없습니다.

If God's word is received as the law, it inevitably has to be practiced. Then, His word is practiced only with the willful act of the practitioners. But it is not fulfilled by His will. As long as His will is not fulfilled with His word, His togetherness cannot be affirmed. That is, with their own willful acts, they cannot claim His togetherness.

만약 하나님의 말씀이 율법으로 받아들여지면 불가피하게 실행되어야 합니다. 그러면 그분 말씀은 실행자들의 의지적인 활동으로만 실행됩니다. 그러나 그분 뜻에 의해 이루어지지 않습니다. 그분 뜻이 그분 말씀으로 이루어지지 않는 한, 그분 함께는 확언될 수 없습니다. 즉 그들은 자신들의 의지적인 활동으로 그분 함께를 주장할 수 없습니다.

The law gave the Israelites the conviction that they were God's people with it. With the conviction they claimed that they were His people and practiced it as His word. Thus, what they showed was only their practice with their conviction in accordance with it. That is, what they showed was their outward practice with their inner conviction.

율법은 이스라엘 백성에게 그것으로 그들이 하나님의 백성이라는 확신을 주었습니다. 그 확신으로 그들은 그들이 그분 백성이라 주장하였고, 율법을 그분 말씀으로 실행했습니다. 따라서 그들이 보인 것은 단지 율법을 따른 그들 확신이 더불어는 그들의 실행이었습니다. 즉 그들이 보인 것은 그들의 내적 확신과 더불어 그들의 외적 실행이었습니다.

However, this feature is the story of the side of the Israelites. If the law is not fulfilled by God's will, it cannot be His word. Apart from the fulfillment of His will, the alleged word of Him could be received apart from His togetherness. Apart from His togetherness, His word is nothing but a written document.

그렇지만 이 양상은 이스라엘 백성 측 이야기입니다. 만약 율법이 하나님의 뜻에 의해 이루어지지 않으면 그분 말씀일 수 없습니다. 그분 뜻의 이루어짐을 떠나 주장된 그분 말씀은 그분 함께를 떠나 받아들여질 수 있었습니다. 그분 함께를 떠나 그분 말씀은 쓰인 문서일 뿐입니다.

Therefore, for God's word, His togetherness should be pre-affirmed. That is, His togetherness cannot be claimed as the consequence of the handling of His word. If His word is regarded as the law or a religious teaching, it becomes to be handled apart from His togetherness. This means that it comes to be at its readers' disposal

그러므로 하나님의 말씀에 대해 그분 함께는 미리 확언되어야 합니다. 즉 그분 함께는 그분 말씀을 다루는 결과로 주장될 수 없습니다. 만약 그분 말씀이 율법이나 종교적인 가르침으로 여겨지면 그분 함께를 떠나 다루어지게 됩니다. 이것은 그분 말씀이 독자들의 재량에 있게 되는 것을 뜻합니다.

God's togetherness is presupposed in the encountering of His word. When His word is encountered with His togetherness, it becomes received as what is to be fulfilled. Then, it is received as the prophecy-like rather than law-like word. The Biblical perspective is fulfillment perspective

하나님의 함께는 그분 말씀을 접하는데 전제됩니다. 그리고 그분 말씀이 그분 함께로 접해질 때 이루어질 것으로 받아들여집니다. 그러면 그것은 율법과 같은 말보다 예언과 같은 말로 받아들여집니다. 성경의 관점은 이루어짐의 관점입니다.

If, in the reading of God's word, His togetherness is primarily concerned with, it can be read with the fulfillment of His will. Then, it can be read with the fulfillment of His togetherness. That is, there is no way to deduce His togetherness from His word. His togetherness is not what can be proved.

하나님의 말씀을 읽는데 그분 함께가 일차적으로 관심이 되면, 하나님의 말씀은 그분 뜻의 이루어짐으로 읽어질 수 있습니다. 그러면 그분 함께의 이루어짐으로 읽어질 수 있습니다. 즉 그분 함께를 그분 말씀으로부터 이끌어낼 길은 없습니다. 그분 함께는 증명될 수 있는 것이 아닙니다.

No one can claim God's togetherness on the basis of something else. Since whatever is talked about Him comes from His togetherness, there is nothing to say of His togetherness apart from His own being together. It is only disclosed. His word is the word of His togetherness. That is, His word is the disclosure of His togetherness.

아무도 하나님의 함께를 다른 어떤 것을 근거해서 주장할 수 없습니다. 그분에 대해 말해지는 것은 그분 함께로부터 오기 때문에, 그분 자신의 함께로부터 떠나 그분 함께를 말할 길이 없습니다. 그것은 단지 드러납니다. 그분 말씀은 그분 함께의 말씀입니다. 즉 그분 말씀은 그분 함께의 드러남입니다.

The prophecy is directed to the disclosure of God's togetherness. His togetherness cannot be claimed or predicted. The covenant life is fulfilled with His togetherness. Even so, His togetherness cannot be claimed on the basis of covenant life. Rather, it is fulfilled with His togetherness.

예언은 하나님 함께의 드러남에로 향해집니다. 그분 함께는 주장되거나 예측될 수 없습니다. 언약의 삶은 그분 함께로 이루어집니다. 그렇다고 하더라도 그분 함께는 언약의 삶을 근거해서 주장될 수 없습니다. 그보다 언약의 삶은 그분 함께로 이루어집니다.

Therefore, God's people are also not specified by the law-like word but envisioned by the prophecy-like word. His people are sensible with His togetherness. Therefore, if His togetherness is only prophesied, His people are also prophesied. Then, they are fulfilled as the remnant.

그러므로 하나님의 백성은 또한 율법 같은 말에 의해 명시되지 않고 예언 같은 말에 의해 그려집니다. 그분 백성은 그분 함께로 감지됩니다. 그러므로 그분 함께가 단지 예언되면, 그분 백성도 또한 예언됩니다. 그러면 그들은 남은 자들로 이루어집니다.

The Israelites believed that they were God's people with the law that was given with deterministic conditionality to them. Thus, they alleged that they lived as His people as long as they practiced it. That is, whatever they alleged or claimed came out on the basis of it. They were the people of the law.

이스라엘 백성은 결정적인 조건성으로 그들에게 주어진 율법으로 하나님의 백성이라고 믿었습니다. 따라서 그들은 율법을 실행하는 한 그분 백성으로 산다고 주장했습니다. 즉 그들이 주장하는 것은 무엇이든 율법의 근거에서 나왔습니다. 그들은 율법의 백성이었습니다.

Nevertheless, God's togetherness cannot be conditionally determined by the law. His togetherness cannot be confined in the specification of its requirement. Even if His togetherness is disclosed in conjunction with the practicality of the world, His togetherness cannot be claimed in terms of it.

그렇지만 하나님의 함께는 율법에 의하여 조건적으로 결정될 수 없습니다. 그분 함께는 율법의 요구 명시에 제한될 수 없습니다. 그분 함께가 세상의 실제성과 결부되어 드러난다고 하더라도, 그분 함께는 그로 주장될 수 없습니다.

Therefore, the law-like word is not appropriate for the expression of God's togetherness. Its specification reflects the conditionality of the world. But His togetherness cannot be confined to the conditionality of the world. Therefore, even if people keep the law, they cannot claim that they are His people with His togetherness.

그러므로 율법 같은 말은 하나님 함께의 표현에 적절하지 않습니다. 율법과 같은 말의 명시는 세상의 조건성을 반영합니다. 그러나 그분 함께는 세상 조건성에 제한될 수 없습니다. 그러므로 사람들이 율법을 지키더라도 자신들이 그분 함께로 그분의 백성이라고 주장할 수 없습니다.

Consequently, it is a mistake to believe that, if people keep the law, they will be His people with His togetherness. It can only be stated that those with whom He is together are His people. His togetherness cannot be affirmed conditionally. That is, His togetherness cannot be a conditional consequence.

결과적으로 사람들이 율법을 지키면 그분 함께로 그분 백성일 것이라고 믿는 것은 잘못입니다. 그분이 함께하시는 이들은 그분 백성이라고만 진술될 수 있습니다. 그분 함께는 조건적으로 확언될 수 없습니다. 즉 그분 함께는 조건적인 결과일 수 없습니다.

God's togetherness and His people are inseparable. In this case, one of them cannot be told apart from the other one. The former cannot objectively be mentioned apart from His people, and the latter cannot be pre-set apart from His togetherness. Therefore, His word is the word of His togetherness given to His people.

하나님 함께와 그분 백성은 분리될 수 없습니다. 이 경우 그 가운데 하나는 다른 하나를 떠나 말해질 수 없습니다. 전자는 그분 백성을 떠나 객관적으로 언급될 수 없습니다. 그리고 후자는 그분 함께를 떠나 미리 정해질 수 없습니다. 그러므로 그분 말씀은 그분 백성에게 주어진 그분 함께의 말입니다.

Because of this reason, God's people should be the remnant who remain to His togetherness. Since the remnant are only prophesied, His people are to be prophesied. His people are those who will be fulfilled with His togetherness. Accordingly, His people have to be seen from the perspective of the remnant.

이 때문에 하나님의 백성은 그분 함께에 남는 남은 자들이 되어야 합니다. 남은 자들은 단지 예언되기 때문에, 그분 백성은 예언되게 됩니다. 그분 백성은 그분 함께로 이루어질 이들입니다. 따라서 그분 백성은 남은 자들의 관점에서 보아져야 합니다,

Since God's people are remnants, they cannot be identified as the law-abiders as the Israelites alleged. The law only deals with the present situation and judges the situational outcome. Therefore, the remnant, i.e., His people, cannot be noted in it. It only specifies those who keep it.

하나님의 백성은 남은 자들임으로, 그들은 이스라엘 백성이 주장한 율법에 머무는 자들로 동일시할 수 없습니다. 율법은 단지 현재의 상황만 다루고 상황의 결과를 판단합니다. 그러므로 남은 자들, 곧 그분 백성은 율법 안에서 지시될 수 없습니다. 율법은 단지 지키는 자들을 명시합니다.

People tend to read any writing from the perspective of generalization. They think that God's word is also applied to everyone. This tendency is appealing, since they approach from a man's point of view. Everything is opened to each man with equal opportunity so as to be chosen by him. Each individual thinks that he is given equal opportunity as anyone else.

사람들은 어떤 글이든 일반화의 관점으로 읽으려고 합니다. 그들은 하나님의 말씀도 또한 모두에게 적용된다고 생각합니다. 이 경향은 그들이 사람의 관점으로부터 접근하기 때문에 설득력이 있습니다. 모든 것은 각 사람에게 선택될 수 있도록 동등한 기회로 열려있습니다. 각

개인은 다른 이처럼 동등한 기회가 주어진다고 생각합니다.

However, God has His own choice, i.e., His election. His people are His elected people with whom He is together. Thus, it is a mistake to apply the principle of generalization to Him. He does not let people choose Him as their God. Not man's choice but God's election is the ground of the covenant.

그렇지만 하나님은 그분 자신의 선택, 곧 그분 택함을 갖습니다. 그분 백성은 그분이 함께하시는 그분의 택한 백성입니다. 따라서 일반화 원리를 그분에게 적용하는 것은 잘못입니다. 그분은 사람들이 그분을 그들 하나님으로 선택하게 하지 않으십니다. 사람의 선택이 아닌 하나님의 택함이 언약의 근거입니다.

People cannot know God without His togetherness. He lets them know Him with His togetherness. Thus, He elects His people for the covenant life of togetherness. The remnant are His elected people for togetherness. And His elected people are always remnants for togetherness.

사람들은 하나님 함께 없이 그분을 알 수 없습니다. 그분은 그분 함께로 그들로 그분을 알게 하십니다. 따라서 그분은 함께하는 언약의 삶을 위해 그분 백성을 택하십니다. 남은 자들은 함께를 위한 그분의 택한 백성입니다. 그리고 그분의 택한 백성은 항시 함께를 위해 남은 자들입니다.

Equal opportunity and choice are individualized notions. Generalization is an individualized principle. Therefore, equal opportunity and choice under the principle of generalization are irrelevant to togetherness, for they are characteristics of the enhancement of individuality. Therefore, they are applied to the fallen nature.

동등한 기회와 선택은 개인화된 통념입니다. 일반화는 개인화된 원리입니다. 그러므로 일반화 원리 아래 동등한 기회와 선택은 함께에 당치않습니다. 동등한 기회와 선택은 개인성 고양의 특성입니다. 그러므로 타락된 본성에 적용됩니다.

However, togetherness cannot be under generalization. It is disclosed with the remnant. It cannot be a matter of choice of individuals under equal opportunity. An individual cannot be under togetherness with his own choice, for choice is very individualistic. It is the outcome of individual decisions.

그렇지만 함께는 일반화아래 있을 수 없습니다. 남은 자들과 같이 드러납니다. 함께는 동등한 기회 아래 개인의 선택의 문제가 아닙니다. 개인은 자신의 선택으로 함께에 있을 수 없습니다. 선택은 바로 개인적이기 때문입니다, 개인 결정의 소산입니다.

The remnant with God's togetherness are disclosed in the midst of individuals. They are elected so as to unveil the covenant life of togetherness. They are fulfilled with His togetherness in the midst of individuals. In this way, they are visible in the midst of individuals because of His togetherness.

하나님과 함께하는 남은 자들은 개인들 가운데 드러납니다. 그들은 택해져서 함께하는 언약의 삶을 드러냅니다, 그들은 개인들 가운데 그분 함께로 이루어집니다. 이렇게 해서 그들은 그분 함께 때문에 개인들 가운데서 보입니다.

God's people are the remnant among individuals. They are not a part or gathering of individuals. They are elected for being together with Him, and they are remnants for being together for themselves. They are by no means to be fallen into individuals. They are the covenant remnant.

하나님의 백성은 개인들 가운데 남은 자들입니다. 그들은 개인들의 부분이나 모음이 아닙니다. 그들은 그분과 함께하도록 택해졌습니다. 그리고 그들은 자신들이 함께하도록 남은 자들입니다. 그들은 결코 개인들로 타락되지 않습니다. 그들은 언약의 남은 자들입니다.

The remnant are remained for togetherness. Togetherness is not to be extended with individuals but remains with the remnant. In this case, remaining does not mean sustenance but mean fulfillment. The remnant remain with God's togetherness. Their remaining is not due to their own merit but due to His election.

남은 자들은 함께로 남습니다. 함께는 개인들로 확장되지 않고 남은 자들로 남습니다. 이 경우 남음은 유지가 아니라 이루어짐을 뜻합니다. 남은 자들 하나님의 함께로 남습니다. 그들의 남음은 그들 자신의 장점이 아닌 그분의 택함에 의합니다.

집중(Focus)

하나님의 백성은 규정될 수 없기 때문에 남은 자로 불러집니다. 하나님의 백성은 하나님께서 함께하는 사람들입니다. 그러나 하나님의 백성이 율법에 의해 규정되면, 그들은 언제나 하나님의 백성으로 주장됩니다. 그렇지만 그들은 하나님의 백성으로 언제나 남을 수 없습니다. 하나님과 함께는 규정된 대로 지속되지 않습니다. 함께는 있는 상태로 규정될 수 없습니다.

God's people, since they are not specified, are called as the remnant. They are with whom He is together. But if they are specified by the law, they are always claimed to be His people. Nonetheless, they cannot always remain as His people. Togetherness with Him is not to be sustained as being specified. togetherness cannot be specified as any existing state.

율법으로 남은 자는 율법에 머무는 자로 말해집니다. 그러나 예언으로 남은 자는 예언에 의해 이루어진 자로 말해집니다. 율법은 개인들로 율법에 남게 하지만 예언은 함께로 이루어집니다. 하나님의 백성은 하나님과 함께로만 이루어지기 때문에, 그들은 예언으로 남은 자로 불러집니다. 하나님의 함께로 하나님의 백성이 말해지는 한, 그들은 규정되거나 고정될 수 없습니다.

The remnant with the law is told as those who remain in it. But the remnant with the prophecy is told as those who are fulfilled by the prophecy. The law makes individuals remain in it, but the prophecy is fulfilled in togetherness. Since His people are fulfilled only with His togetherness, they are called the remnant with the prophecy. As long as His people are told with His togetherness, they are not to be specified or fixed.

우리는 이스라엘 백성 같이 세상에서 규정된 사람들과 하나님께서 함께하신다고 확언할 수 없습니다. 우리는 또한 율법을 고정된 시각으로 보면서 율법을 지키는 이들과 하나님께서 함께하신다고 주장할 수 없습니다. 그렇게 함으로 하나님의 함께를 세상 규정에 제한합니다. 하나님의 백성은 그분 함께로만 보입니다. 그분 함께는 예언으로 이루어집니다.

We cannot affirm that God is together with the specified people like the Israelites. Also we, observing the law with a fixed perspective, cannot claim that He is together with those who keep the law. We, doing so, restrict His togetherness into the worldly specification. His people are seen with His togetherness. His togetherness is fulfilled with prophecy.

5.3

Wisdom(지혜)

The OT contains many words of wisdom. Job, Proverbs, and Ecclesiastes are notable among them. But the wisdom of the Bible is different from that of ordinary books. The former is for covenant life, but the latter for natural life. Therefore, Biblical wisdom should not be confused with natural wisdom.

구약은 많은 지혜의 말을 담고 있습니다. 욥기, 잠언, 그리고 전도서는 그 가운데 두드러집니다. 그러나 성경의 지혜는 보통 책의 지혜와 다릅니다. 전자는 언약의 삶을 위하지만, 후자는 자연적인 삶을 위합니다. 그러므로 성경의 지혜는 자연적인 지혜와 혼동되지 말아야 합니다.

The teaching of sages or philosophers deals with wisdom. The word, "philosophy" is coined as love of wisdom. Since people live in nature, their wisdom is also acquired from the adaptation or understanding of nature. Therefore, they live a natural life with the acquired natural wisdom.

현자나 철학자는 지혜를 다룹니다. "철학"이라는 말은 지혜의 사랑으로 만들어졌습니다. 사람들은 자연에 살기 때문에, 그들의 지혜도 또한 자연의 순응이나 이해로 얻어집니다. 그러므로 그들은 축적된 자연적 지혜로 자연적 삶을 삽니다.

However, the wisdom that is seen in the Bible is covenant wisdom for the covenant life. Its covenantal clarification runs in this way: "The fear of the Lord is the beginning of wisdom, And the knowledge of the Holy One is understanding" Prov. 9:10. The fear or knowledge of God is quite different from the adaptation or understanding of nature.

그렇지만 성경에서 보이는 지혜는 언약의 삶을 위한 언약의 지혜입니다. 그것의 언약의 천명은 이렇게 갑니다: "여호와를 경외하는 것이 지혜의 근본이요 거룩하신 자를 아는 것이 명철이니라잠 9:10." 하나님에 대한 두려움이나 앎은 자연의 순응이나 이해와는 전혀 다릅니다.

The covenant wisdom begins with the fear of God. This is the sign of the departure of the covenant life from the natural life. The covenant life is unfolded with the covenant wisdom of the fear of Him. Therefore, if it is integrated with the philosophical wisdom, the outcome is neither covenantal nor philosophical life.

언약의 지혜는 하나님에 대한 두려움으로 시작합니다. 이것은 자연적인 삶으로부터 언약의 삶이 떠나는 신호입니다. 언약의 삶은 하나님을 두려워하는 언약의 지혜로 펼쳐집니다. 그러므로 언약의 지혜가 철학적인 지혜와 통합되면, 그 결과는 언약의 삶도 철학적인 삶도 아닙니다.

However, the fear of God arises in the individual mind. Thus, the covenant wisdom that begins with the fear of Him arises in the individual mind. Even in the covenant life, wisdom is embedded in the individual mind. That is, those who have it are individuals. This feature is in need of examination.

그렇지만 하나님에 대한 두려움은 개인의 마음에서 일어납니다. 따라서 그분에 대한 두려움으로 시작하는 언약의 지혜는 개인의 마음에서 일어납니다. 언약의 삶에서도 지혜는 개인의 마음에 깔려져 있습니다, 즉 지혜를 갖는 이들은 개인들입니다. 이 양상은 고찰이 필요합니다.

The arise of the fear of God in the mind does not let it move recklessly. The fear of Him sets it to be discreet. Thus, it is restrained in the boundary set by His word. In this way, it abides in His word. The covenant wisdom, therefore, is taught for the abidance in His word. It is not given informatively but given discreetly.

하나님에 대한 두려움이 마음에 일어남은 마음을 함부로 움직이지 않게 합니다. 그분에 대한 두려움은 마음을 신중하게 합니다. 따라서 마음은 그분 말씀에 의해 설정된 경계에서 억제되게 됩니다. 이렇게 해서 마음은 그분 말씀에 머뭅니다. 그러므로 언약의 지혜는 그분 말씀에 머물도록 가르쳐집니다. 정보적으로 주어지지 않고 신중함으로 주어집니다.

God's word, as seen in the Ten Commandments, contains prohibitions. And God commanded the created man not to eat of the tree of the knowledge of good and evil. His word given as commandments explicitly sets the boundary in terms of prohibition. Thus, the covenant wisdom begins with the awareness of the prohibition boundary.

십계명에서 보이듯이 하나님의 말씀은 금지를 내포합니다. 그리고 하나님은 창조된 사람이 선과 악의 앎의 나무로부터 나는 것은 먹지 않도록 명령하셨습니다. 계명으로 주어진 그분 말씀은 금지로 경계를 분명히 세웁니다. 따라서 언약 지혜는 금지 경계의 자각으로 시작합니다.

Therefore, the abidance in God's word primarily requires not to trespass the boundary of prohibition. But as seen in the fall of Adam and Eve, they were impulsive to trespass the boundary of prohibition. People, as the descendants of them, have an impulsive nature to go beyond the boundary.

그러므로 하나님의 말씀에 머묾은 일차적으로 금지의 경계를 넘지 않는 것을 요구합니다. 그러나 아담과 하와의 타락에서 보이듯이, 그들은 충동적이어서 금지의 경계를 넘어갔습니다. 그들의 후손으로 사람들은 경계를 넘어가는 충동적인 본성을 갖습니다.

The fear of God suppresses people's impulsive nature. Therefore, in order for them to live the covenant life with His word, their mind should be embedded in the fear of Him. Any activity in the covenant life has to come out of the fear of Him. That is, the covenant life is grounded on the fear of Him.

하나님에 대한 두려움은 사람들의 충동적인 본성을 억제합니다. 그러므로 그들이 그분 말씀으로 언약의 삶을 살기 위해서 그들의 마음은 그분에 대한 두려움이 깔려져야 합니다. 언약의 삶에서 어떤 활동도 그분에 대한 두려움으로부터 나와야합니다. 즉 언약의 삶은 그분에 대한 두려움에 근거됩니다.

In this respect, the covenant wisdom delineates the covenant life. Since covenant life has the boundary of prohibition, the covenant wisdom delineates the boundary with the fear of God, Because it begins with fear, it cannot be associated with the natural wisdom which comes from the change of nature.

이 점에서 언약 지혜는 언약의 삶의 윤곽을 보입니다. 언약의 삶이 금지의 경계를 갖기 때문에, 언약 지혜는 하나님에 대한 두려움으로 경계의 윤곽을 보입니다. 그것은 두려움으로 시작하기 때문에, 자연의 변화로부터 오는 자연적인 지혜와 연관될 수 없습니다.

In the natural courses of life, there is no prohibition. Everything that is happening is natural. Nature undergoes change; nevertheless, it is not under prohibition. Therefore, natural adaptation is regarded as wisdom. As long as nature undergoes change, the life which undergoes along with the change may be considered wise.

삶의 자연적인 경로에서 금지는 없습니다. 일어나는 모든 것은 자연적입니다. 자연은 변화합니다. 그렇지만 금지 아래 있지 않습니다. 그러므로 자연적 순응은 지혜로 여겨집니다. 자연이 변화하는 한, 변화를 따라가는 삶은 현명하다고 여겨질 수 있습니다.

The natural wisdom, by the way, may be claimed to be what comes from the enlightened mind. Even adaptation is also claimed as accompanied with enlightenment. However, even if it is the case, adaptation is not wholesome as long as the change of nature is not perceived wholly.

그런데 자연적인 지혜는 깨달은 마음으로부터 온다고 주장될 수 있습니다. 순응조차도 또한 깨달음을 수반한다고 주장됩니다. 그렇지만 그렇다고 하더라도, 자연의 변화가 온전히 지각되지 않는 한 순응도 온전하지 않습니다.

However, the covenant life is undergone with the prohibition of God's word. The awareness and accession of the prohibition are pivotal for it. Therefore, wisdom is substantiated by the prohibition. And it is the recapitulation of the prohibition in terms of fear. Wisdom out of the fear of God is expressed in obedience of prohibition.

그렇지만 언약의 삶은 하나님 말씀의 금지와 같이 갑니다. 금지의 자각과 수용은 언약의 삶의 추축입니다. 그러므로 지혜는 금지에 의해 실체화 됩니다. 그리고 두려움에 의한 금지의 재현입니다. 하나님의 두려함으로 나오는 지혜는 금지의 순종으로 표현됩니다.

Even though it sounds odd to say that the covenant wisdom recapitulates the prohibition of God's word, it cannot but grant the claim that the covenant wisdom begins with negating the prevailing natural tendency. Speaking bluntly, the covenant wisdom arises to negate the natural wisdom.

언약 지혜가 하나님 말씀의 금지를 재현한다고 하는 것은 이상하게 들리지만, 언약 지혜가 성행하는 자연적 경향을 부정함으로 시작한다는 주장을 인정할 수밖에 없습니다. 직설적으로 말하면, 언약 지혜는 자연적 지혜를 부정하기 위해 생깁니다.

In order for the covenant people to perform God's word, they first negate the conformation to man's word. The holiness of His word is primarily shown by negating his word. Therefore, the covenant wisdom should deal with the boundary between His word and his word. If this boundary is overlooked, His word is understood as an extrapolation of his word.

언약의 백성이 하나님의 말씀을 실행하기 위해 먼저 사람의 말에 일치를 부정해야 합니다. 그분 말씀의 거룩함은 일차적으로 사람의 말을 부정함으로 보입니다. 그러므로 언약 지혜는 그분 말씀과 사람의 말 사이의 경계를 다루어야 합니다. 이 경계가 간과되면, 그분 말씀은 사람의 말의 외삽으로 이해됩니다.

The rise of the covenant wisdom in the Bible was associated with the practical life of the Israelites. Although they claimed to live the covenant life, they lived a practical life with the law which required specific practical activities. Their elaboration of practicality led to the formulation of their wisdom.

성경에서 언약 지혜가 일어남은 이스라엘 백성의 실제적인 삶과 연관되었습니다. 그들은 언약의 삶을 산다고 주장하였지만 명시적인 실질적 활동을 요구하는 율법으로 실질적인 삶을 살았습니다. 실질성에 대한 그들의 퇴고는 그들 지혜의 형성으로 이끌려졌습니다.

The Israelites should keep God's word in terms of their specific activities, for it was given as the law. Their lawful exposition was contrasted to the natural exhibition of the neighboring people. Then, the contrast has to be well explicated and elaborated in order for them to be separated from the neighboring people.

이스라엘 백성은 하나님의 말씀을 그들의 구체적인 활동으로 지켜야 했습니다. 하나님의 말씀이 율법으로 주어졌기 때문입니다. 그들의 율법적 제시는 이웃 백성의 자연적 제시와 대조되었습니다. 그러면 그 대조는 그들이 이웃 백성으로부터 구별되기 위해 상설되고 퇴고되어야 했습니다.

Unlike the law, the covenant wisdom does not show any requirement. But it is accompanied with the law with the clarification of the distinctiveness of the law. Otherwise, the covenant people can be slipped into the natural people. In the realm of practicality, the clarification of distinctiveness is essential.

율법과 달리 언약 지혜는 어떤 요구도 보이지 않습니다. 그러나 그것은 율법의 독특함에 대한 천명으로 율법과 동반됩니다. 그렇지 않으면 언약의 백성은 자연적 사람들에게 빠져들 수 있습니다. 실제성의 영역에서 독특함의 천명은 필수적입니다.

Therefore, the covenant wisdom is not for betterness but for distinctiveness. The law merely requires what is to be done. But the wisdom supports it with the clarification of its distinctiveness and significance as God's word. In this way, the law and the covenant wisdom go together in the OT.

그러므로 언약 지혜는 나음이 아닌 독특함을 위합니다. 율법은 단지 해져야 될 것을 요구합니다. 그러나 지혜는 하나님의 말씀으로서 율법의 독특함과 의미의 천명으로 율법을 보조합니다. 이렇게 해서 율법과 언약 지혜는 구약에서 같이 갑니다.

But the clarification of the distinctiveness of the practice of God's word in terms of the covenant wisdom is limited. As long as His word is practiced, the outcome is not to be separated from the practice of man's word even if it is clarified by its distinctiveness with the wisdom.

그러나 언약 지혜에 의한 하나님 말씀 실행의 독특함에 대한 천명은 제한됩니다. 그분 말씀이 실행되는 한, 그 결과는, 지혜로 그분 말씀의 독특함에 의해 그분 말씀이 천명되더라도, 사람 말의 실행으로부터 구별되지 않습니다.

What is practiced by people is visible in the world. Whatever they practice, they do with their own power under the condition of the world. Thus, their practiced outcome is a conditional outcome. Accordingly, their practiced outcome of God's word cannot be separated from that of man's word.

사람에 의해 실행되는 것은 세상에서 보입니다. 그들이 실행하는 것은 무엇이든 그들은 세상의 조건 하에 그들의 힘으로 합니다. 따라서 그들이 실행한 결과는 조건적인 결과입니다. 그러므로 그들의 하나님 말씀에 대한 실행 결과는 사람의 말에 대한 실행 결과와 구별될 수 없습니다.

People cannot differentiate God's word from man's word in terms of their own practice, for they have to assess His word as what they have to do. Then, it becomes done with their own assessment whether it is His word or his word. Whatever they practice is not separated but categorized.

사람들은 자신들의 실행으로 하나님의 말씀을 사람의 말로부터 구별할 수 없습니다. 그들이 그분 말씀을 그들이 해야 할 것으로 평가해야 하기 때문입니다. 그러면 그분 말씀은 그것이 하나님의 말씀인지 사람의 말인지 그들 자신의 평가로 하여집니다. 그들이 실행하는 것은 무엇이든 구별되지 않고 분류됩니다.

Wisdom is told for people's assessment of what they have to do. The covenant wisdom is told as God's word, and the natural wisdom as man's word. Both are instructed for people to practice them in their own life. But what is practiced is only compared or contrasted in terms of betterness.

지혜는 사람들이 해야 할 것에 대한 그들 평가를 위해 말해집니다. 언약 지혜는 하나님의 말씀으로 말해집니다. 그리고 자연적 지혜는 사람의 말로 말해집니다. 두 다 사람들이 그들의 삶에 실행하도록 지시됩니다. 그러나 실행되는 것은 단지 나음으로 비교되고 대조됩니다.

For this reason, in terms of practice, there is no way to differentiate the practice of God's word from that of man's word, for both of them come out of the practitioners' assessment. They can only assess in terms of their own possibility under the given conditionality. The given conditionality and their faculty matter.

이 때문에 실행으로, 하나님의 말씀의 실행을 사람의 말의 실행으로부터 구별할 길이 없습니다. 둘 다 실행자들의 평가로부터 나오기 때문입니다. 그들은 단지 주어진 조건성 아래 자신들의 가능성으로 평가할 수 있습니다. 주어진 조건과 그들 능력이 문제됩니다.

Practice is carried out individually. Therefore, the instruction for practice is directed to individuals. Wisdom, since it goes along with practice, is taught to be embedded in the individual mind. That is, the place where wisdom is located and comes out is the individual mind. Individuals enjoy their wisdom.

실행은 개인적으로 이행됩니다. 그러므로 실행에 대한 지시는 개인들에게 향합니다. 지혜는 실행과 같이 가기 때문에 개인의 마음에 깔려지도록 가르쳐집니다. 즉 지혜가 자리잡고 또 나오는 장소는 개인이 마음입니다. 개인들은 그들 지혜를 향유합니다.

In terms of practice in accordance with wisdom, no togetherness can be fulfilled. Conclusively speaking, togetherness cannot be taught with wisdom. Since the covenant wisdom is located in the individual mind, even the covenant people cannot be gotten together with it. It is not for togetherness.

지혜를 따르는 실행으로 함께는 이루어질 수 없습니다. 결론적으로 말하면, 함께는 지혜로 가르쳐질 수 없습니다. 언약 지혜는 개인의 마음에 자리 잡기 때문에, 언약의 백성조차도 그것으로 함께 될 수 없습니다. 그것은 함께를 위하지 않습니다.

The distinctiveness of the covenant people is to be shown with togetherness. It cannot be shown by individuals' practice of the law or wisdom. That's why the Israelites of the OT could not show the life of togetherness, even if they alleged that they were the covenant people. The covenant people live together with God's togetherness.

언약 백성의 독특함은 함께로 보이게 됩니다. 그것은 율법이나 지혜의 개인들 실행에 의해 보일 수 없습니다. 그 때문에 구약의 이스라엘 백성은, 그들이 언약의 백성이라고 주장했지만, 함께의 삶을 보일 수 없었습니다. 언약의 백성은 하나님 함께로 함께 삽니다.

Therefore, the abidance in God's word in terms of practicing it does not mean the life of togetherness. This is well seen in the narrative of the OT. Even though the Israelites of the OT claimed that they, keeping the law, abided in His word individually, they did not live the life of togetherness.

그러므로 하나님 말씀을 실행함으로 하나님 말씀에 머묾은 함께의 삶을 뜻하지 않습니다. 이것은 구약의 서사에서 잘 보입니다. 구약의 이스라엘 백성은 율법을 지키면서 개인적으로 그분 말씀에 머문다고 주장했지만, 그들은 함께의 삶을 살지 않았습니다.

Although the Israelites practiced the law, they were not obedient to God's word. Without being obedient to His word, they could not live the life of togetherness because He was not with them. He is only together with the obedient people. But obedience cannot be practiced, for it is not an individual willful activity.

이스라엘 백성이 율법을 이행했지만 하나님의 말씀에 순종하지 않았습니다. 그분 말씀에 순종함이 없이 그들은, 그분이 그들과 함께하지 않으셨기 때문에, 함께의 삶을 살 수 없었습니다. 그분은 단지 순종하는 백성과 함께하십니다. 그러나 순종은 실행될 수 없습니다. 개인의 의지적인 활동이 아니기 때문입니다.

In obedience, God's word is fulfilled for togetherness. But wisdom only teaches the abidance in His word individually. The abidance in His word apart from togetherness is nothing but an alleged claim, for His togetherness is not warranted. At any rate, His togetherness cannot be taught with wisdom.

순종 가운데 하나님의 말씀은 함께로 이루어집니다. 그러나 지혜는 단지 개인적으로 그분 말씀에 머묾을 가르칩니다. 함께를 떠나 그분 말씀에 머묾은 주장일 뿐입니다. 그분 함께가 보장되지 않기 때문입니다. 어떻든 그분 함께는 지혜로 가르쳐질 수 없습니다.

집중(Focus)

옛 언약의 삶은 세상 조건성으로부터 자유롭지 못합니다. 세상 조건성이 자체에 반영되기 때문입니다. 율법을 지키는 것은 세상 조건으로 보입니다. 따라서 율법에 의해 옛 언약의 삶이 유지되면, 세상의 조건과 연관된 내용이 옛 언약의 삶에 반영되지 않을 수 없습니다. 이 때문에 지혜가 옛 언약의 삶에 말해집니다. 지혜는 세상 상태를 반영합니다.

The old covenant life is not free from the conditionality of the world, for the conditionality of the world is reflected in it. The keeping of the law is seen in terms of the condition of the world. Thus, if the old covenant life is maintained by the law, the content related with the condition of the world cannot but be reflected in the old covenant life. For this reason, wisdom is told in the old covenant life. Wisdom reflects the worldly state.

그러나 옛 언약에서 다루는 지혜는 보통 지혜와 다릅니다. 보통 지혜는 세상에서 보다 나은 삶을 위해 가르쳐집니다. 지혜롭게 사는 삶은 나은 삶입니다. 그러나 옛 언약의 지혜는 기본적으로 하나님의 말씀에 담긴 금함에 근거합니다. 금함은 금한 것을 함부로 하지 않음으로 표현됩니다. 함부로 하지 않음이 옛 언약의 지혜입니다.

But the wisdom dealt in the old covenant life is different from the ordinary wisdom. The ordinary wisdom is taught for a better life in the world. The life of wisdom is a better life. But the old covenant wisdom is basically grounded on the prohibition in His word. It is expressed by not-doing what is prohibited recklessly. Not-doing recklessly is the wisdom of the old covenant.

함부로 하지 않음은 하나님의 두려워하는 마음에 싹틉니다. 그래서 성경은 하나님을 두려워함이 지혜의 근본이라고 합니다. 즉 지혜는 하나님의 말씀을 떠나지 않음으로 말해집니다. 하나님 함께는, 사람 측에서 말하면, 하나님을 떠나지 않음입니다. 하나님을 두려워하면 하나님을 떠나지 않습니다. 이것이 성경의 지혜를 말하는 뜻입니다.

Not-doing recklessly sprouts on the mind that fears God. Thus, the Bible tells that the fear of God is the ground of wisdom. That is, it is said to be a not-departure from His word. His togetherness, if told from the side of man, means not-departure from Him. If one fears Him, he does not depart from Him. This is the meaning of telling Biblical wisdom.

5.4

Psalms(시편)

Psalms in the Bible are covenant poems that come out of the covenant life. They are different from the ordinary poems that come out of the individual mind situated in the natural life. The ordinary poems convey the natural propensity of the individual mind. They deal with the natural quality of mind.

성경에서 시편은 언약의 삶에서 나오는 언약의 시입니다. 언약의 시는 자연적인 삶에 처한 개인의 마음에서 나오는 보통 시와 다릅니다. 보통 시는 개인의 마음의 자연적 성향을 전합니다. 마음의 자연적 성품을 다룹니다.

Psalms, however, are generated by God's word. They come from His word and are directed to His word. Or they come with His togetherness and are directed to His togetherness. That is, they are basically expressed in the life of togetherness. They have to be approached from the perspective of togetherness.

그렇지만 시편은 하나님의 말씀으로 전개됩니다. 그분 말씀으로부터 나와 그분 말씀으로 향합니다. 혹은 그분 함께로부터 나와 그분 함께로 향합니다. 즉 기본적으로 함께의 삶에서 표현됩니다. 함께의 관점으로부터 접근되어야 합니다.

Therefore, psalms are set not in the individual mind but in the covenant life. Even though they are expressed poetically, they do not come out of the individual mind but come out of the inner realm of the covenant life. In the covenant life the expression of the outer and inner go together, for there is no difference of the outer and the inner to God.

그러므로 시편은 개인의 마음이 아닌 언약의 삶에 설정됩니다. 시편은 시적으로 표현되었지만 개인의 마음에서 나오지 않고 언약의 삶의 내적 영역에서 나옵니다. 언약의 삶에서 외적과 내적 표현은 같이 갑니다. 하나님에게는 외면과 내면의 다름이 없기 때문입니다.

Although the narratives of Kings and Chronicles in the Bible are seen as historical records, they are not historical but covenantal. They narrate the covenant life from the perspective of the fulfillment of God's word. The sense of fulfillment underlies these narratives. The fulfillment perspective is different from the eventful perspective.

성경에서 열왕기나 역대기 서사는 역사적 기록으로 보이지만 역사적이 아니라 언약적입니다. 열왕기나 역대기 서사는 하나님 말씀의 이루어짐의 관점에서 언약의 삶을 서사합니다. 이루어짐의 감각이 이들 서사에 깔려 있습니다. 이루어짐의 관점은 사건적인 관점과 다릅니다.

Likewise, psalms also show the poetical expression of the covenant life from the perspective of the fulfillment of God's word. The perspective of the fulfillment of His word should not be confused with the perspective of the natural course of events. They are eventually fulfillment narratives rather than eventful verses.

마찬가지로 시편도 또한 하나님 말씀의 이루어짐의 관점에서 언약의 삶의 시적 표현을 보입니다. 그분 말씀에 대한 이루어짐의 관점은 사건의 자연적인 경로의 관점과 혼동되지 말아야 합니다. 시편은 결국 사건적 운문이기보다 이루어짐의 서사입니다.

The covenant life is fulfilled by God's word. Therefore, fulfillment is the key notion of the dealing of the covenant. Whatever expressed in the covenant life is connected with His fulfillment. Since the covenant is fulfilled by His word, it cannot be historically narrated. Thus, psalms, the covenant poems, are narrated in fulfillment.

언약의 삶은 하나님 말씀에 의해 이루어집니다. 그러므로 이루어짐은 언약을 다루는데 주된 통념입니다. 언약의 삶에서 표현되는 것은 무엇이든 그분 이루어짐과 연결됩니다. 언약은 그분 말씀에 의해 이루어지기 때문에 역사적으로 서사될 수 없습니다. 따라서 시편, 언약의 시는 이루어짐 가운데 서사됩니다.

The narratives or poems of the fulfillment of God's word are so distinguished that they can only be meaningfully read in the covenant setting, for the covenant is fulfilled by His word. Therefore, if they are read apart from the covenant setting, they become to be interpreted religiously because no sense of fulfillment is perceived from them.

하나님 말씀의 이루어짐의 서사나 시는 구별됨으로 언약의 설정에서만 의미 있게 읽어집니다. 언약은 그분 말씀으로 이루어지기 때문입니다. 그러므로 하나님 말씀의 이루어짐의 서사나 시가 언약의 설정을 떠나 읽어지면, 이루어짐의 의미가 그로부터 지각되지 않기 때문에, 종교적으로 설명되게 됩니다.

The origin of religion is the individual mind. Any religious awakening remains in the individual mind. Therefore, the religious assurance of God's fulfillment does not warrant His own fulfillment, for it remains in the individual mind. It can be an illusion of the individual mind in the sense that it cannot come out into togetherness.

종교의 근원은 개인의 마음입니다. 어떤 종교적인 각성도 개인의 마음에 머뭅니다. 그러므로 하나님 이룸의 종교적인 확신은 그분 자신의 이룸을 보장하지 않습니다. 종교적인 확신은 개인의 마음에 머물기 때문입니다. 종교적인 확신이 함께로 나올 수 없다는 의미에서 개인 마음의 환상일 수 있습니다.

But the covenant life is the life that is fulfilled by God's word. Therefore, its fulfillment is presupposed in the expression of the covenant life. Psalms are also a kind of covenant expression. They appear in the life of His fulfillment. They are basically verse d toward His fulfillment.

그러나 언약의 삶은 하나님의 말씀에 의해 이루어진 삶입니다. 그러므로 그 이루어짐은 언약의 삶의 표현에 전제됩니다. 시편도 일종의 언약 표현입니다. 그분 이루심의 삶에 나타납니다. 기본적으로 그분 이루심을 향해 시로 표현됩니다.

But most people think of God's intervention rather than His fulfillment. Since they apprehend Him in terms of His nature, they claim that He is omnipotent and omniscient because He is absolute. Thus, they pray that the omnipotent God would intervene in their own affairs to change them to be better.

그러나 대부분 사람들은 하나님의 이룸보다 그분의 개입을 생각합니다. 그들은 그분 본성으로 그분을 파악하기 때문에 그분이 절대적이라서 전능하시고 전지하시다고 주장합니다. 따라서 그들은 전능하신 하나님이 그들의 사태에 개입하여 좋게 바꾸길 기도합니다.

If God is talked apart from His word, His nature with His existence has to be brought in. Then, His intervention with omnipotent power is to be brought up. The ordinary people, in their daily life, pray for His intervention with His omnipotent power in order to change their difficult course of life.

하나님이 그분 말씀을 떠나 말해지면, 그분 존재와 더불어 그분 본성이 도입되어야 합니다. 그러면 전능한 힘으로 그분 개입이 제기 되게 됩니다. 보통 사람들은 그들의 일상적 삶에서 그들의 어려운 삶의 경로를 바꾸기 위해 그분의 전능한 힘에 의한 그분 개입을 기도합니다.

In the natural life, it is natural to think that God intervenes in the course of natural events with His omnipotent power which is His nature. As long as people live their natural life, they inevitably think of Him with His supernatural power which is to intervene in their natural course of life. He is believed to be God who controls the natural course of events.

자연적 삶에서 하나님께서 그분 본성인 그분의 전능한 힘으로 자연적 사건의 경로에 개입하신다고 생각하는 것은 당연합니다. 사람들은 자연적 삶을 사는 한 그들의 자연적인 삶의 경로에 개입되는 그분의 초자연적인 힘으로 그분을 생각할 수밖에 없습니다. 그분은 자연적 사건 경로를 지배하는 하나님으로 믿어집니다.

To the ordinary people who live a natural life, God's word is regarded as the descriptive word of His intervention with His superpower in the natural world. They claim that the Bible as His word consists of the narratives of His intervention in the world. They believe that they encounter Him with His intervention in the world they live.

자연적인 삶을 사는 보통 사람들에게, 하나님의 말씀은 자연적인 세상에 그분의 초자연적 힘에 의한 그분 개입에 대한 서술적인 말로 고려됩니다. 그들은 그분 말씀으로 성경은 세상에 그분 개입의 서사로 구성된다고 주장합니다. 그들은 그들이 사는 세상에서 그분의 개입으로 그분을 만난다고 믿습니다.

If God is talked about prior to His word with His togetherness, the slipperiness into the natural understanding of Him is consequential. People think of Him ontologically or religiously with their natural surmise. The surmise of interventional God is a natural tendency of natural life. As long as they live naturally as individuals, their God becomes the ontological or religious God.

하나님이 그분 함께와 더불어는 그분 말씀 이전에 말해지면, 그분에 대해 자연적인 이해로 미끄러짐은 당연합니다. 사람들은 자연적 추측으로 그분에 대해 존재론적으로 혹은 종교적으로 생각합니다. 개입하는 하나님에 대한 추측은 자연적 삶의 자연적 경향입니다. 그들이 개인들로서 자연적으로 사는 한, 그들의 하나님은 존재론적 혹은 종교적인 하나님이 됩니다.

But if God's word with His togetherness is concerned prior to God Himself, He is narrated with His fulfillment with His word. His word is given for its fulfillment. Therefore, His people to whom it is given become its primary fulfillment. This means that His word is primarily the covenant word.

그러나 하나님 함께와 더불어는 그분 말씀이 그분 자체보다 먼저 의식되게 되면, 그분은 그분 말씀과 더불어는 그분의 이룸으로 서사됩니다. 그분 말씀은 이루어짐으로 주어집니다. 그러므로 그분 말씀이 주어진 그분 백성은 그분 말씀의 일차적 이루어짐입니다. 이것은 그분 말씀이 일차적으로 언약의 말인 것을 뜻합니다.

God's people to whom His word is given are the covenant people. They are distinguished from the natural people, for they live the life that is fulfilled with His word. Their expression is the outcome of the fulfillment of His word with His togetherness. Since they are fulfilled people, they narrate their God with His fulfillment with them.

하나님 말씀이 주어진 그분 백성은 언약의 백성입니다. 그들은 자연적 사람들과 다릅니다. 그들은 그분 말씀으로 이루어지는 삶을 살기 때문입니다. 그들의 표현은 그분 함께와 더불어는 그분 말씀의 이루어짐의 결과입니다. 그들은 이루어진 백성이기 때문에, 그들은 그들과 함께하는 그분 이룸으로 그들의 하나님을 서사합니다.

God with His word is God of fulfillment. Psalms are attributed to Him of His fulfillment. Therefore, they are not natural words but fulfillment words. They do not come out of the natural course of life but come out of the fulfilled life of His togetherness. In this respect, they are holy and new.

하나님 말씀으로 하나님은 이룸의 하나님이십니다. 시편은 그분에게 그분 이룸으로 부여됩니다. 그러므로 시편은 자연적 말이 아닌 이루어짐의 말입니다. 시편은 자연적인 삶의 경로에서 나오지 않고 그분 함께의 이루어진 삶에서 나옵니다. 이 점에서 시편은 거룩하고 새롭습니다.

Therefore, in the reading of psalms, the new perspective of fulfillment has to be accompanied with them. They cannot be read from the natural perspective, for they are not the outcome of any natural response of natural people to natural or supernatural events. The awe and wonder expressed in them are not natural but covenantal.

그러므로 시편을 읽는 데는 이루어짐의 새로운 관점이 수반되어야 합니다. 시편은 자연적인 관점에서 읽어질 수 없습니다. 시편은 자연적이나 초자연적 사건에 대한 자연적 사람들의 자연적 반응 결과가 아니기 때문입니다. 시편에 표현된 경외와 경이는 자연적이 아니라 언약적입니다.

Psalms are in the Bible, which is regarded as the word of God. Unlike the law, they are not noted as what is given by Him. They are the outcome of the fulfillment of the covenant life of His word. They are covenant words of the covenant life that is fulfilled by His word. Thus, they are mostly reflected verses of the law.

시편은 하나님의 말씀이라고 여겨지는 성경에 있습니다. 율법과는 달리 시편은 그분에 의해 주어진 것으로 주시되지 않습니다. 시편은 그분 말씀에 의한 언약의 삶의 이루어짐의 소산입니다. 그분 말씀에 의해 이루어진 언약의 삶의 언약의 말입니다. 따라서 대부분 율법에 반응된 시구입니다.

Psalms are, in a sense, a fulfillment of God's word. That is, His word is fulfilled into the covenant word of the covenant life. The fulfillment of His word is shown by the covenant word or activity. The covenant word that comes out of the covenant life that is fulfilled by His word is also His word. It is the word of the covenant life of His togetherness.

시편은 어느 의미에서 하나님 말씀의 이루어짐입니다. 즉 그분 말씀은 언약의 삶의 언약의 말로 이루어집니다. 그분 말씀의 이루어짐은 언약의 말이나 활동으로 보입니다. 그분 말씀으로 이루어진 언약의 삶에서 나오는 언약의 말은 또한 그분 말씀입니다. 언약의 말은 그분 함께의 언약의 삶의 말입니다.

The covenant word that is fulfilled by God's word is well noted by obedient word. The fulfillment of His word is shown in obedience. And obedience is mostly accompanied with obedient words.

Thus, an obedient word is generated by His word. Or His word is generated into obedient words in the covenant life.

하나님의 말씀에 의해 이루어진 언약의 말은 순종의 말로 주시됩니다. 그분 말씀의 이루어짐은 순종 가운데 보입니다. 그리고 순종은 대부분 순종의 말에 수반됩니다. 따라서 순종의 말은 그분 말씀으로 생성됩니다. 혹은 그분 말씀은 언약의 삶에서 순종의 말로 전개됩니다.

Obedience in ordinary life is shown by individual willful action. Thus, it is performance rather than fulfillment. In daily life, people perform whatever they are ordered to do. Accordingly, it is different from obedience due to God's word. Practice is involved with the practicer's will but fulfillment with His will.

보통 삶에서 순종은 개인의 의지적이 행위로 보입니다. 따라서 그것은 이루어짐보다 실행입니다. 일상적인 삶에서 사람들은 그들이 하도록 명령된 것은 무엇이든 실행합니다. 따라서 그것은 하나님의 말씀에 의한 순종과 다릅니다, 이행은 이행자의 의지와 수반되지만, 이루어짐은 하나님의 뜻과 수반됩니다.

Psalms are expressed along with the fulfilled word of obedience. Phrasing differently, they are, somehow, expressed in obedience. They are grown out of the ground of obedience to God's word. For this reason, they have to be read from the perspective of obedience. The obedient word of His word is integrated into His word in the covenant life.

시편은 순종의 이루어진 말을 따라 표현됩니다. 달리 말하면, 시편은 어떻든 순종으로 표현됩니다. 하나님의 말씀에 대한 순종의 근거에서 자랍니다. 이 때문에 시편은 순종의 관점에서 읽혀져야 합니다. 그분 말씀에 대한 순종의 말은 언약의 삶에서 그분 말씀에 통합됩니다.

In psalms, meditation, praising, thanksgiving, penitence or prayer is expressed. This expression is versed in obedience that is fulfilled by God's word. Since psalms are expressed in obedience to His word, they are affirmed as the fulfilled words of His word. That is, they are obedient verses.

시편에 묵상, 찬양, 감사, 참회 혹은 기도가 표현됩니다. 이 표현은 하나님의 말씀에 의해 이루어진 순종 가운데 시로 지어집니다. 시편은 그분 말씀에 순종으로 표현되었기 때문에 그분 말씀의 이루어진 말로 확언됩니다. 즉 시편은 순종의 시문입니다.

For God's power of intervention, meditation, praising, thanksgiving, penitence or prayer may be articulated into poems. But this articulation comes out of the individual natural mind. Therefore, such articulated poems are not the fulfillment of His word but the performance of individual religiosity.

개입하는 하나님의 힘에 대해 묵상, 찬양, 감사, 참회 혹은 기도는 시로 정제될 수 있습니다. 그러나 이 정제는 개인의 자연적인 마음에서 나옵니다. 그러므로 그런 정제된 시는 그분 말씀의 이루어짐이 아니라 개인 종교성의 이행입니다.

The word of performance is produced by man's natural activity, but the word of fulfillment is generated by God's word in obedience. What is phrased in obedience cannot be a kind of what is articulated in the natural mind. At any rate, psalms have to be differentiated from ordinary poems, for they appear in the Bible as His word.

이행의 말은 사람의 자연적인 활동에 의해 생성됩니다. 그러나 이루어짐의 말은 순종 가운데 하나님의 말씀에 의해 전개됩니다. 순종 가운데 표현된 것은 개인의 마음에서 표현된 것의 일종일 수 없습니다. 어떻든 시편은 보통 시와 구별되어야 합니다. 성경에 그분 말씀으로 등장하기 때문입니다.

It is a mistake to think that God intervenes in the psalmists' natural mind to perform the articulation of psalms for His works. Psalms are not performed but fulfilled words. In this respect, they are included in the Bible as God's word. Even though they are expressed poetically, they have to be read from the covenant perspective.

하나님이 시편 기자들의 자연적 마음에 개입하셔서 그분의 일로 시편의 정제를 이행하게 하셨다고 하는 것은 잘못입니다. 시편은 이행이 아닌 이루어진 말입니다. 이 점에서 시편은 하나님의 말씀으로 성경에 내포됩니다. 시적으로 표현되었더라도 언약의 관점에서 읽어져야 합니다.

Psalms are fulfilled words by God's word so as to be His word. In the covenant life, His word is generated into His word so as for it to be unfolded. To put it into other words, it is unfolded in accordance with the iteration and reiteration of His word in the covenant life. That is, in the covenant life, there is no interpretative word of

His word.

시편은 하나님 말씀에 의해 이루어진 말로 그분 말씀입니다. 언약의 삶에서 그분 말씀은 그분 말씀이 펼쳐지기 위해 그분 말씀으로 전개됩니다. 달리 말하면, 그분 말씀은 언약의 삶에서 그분 말씀의 반복과 재반복으로 펼쳐집니다. 즉 언약의 삶에서 그분 말씀의 설명된 말은 없습니다.

Therefore, the authorship on psalms, or on the whole Bible has to be considered from the covenant perspective. The covenant authorship should be distinguished from the cultural authorship. The authors of the covenant word are the transmitters of God's word in obedience, for in obedience His word becomes fulfilled word.

그러므로 시편이나 성경 전반의 저자는 언약의 관점에서 고려되어야 합니다. 언약의 저자임은 문화적인 저자임과 구별되어야 합니다. 언약의 말의 저자는 순종 가운데 하나님 말씀의 전달자입니다. 순종 가운데 그분 말씀은 이루어진 말이 되기 때문입니다.

What is expressed in psalms are various facets of obedience with God's togetherness. Unlike religious poems, psalms do not lead to the depth of personification. Rather, they lead to the covenant life of togetherness. Togetherness cannot be realized by the gathering of enlightened individuals but be fulfilled in obedience.

시편에 표현된 것은 하나님의 함께로 순종의 다양한 면입니다. 종교적인 시와는 달리 시편은 개인화의 깊이로 이끌지 않습니다. 그 보다 시편은 함께하는 언약의 삶으로 이끕니다. 함께는 깨달은 개인들의 모음으로 실현될 수 없고 순종 가운데 이루어질 수 있습니다.

집중(Focus)

시편은 다윗을 위시한 시편 기자들의 시를 담고 있습니다. 그러나 어떻게 사람의 시가 하나님의 말씀으로 담아질 수 있을까 하는 질문이 생깁니다. 율법이 하나님께서 주신 말씀이듯이 시도 하나님께서 주신 말씀일 수 있습니까? 시가 율법과 같이 지키도록 주신 하나님의 말씀이 아니면 어떻게 하나님의 말씀으로 의식됩니까?

Psalms contain poems of David and other psalmists. But there arises a question of how man's poems can be contained as God's word. Can poems also be the word given by Him as the law is given by Him? If poems are not given for being kept like the law, how are they being conscious of as His word?

하나님의 말씀은 하나님께서 함께하시는 말씀입니다. 즉 언약의 말씀입니다. 그것은 하나님께서 함께하시는 언약의 백성의 삶으로 이루어집니다. 율법이 언약의 삶으로 이루어지듯 시편도 언약의 삶으로 이루어집니다. 시편은 하나님 함께로 나온 언약의 시입니다. 그리고 하나님과 함께하는 삶을 반영합니다. 하나님의 말씀은 언약의 삶에서 하나님의 말씀으로 재현됩니다.

God's word is the word with which He is together. That is, it is the covenant word. It is fulfilled into the life of the covenant people with whom He is together. As the law is fulfilled into the covenant life, psalms are also fulfilled into the covenant life. Psalms are the covenant poems that come with His togetherness. And they reflect the life of being together with Him. His word is recapitulated as His word in the covenant life.

하나님 말씀으로 함께는 그 말씀에 순종함으로 보입니다. 그러므로 시편은 하나님의 말씀에 대한 순종으로 표현됩니다. 즉 순종으로 이루어진 하나님의 말씀을 보입니다. 순종으로 이루어진 하나님의 말씀은 또한 하나님의 말씀입니다. 따라서 시편은 하나님 말씀의 순종의 말로 재현입니다. 이것은 하나님과 함께하는 언약의 삶에서 말해집니다.

Togetherness with God's word is seen with obedience to it. Therefore, psalms are expressed with obedience to His word. That is, they show His word that is fulfilled into obedience. His word fulfilled in obedience is also His word. Accordingly, psalms are the recapitulation of His word into the word of obedience. This is told in the covenant life of being together with Him.

5.5

Meditation(묵상)

In general, meditation is an individual practice to focus his mind on a particular object, thought, or activity to attain an inner state of awareness and intensify personal and spiritual growth. It involves concentrated contemplation. But it is not necessarily mediated by word. It is mostly free from attachment.

일반적으로 묵상은 내면 상태의 자각을 획득하고 또 개인적 혹은 영적 성장을 극대화하기위해 개인의 마음을 특정한 대상, 생각, 혹은 활동에 집중하는 개인의 실행입니다. 묵상은 집중된 숙고를 야기합니다. 그러나 꼭 말에 의해 묵상되지 않습니다. 묵상은 대부분 집착으로부터 자유롭습니다.

But the Biblical meditation is focused on the law as the word of God. The first psalm begins with these passages: "Blessed is the man who walks not in the counsel of the ungodly, Nor stands in the path of sinners, Nor sits in the seat of the scornful; But his delight is in the law of the Lord, And in His law he meditates day and night" Ps 1:1-2.

그러나 성경의 묵상은 하나님의 말씀으로서 율법에 집중됩니다. 첫 시편은 이런 구절로 시작됩니다: "복 있는 사람은 악인들의 꾀를 따르지 아니하며 죄인들의 길에 서지 아니하며 오만한 자들의 자리에 앉지 아니하고 오직 여호와의 율법을 즐거워하여 그의 율법을 주야로 묵상하는도다시편 1:1-2."

Biblical meditation is the contemplation of God's word. It is initiated by His word. Since His word is not given with its literal sense, it cannot be understood literally. Therefore, it has to be meditated to be seen as His word. His word is perceived through meditation. Or it is accompanied with meditation.

성경적 묵상은 하나님의 말씀에 대한 숙고입니다. 그것은 그분 말씀에 의해 개시됩니다. 그분 말씀은 문자적 뜻으로 주어지지 않았기 때문에 문자적으로 이해될 수 없습니다. 그러므로 그분 말씀으로 보아지기 위해 묵상되어야 합니다. 그분 말씀은 묵상을 통해 자각됩니다. 혹은 묵상을 수반합니다.

The word that describes what is the case can be literally understood as the case. But God's word that is to be fulfilled cannot be understood as what is the case. What is fulfilled cannot be surmised in terms of what is the case. The sense of fulfillment also arises with meditation.

경우인 것을 서술하는 말은 문자적으로 경우로 이해될 수 있습니다. 그러나 이루어질 하나님의 말씀은 경우의 것으로 이해될 수 없습니다. 이루어지는 것은 경우인 것으로 추측될 수 없습니다. 이루어짐의 감각은 또한 묵상으로 일어납니다.

God's word is given for the fulfillment. It does not involve understanding but involves obedience. It is not to be understood in terms of what is the case but to be received with the accompaniment of its fulfillment. Since the accompaniment of its fulfillment is the obedience to it, it should be meditated.

하나님의 말씀은 이루어짐으로 주어집니다. 이해를 야기하지 않고 순종을 야기합니다. 경우인 것으로 이해되지 않고 그 이루어짐의 수반으로 받아들여집니다. 그 이루어짐의 수반은 그에 순종이기 때문에, 하나님의 말씀은 묵상되어야 합니다.

Therefore, the meditation in the Bible is the awakening to God's word so that its outcome might be obedience. Phrasing differently, His word is given to be meditated so as for it to be obeyed. Accordingly, God's word, through meditation, becomes to be obeyed. Otherwise, it is literally recognized as what has to be done.

그러므로 성경에서 묵상은 하나님 말씀에로 자각이어서 그 결과가 순종이게 합니다. 달리 말하면 그분 말씀은 묵상되도록 주어져서 순종되게 하려 합니다. 따라서 하나님의 말씀은 묵상으로 순종되게 됩니다. 그렇지 않으면 해져야 될 것으로 문자적으로 인식됩니다.

In ordinary life, obedience is observed in terms of the subjection to conditionality. It is confirmed by the conditional satisfaction of its requirement. That is, it is required with the specified conditions of satisfaction. It is accompanied with the satisfiable conditions that are literally specified.

보통 삶에서 순종은 조건성에 종속됨으로 주시됩니다. 순종은 그 요구에 대한 조건적이 만족으로 확인됩니다. 즉 명시된 만족의 조건으로 요구됩니다. 문자적으로 명시된 만족 조건에 수반됩니다.

But the obedience to God's word cannot be conditionally assessed. It cannot be observed in terms of the satisfiable conditions, for His word is not promised in accordance with the condition of the world. It comes out with His togetherness and will be fulfilled with His togetherness.

그러나 하나님의 말씀에 순종은 조건적으로 가늠될 수 없습니다. 만족할 조건으로 주목될 수 없습니다. 그분 말씀은 세상 조건에 따라 약속되지 않기 때문입니다. 그분 말씀은 그분 함께로부터 나와 그분 함께로 이루어집니다.

God's togetherness cannot be conditioned by states of the world. There can be nothing to prevent His togetherness. Therefore, His togetherness cannot be conditionally surmised. Then, His togetherness has to be meditated so that His togetherness might be affirmed in meditation. In the meditation His word becomes the word of His togetherness.

하나님의 함께는 세상 상태에 의해 조건적일 수 없습니다. 아무 것도 그분 함께를 막을 수 없습니다. 그러므로 그분 함께는 조건적으로 추측될 수 없습니다. 그러면 그분 함께는 묵상되어서 그분 함께가 묵상 가운데 확언될 수 있어야 합니다. 묵상 가운데 그분 말씀은 그분 함께의 말씀이 됩니다.

In this respect, meditation is guided by God's togetherness. His word is given with His togetherness. For this reason, it cannot be directly read with its literal sense. It has to be meditated in order to be read with His togetherness. Its meditation is also guided to His togetherness.

이 점에서 묵상은 하나님 함께에 의해 인도됩니다. 그분 말씀은 그분 함께로 주어집니다. 이 때문에 그분 말씀은 문자적인 뜻으로 직접적으로 읽어질 수 없습니다. 그분 함께로 읽어지기 위해 묵상되어야 합니다. 그 묵상은 또한 그분 함께에 이끌어집니다.

Unlike the ordinary meditation that is aimed to achieve a mentally clear and emotionally calm state, the Biblical meditation is guided by the given God's word. In order for the Bible to be read as His word, it has to be meditated. It cannot be directly read like man's word. That is, it cannot be read literally but be read meditatively.

정신적으로 분명하고 감정적으로 조용한 상태에 이르려고 목적된 보통 명상과는 달리, 성경 묵상은 주어진 하나님의 말씀에 의해 인도됩니다. 성경은 그분 말씀으로 읽어지기 위해 묵상되어야 합니다. 그것은 사람의 말과 같이 직접적으로 읽어질 수 없습니다. 즉 문자적이 아니라 묵상적으로 읽어질 수 있습니다.

Therefore, meditation is, in a sense, a medium of the reading of God's word. In this case, meditation is accompanied with and guided with His word. It is not the outcome of man's effort of practice. His words cannot be read with the reader's own effort of meditation which leads to his own understanding.

그러므로 묵상은 어느 의미에서 하나님의 말씀을 읽는 매체입니다. 이 경우 묵상은 그분 말씀과 동반되고 또 인도됩니다. 실행하는 사람의 노력의 결과가 아닙니다. 그분 말씀은 독자 자신의 이해로 이끄는 묵상 노력으로 읽어질 수 없습니다.

It is a mistake to think that God's word is given like man's word so that His word may be understood like his word. His word is primarily given with and for His togetherness, but his word is primarily given as the expression of the states of affairs in the world which also include his inner states of affairs.

하나님의 말씀이 사람의 말과 같이 이해되도록 사람의 말과 같이 주어진다고 생각하는 것은 잘못입니다. 그분 말씀은 일차적으로 그분 함께와 더불어 또한 그분 함께를 위해 주어집니다. 그러나 사람의 말은 일차적으로 그의 내적 사태를 또한 포함한 세상 사태에 대한 표현으로 주어집니다.

God's word is the word of His togetherness. Therefore, it is misleading to think that His word is associated with His works as man's word is associated with his works. His word is primarily the disclosure of His togetherness. His togetherness cannot be reduced to His works. The covenant life with His togetherness cannot be the outcome of His works.

하나님의 말씀은 그분 함께의 말씀입니다. 그러므로 사람의 말이 그의 일과 연관된 것처럼 하나님의 말씀도 그분의 일과 연관된 것으로 생각하는 것은 잘못입니다. 그분 말씀은 일차적으로 그분 함께의 드러남입니다. 그분 함께는 그분 일로 환원될 수 없습니다. 그분 함께로 언약의 삶은 그분 일의 결과일 수 없습니다.

But most readers who are alleged to read God's word read it as written words apart from His togetherness. Although written words are visible, His togetherness is not. This implies that they can merely read it literally without seeing the disclosure of His togetherness with it. That is, they read it naturally rather than covenantally.

그러나 하나님의 말씀을 읽는다고 주장하는 대부분 독자들은 그분 함께를 떠나 쓰인 말로 하나님 말씀을 읽습니다. 쓰인 말은 보이지만, 그분 함께는 보이지 않습니다. 이것은 그들이 그분 함께의 드러남을 보지 않고 하나님 말씀을 단지 문자적으로 읽을 수 있는 것을 시사합니다. 즉 그들은 언약적으로보다 자연적으로 읽습니다.

God's word is mediated with meditation. In this case, meditation is not an extra effort to grasp the meaning of His word. It is the guidance of His togetherness. His word cannot be directly understood with one's own effort but be meditatively obeyed with His togetherness. His word cannot be read, but it is meditated with His togetherness.

하나님의 말씀은 묵상으로 중재됩니다. 이 경우 묵상은 그분 말씀의 뜻을 잡으려는 추가된 노력이 아닙니다. 그것은 그분 함께의 인도입니다. 그분 말씀은 개인 자신의 노력에 의해 직접적으로 이해되지 않고 그분 함께로 묵상적으로 순종됩니다. 그분 말씀은 읽어질 수 없습니다. 그러나 그분 함께로 묵상됩니다.

Since the obedience to God's word is meditatively guided with His togetherness, obedience is fulfilled into togetherness with meditation. That is, it is the meditated outcome of His word rather than willful conviction of understanding of His word. His word is meditated into His togetherness.

하나님의 말씀에 순종은 그분 함께로 묵상적으로 인도되기 때문에, 순종은 묵상으로 함께로 이루어집니다. 즉 순종은 그분 말씀의 이해에 대한 의지적인 확신이기보다 그분 말씀에 대한 묵상된 결과입니다. 그분 말씀은 그분 함께에로 묵상됩니다.

God's word, as being meditated with God's togetherness, becomes the covenant word of togetherness. With it, the covenant life of togetherness is unfolded. His word is meditated into the covenant life of togetherness. Covenant meditation is different from religious meditation.

하나님의 말씀은, 하나님의 함께로 묵상됨으로, 함께하는 언약의 말이 됩니다. 하나님의 말씀으로 함께하는 언약의 삶은 펼쳐집니다. 그분 말씀은 함께하는 언약의 삶으로 묵상됩니다. 언약의 묵상은 종교적인 명상과 다릅니다.

The meditative psalms, even if expressed with personal terms, are not individualistic but covenantal. They are versed into covenant togetherness. Therefore, they are read in meditation so as to be led into covenant togetherness. The covenant togetherness is fulfilled in the meditation of God's word.

묵상 시편, 개인적 용어로 표현되더라도, 개인적인 아니라 언약적입니다. 묵상 시편은 언약의 함께로 표현된 운문입니다. 그러므로 그것은 언약의 함께로 이끌어지도록 묵상 가운데 읽어집니다. 언약의 함께는 하나님 말씀의 묵상 가운데 이루어집니다.

Conclusively speaking, the meditation of God's word is not personal absorption. It is guided by His togetherness. In this respect, meditation is not personal or religious but covenantal. It is initiated by His word with His togetherness. His word has to be meditated because of His togetherness.

결론적으로 말하면, 하나님 말씀의 묵상은 개인적인 몰입이 아닙니다. 그것은 그분 함께에 의해 인도됩니다. 이 점에서 묵상은 개인적이나 종교적이 아니라 언약적입니다. 그것은 그분 함께로 그분 말씀에 의해 개시됩니다. 그분 말씀은 그분 함께 때문에 묵상되어야만 합니다.

In the NT, meditation is not mentioned often. There is no phrase that tells the meditation of the gospel. Instead of meditation, Spiritual guidance is implicated. The gospel is narrated with the guidance of the Holy Spirit. Therefore, the meditated togetherness is replaced by Spiritual togetherness.

신약에서 묵상은 자주 언급되지 않습니다. 복음의 묵상을 들려주는 구절은 없습니다. 묵상 대신 영적 인도가 시사됩니다. 복음은 성령님의 인도하심으로 서사됩니다. 그러므로 묵상된 함께는 영적 함께로 대치됩니다.

The gospel is narrated with the guidance of the Holy Spirit. Therefore, it is apparent that the gospel as the word of God is Spiritual. Thus, it has to be read with the guidance of the Holy Spirit. Any retelling of the gospel also has to be guided Spiritually. That is, it cannot be read directly.

복음은 성령님의 인도하심으로 서사됩니다. 그러므로 하나님의 말씀으로 복음은 영적인 것이 분명합니다. 따라서 복음은 성령님의 인도하심으로 읽혀져야 합니다. 복음을 대해서 들려주는 것도 또한 영적으로 인도되어야 합니다. 즉 복음은 직접적으로 읽어질 수 없습니다.

The gospel, because it narrates Jesus with the guidance of the Holy Spirit, is God's word. Likewise, His word in the OT has to be meditated to be read as His word. Therefore, it can be conclusively said that His word cannot be received as its written word of letters. That is, His word cannot be exposed as its written letters.

복음은, 성령님의 인도하심으로 예수님을 서사하기 때문에, 하나님의 말씀입니다. 그와 같이 구약에서 그분 말씀은 그분 말씀으로 읽혀지기 위해 묵상되어야 했습니다. 그러므로 그분 말씀은 문자의 쓰인 말로 받아들일 수 없는 것을 결론적으로 말해질 수 있습니다. 즉 그분 말씀은 쓰인 문자로 드러날 수 없습니다.

The priority of word to event embarks in the word-guided life. The word-guided life has to be distinguished from the event-determined life. The word-guided life is apparent in the case of the Spirit-guided life. Meditation is also seen from the perspective of the word-guided life, because God's word is given for its fulfillment.

사건에 대한 말의 우선성은 말로 인도된 삶을 시작합니다. 말로 인도된 삶은 사건으로 결정된 삶과 구별되어야 합니다. 말로 인도된 삶은 영으로 인도된 삶의 경우엔 분명합니다. 묵상은 또한 말로 인도된 삶의 관점에서 보입니다. 하나님의 말씀은 그 이루어짐으로 주어지기 때문입니다.

In this respect, meditation has a sense of guidance. The meditation of God's word is the guidance of His word. The meditator is, so to speak, guided by His word. He is guided to the life of His word, i.e., the covenant life of togetherness. The guided meditation is covenantal. Meditation leads to a sense of fulfillment.

이 점에서 묵상은 인도의 의미를 갖습니다. 하나님 말씀의 묵상은 그분 말씀의 인도입니다. 묵상자는 말하자면 그분 말씀에 의해 인도됩니다. 그는 그분 말씀의 삶, 곧 함께의 언약의 삶에 인도됩니다. 인도된 묵상은 언약적입니다. 묵상은 이루어짐의 의미에 이끕니다.

The perspective of God's word is not yet secured in the OT, since His word was received as the law. Because of this limitation, the meditation of His word was accompanied with the practice of the law. Therefore, the meditation in the OT has to be read from the perspective of the Spiritual guidance in the NT.

하나님 말씀의 관점은 구약에서 아직 확보되지 않습니다. 그분 말씀이 율법으로 받아졌기 때문입니다. 이 한계 때문에 그분 말씀의 묵상은 율법의 실행에 수반되었습니다. 그러므로 구약에서 묵상은 신약에서 영적 인도의 관점에서 읽어져야 합니다.

With the gospel, the perspective of God's word is secured. It is His word with His togetherness, for it is narrated with His Spirit.

Although Jesus was in the world, He was not narrated factually but narrated Spiritually. He was not identified in the world but narrated with His being together with God. For this reason, His story becomes God's word.

복음으로 하나님의 말씀의 관점은 확보됩니다. 복음은 그분 함께와 더불어는 그분 말씀입니다. 그분 영으로 서사되기 때문입니다. 예수님은 세상에 계셨지만 사실적으로 서사되지 않고 영적으로 서사되었습니다. 세상에서 독자성이 밝혀지지 않고 하나님과 함께로 서사되었습니다. 이 때문에 예수님 이야기는 하나님의 말씀입니다.

As the way to the gospel is guided by the Holy Spirit, the way toward Jesus is guided by the Holy Spirit. Therefore, with Jesus, the fulfilled life of God's word is clear. The covenant life of togetherness is also clear. The life of the following Jesus is the covenant life of togetherness with God.

복음에로 길은 성령님에 의해 인도됨으로, 예수님을 향한 길은 성령님에 의해 인도됩니다. 그러므로 예수님으로 하나님 말씀의 이루어진 삶이 분명합니다. 함께하는 언약의 삶도 또한 분명합니다. 예수님을 따르는 삶은 하나님과 함께하는 언약의 삶입니다.

The old covenant life of the meditation and practice of the law is regenerated into the new covenant life of the Spiritual guidance of the gospel. The gospel is given as God's word under the guidance of the Holy Spirit. Therefore, it needs not to be meditated but has to be read with the guidance of the Holy Spirit.

율법의 묵상과 실행의 옛 언약의 삶은 복음의 영적 인도의 새 언약의 삶으로 재생됩니다. 복음은 성령님의 인도하심 하에 하나님의 말씀으로 주어집니다. 그러므로 복음은 묵상되어야 하지 않고 성령님의 인도하심으로 읽어져야 합니다.

The gospel is affirmed as God's word with the guidance of the Holy Spirit. But if it is read from the perspective of the historical figure of Jesus, it cannot be His word. On the other hand, if it is read from the perspective of Jesus as the Son of God under the guidance of the Holy Spirit, it is God's word. These two perspectives are completely different; therefore, they cannot be connected meditatively.

복음은 성령님의 인도하심으로 하나님의 말씀으로 확언됩니다. 그러나 그것이 예수님의 역사적 인물 관점에서 읽어지면 그분 말씀이 될 수 없습니다. 다른 한편, 그것이 성령님의 인도하심으로 하나님 아들 예수님의 관점에서 읽어지면 하나님의 말씀입니다. 이 두 관점은 완전히 다릅니다. 그러므로 이 두 관점은 묵상적으로 연결될 수 없습니다.

집중(Focus)

하나님의 말씀은 묵상으로 접해집니다. 쓰인 문자로 하나님의 말씀은 접해질 수 없습니다. 문자적으로 보이는 한 그것은 사람의 말이지 하나님의 말씀은 아닙니다. 그러므로 성경이 하나님의 말씀으로 읽어지면 그 문자로 읽어질 수 없습니다. 여기에 율법을 문자적으로 읽는 문제가 있습니다. 율법을 행위로 지키려 하면 문자로 읽지 않을 수 없습니다.

God's word is encountered in meditation. His words cannot be encountered in the written letters. As long as it is seen as literal, it is not His word but man's word. Therefore, if the Bible is read as His word, it is not to be read in terms of its letters. Here is the problem of the reading of the law literally. If the law is to be kept in terms of acts, it is inevitably read literally.

하나님의 말씀은 하나님의 함께로 읽어집니다. 문자로 이해하며 읽지 않고 묵상으로 함께하며 읽습니다. 따라서 묵상은 하나님의 말씀을 함께로 읽는 매체입니다. 묵상은 또한 언약의 삶에서 하나님의 말씀을 접하는 의미입니다. 그러므로 종교적인 명상과는 완연히 구별되어야 합니다. 깨달음으로 쓰인 글은 명상으로 읽지만 함께로 쓰인 글은 함께하는 묵상으로 읽습니다.

God's word is read with His togetherness. It is not read in understanding but read in meditation for togetherness. Thus, meditation is the medium of reading His word for togetherness. It is also the significance of encountering His word in the covenant life. Therefore, it has to be completely differentiated from religious contemplation. The written word of awakening is read in contemplation, but the written word for togetherness in meditation of togetherness.

신약에서 복음은 구약의 글과는 달리 영적으로 인도된 서사입니다. 따라서 복음에 담긴 예수님의 이야기가 문자적으로 읽어지면, 역사적 예수가 말해집니다. 그러나 그것이 영적으로 인도되어 읽어지면, 예수님이 하나님의 아들 그리스도를 고백되어집니다. 예수님과 성령님이 세상에 오심으로 구약의 묵상은 신약의 영적 인도로 바뀌어 집니다.

The gospel in the NT unlike the writings in the OT is the Spiritually guided narrative. Thus, if the story of Jesus in the gospel is literally read, the historical Jesus is told. But it is read by being guided Spiritually, Jesus is confessed as Christ, the Son of God. As Jesus and the Holy Spirit came to the world, the meditation of the OT is turned into the Spiritual guidance of the NT.

5.6

Praise(찬양)

People praise God for His works for them. Since they are situated under the condition of the world, they always wish for a better condition. When the situation that they are faced with becomes better, they believe that it is due to His help, and, thus, they praise Him for what He has done.

사람들은 그들을 위한 하나님의 일에 대해 그분을 찬양합니다. 그들은 세상 조건에 처해 있기 때문에 항시 나은 조건을 바랍니다. 그들이 직면한 상황이 보다 좋아질 때 그것이 그분의 도움에 의한 것이라고 믿고서, 그분이 하신 것에 대해 그분을 찬양합니다.

In this case, they narrate the beneficiary change of their situation as what God has done for them. Thus, their praise of Him is nothing other than the expression of thanksgiving for their being under a better situation. It, so to speak, comes out of thanksgiving that arises in their mind.

이 경우 그들은 그들 상황의 유익한 변화를 하나님께서 그들을 위해 하신 것으로 서사합니다. 따라서 그분에 대한 찬양은 보다 나은 상황에 그들이 있게 됨에 대한 감사의 표현에 지나지 않습니다. 그들 찬양은 말하자면 그들 마음에 일어나는 감사로부터 나옵니다.

Praise that ordinary people express is directed to God's intervening work in their conditional situation. Therefore, the narrative of their praising involves the description of their changed beneficiary situation. That is, their praising word is their own word of beneficiary description.

보통 사람들이 표현하는 찬양은 그들의 조건적인 상황에 하나님의 개입하는 일을 향합니다. 그러므로 그들 찬양의 서사는 변화된 유익한 상태의 서술을 포함합니다. 즉 그들 찬양의 말은 그들 자신의 유익한 서술의 말입니다.

However, the praise in the Bible is not simply directed to the intervening work of God. It is directed to His fulfillment of His promised word. What is fulfilled by His word is the covenant life of His togetherness. His word is given for its own fulfillment of the covenant life. Praising for the fulfillment of His word has to be dealt with differently.

그렇지만 성경에서 찬양은 단지 하나님의 개입하는 일을 향하지 않습니다. 그분의 약속된 말씀에 대한 그분 이루심을 향합니다. 그분 말씀에 의해 이루어진 것은 그분 함께의 언약의 삶입니다. 그분 말씀은 언약의 삶의 자체의 이루어짐을 위해 주어집니다. 그분 말씀의 이루어짐에 대한 찬양은 달리 다루어져야 합니다.

God's intervention happens in the conditional situation of the world. And the conditional situation of the world is described by man's word. But His fulfillment unfolds into the covenant life of His togetherness. Thus, the covenant life is narrated by His word. Praising of the fulfillment of His word is covenantal.

하나님의 개입은 세상의 조건적인 상황에 일어납니다. 그리고 세상의 조건적인 상황은 사람의 말에 의해 서술됩니다. 그러나 그분 이룸은 그분 함께의 언약의 삶으로 펼쳐집니다. 따라서 언약의 삶은 그분 말씀에 의해 서사됩니다. 그분 말씀의 이루어짐의 찬양은 언약적입니다.

The beneficiary word comes from man, but fulfillment word from God. Therefore, the phrase of the praising of His fulfillment comes from His word. And the primary expression of praise is touched on the fulfillment of His people who praise Him. That is, the primary praise is directed to the fulfillment of the praisers.

유익한 말은 사람으로부터 나옵니다. 그러나 이루어짐의 말은 하나님으로부터 나옵니다. 그러므로 그분 이룸의 찬양 구절은 그분 말씀으로부터 옵니다. 그리고 찬양의 일차적인 표현은 그분을 찬양하는 그분 백성의 이루어짐에 닿습니다. 즉 일차적인 찬양은 찬양자들의 이루어짐을 향합니다.

Therefore, what is primarily praised by the covenant people is the unfolding of the covenant life. What is fulfilled with God's word is His covenant work. The covenant people praise the covenant God for the fulfillment of His word for them with His togetherness. This is the covenant praise.

그러므로 언약의 백성에 의해 일차적으로 찬양되는 것은 언약의 삶의 펼쳐감입니다. 하나님 말씀으로 이루어진 것은 그분 언약의 일입니다. 언약의 백성은 그분 함께로 그들을 위한 그분 말씀의 이루어짐에 대해 언약의 하나님을 찬양합니다. 이것이 언약의 찬양입니다.

The covenant praise is integrated into covenant togetherness. It comes out of the covenant people who are fulfilled by God's word. Therefore, the covenant praise, itself, is what is fulfilled with them. That is, it does not come out of their own mind of gratitude. The covenant people are fulfilled with their covenant praise.

언약의 찬양은 언약의 함께로 통합됩니다. 그것은 하나님의 말씀에 의해 이루어진 언약의 백성으로부터 나옵니다. 그러므로 언약의 찬양 자체는 그들과 함께 이루어진 것입니다. 즉 그것은 그들 자신의 감사하는 마음에서 나오지 않습니다. 언약의 백성은 그들의 언약 찬양과 함께 이루어집니다.

In this respect, the covenant praise is expressed in togetherness. It is expressed in the fulfillment of togetherness. It is expressed from and to togetherness, God is primarily praised because of His togetherness with word. Praise is directed to Him, but it is phrased with His togetherness.

이 점에서 언약의 찬양은 함께로 표현됩니다. 함께의 이루어짐 가운데 표현됩니다. 함께로부터 함께를 향해 표현됩니다. 하나님은 말씀으로 함께하시기 때문에 일차적으로 찬양됩니다. 찬양은 하나님께로 향합니다. 그러나 그분 함께로 표현됩니다.

Since the covenant praise is fulfilled with God's togetherness, it is expressed as His word as seen in Psalms. Since the covenant life is a life of togetherness, it is narrated with His togetherness by His people. Togetherness cannot be separated into the component parts. That's why togetherness has to begin with His togetherness.

언약의 찬양은 하나님의 함께로 이루어지기 때문에 시편에서 보이듯이 그분 말씀으로 표현됩니다. 언약의 삶은 함께의 삶이기 때문에 찬양은 그분 백성에 의해 그분 함께로 서사됩니다. 함께는 구성되는 부분으로 분리될 수 없습니다. 그 때문에 함께는 그분 함께로 시작되어야 합니다.

Covenant praise is not what can come out of people's mind but what is fulfilled by God's word. It is reflected in His wonderful works that are fulfilled by His word. For this reason, it is also considered as covenantal unfolding. It is expressed in the covenant togetherness.

언약의 찬양은 사람의 마음에서 나올 수 있는 것이 아니라 하나님 말씀으로 이루어지는 것입니다. 그것은 그분 말씀에 의해 이루어진 그분의 경이로운 일에 반영됩니다. 이 때문에 또한 언약의 펼침으로 여겨집니다. 언약의 함께에서 표현됩니다.

Therefore, the Biblical praise is covenantally formulated. This is well seen in the praising of the Israelites after crossing the Red Sea. The explicit mention of the covenant people in it should not be overlooked:

You in Your mercy have led forth
The people whom You have redeemed;
You have guided them in Your strength

To Your holy habitation *Ex. 15:13*

그러므로 성경의 찬양은 언약적으로 형성됩니다. 이것은 홍해를 건 넌 이스라엘 백성의 찬양에서 잘 보입니다. 그 안에 언약의 백성에 대 한 분명한 언급은 놓쳐지지 말아야 합니다.

주의 인자하심으로

주께서 구속하신 백성을 인도하시되

주의 힘으로

*그들을 주의 거룩한 처소에 들어가게 하시나이다*출 15:13.

Praising is a constitutive part of the covenant life, for the covenant life is fulfilled by God's promised word of it. Praising, thus, is accompanied with the unfolding of the covenant life that is the fulfillment of His promised word. Along the covenant praise the covenant life unfolds.

찬양은 언약의 삶의 구성부분입니다. 언약의 삶은 그에 대한 하나님 의 약속된 말씀으로 이루어지기 때문입니다. 따라서 찬양은 그분의 약 속된 말씀의 이루어짐인 언약의 삶의 펼쳐짐에 수반됩니다. 언약의 찬 양을 따라 언약의 삶은 펼쳐갑니다.

Therefore, the phrase of praise is derivative from God's word. It should not be the touched word from the mind but the fulfilled word onto His word. That is, praise is fulfilled in the mind of the covenant people. Awe and wonder are the fulfillment of praise in the mind. Praise is phrased with a fulfilled word.

그러므로 찬양의 구절은 하나님의 말씀으로 파생됩니다. 그것은 마 음으로부터 나오는 감동적인 말이 아니라 그분의 말씀에로 이루어진 말이어야 합니다. 즉 찬양은 언약 백성의 마음에 이루어집니다. 놀람과 경이는 언약의 백성 마음에 찬양의 이루어짐입니다. 찬양은 이루어진 말로 표현됩니다.

Awe and wonder are fulfilled in the obedient mind of the covenant people. The covenant life that is fulfilled is awesome and wonderful. Thus, it is perceived as unfolding with praise. Speaking reversely, praising is the theme of its unfolding. Or the covenant life is accompanied with the covenant praise.

놀람과 경이는 언약의 백성의 순종하는 마음에 이루어집니다. 이루어진 언약의 삶은 놀랍고 경이롭습니다. 따라서 찬양의 펼쳐짐으로 지각됩니다. 거꾸로 말하면, 찬양은 언약의 삶의 펼쳐짐의 주제입니다. 혹은 언약의 삶은 언약의 찬양에 수반됩니다.

God's word with His togetherness is fulfilled into the covenant life. Nevertheless, His nature has nothing to do with covenant life. If He is considered in terms of His nature, His togetherness is inevitably overlooked because His togetherness cannot be part of His nature. His togetherness is praised, but His nature is not.

하나님 함께로 그분 말씀은 언약의 삶으로 이루어집니다. 그렇지만 그분 본성은 언약의 삶에 아무 것도 할 것이 없습니다. 하나님이 그분 본성으로 고려되면, 그분 함께는 어쩔 수 없이 간과됩니다. 그분 함께는 그분의 속성의 일부가 아니기 때문입니다. 그분 함께는 찬양됩니다. 그러나 그분 본성은 찬양되지 않습니다.

The covenant God is claimed to be omnipotent, but the omnipotent God is not to be claimed to be covenantal. Therefore, the covenant God is praised with His omnipotence in the covenant life because He can unfold it under any conditional circumstances. But the omnipotent God is not praised.

언약의 하나님은 전능하시다고 주장됩니다. 그러나 전능한 하나님은 언약적이라고 주장될 수 없습니다. 그러므로 언약의 하나님은 언약의 삶에 그분의 전능하심으로 찬양됩니다. 그분이 어떠한 조건적인 상황에서도 언약의 삶을 펼칠 수 있기 때문입니다. 그러나 전능한 하나님은 찬양되지 않습니다.

The praise of God is directed toward His togetherness rather than His nature. What is phrased in it is the narrative of His togetherness as seen in Psalms. The philosophical treatment of His nature is not the subject of praise. His nature is what is. What is, although being amazed, is not praiseworthy.

하나님의 찬양은 그분 본성보다 그분 함께로 향합니다. 찬양에 표현된 것은 시편에서 보이듯이 그분 함께의 서사입니다. 하나님의 본성에 대한 철학적인 다룸은 찬양의 주제가 아닙니다. 그분의 본성은 있는 것입니다. 있는 것은 놀라게 되더라도 찬양되지 않습니다.

The question of God's existence is led to the description and explanation of the world. His omnipotence and omniscience are introduced for the description and explanation of the world. Philosophical or religious inquiry cannot be gotten away from this tendency. The descriptive or explanatory God is not praised.

하나님 존재의 질문은 세상의 서술과 설명으로 이끌어집니다. 그분의 전능함과 전지함은 세상의 서술과 설명을 위하여 도입됩니다. 철학적이나 종교적인 탐구는 이런 경향으로부터 벗어날 수 없습니다. 서술되거나 설명되는 하나님은 찬양되지 않습니다.

God is praised not because of His nature but because of His to-getherness. The praise of Him is led to envision the disclosure of His togetherness. The unfolding of the life of togetherness in the world of what-is can be envisioned in praising His togetherness. Thus, praise is the sign of the covenant life of His togetherness.

하나님은 그분 본성이 아닌 그분 함께 때문에 찬양됩니다. 그분에 대한 찬양은 그분 함께의 드러남을 착상하도록 이끌어집니다. 있는 것의 세상에 함께하는 삶의 펼침은 그분 함께의 찬양 가운데 착상될 수 있습니다. 따라서 찬양은 그분 함께의 언약의 삶의 표적입니다.

The covenant praise is not merely a response to what has happened. Since it is fulfilled, it can be the signal of the unfolding of the covenant life. With it, the covenant life is ready for unfolding into newness. It is not to be characterized by the state of mind. It is grounded on the covenant life.

언약의 찬양은 단지 일어난 것에 대한 반응이 아닙니다. 그것은 이루어지기 때문에, 언약의 삶이 펼쳐지는 신호일 수 있습니다. 그것으로 언약의 삶은 새로움으로 펼쳐지게 준비됩니다. 언약의 찬양은 마음 상태에 의해 특징지어지지 않습니다. 언약의 삶에 근거됩니다.

The fulfillment of God's word is not to be identified by specific state. Fulfillment connotes with un-containment or un-confinement.

Therefore, the covenant praise is led to be awakened with the fulfillment of His togetherness. It is ever renewed and refreshed. That is, it cannot be fixed literally.

하나님의 말씀의 이루어짐은 구체적인 상태로 식별될 수 없습니다. 이루어짐은 내포될 수 없음이나 제한할 수 없음을 함축합니다. 그러므로 언약의 찬양은 그분 함께의 이루어짐으로 일깨워지도록 이끌어집니다. 언제나 새롭고 신선하게 됩니다. 즉 문자적으로 고정될 수 없습니다.

The praising of God, apart from the fulfillment of His togetherness, can be relativistic. The Egyptians, in the time of the Exodus, could not praise the God of the Israelites. The relativism of the praising of God implies the admission of polytheism. The Egyptians and Canaanites had their own god,

하나님 함께의 이루어짐을 떠난 그분 찬양은 상대적일 수 있습니다. 출애굽 당시 이집트인들은 이스라엘 백성의 하나님을 찬양할 수 없었습니다. 하나님 찬양의 상대성은 다신교의 인정을 시사합니다. 이집트인들이나 가나안 원주민들은 자신들의 신을 가졌습니다.

However, the praising of God with the fulfillment of His togetherness is not relativistic. The covenant cannot be relativistic. The covenant God is praised with His togetherness. He, with His togetherness, overcomes relativistic boundaries. He, because of His togetherness, is the only God.

그렇지만 하나님 함께의 이루어짐으로 그분에 대한 찬양은 상대적이지 않습니다. 언약은 상대적일 수 없습니다. 언약의 하나님은 그분 함께로 찬양됩니다. 그분은 그분 함께로 상대적인 경계를 극복합니다. 그분은 그분 함께 때문에 유일한 하나님이십니다.

As long as praise comes from people's mind, it remains in the relativistic boundaries. But if it is fulfilled with God's togetherness, it becomes pervaded since His togetherness is not to be restricted. Therefore, there is no relativistic boundary for the covenant life where the covenant praise comes.

찬양이 사람의 마음으로부터 나오는 한 상대적 경계에 남습니다. 그러나 그것이 하나님의 함께로 이루어지면, 그분 함께가 한정될 수 없기 때문에, 파급되게 됩니다. 그러므로 언약의 찬양이 나오는 언약의 삶에는 상대적인 경계가 없습니다.

The covenant praise is not occasional. It is a constitutive part of the covenant life, for it is unfolding with the fulfillment of God's togetherness. Since the fulfillment of His togetherness is integrated into the covenant life, the covenant life is the life of praising the fulfillment of His togetherness.

언약의 찬양은 경우적이지 않습니다. 언약의 삶의 구성부분입니다. 하나님 함께의 이루어짐으로 펼쳐가기 때문입니다. 그분 함께의 이루어짐은 언약의 삶에 통합되기 때문에, 언약의 삶은 그분 함께의 이루어짐에 대한 찬양의 삶입니다.

The covenant praise is to give glory to God's name for His fulfillment. His name plays the role of the subject in the narrative of His fulfillment. Therefore, it is phrased with His name as the subject, since it is fulfilled by His word. He is praised not as an object but in togetherness. Not His being but His togetherness is praised.

언약의 찬양은 하나님의 이루심에 대해 그분 이름에 영광을 드리려고 합니다. 그분 이름은 그분 이루심의 서사에서 주어 역할을 합니다. 그러므로 언약의 찬양은 그분 말씀에 의해 이루어지기 때문에 그분 이름을 주어로 표현됩니다. 그분의 존재가 아닌 그분의 함께가 찬양됩니다.

The subject of the phrase of the covenant praise is not covenant people but the covenant God, since it has to be phrased with His word with His togetherness. The awe and wonder that come out of the covenant people are what are fulfilled by His word. The covenant God is praised by the covenant people who are fulfilled with His togetherness.

언약 찬양을 표현하는 주어는 언약의 백성이 아닌 언약의 하나님입니다. 왜냐하면 그분 함께로 그분 말씀으로 표현되어야 하기 때문입니다. 언약의 백성으로부터 나오는 놀람과 경이는 그분 말씀에 의해 이루어진 것입니다. 언약의 하나님은 그분 함께로 이루어진 언약의 백성에 의해 찬양됩니다.

The covenant praise comes out and goes to togetherness. Its basis and origin are God's togetherness. It is unthinkable that detached people praise the objective God. The covenant God is praised by the covenant people in togetherness. In this way, the word of praise becomes His word.

언약의 찬양은 함께로부터 나와 함께로 갑니다. 그 기본과 근원은 하나님의 함께입니다. 동떨어진 사람이 대상적인 하나님을 찬양하는 것은 생각될 수 없습니다. 언약의 하나님은 함께하는 언약의 백성에 의해 찬양됩니다. 이렇게 해서 찬양의 말은 그분 말씀이 됩니다.

The covenant praise is Spiritual. It should not be confused as an emotional response. Emotion is embedded in the individual mind. Therefore, emotional praise leads to individualization; thus, it becomes religious praise. For this reason, the covenant praise should be guided by the Holy Spirit.

언약의 찬양은 영적입니다. 감정적인 반응으로 혼동되지 말아야 합니다. 감정은 개인의 마음에 깔려있습니다. 그러므로 감정적인 찬양은 개인화로 이끌어집니다. 따라서 종교적인 찬양이 됩니다. 이 때문에 언약의 찬양은 성령님에 의해 인도되어야 합니다.

집중(Focus)

언약의 백성은 언약의 하나님을 찬양합니다. 언약의 백성은 이루어지기 때문에, 그들은 그들의 이루어짐에 대해 찬양합니다. 따라서 언약의 백성의 이루어짐이 찬양의 기본입니다. 언약의 백성이 이루어지지 않으면 칭송은 있더라도 찬양은 없습니다. 하나님과 함께하는 언약의 삶에서 찬양이 나오기 때문입니다. 이 때문에 하나님은 그분 함께에 대해 찬양됩니다.

The covenant people praise the covenant God. Since the covenant people are fulfilled, they praise their being fulfilled. Thus, the fulfillment of the covenant people is the basis of praise. If the covenant people are not fulfilled, there will be no praise even if there is eulogy, for praise comes in the covenant life of being together with Him. For this reason, He is praised for His togetherness.

개인으로 하나님을 찬양하지 않습니다. 찬양은 개인의 감정으로 표현되지 않습니다. 즉 찬양은 하나님을 대상적으로 칭송하는 것이 아닙니다. 개인의 감정으로 표현되는 것은 대상의 칭송에 지나지 않습니다. 개인과 하나님은 독립된 두 개체입니다. 하나님을 독립된 개체로 의식하는 개인이 그분 도움을 느끼는 것을 찬양일 수 없습니다.

God is not praised by individuals. Praise is not expressed by individual emotion. That is, it is not what eulogizes Him objectively. What is expressed by individual emotion is nothing but an eulogy of an object. An individual and God are two independent identities. It cannot be praise for an individual who is conscious of Him as an independent entity to have a feeling of His favor.

찬양은 하나님의 하신 일을 노래합니다. 그런데 하나님의 하신 일은 하나님의 약속의 말씀의 이루어짐입니다. 따라서 찬양의 구절은 결국 하나님의 말씀의 재현입니다. 이런 연유로 하나님의 말씀이 순종되지 않는 한, 찬양이 나올 수 없습니다. 찬양의 구절은 하나님의 말씀에 순종하는 찬양자의 말입니다. 그래서 언약의 찬양은 하나님의 말씀의 찬양입니다.

Praise hymns God's work. And His work is the fulfillment of His promised word. Thus, the phrase of a praise is eventually the recapitulation of His word. For this reason, As long as His word is not being obedient, praise cannot come. The phrase of a praise is the word of a praiser who is obedient to His word. Thus, the covenant praise is the praise of His word.

5.7

Petition(청원)

Prior to Jesus' Lord's Prayer, prayer is typified by petitional psalms. Petitions versed into psalms are a stage of the unfolding of prayer. Therefore, in order to be acquainted with the Biblical prayer, petitional disposition expressed in psalms is in need of taken into consideration.

예수님의 주기도 이전에 기도는 청원 시편을 전형으로 보입니다. 시편으로 표현된 청원은 기도 펼침의 단계입니다. 그러므로 성경의 기도에 익혀지기 위해서 시편에서 표현된 청원의 성향이 고려되어야 합니다.

Petitions versed into psalms have to be distinguished from religious expression of wish. Wish comes from the individual mind. Therefore, individuals express their wish from their mind to their own gods. This is the way that religious prayer comes out with words that arise in the individual mind.

시편으로 표현된 청원은 바람의 종교적인 표현과 구별되어야 합니다. 바람은 개인의 마음에서 나옵니다. 그러므로 개인들은 그들 마음으로 나오는 바람을 그들 신에게 표현합니다. 이것이 종교적인 기도가 개

607

인의 마음에서 일어나는 말로 나오는 방식입니다.

It is generally conceded that, if anyone sincerely and seriously expresses his wish, he prays. In this case, his prayer is directed to his alleged god. However, even though what he prays for is very specific, the god to whom his prayer is addressed is uncertain. The prayer sets his own god in his prayer.

누구나 진정으로 심각하게 자신의 바람을 표현하면, 그는 기도한다고 일반적으로 시인됩니다. 이 경우 그의 기도는 자신의 주장된 신을 향합니다. 그렇지만 그가 기도하는 것은 구체적이더라도 그의 기도가 전해지는 신은 확실치 않습니다. 기도자는 자신의 기도에서 신을 설정합니다.

Religion is weighed on the disposition of the individual mind. Its disposition of dependency is regarded as religiosity, and such dependency is conceded to be directed to the absolute, i.e., god. Religion is mainly concerned with the mind's disposition of dependency to the absolute. But the absolute as god is uncertain.

종교는 개인의 마음 성향에 무게를 둡니다. 개인 마음의 의존 성향은 종교성으로 고려됩니다. 그리고 그런 의존은 절대자, 곧 신으로 향한다고 시인됩니다. 종교는 주로 절대자에 대한 마음의 의존 성향으로 고려됩니다. 그러나 신으로서 절대자는 불확실합니다.

But petition in psalms is not religious disposition. It is not expressed by the disposition of the individual mind. It comes out of the covenant setting. Therefore, what is petitioned for is grounded on the covenant word of God. For this reason, petitional psalms are mostly based on the law.

그러나 시편에서 청원은 종교적인 성향이 아닙니다. 그것은 개인의 마음 성형으로 표현되지 않습니다. 그것은 언약의 설정에서 나옵니다. 그러므로 청원된 것은 하나님의 언약의 말씀에 근거됩니다. 이 때문에 청원의 시편은 대부분 율법에 바탕 합니다.

The covenant petition should not be confused as the religious disposition of wish. The covenant petition goes against the mind's indulgence into idolatry. Thus, it is bound in the limit of the abidance of the law. It has to go in accordance with the law which is given by God. That is, it abides in His word.

언약의 청원은 바람의 종교적 성향으로 혼동되지 말아야 합니다. 언약의 청원은 마음의 우상숭배 몰입에 반합니다. 따라서 그것은 율법에 머무는 경계에 제한됩니다. 하나님에 의해 주어진 율법에 따라야 합니다. 즉 언약의 청원은 그분 말씀에 머뭅니다.

The covenant petition is directed to the covenant God. Therefore, it comes out with His togetherness. What is petitioned to the covenant God is ultimately for His togetherness. Because of this ultimacy, the covenant petition cannot be an individual wishful expression which is only self-indulgent.

언약의 청원은 언약의 하나님을 향합니다. 그러므로 그분 함께로 나옵니다. 언약의 하나님에게 청원된 것은 궁극적으로 그분 함께를 위함입니다. 이 궁극성 때문에 언약의 청원은 단지 자기몰입인 개인 바람의 표현일 수 없습니다.

What is petitioned, however it may be versed, is for its fulfill-
ment by the covenant God. The fulfillment by Him is primarily His
togetherness. His fulfillment means His togetherness. Therefore,
what is to be petitioned has to be involved in and fulfilled with His
togetherness, or petition arises because of His togetherness.

청원되는 것은, 어떻게 시로 지어지든, 언약의 하나님에 의해 그 이루
어짐을 향합니다. 그분에 의해 이루어짐은 일차적으로 그분 함께입니
다. 그분의 이름은 그분 함께를 뜻합니다. 그러므로 청원되어지는 것은
그분 함께로 야기되고 이루어집니다. 혹은 청원은 그분 함께 때문에 일
어납니다.

The covenant petition, itself, comes out with God's togetherness,
for it is not a personal wish that comes out of a personal mind but
covenant expression based on the covenant word of God. And it
is what should be fulfilled with His togetherness. On the covenant
ground, the covenant petition comes out.

언약의 청원 자체는 하나님의 함께로 나옵니다. 그것은 개인의 마음
에서 나오는 개인의 바람이 아닌 하나님의 언약의 말씀에 근거한 언약
의 표현이기 때문입니다. 그리고 그것은 그분 함께로 이루어져야 될 것
입니다. 언약의 근거에서 언약의 청원이 나옵니다.

Even if the covenant petition is concerned with affliction or suf-
fering, it is not dealt with as a personal matter. It is covenantally
phrased or versed. In this way, it is expressed with God's together-
ness. The covenant petition brings what is petitioned into the cove-
nant life of His togetherness.

언약의 청원이 환난과 고통에 관련되더라도, 개인 문제로 다루어지지 않습니다. 그것은 언약적으로 구절로 혹은 시로 지어집니다. 이렇게 해서 하나님의 함께로 표현됩니다. 언약의 청원은 청원되는 것을 그분 함께의 언약의 삶에 불러옵니다.

Because of God's togetherness, the covenant people can petition to Him. The petition does not come from the petitioners' mind but comes with His togetherness. For this reason, they are covenant people. And their petition unfolds their covenant life of togetherness with God. The covenant people are the covenant petitioners.

하나님의 함께 때문에 언약의 백성은 그분에게 청원할 수 있습니다. 청원은 청원자의 마음에서 나오지 않고 그분 함께로 옵니다. 이 때문에 그들은 언약의 백성입니다. 그리고 그들의 청원은 하나님과 함께하는 언약의 삶을 펼칩니다. 언약의 백성은 언약의 청원자들입니다.

The covenant petition is for the unfolding of the covenant life. Anything that the petitioners as the covenant people petition is for the fulfillment of the covenant life. Not personal life but the covenant life is petitioned. Therefore, individuals do not petition, even though they wish. That is, the expression of individual wish is not the Biblical petition.

언약의 청원은 언약의 삶의 펼침을 위합니다. 언약의 백성으로 청원자들이 청원하는 어떤 것이든 언약의 삶의 이루어짐을 위합니다. 개인적 삶이 아닌 언약의 삶이 청원됩니다. 그러므로 개인들은 바라더라도 청원하지 않습니다. 즉 개인적 바람의 표현은 성경의 청원이 아닙니다.

The transition from wish to petition is accompanied with the transition from the natural life to the covenant life. That's why petitional psalms are in the Bible, the covenant book. Even if they express personal language, they are versed for the covenant life of togetherness. And they are attributed to the covenant God.

바람으로부터 청원의 전이는 자연적인 삶에서 언약의 삶으로 전이와 수반됩니다. 그 때문에 청원의 시편이 성경, 곧 언약의 책에 있습니다. 청원이 개인적 언어로 표현되더라도 함께하는 언약의 삶을 향해 시로 지어집니다. 그리고 청원은 언약의 하나님께 부여됩니다.

From the covenant perspective, the significance of petition as prayer is to be seen. The covenant petition is meaningfully expressed with God's togetherness. Therefore, it is attributed to the covenant God, not a religious god. There is no petitional sense in religious prayer.

언약의 관점에서 기도로서 청원의 의미가 보아지게 됩니다. 언약의 청원은 하나님의 함께로 의미 있게 표현됩니다. 그러므로 그것은 언약의 하나님께 부여되지 종교적인 신에게 부여되지 않습니다. 종교적인 기도에는 청원적 의미가 없습니다.

The covenant petition based on the word of God preserves the sense of fulfillment, for His word is given for its fulfillment. The petition in accordance with His word becomes the guideline of the covenant prayer. In this respect, the covenant petition is shown as a stage of the covenant prayer.

하나님의 말씀에 근거한 언약의 청원은 이루어짐의 의미를 보전합니다. 그분 말씀은 자체의 이루어짐으로 주어지기 때문입니다. 그분 말씀을 따른 청원은 언약 기도의 지침이 됩니다. 이 점에서 언약 청원은 언약 기도의 단계로 보입니다.

The covenant petition is not grounded on mutuality but grounded on togetherness. The covenant people and the covenant God are not mutually related. They have gotten together. Therefore, the covenant petition comes out of togetherness and is fulfilled in togetherness.

언약의 청원은 상호성에 근거되지 않고 함께에 근거됩니다. 언약의 백성과 언약의 하나님은 상호간에 관계되지 않습니다. 그들은 함께합니다. 그러므로 언약의 청원은 함께로 나와 함께로 이루어집니다.

In this respect, the fulfillment and togetherness are the two constituents of the covenant petition which goes along the covenant life. The covenant life is unfolding with the fulfillment of togetherness. Therefore, the petition is expressed toward the fulfillment of togetherness.

이 점에서 이루어짐과 함께는 언약의 삶을 따라가는 언약 청원의 두 구성요소입니다. 언약의 삶은 함께의 이루어짐으로 펼쳐갑니다. 그러므로 청원은 함께의 이루어짐을 향해 표현됩니다.

The covenant petition is grounded on God's promised word. That is, on the ground of His promise, petition is arisen for the fulfillment of togetherness. It sprouts out on the soil of the covenant. It is hardly related to man's desire. It is grown covenantally, not naturally. The covenant petition should not be confused as a natural wish.

언약의 청원은 하나님의 약속된 말씀에 근거됩니다. 즉 그분 약속의 근거에서 청원은 함께의 이루어짐을 위해 일어납니다. 언약의 토양에서 싹틉니다. 사람의 욕망과 관계되지 않습니다. 언약적으로 자라고 자연적으로 자라지 않습니다. 언약의 청원은 자연적인 바람으로 혼동되지 말아야 합니다.

On the basis of God's promised life, what is significantly narrated is petitional, for the life is unfolding in accordance with the fulfillment of His promise. That is, the covenant petition goes along with His promise. His promise is accepted to His people in their petition. That is, the covenant petition is grounded on His promise.

하나님의 약속된 삶의 근거에서, 의미 있게 서사되는 것은 청원적입니다. 그 삶은 그분 약속의 이루어짐을 따라 펼쳐가기 때문입니다. 즉 언약의 청원은 그분 약속을 따라 갑니다. 그분 약속은 그분 백성에게 청원으로 받아들여집니다. 즉 언약의 청원은 그분 약속에 근거됩니다.

The covenant people petition for the fulfillment of what God promised. Thus, their petition originates from His promise. Since it is to be fulfilled, it is to be petitioned. This promise-based petition should be distinguished from the desire-based petition. The covenant petition is not expressed as a conditional change of the world but directed to the fulfillment of His promise.

언약 백성은 하나님께서 약속하신 것의 이루어짐을 청원합니다. 따라서 그들 청원은 그분 약속에서 유래됩니다. 그것은 이루어지게 될 것임으로 청원되게 됩니다. 이 약속에 근거된 청원은 바람에 근거된 청원과 구별되어져야 합니다. 언약 청원은 세상의 조건적인 변화로 표현되지 않고 그분 약속의 이루어짐을 향합니다.

Since God's word is given for its fulfillment, His togetherness is also fulfilled in accordance with the fulfillment of His word. His togetherness is narrated with the fulfillment of His word. Therefore, His togetherness is told with the fulfillment of His word rather than with His word. Most people read His word without a sense of fulfillment.

하나님의 말씀은 그 이루어짐으로 주어지기 때문에, 그분 함께도 또한 그분 말씀의 이루어짐을 따라 이루어집니다. 그분 함께는 그분 말씀의 이루어짐으로 서사됩니다. 그러므로 그분 함께는 그분 말씀보다 그분 말씀의 이루어짐으로 말해집니다. 대부분 사람들은 이루어짐의 의미 없이 그분 말씀을 읽습니다.

The Bible as God's word is always present in everyday life. But His togetherness cannot be told with its presence. Its presence is status quo, but His togetherness is not status quo. Therefore, as long as His word is not fulfilled, His word is present as the book of the Bible. Then, His togetherness is not to be told.

하나님의 말씀으로 성경은 매일의 삶에 항시 있습니다. 그러나 그분 함께는 그것의 있음으로 말해질 수 없습니다. 그것의 있음은 현 상태입니다. 그러나 그분 함께는 현 상태가 아닙니다. 그러므로 그분 말씀이 이루어지지 않는 한, 그분 말씀은 성경의 책으로 있습니다. 그러면 그분 함께는 말해질 수 없습니다.

God's togetherness is not status quo. It is always to be fulfilled. Therefore, it is petitioned for the fulfillment. Since it is petitional, petition is the primary expression of life with His togetherness. In this case, petition is not the expression of desire of change which arises under the conditional setting.

하나님의 함께는 현 상태가 아닙니다. 항시 이루어집니다. 그러므로 하나님의 함께는 이루어짐을 향해 청원됩니다. 그것은 청원적임으로, 청원은 그분 함께의 삶의 일차적인 표현입니다. 이 경우 청원은 조건적인 설정 하에 일어나는 변화에 대한 욕망의 표현이 아닙니다.

Therefore, the covenant life is not descriptive but petitional. In the covenant life, petition is not to be rewritten into a different description. However, in natural life, its changed state is to be specified in terms of another description. Thus, man's wish is essentially descriptive, since it is specified in terms of a descriptive state.

그러므로 언약의 삶은 서술적이 아니라 청원적입니다. 언약의 삶에서 청원은 다른 서술로 다시 써지지 않습니다. 그렇지만 자연적인 삶에서 그 변화된 상태는 다른 서술로 명시되어집니다. 따라서 사람의 바람은 본질적으로 서술적입니다. 그것은 서술적인 상태로 명시되기 때문입니다.

Philosophy or religion is basically descriptive. What it deals with is the existing state and its change. Therefore, it can be approached ontologically. It is developed with descriptive statements that are linked with logical or causal chains. Their linkage is a logical or causal explanation.

철학이나 종교는 기본적으로 서술적입니다. 그것이 다루는 것은 현존하는 상태와 그 변화입니다. 그러므로 그것은 존재론적으로 접근될 수 있습니다. 그것은 논리적이나 인과율의 사슬로 연결된 서술적 진술로 전개됩니다. 서술적 진술의 연결은 논리적 혹은 인과율의 설명입니다.

However, the covenant is basically petitional, for God's word is ultimately given for the fulfillment. And His word is for His togetherness. Therefore, His word cannot be accepted descriptively. What is fulfilled is not a changed state. Therefore, the petitional narrative cannot be explanatory.

그렇지만 언약은 기본적으로 청원적입니다. 하나님의 말씀은 궁극적으로 이루어짐을 위해 주어지기 때문입니다. 그리고 그분 말씀은 그분 함께를 위합니다. 그러므로 그분 말씀은 서술적으로 받아들여질 수 없습니다. 이루어진 것은 변화된 상태가 아닙니다. 그러므로 청원적인 서술은 설명적일 수 없습니다.

Here, we come to see the priority of words. Man's word is derivative from what is in the world. But God's word is foretold for the fulfillment. As seen in the narrative of creation and of the covenant promise, its fulfillment cannot be described as changed states. But man's wish is always descriptively expressed in terms of changed state.

여기서 우리는 말의 우선성을 보게 됩니다. 사람의 말은 세상에 있는 것으로부터 파생됩니다. 그러나 하나님의 말씀은 이루어짐을 위해 미리 말해집니다. 창조의 서술과 언약의 약속에서 보이듯이 그 이루어짐은 변화된 상태로 서술될 수 없습니다. 그러나 사람의 바람은 항시 변화된 상태에 의해 서술적으로 표현됩니다.

Therefore, the petitional verses in psalms have to be seen from the perspective of fulfillment rather than the perspective of change. They are expressed as what is to be fulfilled into the covenant life. Whatever happens in the world is regarded as what is fulfilled in the covenant life.

그러므로 시편에서 청원적 구절은 변화의 관점보다 이루어짐의 관점으로 보아져야 합니다. 청원적인 구절은 언약의 삶으로 이루어져야 될 것으로 표현됩니다. 세상에서 일어나는 것은 무엇이나 언약의 삶에서 이루어진 것으로 고려됩니다.

Petition is, in a sense, a covenant disposition toward fulfillment. Along with the fulfillment of God's promise, it is consciously expressed. That is, His promised word is awakened with a petition for its fulfillment. Then, with His promised word, His people live petitional life. Or His promised word is accompanied with His people's petition in the covenant life.

청원은 어느 의미에서 이루어짐을 향한 언약의 성향입니다. 하나님 약속의 이루어짐을 따라 그것은 의식적으로 표현됩니다. 즉 그분의 약속된 말씀은 그 이루어짐을 향한 청원으로 일깨워집니다. 그러면 그분의 약속된 말씀으로 그분 백성은 청원의 삶을 삽니다. 혹은 그분 약속된 말씀은 언약의 삶에서 그분 백성의 청원에 수반됩니다.

With petition, what is encountered in daily life can be seen from the perspective of the fulfillment of God's word. With it, His people live the life of fulfillment. In this way, their covenant life is unfolded. That's why prayer is the basic expression of the covenant life, for it opens up their eyes to see the fulfillment of His togetherness.

청원으로 일상적 삶에서 만나는 것은 하나님 말씀의 이루어짐의 관점에서 보아질 수 있습니다. 그것으로 그분 백성은 이루어짐의 삶을 삽니다. 이렇게 해서 그들의 언약의 삶은 펼쳐집니다. 그 때문에 기도는 언약의 삶의 기본 표현입니다. 기도는 그들의 눈을 그분 함께의 이루어짐을 보도록 엽니다.

집중(Focus)

하나님과 언약의 삶을 사는 그분 백성은 그분 말씀을 그분의 약속으로 지닙니다. 그러므로 그들은 기본적으로 그분의 말씀을 이루어질 것으로 의식합니다. 그들의 기본 의식은 있음이 아닌 이루어짐입니다. 그들의 이루어짐의 의식은 청원으로 표현됩니다. 청원은 그들의 삶의 기본 표현입니다. 따라서 그들의 청원은 있음의 변화가 아닌 그분 말씀의 이루어짐에 대해서입니다.

God's people who live the covenant life with Him keep His word as His promise. Therefore, they are basically conscious of His word as what is to be fulfilled. Their basic consciousness is of fulfillment rather than of existence. Their consciousness of fulfillment is expressed as a petition. Petition is the basic expression of their life. Thus, their petition is not for the change of existence but the fulfillment of His word.

세상을 사는 사람들은 있는 것을 기본으로 의식합니다. 그러고 있는 것의 변화를 바랍니다. 어떻든 그들의 바람은 있는 것을 기반으로 나옵니다. 그러나 언약의 백성은 있는 것의 변화로 청원하지 않습니다. 하나님의 말씀의 이루어짐으로 청원합니다. 따라서 언약의 백성은 말씀의 삶을 삽니다. 있는 것에 대한 변화의 바람과 말씀의 이루어짐의 청원은 구별되어야 합니다.

People who live in the world are basically conscious of what-is. And they want the change of what-is. Their wish, at any rate, comes out on the basis of what-is. But the covenant people do not petition in terms of the change of what-is. They petition for the fulfillment of His word. Thus, the covenant people live the word life. The wish for the change of what-is and the petition for the fulfillment of the word should be differentiated.

하나님의 말씀의 삶에서 청원은 기본적입니다. 기본적이라는 의미는 청원이 경우를 따르지 않는 것을 뜻합니다. 언약의 삶은 청원으로 펼쳐집니다. 하나님의 함께는 갖추어져 지속되지 않습니다. 따라서 그것은 언제나 청원되어야 합니다. 있는 것은 지속하지만 함께는 언제나 이루어집니다. 그래서 하나님과 함께하는 언약의 삶은 청원으로 이루어집니다.

In the life of God's word, petition is basic. The significance of the basic means that petition is not in accordance with the case. The covenant life is unfolded with petition. His togetherness is not prepared so as to be continued. Thus, it has to be petitioned always. What-is is sustained but togetherness fulfilled. Thus, the covenant life of being together with Him is fulfilled in petition.

5.8

Penitence(참회)

Penitence begins with the consciousness of sinfulness. One is not penitent even if he breaks the law. Prisons are full of law-breakers, but few of them are penitent. Therefore, for penitence, its origin is in need of being explicated. How can people become penitent? Or how can they become conscious of their sinfulness?

참회는 죄 됨을 의식하면서 시작합니다. 사람은 법을 어겼다고 하더라도 참회하지는 않습니다. 감옥은 법을 어긴 사람들로 넘칩니다. 그러나 그들 가운데 참회하는 사람은 거의 없습니다. 그러므로 참회에 관해선 그 근원이 상술되어야 합니다. 어떻게 사람들은 참회할 수 있습니까? 혹은 어떻게 그들은 그들의 죄를 의식하게 될 수 있습니까?

Usually penitence is told with conscience. Those who have conscience are penitent. Without conscience, the breaking of laws is not to be conscious of in the mind. it is merely regarded as an event. Although it is judged as sinful, the breaker of laws may not feel sinful in his heart.

참회는 보통 양심과 더불어 이야기됩니다. 양심이 있는 사람은 참회합니다. 양심이 없이 법을 깨뜨림은 마음에 의식되지 않습니다. 그것은 단지 사건으로 일어난 것으로만 여겨집니다. 그것이 죄 됨으로 판단되더라도, 법을 깨뜨린 이는 마음에 죄 됨을 느끼지 못할 수 있습니다.

The most famous Biblical penitence is seen in Psalm 51, which alludes to David's affair with Bathsheba ^{Cf. 2 Sam. Ch. 11}. Even if David committed an adultery and plotted an assassination, he was not aware of their serious offensiveness to the law, the word of God. Bur when he was delivered the reproach from the LORD by Nathan the prophet, he confessed, "I have sinned against the LORD" ^{2 Sam 12:13}.

가장 유명한 성경적 참회는 시편 51편에서 봅니다. 그 시편은 다윗이 밧세바와 동침한 사건과 연계됩니다^{삼하 11장 참조}. 다윗이 간통을 하고 살인을 교사했지만, 그는 율법, 곧 하나님의 말씀에 대한 심각한 범죄를 깨닫지 못했습니다. 그러나 그는 나단 예언자에 의해 주님의 질책이 전해진 때, 그는 "내가 주님에게 죄를 지었나이다^{삼하 12:13}" 라고 고백했습니다.

Nathan the prophet who was sent by the LORD came and awakened David to see his sinfulness against the LORD. Then, he became penitent because of the word of the Lord that was told through Nathan the prophet. Not because of his own conscience but the word of the Lord, he came to be penitent.

주님에 의해 보내진 나단 예언자는 와서 다윗이 주님에 대하여 죄 됨을 보도록 일깨웠습니다. 그러고서 그는 나단 예언자를 통해 전해진 주님의 말씀 때문에 참회하게 되었습니다. 자신의 양심 때문이 아니라 주님의 말씀 때문에, 그는 참회하게 되었습니다.

Psalm 51 was versed with David's awareness of his sinfulness against the word of God. His penitence was narrated with what he had done on the background of the word of God. In this case, the word of God was not merely perceived as the law which only dealt with punishment to its offenders.

시편 51편은 하나님의 말씀에 대해 다윗 자신이 죄 됨에 대해 앎으로 써졌습니다. 그의 참회는 하나님 말씀의 배경에서 그가 한 것으로 서사되었습니다. 이 경우 하나님의 말씀은 단지 범죄자를 처벌하는 것만 다루는 율법으로 지각되지 않았습니다.

The law sentences only punishment for the offense against it. Penitence cannot come out under the observation of the law. That is, the awakening of sinfulness against the word of God cannot come from the judgment of the law, although sin is the outcome of the judgment of the law.

율법은 그에 반한 범죄에 처벌만 내립니다. 율법의 지킴의 상황에서 참회는 나올 수 없습니다. 즉 하나님의 말씀에 대해 죄 됨의 각성은 율법의 판단으로 나올 수 없습니다. 비록 죄는 율법의 판단의 결과이지만.

Therefore, the judgment of sin and the awakening of sinfulness are not the same. Although the former is due to the law, the latter does not arise from it. Penitence comes from the awakening of sinfulness. Therefore, the awakening of sinfulness leads to conceding that the origin of sin is deeper than the law.

그러므로 죄의 판단과 죄 됨의 각성은 같지 않습니다. 전자는 율법에 의하지만, 후자는 율법으로부터 일어나지 않습니다. 참회는 죄 됨의 각성으로 나옵니다. 그러므로 죄 됨의 각성은 죄의 근원이 율법보다 더 깊이에 있음을 인정하게 합니다.

In this respect, the penitent psalms open up the realm of God's forgiveness and mercy which are not allowed in the realm of the law. Sin associated with His forgiveness and mercy comes from quite different ground other than the law. That is, sin of His forgiveness and mercy is different from sin according to the judgment of the law.

이 점에서 참회의 시편은 율법의 영역에서 허용되지 않는 하나님의 용서와 긍휼의 영역을 엽니다. 하나님의 용서와 긍휼과 연계된 죄는 율법과는 전혀 다른 근거에서 나옵니다. 즉 하나님의 용서와 긍휼의 죄는 율법의 판단에 따른 죄와는 다릅니다.

The judgment of sin according to the law is the application of its written code. In the process of the application of its written word, there is no room to be taken into consideration of remorse or penitence. Its written code is only repeatedly applied almost like a software program.

율법에 따른 죄의 판단은 쓰인 규정의 적용입니다. 율법의 쓰인 말의 적용 과정에서 후회나 참회가 고려될 여지가 없습니다. 그 쓰인 규정은 거의 소프트웨어 프로그램 같이 단지 반복적으로 적용됩니다.

Therefore, sin of penitence and sin of judgment have to be expounded on different grounds. The latter is based on the written code of the law, but the former is grounded on the forgiving word of God. Forgiveness cannot be integrated into the law; thus, it cannot be coded into written words.

그러므로 참회의 죄와 판단의 죄는 다른 근거에서 상설되어야 합니다. 후자는 율법의 쓰인 규정에 근거되지만 전자는 용서하는 하나님의 말씀에 근거됩니다. 용서는 율법에 통합될 수 없습니다. 따라서 쓰인 말로 규정될 수 없습니다.

One becomes penitent when he stands on the forgiving word of God. In this case, sin that is awakened into penitence is not identical with sin of breaking the written code of the law. The former is accompanied with the awareness of the disobedience of the word of God, but the latter is followed by the judgmental punishment.

사람은 하나님의 용서하는 말씀에 설 때 참회하게 됩니다. 이 경우 참회로 깨닫게 되는 죄는 율법의 쓰인 규정을 어기는 죄와 같지 않습니다. 전자는 하나님의 말씀에 대한 불순종의 각성이 수반됩니다. 그러나 후자는 판단의 처벌이 따릅니다.

The awareness of the disobedience of the word of God is led to petition of His mercy and forgiveness. The petition of mercy and forgiveness is not allowed in the law. This means that there is the discrepancy between the word of God and the law. The observation of the law is not the obedience of the word of God.

하나님의 말씀에 대한 불순종의 각성은 하나님의 긍휼과 용서를 바라는 청원으로 이끌어집니다. 긍휼과 용서를 바라는 청원은 율법에 허용되지 않습니다. 이것은 하나님의 말씀과 율법 사이에 격차가 있음을 뜻합니다. 율법을 지킴은 하나님의 말씀에 대한 순종이 아닙니다.

The law requires the abidance in its boundary. But God's word is given with and for His togetherness. The obedience to it means togetherness with Him, and the disobedience to it is separation from His togetherness. Togetherness with Him does not mean to abide in the boundary of the law.

율법은 그 경계 안에 머묾을 요구합니다. 그러나 하나님의 말씀은 그분 함께와 또 그분 함께를 위해 주어집니다. 하나님의 말씀에 순종은 그분과 함께를 뜻합니다. 그리고 하나님의 말씀에 불순종은 그분 함께로부터 격리를 뜻합니다. 그분과 함께는 율법이 정한 경계 안에 머무는 것을 뜻하지 않습니다.

The awareness of disobedience comes from God's togetherness. Obedience or disobedience comes with the awareness of His word. And the awareness of His word comes with His togetherness. If His word is not being aware of His togetherness, it is merely given as the law.

불순종의 각성은 하나님의 함께로부터 옵니다. 순종 혹은 불순종은 그분 말씀의 각성으로 옵니다. 그리고 그분 말씀의 각성은 그분 함께로 옵니다. 그분 말씀이 그분 함께로 각성되지 못하면 단지 율법으로 주어집니다.

This is well seen in the story of David mentioned before. God sent Nathan to awaken him to his sinfulness. His confession of sin of disobedience came from His togetherness. His penitence was

627

expressed on the ground of His mercy and forgiveness. It arose with His togetherness.

이것은 이전에 언급된 다윗의 이야기에서 잘 보입니다. 하나님은 나단을 그에게 보내서서 그의 죄 됨을 각성시키십니다. 불순종의 죄에 대한 다윗의 고백은 그분 함께로부터 왔습니다. 그의 참회는 그분의 긍휼과 용서의 근거에서 표현되었습니다. 그분 함께로 일어났습니다.

In this respect, penitence is different from remorse. Remorse comes from mistakes seen from the norm of life. But penitence comes from the consciousness or awareness of disobedience. At any rate, they are treated equally in the cultural life, since both of them come from conscience.

이 점에서 참회는 후회와 다릅니다. 후회는 삶의 규범으로 보아 잘못으로부터 옵니다. 그러나 참회는 불순종에 대한 의식이나 각성으로부터 옵니다. 어떻든 둘은 문화적인 삶에서 동등하게 다루어집니다. 그 둘 다 양심으로부터 오기 때문입니다.

But in the Biblical life, penitence comes from the awareness of the disobedience of the word of God. Obedience or disobedience is the primary perspective of the reading of the Bible as the word of God. That is, the word of God is the word of obedience. It is the word of God when it is obeyed.

그러나 성경의 삶에서 참회는 하나님의 말씀에 대한 불순종의 각성으로부터 옵니다. 순종이나 불순종은 성경을 하나님의 말씀으로 읽는 일차적인 시각입니다. 즉 하나님의 말씀은 순종의 말입니다. 순종될 때 하나님의 말씀입니다.

Not only the awareness of obedience but also the awareness of disobedience comes from the consciousness of the word of God. Phrasing differently, the awareness of obedience or disobedience comes from His togetherness, for obedience or disobedience is meaningless apart from His togetherness.

순종의 각성만이 아니라 불순종의 각성도 하나님 말씀에 대한 의식으로부터 옵니다. 달리 말하면, 순종이나 불순종에 대한 각성은 그분 함께로부터 옵니다. 순종이나 불순종은 그분 함께를 떠나 뜻이 없습니다.

With God's togetherness, the penitence for His mercy or forgiveness is versed, for His togetherness is perceived as His mercy or forgiveness. His mercy or forgiveness is not His quality, for it unfolds for the covenant life of togetherness. In this respect, the telling of His togetherness in terms of the law is limited.

하나님의 함께로, 그분의 긍휼이나 용서에 대한 참회는 시로 써집니다. 그분 함께는 그분의 긍휼이나 용서로 지각되기 때문입니다. 그분의 긍휼이나 용서는 그분의 속성이 아닙니다. 왜냐하면 그것은 함께하는 언약의 삶을 펼치기 때문입니다. 이 점에서 율법으로 그분 함께를 말하는 것은 제한됩니다.

Penitence comes out with God's togetherness. The theme of penitential psalms is togetherness. It is a mistake to think that penitence is personal. It is typically covenantal. What is versed in penitential psalms is not on personal experience or consciousness but His togetherness.

참회는 하나님 함께로부터 나옵니다. 참회의 시편 주제는 함께입니다. 참회가 개인적이라고 생각하는 것은 잘못입니다. 그것은 전형적으로 언약적입니다. 참회의 시편에 읊어진 것은 개인의 경험이나 의식이 아니라 그분 함께입니다.

Penitence in psalms of the OT should not be confused with repentance in the NT. Penitence is due to disobedience of the word of God. But repentance is exhorted with the proclamation of the kingdom of God. The gospel is proclaimed for the entrance of the kingdom of God through repentance.

구약의 시편에서 참회는 신약에서 보는 회개와 혼동되지 말아야 합니다. 참회는 하나님의 말씀에 대한 불순종에 기인합니다. 그러나 회개는 하나님 나라의 선포로 권면됩니다. 복음은 회개를 통해 하나님 나라로 들어가기 위해 선포됩니다.

Those who live the cultural life become repentant to live in the kingdom of God with His word. Thus, repentance is the entrance into the life of His kingdom from the life of the world. The gospel narrates the fulfillment of the life of His kingdom with the coming of Jesus. Therefore, repentance is not related with the sinfulness of the breaking of the law.

문화적인 삶을 사는 이들은 회개하고 하나님의 말씀으로 그분 나라로 살게 됩니다. 따라서 회개는 세상의 삶으로부터 그분 나라의 삶으로 들어감입니다. 복음은 예수님의 오심으로 그분 나라의 삶의 이루어짐을 서사합니다. 그러므로 회개는 율법의 깨뜨림에 의한 죄 됨과 연관되지 않습니다.

Repentance is the entrance of the new covenant life of Jesus with whom God is together. Christians are the new covenant people of the kingdom of God, who believe in Jesus as Christ. And Jesus is confessed as Christ with the guidance of the Holy Spirit. Therefore, repentance is Spiritual.

회개는 하나님께서 함께하시는 예수님의 새 언약의 삶에 들어감입니다. 그리스도인들은 예수님을 그리스도로 믿는 하나님 나라의 새 언약의 백성입니다. 그리고 예수님은 성령님에 의하여 인도됨으로 그리스도로 고백됩니다. 그러므로 회개는 영적입니다.

Since repentance is guided by the Holy Spirit, life after repentance is not concerned with life before it. The new life guided by the Holy Spirit is completely independent from the previous old life. That is, the life of the kingdom of God is independent from the life of the kingdom of the world.

회개는 성령님에 의하여 인도되기 때문에, 회개 후의 삶은 회개 전의 삶을 고려하지 않습니다. 성령님에 의해 인도된 새로운 삶은 이전의 옛 삶과 완전히 독립됩니다. 즉 하나님 나라의 삶은 세상 나라의 삶으로부터 독립됩니다.

On the other hand, penitence comes out on the basis of the covenant life. David was penitent while he lived the covenant life. That is, those who are alleged to live with the word of God become penitent with the new awakening of it. The covenant people are, so to speak, penitent.

다른 한편, 참회는 언약의 삶의 근거에서 나옵니다. 다윗은 언약의 삶을 살면서 참회했습니다. 즉 하나님의 말씀으로 산다고 주장하는 이들이 그것을 새롭게 각성함으로 참회하게 됩니다. 언약의 백성은 말하자면 참회합니다.

At any rate, penitence or repentance comes out on the basis of the word of God. That is, it comes out with His togetherness. Therefore, it should not be spoken out with personal awareness or conviction. It is by no means a personal experience. That is, it is not a personal matter.

어떻든 참회나 회개는 하나님 말씀의 근거에서 나옵니다. 즉 그것은 그분 함께로 나옵니다. 그러므로 그것은 개인의 앎이나 확신으로 토로되지 말아야 합니다. 그것은 결코 개인의 체험이 아닙니다. 즉 개인의 일이 아닙니다.

It is mistaken for anyone to claim that he is personally penitent or repentant. He, himself alone, cannot be penitent or repentant. He, himself alone, can be religious. But penitence or repentance is not a religious awakening, for disobedience or sin is not religiously meaningful. Religious words are merely to promote individual religiosity.

누구나 개인적으로 참회하거나 회개한다고 주장하는 것은 잘못입니다. 그 자신만으로 참회하거나 회개할 수 없습니다. 그 자신만으로 종교적일 수 있습니다. 그러나 참회나 회개는 종교적 각성이 아닙니다. 왜냐하면 불순종이나 죄는 종교적으로 뜻이 있지 않습니다. 종교적인 말은 단지 개인의 종교성을 장려합니다.

Penitence or repentance unfolds into togetherness, for it comes out with God's togetherness. It is not for self-elevation of excellence or virtue. The awareness of sinfulness or disobedience is the signal of the breakthrough of self-consciousness. for it is led to admit that self-consciousness is sinful and disobedient.

참회나 회개는 함께로 펼칩니다. 왜냐하면 하나님의 함께로 나오기 때문입니다. 그것은 고귀함이나 덕의 자기 올림을 위하지 않습니다. 죄 됨이나 불순종의 깨달음은 자의식 돌파의 신호입니다. 그것은 자의식 이 죄 되거나 불순종인 것을 인정하도록 이끌어지기 때문입니다.

Penitence or repentance is not a self-consciousness. That is, the awareness of sinfulness cannot be a self-consciousness. The confession, "I have sinned against the LORD," cannot be an expression of selfhood. It is, paradoxically, expressed with the LORD's togetherness. It is a covenant confession.

참회나 회개는 자의식이 아닙니다. 즉 죄 됨의 깨달음은 자의식일 수 없습니다. "내가 주님께 죄를 지었나이다"라는 고백은 자아의 표현일 수 없습니다. 그것은 역설적으로 주님의 함께로 표현됩니다. 언약의 고 백입니다.

Penitence is not self-awakening; therefore, it is not a self-indulgence. However, remorse is self-awakening and, thus, self-indulgence. Unlike remorse, penitence is expressed with God's togetherness. Penitents express their togetherness with Him with the confession that they were not together with Him before.

참회는 자기 각성이 아닙니다. 그러므로 그것은 자기 몰입이 아닙니다. 그렇지만 후회는 자기 각성, 따라서 자기 몰입입니다. 후회와는 달리 참회는 하나님 함께로 표현됩니다. 참회자들은 그들이 이전에 그분과 함께하지 못했다는 고백으로 그분과 함께를 표현합니다.

집중(Focus)

죄를 짓는 것과 죄를 깨닫는 것은 전혀 다른 문제입니다. 율법은 죄를 짓는 것을 규정하지만 죄를 각성하게 하지 못합니다. 죄가 각성될 때 참회가 따릅니다. 참회는 율법과 다른 근원에서 나옵니다. 따라서 참회의 죄와 판단의 죄는 전혀 다른 시각으로 접근되게 됩니다. 이런 연유로, 율법이 아닌 하나님의 말씀이 생각되게 됩니다.

The commitment of sin and the awareness of sin are quite different matters. The law specifies the commitment of sin, but it cannot awaken sin. When sin is awakened, it is followed by penitence. Penitence comes from a different origin of the law. Thus, sin of penitence and sin of judgment are to be approached from different perspectives. For this reason, God's word that is not the law comes to be thought of.

참회는 하나님의 함께로 나옵니다. 죄인들은 하나님의 말씀에 불순종하니 하나님과 함께할 수 없습니다. 그런 죄인들에게 하나님께서 함께하시니, 그들은 자신들의 죄를 참회하게 됩니다. 하나님은 그분의 용서로 죄인들과 함께하십니다. 따라서 죄인들은 용서된 참회를 보입니다. 그들은 하나님의 말씀을 새로이 접하게 되기 때문에 불순종의 죄로부터 순종의 참회를 보입니다.

Penitence comes with God's togetherness. Since sinners are disobedient to His word, they cannot be together with Him. Since He is together with such sinners, they become penitent for their sin. God is together with sinners through His forgiveness. Thus, sinners show forgiven penitence. Since they are newly encountered with His word, they show obedient penitence from disobedient sin.

예수님이 세상에 오심으로 죄를 참회의 시각으로 보게 됩니다. 율법으로 정죄된 세상에 예수님은 하나님 함께의 용서로 오십니다. 율법으로 보일 수 없었던 용서가 세상에 넘치게 됩니다. 따라서 정죄된 죄가 아닌 용서된 죄, 혹은 참회하는 죄가 말해집니다. 예수님이 오심으로 세상은 죄의 세상이나 죄 없는 세상이 아닌 죄를 참회하는 세상이 됩니다.

As Jesus comes to the world, sin comes to be seen from the perspective of penitence. He comes as forgiveness of God's togetherness to the world that is condemned by the law. Forgiveness that was not to be shown by the law becomes overflowing in the world, Thus, not condemned sin but forgiven sin, or penitent sin, can be told. As Jesus comes, the world comes to be not the world of sin or the world of sinless but the world of the penitence of sin.

5.9

Thanksgiving(감사)

Thanksgiving psalms are expressed for God's wonderful and great works. To the psalmists, their God is the Exodus God. And thanksgiving cannot but be integrated in the Exodus narrative. Therefore, thanksgiving psalms originate and sustain from it. And they are, in a sense, the recapitulation of it.

감사 시편은 하나님의 경이롭고 위대한 일에 대해 표현됩니다. 시편 기자들에게 그들의 하나님은 출애굽의 하나님이십니다. 그리고 감사는 출애굽의 서사에 통합될 수밖에 없습니다. 그러므로 감사의 시편은 출애굽으로부터 유래되고 지속됩니다. 그리고 감사의 시편은 어느 의미에서 출애굽의 재현입니다.

The Exodus narrative unfolded with the sequence of God's doing. The Exodus was a series of events in the world, and, thus, His doing was narrated as His eventful works in the world. The Exodus narrative unfolded as a covenant narrative. And the primary response of the Israelites to His works was thanksgiving to Him.

출애굽 서사는 하나님의 행함의 나열로 펼쳐졌습니다. 출애굽은 세상에 일어난 일련의 사건이었습니다. 따라서 그분의 행함은 세상에서 그분의 사건적인 일로 서사되었습니다. 출애굽 서사는 언약의 서사로 펼쳤습니다. 그리고 그분의 일에 대한 이스라엘 백성의 일차적인 반응은 그분을 향한 감사였습니다.

The subsequent Israelites' lives in the land of Canaan were the continuation of the Exodus event. Therefore, their life was narrated as its sequel, for their God was the God of the Exodus. This means that their God was the God of Exodus to whom they attributed their thanksgiving full heartedly.

이어지는 가나안땅에서 이스라엘 백성의 삶은 출애굽 사건의 지속이었습니다. 그러므로 그들의 삶은 그 연속편으로 서사되었습니다. 그들의 하나님은 출애굽의 하나님이셨기 때문입니다. 이것은 그들의 하나님은 그들이 마음 가득히 감사를 부여한 출애굽의 하나님이셨던 것을 뜻합니다.

The narrative based on the Exodus may be considered as the narrative based on thanksgiving. Even if the Israelites had a severe hard time, they could narrate their life with thanksgiving because they narrated it as an attachment to the Exodus narrative. In doing so, they could wait for God's deliverance of them.

출애굽에 근거한 서사는 감사에 근거한 서사로 여겨질 수 있습니다. 이스라엘 백성은 극심하게 어려운 시기에 처하였더라도, 그들은 삶을 출애굽 서사에 부착으로 서사했기 때문에 그들의 삶을 감사로 서사할 수 있었습니다. 그렇게 함으로 그들은 하나님께서 그들을 구함을 기다릴 수 있었습니다.

For this reason, thanksgiving psalms were versed eventfully. God's works were specifically versed. The specific verses of His works were, of course, the expression of the psalmists' thanksgiving. His works were narrated or versed in awe, wonder, and thanksgiving. In the recapitulation of the Exodus narrative, thanksgiving was integrated.

이 때문에 감사 시편은 사건적으로 표현되었습니다. 하나님의 일은 구체적으로 표현되었습니다. 그분의 일에 대한 구체적인 구절은 물론 시편 기자들의 감사의 표현입니다. 그분의 일함은 놀람, 경이, 그리고 감사로 서사되고 읊어졌습니다. 출애굽 서사의 재현에 감사는 통합되었습니다.

The Exodus was a covenant event, for it was the fulfillment of God's promise to Abraham. It was explicitly remarked in the beginning of its narrative. Therefore, it was the deliverance event of His elected people, the Israelites, in accordance with His promise to him. From the beginning, He appeared as the covenant God.

출애굽은 언약의 사건이었습니다. 그것은 아브라함에게 주어진 하나님의 약속의 이루어짐이었기 때문입니다. 그것은 그 시작에 분명히 언급되었습니다. 그러므로 그것은 그에게 주어진 그분 약속을 따라 그분의 택한 백성, 곧 이스라엘 백성의 구출 사건이었습니다. 시작부터 그분은 언약의 하나님으로 등장하셨습니다.

The covenant life cannot but be a thanksgiving life, for it is God's fulfilled life in accordance with His promise as clearly seen in the Exodus narrative. Therefore, the covenantal life cannot be described objectively or explained consequentially. Since it is fulfilled, thanksgiving underlies its expression.

언약의 삶은 감사의 삶일 수밖에 없습니다. 왜냐하면 그것은 출애굽 서사에서 분명히 보이듯이 하나님의 약속을 따라 그분의 이루신 삶이기 때문입니다. 그러므로 언약의 삶은 객관적으로 서술될 수 없거나 결과적으로 설명될 수 없습니다. 그것은 이루어지기 때문에 감사는 그 표현에 깔려있습니다.

For this reason, the covenant narrative entails two constituents: God's fulfillment and thanksgiving for it. Accordingly, the covenant thanksgiving cannot be conditional. It is mistaken to assert that the covenant people are thankful because of His fulfillment. The Israelites are thankful as His elected people.

이 때문에 언약의 서사는 두 구성요소를 담고 있습니다: 하나님의 이루심과 그에 대한 감사입니다. 따라서 언약의 감사는 조건적일 수 없습니다. 언약의 백성은 그분의 이룸 때문에 감사한다고 단정하는 것은 잘못입니다. 이스라엘 백성은 그분의 택한 백성으로 감사합니다.

The covenant people narrate God's fulfillment with thanksgiving. In this case, thanksgiving is also what is fulfilled. It is not what is caused conditionally. What is fulfilled and what is caused are told from completely different perspectives. That is, thanksgiving is not caused but fulfilled.

언약의 백성은 하나님의 이룸을 감사로 서사합니다. 이 경우 감사도 또한 이루어진 것입니다. 그것은 조건적으로 원인된 것이 아닙니다. 이루어진 것과 원인된 것은 완전히 다른 관점에서 말해집니다. 즉 감사는 원인되지 않고 이루어집니다.

Thanksgiving expressed in covenant life is a fulfillment, but thanksgiving expressed in natural life is a response. These two are different. But they are overlapped in the thanksgiving psalms. Since the law of the OT overlaps the two different perspectives, the overall narratives of the OT are subjected to this problem. That's why the old covenant is not wholesome.

언약의 삶에서 표현되는 감사는 이루어짐입니다. 그러나 자연적인 삶에서 표현되는 감사는 반응입니다. 이 둘은 다릅니다. 그러나 그것들은 감사 시편에 겹쳐져 있습니다. 구약의 율법이 이 두 관점을 겹치고 있어서, 전반적인 구약의 서사가 이 문제에 종속됩니다. 그 때문에 옛 언약은 완전하지 않습니다.

If the sense of God's fulfillment is overtaken by the sense of His doing, His doing is narrated in terms of His works in the world as seen in the Exodus narrative. Then, the Exodus people are thankful for the eventful outcome of the Exodus as His works. Their thankfulness comes from their mind.

하나님의 이룸의 뜻이 그분의 행함의 뜻에 의해 압도되면, 그분의 행함은 출애굽 서사에서 보이듯이 세상에서 그분 일로 서사됩니다. 그러면 출애굽 백성은 그분 일로 출애굽의 사건적인 결과에 감사합니다. 그들의 감사함은 그들의 마음에서 나옵니다.

If God's works are seen as intervening events in the world as seen by most people who are in the world, they express their thanksgiving in terms of their benefit. Then, it comes out as a conditional response from their mind. Their mind is thankful when the intervening outcomes are beneficial.

하나님의 일이 세상에 있는 대부분 사람들에 의해 보이듯이 세상에 개입하는 사건으로 보이면, 그들은 그들 혜택으로 감사를 표현합니다. 그러면 감사는 그들 마음으로부터 조건적인 반응으로 나옵니다. 그들의 마음은 개입의 결과가 혜택일 때 감사합니다.

If only God's doing or works are taken into consideration, thanksgiving for it is expressed as a conditional response. Then, the thanksgiving life is nothing other than a natural life. The ordinary or religious people who live natural life express their thanksgiving in this way. They express their thanksgiving for their beneficial portion.

하나님의 행함이나 일만 고려되면, 그에 대한 감사는 조건적인 반응으로 표현됩니다. 그러면 감사하는 삶은 자연적인 삶에 지나지 않습니다. 자연적인 삶을 사는 보통 사람들이나 종교적인 사람들은 그들의 감사를 이런 식으로 표현합니다. 그들은 그들의 감사를 혜택에 대한 몫으로 표현합니다.

But if the Exodus event is considered as God's fulfillment, the expressed thanksgiving is also fulfilled. Then, the Exodus event is narrated into the Exodus life, i.e., the covenant life. It is a thanksgiving life which unfolds with thanksgiving. The Israelites in the OT lived a thanksgiving life.

그러나 출애굽의 사건이 하나님의 이룸으로 고려되면, 표현된 감사도 또한 이루어집니다. 그러면 출애굽의 사건은 출애굽의 삶, 즉 언약의 삶으로 서사됩니다. 출애굽의 삶은 감사로 펼치는 감사의 삶입니다. 구약의 이스라엘 백성은 감사의 삶을 살았습니다.

In this way, thanksgiving as God's fulfillment is to be distinguished from thanksgiving for His works. The latter is easily misled to a conditional response. And it is a part of the natural inclination. Then, the God to whom the conditional response of thanksgiving is attributed is the Helper.

이렇게 해서 하나님의 이룸으로 감사는 그분의 일에 대한 감사와 구별되게 됩니다. 후자는 쉬이 조건적인 반응으로 잘못 이끌어집니다. 그리고 그것은 자연적인 성향의 한 부분입니다. 그러면 감사의 조건적인 반응이 부여되는 하나님은 도우미입니다.

The word, "thanksgiving," in the Bible is what is to be fulfilled as God's word. Therefore, it should be distinguished from man's word, "thanksgiving," that is subject to be understood. Therefore, the Biblical word should be read with the sense of God's fulfillment. That is, it is also His promised word.

성경에서, "감사"라는 말은 하나님의 말씀으로 이루어질 것입니다. 그러므로 그것은 이해되어야 할 사람의 말, "감사"와 구별되어야 합니다. 그러므로 성경의 말은 하나님의 이룸의 뜻으로 읽어져야 합니다. 즉 그것은 또한 그분의 약속된 말씀입니다.

God's fulfillment partakes His togetherness. His fulfillment cannot be considered apart from His togetherness because it is based

on His promise. But His doing cannot be regarded as His fulfill-
ment because it does not partake His togetherness. His doing con-
notes with His work rather than His togetherness.

하나님의 이룸은 그분의 함께와 같이 합니다. 그분의 이룸은 그분 약
속에 근거하기 때문에 그분 함께를 떠나 고려될 수 없습니다. 그러나
그분의 행함은 그분 함께와 같이 하지 않기 때문에 그분 이룸으로 여겨
질 수 없습니다. 그분의 행함은 그분의 함께보다 그분의 일을 함축합니
다.

The fulfilled thanksgiving is accompanied with God's together-
ness. And His togetherness is expressed with fulfilled thanksgiving.
Therefore, thanksgiving in the covenant life with His togetherness
is fulfilled thanksgiving. The readers of the Bible should come out
of conditional thanksgiving to fulfilled thanksgiving.

이루어진 감사는 하나님의 함께와 수반됩니다. 그리고 그분 함께는
이루어진 감사로 표현됩니다. 그러므로 그분 함께로 언약의 삶에서 감
사는 이루어진 감사입니다. 성경의 독자는 조건적인 감사로부터 나와
이루어진 감사를 향해야 합니다.

Thanksgiving with God's togetherness is fulfilled for together-
ness. That is, it is fulfilled in togetherness. In this way, it consists
in the life of togetherness. It is embedded in the life of together-
ness. It is not located in the personal mind which is responded to
conditionally. The life of togetherness is thankful.

하나님의 함께로 감사는 함께를 위해 이루어집니다. 즉 감사는 함께
로 이루어집니다. 이런 식으로 그것은 함께의 삶을 구성합니다. 함께의

삶에 깔려있습니다. 조건적으로 반응하는 개인의 마음에 자리잡지 않습니다. 함께의 삶이 감사합니다.

Thanksgiving and togetherness are conjoined in the covenant life with God's togetherness. That is, thanksgiving is expressed in the realm of His togetherness rather than of the natural conditions. In the realm of the natural conditions, even the expression of thanksgiving is a condition.

감사와 함께는 하나님 함께로 언약의 삶에서 합쳐집니다. 즉 감사는 자연적인 조건보다 그분 함께의 영역에서 표현됩니다. 자연적인 조건의 영역에서 감사의 표현조차 조건입니다

Being contrasted to thanksgiving in psalms, thanksgiving in the apostles' writings is Spiritual. The apostle Paul exhorts the Thessalonian Christians, saying, "Rejoice always, pray without ceasing, in everything give thanks; for this is the will of God in Christ Jesus for you" [1 Thess. 5:16-18].

시편에서 감사와 대조되어 사도들의 글에서 감사는 영적입니다. 사도 바울은 데살로니가 그리스도인들을 권면하여, "항상 기뻐하라 쉬지 말고 기도하라 범사에 감사하라 이는 그리스도 예수 안에서 너희를 향하신 하나님의 뜻이니라[살전 5:16-18]"고 말합니다.

Here, Paul states unconditional thanksgiving. And he affirms that it is the will of God in Christ Jesus. According to him, Christians are subjected to unconditional thanksgiving since it is His will in Christ Jesus. The unconditional thanksgiving is guided by the Holy

Spirit; thus, it is fulfilled thanksgiving.

여기서 바울은 무조건적인 감사를 진술합니다. 그리고 그는 감사가 그리스도 예수 안에서 하나님의 뜻이라고 확언합니다. 그에 의하면 그리스도인들은 그것이 그리스도 예수 안에서 하나님의 뜻이기 때문에 무조건적인 감사를 해야 합니다. 무조건적인 감사는 성령님에 의해 인도됩니다. 따라서 그것은 이루어진 감사입니다.

Christians who are in Christ Jesus give thanks in everything in accordance with God's will. Here, the qualification of being in Christ Jesus is crucial. The life in Christ Jesus is thankful in every-thing, since it is fulfilled. But life in the world is thankful condi-tionally, since it is conditional.

그리스도 예수 안에 있는 그리스도인들은 하나님의 뜻을 따라 모든 것에 감사합니다. 여기서 그리스도 예수 안이라는 한정이 결정적입니다. 그리스도 예수 안에서 삶은 이루어지기 때문에 모든 것에 감사합니다. 그러나 세상의 삶은 조건적이기 때문에 조건적으로 감사합니다.

The life in Christ Jesus is covenantal. It is compared to the Ex-odus life. As the Exodus was narrated, Jesus was also narrated. As the old covenant life was unfolded with the narratives of the Exodus, the new covenant life was unfolded with the narratives of Jesus. But there is a crucial difference between the old and the new covenant life.

그리스도 예수 안에서 삶은 언약적입니다. 그것은 출애굽의 삶과 비교됩니다. 출애굽이 서사된 것처럼, 예수님도 서사되었습니다. 옛 언약의 삶이 출애굽의 서사로 펼쳐진 것처럼, 새 언약의 삶은 예수님의 서사로 펼쳐졌습니다. 그러나 옛 언약과 새 언약의 삶에는 결정적인 다름이 있습니다.

The old covenant life was narrated with God's doing or work as seen in the Exodus narrative, but the new covenant life with His togetherness with Christ Jesus as seen in the gospel. Christ Jesus could be wholly narrated not with His doing or work but with His togetherness. That is, the gospel is the narrative of Jesus with whom God is together.

옛 언약의 삶은 출애굽 서사에서 보이듯이 하나님의 행함 혹은 일로 서사되었습니다. 그러나 새 언약의 삶은 복음에서 보이듯이 그리스도 예수와 더불어는 그분 함께로 서사되었습니다. 그리스도 예수님은 그분의 행함이나 일이 아닌 그분의 함께로 온전히 서사될 수 있었습니다. 즉 복음은 하나님이 함께하시는 예수님의 서사입니다.

Jesus is confessed as the Christ with the guidance of the Holy Spirit, the Spirit of God. Therefore, the qualification of being in Christ Jesus means being guided by God's Spirit. Christians who are guided by His Spirit are together with Him. Therefore, thanksgiving in Christ Jesus is Spiritual, since it is guided by His Spirit.

예수님은 성령님, 곧 하나님의 영의 인도하심으로 그리스도로 고백됩니다. 그러므로 그리스도 예수 안에 있는 자격은 하나님의 영의 인도됨을 뜻합니다. 그분 영에 의해 인도되는 그리스도인들은 그분과 함께합니다. 그러므로 그리스도 예수 안에서 감사는 그분 영으로 인도되기 때문에 영적입니다.

The gospel is the narrative of Jesus with the guidance of God's Spirit. Therefore, any narrative along with the gospel is unfolded with the guidance of His Spirit. There is no way of telling about Jesus as Christ without being guided by His Spirit. Therefore, the church sermon should be Spiritually guided.

복음은 하나님의 영의 인도하심으로 예수님의 서사입니다. 그러므로 복음을 따른 어떤 서사도 그분 영의 인도하심으로 펼쳐집니다. 그분 영의 인도하심이 없이 예수님을 그리스도라고 고백할 길이 없습니다. 그러므로 교회 설교는 영적으로 인도되어야 합니다.

Paul's exhortation of thanksgiving is Spiritually guided. And such thanksgiving is fulfilled under the guidance of God's Spirit. The guidance of His Spirit is the fulfillment with His togetherness. Therefore, thanksgiving in Christ Jesus is fulfilled thanksgiving with God's togetherness. It is not expressed for betterness but expressed for togetherness.

바울의 감사의 권면은 영적으로 인도됩니다. 그리고 그런 감사는 하나님의 영의 인도하심으로 이루어집니다. 그분 영의 인도하심은 그분 함께로 이루어집니다. 그러므로 그리스도 예수 안의 감사는 하나님의 함께로 이루어진 감사입니다. 그것은 나음으로 표현되지 않고 함께로 표현됩니다.

Paul's exhortation of joy, prayer, and thanksgiving in Christ Jesus leads to overcoming the conditionality of the world. If they are conditional, the life in Christ Jesus is subjected to the conditionality of the world. The Christian life overcomes conditionality toward togetherness. The Christian thanksgiving has a sense of overcoming.

그리스도 예수 안에서 기쁨, 기도, 그리고 감사에 대한 바울의 권면은 세상의 조건성을 극복하도록 이끕니다. 기쁨, 기도, 그리고 감사가 조건적이면, 그리스도 예수 안의 삶은 세상의 조건성에 종속됩니다. 그리스도인의 삶은 함께를 향하여 조건성을 극복합니다. 그리스도인의 감사는 극복의 의미를 갖습니다.

Accordingly, Christian thanksgiving is not expressed toward conditional benefit but fulfilled into togetherness. The utterance of thanksgiving is the instance of the fulfillment of togetherness. In this way, thanksgiving overcomes the confinement of the individual mind to be free in the realm of togetherness.

따라서 그리스도인의 감사는 조건적인 혜택을 향하여 표현되지 않고 함께로 이루어집니다. 감사의 발설은 함께의 이루어짐의 사례입니다. 이렇게 해서 감사는 개인의 마음의 제한을 함께의 영역에서 자유롭도록 극복해 갑니다.

집중(Focus)

언약의 백성은 감사하는 백성입니다. 언약의 백성 됨이 하나님의 이루심에 의하기 때문입니다. 하나님의 이루심에 대한 감사가 언약의 백성 됨에 깔려있습니다. 따라서 감사의 표현은 언약의 삶의 구성요인입니다. 감사하지 않는 언약의 표현은 있을 수 없습니다. 그러므로 언약의 감사는 조건적일 수 없습니다. 그것은 항시 드러나 보입니다.

The covenant people are thanksgiving people, for being the covenant people is due to God's fulfillment. Thanksgiving for His fulfillment is embedded in being of the covenant people. Thus, the expression of thanksgiving is a constituent of the covenant life. There cannot be any unthankful covenant expression. Therefore, the covenant thanksgiving cannot be conditional. It is always unveiled to be seen.

언약의 백성의 감사는 개인의 감사와 전혀 다릅니다. 개인의 감사는 당사자가 누리는 조건적인 혜택을 따라 표현됩니다. 개인이 세상에 조건적으로 처하니, 개인에 의해 표현되는 감사도 조건적일 수밖에 없습니다. 따라서 개인적인 감사는 단지 조건적인 반응입니다. 그것을 개인이 마음가짐에서 나오는 덕으로 생각하는 것은 잘못입니다.

The covenant people's thanksgiving is completely different from individual thanksgiving. An individual thanksgiving is expressed in accordance with conditional favor cherished by that individual. Since an individual is conditionally situated in the world, any thanksgiving expressed by him also cannot but be conditional.

Thus, an individual thanksgiving is merely a conditional reflection. It is a mistake to think that an individual thanksgiving is a merit that comes from the individual mind.

감사가 조건적이 아니라 이루어짐으로 보이기 때문에, 그것은 "감사하라"는 명령으로 표현될 수 있습니다. 이 경우 감사는 일어난 것에 조건적인 반응이 아닌 이루어질 것을 향한 극복의 기대를 보입니다. 감사는 자체로 극복입니다. 언약의 삶은 그런 극복의 내재성을 지닙니다. 그래서 감사도 사랑과 용서 같이 극복의 내재성 때문에 언약의 삶에서 권면됩니다.

Since thanksgiving is shown not as conditional but as fulfillment, it is expressed in an order, "be thankful." In this case, it is not a conditional response for what occurred but an overcoming anticipation for what is to be fulfilled. Thanksgiving, itself, is overcoming. Covenant life has such overcoming inherence. Thus, thanksgiving, because of its overcoming inherence like love and forgiveness, is exhorted in the covenant life.